TRAITÉ

DES

FACULTÉS DE L'AME

PARIS. — IMPRIMERIE GÉNÉRALE DE CH. LAHURE
Rue de Fleurus, 9

TRAITÉ

DES

FACULTÉS DE L'AME

COMPRENANT

L'HISTOIRE DES PRINCIPALES THÉORIES PSYCHOLOGIQUES

PAR

ADOLPHE GARNIER

Professeur de philosophie à la Faculté des lettres de Paris
Membre de l'Institut

OUVRAGE COURONNÉ PAR L'ACADÉMIE FRANÇAISE

TOME DEUXIÈME

SECONDE ÉDITION

PARIS
LIBRAIRIE DE L. HACHETTE ET Cie
BOULEVARD SAINT-GERMAIN, N° 77

1865

TRAITÉ
DES
FACULTÉS DE L'ÂME.

LIVRE VI.
(SUITE.)
LES FACULTÉS INTELLECTUELLES.

LES PERCEPTIONS OU LA PREMIÈRE PARTIE DES CONNAISSANCES.

CHAPITRE IV.
CRITIQUE DE QUELQUES THÉORIES SUR LES SENS EXTÉRIEURS.

§ 1. Théorie de Platon.

Nous nous sommes attachés à distinguer les uns des autres les objets perçus par les sens, et particulièrement l'étendue tangible d'avec l'étendue de lumière ou de couleur ; à montrer que les sens ne nous trompent jamais, quand on ne leur demande que leurs objets propres, et enfin à prouver que l'esprit discerne naturellement la perception d'avec la conception. C'est depuis peu que, sur les pas de Thomas Reid, la philosophie s'est engagée dans cette voie salutaire [1]. Longtemps elle s'est laissé

---

1. Voy. Reid. *OEuvres complètes*, trad. franç., t. II et III.

étonner d'un prétendu désaccord entre les sens, et notamment entre le toucher et la vue, et de la difficulté qu'elle trouvait à distinguer le rêve et la folie d'avec l'état de veille et de raison. Ce que nous appelons la perception lui paraissait, non pas la rencontre de l'âme et de l'objet extérieur, mais seulement une conception plus vive, une pure idée vide de réalité extérieure, qui ne prouvait pas plus que les idées du rêve et de la folie, l'existence du monde extérieur. Trompés par cette fausse théorie, les philosophes s'étaient divisés en deux classes : l'une qui pensait que l'existence du monde matériel était douteuse et avait besoin d'être démontrée; l'autre qui regardait cette existence comme chimérique, et déclarait que le monde matériel n'existait pas.

Occupons-nous d'abord de la première classe. Platon, s'éloignant de l'enseignement de Socrate, qui n'avait pas songé à révoquer en doute la certitude des sens extérieurs [1], est tombé dans quelques contradictions sur la valeur de cette source de connaissance. Dans la plupart de ses écrits, il regarde les sens comme des causes d'erreur et comme des obstacles à la libre action de l'âme. Nous avons déjà observé qu'il confond sous le nom de sensations, αἰσθησεις, la vue, l'ouïe, l'odorat, le plaisir, la peine, le désir, la crainte, c'est-à-dire la perception et l'affection agréable ou désagréable, deux phénomènes, dont l'un saisit la réalité extérieure et dont l'autre est un fait purement intérieur à l'âme, qui n'implique pas la présence de l'objet externe. Il dit aussi : « La grandeur vue de près ou de loin ne paraît pas la même; les objets courbes ou droits, les surfaces concaves ou convexes ne sont pas les mêmes pour qui les voit dans l'eau ou hors de l'eau [2]. « Le corps, ajoute-t-il, est un obstacle à l'ac-

---

[1]. Xénophon, *Mémoires*, livre IV, chap. III, § 11.
[2]. *Rép.* X, édit. H. E., t. II, p. 602.

quisition de la science. La vue et l'ouïe offrent-elles quelque vérité aux hommes ? Les poëtes n'ont-ils pas raison de répéter que nous ne voyons et n'entendons rien avec exactitude ? Si ces deux sens ne sont ni exacts, ni clairvoyants, les autres auront peine à l'être ; ils sont tous plus imparfaits que les deux premiers[1]. » Enfin il dit encore : « Loin que les choses soient ce qu'elles paraissent à nos sens, nos sensations sont trompeuses dans les songes, dans les maladies, dans la folie. Nous n'avons aucun signe certain pour distinguer l'état de veille d'avec le sommeil. Est-ce le plus ou moins de durée de l'un ou de l'autre qui décidera de la vérité[2] ? » Ainsi l'accusation contre les sens était complète dès le temps de Platon. Les siècles postérieurs n'ont fait que varier les exemples des prétendues erreurs qu'on leur impute.

Platon laisse cependant échapper quelques aveux en faveur de la véracité des sens ; il convient que si ce n'est pas la même chose d'entendre les sons d'une langue et de comprendre cette langue, de voir les lettres et de connaître ce qu'elles signifient, nous connaissons cependant par la vue la couleur et la forme des lettres, et par l'ouïe les sons graves ou aigus[3]. « La vue, dit-il ailleurs, ne nous a jamais montré qu'un doigt fût le contraire d'un doigt[4]. » Il célèbre ainsi les mérites de la vue et de l'ouïe : « Le spectacle du jour et de la nuit, de la révolution des astres donne lieu à la recherche des causes de l'univers. Dieu nous a donné la vue, afin que, contemplant le gouvernement de l'intelligence dans le ciel, nous le prissions pour modèle du gouvernement de l'intelligence en nous-mêmes. Ce sont deux empires du même genre, quelque distance qu'il y ait entre l'imperfection et la perfection...

---

1. *Phédon*, édit. H. E., t. I, p. 65 *a*.
2. *Théétète*, édit. H. E., t. I, p. 159, *a*
3. *Ibid.*, édit. H. E., t. I, p. 163, *c*.
4. *Rép.* VII, édit. H. E., t. II, p. 523, *e*.

L'ouïe et la voix nous ont été accordées dans le même dessein : l'harmonie des sons est semblable à celle des mouvements de notre âme, pour qui use avec intelligence du commerce des muses. L'harmonie n'est pas destinée, comme on le croit aujourd'hui, à causer un frivole plaisir, mais les muses nous l'ont envoyée comme une alliée secourable, qui mettra d'accord les mouvements désordonnés de notre âme. Les muses nous ont encore donné le rhythme pour régler les pas qui sont naturellement sans mesure et sans grâce [1]. » Toutefois, dans les opinions de Platon sur les sens, les aveux favorables ont été moins remarqués que les accusations, et toute son école a gardé une grande défiance et un grand mépris pour les enseignements des sens extérieurs.

§ 2. Théorie d'Aristote.

Telle n'a pas été la doctrine d'Aristote. Cet habile observateur a reconnu presque toutes les lois qui règlent l'exercice des sens. Protagoras avait dit que la sensation était un phénomène purement intérieur ; que, dans le rêve et la folie, elle avait autant de réalité que dans l'état de veille ; que chaque chose était ce qu'elle paraissait à chacun ; qu'il n'y avait pas un être sentant et un objet senti, mais une sensation, phénomène indivisible où l'âme et l'objet extérieur se confondaient, et qu'ainsi la certitude se renfermait dans la conscience [2]. « La sensation ou l'acte de sentir, répond Aristote, dépend de l'objet senti ; la faculté de sentir n'en dépend pas. Les premiers physiologistes n'ont pas bien traité de cette matière, lorsqu'ils ont dit que, sans la vue, il n'y a rien de blanc ni de noir, et sans le goût, point de saveur. Ils ont rai-

---

1. *Timée*, édit. H. E., t. III, p. 47.
2. Platon, *Théétète*, édit. H. E., t. I, p. 151-179.

son quant au fait de la sensation; ils ont tort quant à la faculté de sentir et à la propriété d'être senti. La sensation est un certain accord entre l'organe et l'objet senti; ce qui dépasse cet accord blesse l'organe ou le détruit [1]. » Ailleurs il ajoute : « La sensation n'est jamais trompeuse, c'est la conception, φαντασία, qui nous trompe. Nous devons nous étonner qu'on ait mis en doute si les grandeurs et les couleurs sont telles qu'elles apparaissent à ceux qui sont éloignés ou à ceux qui sont proches, à ceux qui sont en bonne santé ou à ceux qui sont malades; si le poids est tel qu'il paraît à la faiblesse ou à la force; si la réalité se montre à ceux qui rêvent ou à ceux qui sont éveillés. Il est clair qu'en parlant ainsi, on ne pense pas ce qu'on dit, car on ne voit pas que quelqu'un, après avoir rêvé en Afrique qu'il est à Athènes, se mette en marche pour l'Odéon. De même que, touchant une maladie, on ne regarde pas comme égales l'opinion du médecin et celle de l'ignorant, de même touchant une sensation on met une différence entre celui qui l'éprouve et celui qui ne l'éprouve pas, entre le sens qui la reçoit et le sens voisin. Sur la couleur, on consulte le goût et non la vue... Qu'on dise que là où n'existe pas d'objet sensible, il n'y a pas de sensation, on a raison, car la sensation est la modification de l'être sentant; mais qu'on prétende que là où il n'est pas de sensation, il n'y a pas d'objet capable de la produire, cela n'est pas raisonnable. La sensation n'est pas la sensation d'elle-même, mais de quelque chose dont l'existence précède celle de la sensation, car ce qui meut est antérieur à ce qui est mû [2]. »

Nous citerons encore un excellent passage où Aristote établit le fait de la perception sur sa véritable base. « Quelques-uns se demandent quel est l'homme sain et

---

1. *De l'Ame*, livre III, chap. II, § 6, 7, 8.
2. *Métaph.*, livre IV, chap. VI. Voy. aussi plus loin, le chap. *du raisonnement.*

l'homme malade, quel est le fou et l'homme de bon sens, relativement à l'existence des objets extérieurs. C'est se demander si nous rêvons ou si nous sommes éveillés. Ils s'imaginent qu'on peut rendre compte de tout ; ils cherchent un principe, et ils veulent le trouver par une démonstration. Du reste, leur conduite montre assez qu'ils ne sont pas eux-mêmes persuadés de leur objection. Ils cherchent une raison de ce qui n'a pas de raison : le principe d'une démonstration ne peut pas lui-même se démontrer[1]. »

En effet, aucune connaissance primitive ne peut être démontrée. A l'aide de quelles connaissances antérieures pourrait-on en faire la démonstration? Il n'y a pas de connaissances antérieures à ce qui est une connaissance première. Dans toute démonstration, il faut arriver à quelque chose qui ne se démontre pas, et la perception des objets extérieurs est, comme la conscience dont nous parlerons plus loin, une connaissance primitive. La philosophie est complète lorsqu'elle a énuméré tous les jugements primitifs, et qu'elle y a ramené tous ceux qui peuvent se démontrer.

§ 3. Théorie des scholastiques.

Les paroles d'Aristote, que nous venons de rapporter, sont admirables par leur précision et leur rigueur. S'il n'avait prononcé que ces mots, il aurait certainement fait faire de son temps à la philosophie un progrès qui est à peine accompli de nos jours. Malheureusement il a écrit sur le sujet épineux de la sensation quelques lignes équivoques dont on a abusé après lui, et qui ont retenu la philosophie dans la fausse route. « Il faut observer, dit-il, sur toute sensation, qu'elle reçoit les

---

1. *Métaph.*, livre IV, chap. v.

formes sensibles de l'objet sans le fond de l'objet[1], comme la cire reçoit l'empreinte de l'anneau, sans en recevoir le fer ou l'or. Telle est la sensation à l'égard de ce qui a de la couleur, de la saveur ou du son : elle ne reçoit pas ce que chaque chose est en elle-même, mais la qualité de chaque chose, et pour ainsi dire sa limite, son extérieur.... Ce n'est pas la pierre qui est dans l'âme, mais la forme, τὸ εἶδος, de la pierre[2]. »

Ces expressions peuvent s'entendre en un sens raisonnable ; elles peuvent signifier que nous ne percevons pas tout ce qui est dans l'objet ; qu'indépendamment des phénomènes variables et passagers, il doit y avoir une substance toujours la même qui échappe à la perception des sens. Mais les successeurs d'Aristote n'ont pas interprété ainsi sa pensée ; ils ont supposé que le philosophe plaçait entre les objets extérieurs et l'âme des images représentatives de ces objets. Les uns, comme Épicure, ont pensé que ces images étaient matérielles ; les autres, comme la plupart des scholastiques, qu'elles étaient immatérielles[3]. On était d'accord sur ce point, que l'esprit ne percevait pas les objets eux-mêmes, mais des représentations de ces objets, des images, εἴδη, *species* ou *espèces*, comme on le disait dans le français du moyen âge. L'on croyait expliquer par là comment les objets, restant les mêmes, les apparences pouvaient changer pour l'esprit. Ainsi le voyageur, à mesure qu'il s'éloigne, voit la montagne diminuer de hauteur : ce n'est pas la montagne qui change, disait-on, mais seulement l'image qui est dans l'esprit, τὸ εἶδος, la représentation de la montagne[4].

1. Ἡ μὲν αἴσθησίς ἐστι τὸ δεκτικὸν τῶν αἰσθητῶν εἰδῶν ἄνευ τῆς ὕλης.
2. *De l'Ame*, livre II, chap. XII, § 1.
3. Voy. *Essais philosophiques*, de Dugald Stewart, trad. par Ch. Huret, p. 356 et suiv.
4. *De la Recherche de la vérité*, livre III, 2ᵉ partie, chap. II.

Cette théorie, qui fut adoptée par tous les philosophes scholastiques presque sans exception, était cependant sujette à bien des objections dont la plupart ont été signalées par Malebranche : 1° Si l'image venait de l'objet, comment pouvait-elle changer pendant que l'objet restait immuable? 2ª si l'image était matérielle, comment pouvait-elle s'introduire dans l'esprit? 3° si elle était immatérielle, comment pouvait-elle émaner des objets matériels? 4° si l'esprit n'était en rapport qu'avec ces images, comment pouvait-il s'assurer qu'elles ressemblaient à leurs modèles? comment même pouvait-il affirmer qu'il y eût autre chose que ces images? L'existence des objets matériels devenait problématique. Bien plus, le phénomène de la perception pouvant s'expliquer sans ces objets et par la présence des seules images, il était d'une bonne philosophie de ne pas supposer des êtres inutiles, et ce fut, comme nous le verrons, le dernier résultat de l'hypothèse des *images* que l'on croyait avoir empruntée d'Aristote.

§ 4. Théorie de Descartes.

La philosophie n'était pas encore débarrassée de cette hypothèse au temps de Descartes. Ce philosophe rejeta la théorie des *images*, mais il ne posa pas le fait indéfinissable et indémontrable de la perception, comme l'avait fait Aristote. Il crut, au contraire, comme Platon, que les sens pouvaient nous tromper, et que nous avions besoin de nous démontrer l'existence des objets extérieurs. Quoiqu'il eût rejeté l'hypothèse des images représentatives, il n'admit pas cependant que l'esprit fût en communication directe avec les objets du dehors. L'objet excitait certains mouvements dans les organes des sens, et à propos de ces mouvements, l'âme se formait des *idées* qui n'avaient aucune ressemblance avec l'objet. Comment pouvait-on s'assurer que ces idées correspondissent à quelque chose hors de nous? Dieu, disait Descartes, nous donne une inclination à croire qu'elles représentent des réalités externes. Mais nous avons les mêmes idées et la même inclination dans le rêve et dans l'état de veille : comment savons-nous que l'inclination nous trompe dans un état et non dans l'autre? C'est que les idées de l'état de veille sont plus durables et mieux liées entre elles que celles du songe[1]. Ce motif de distinction est celui que Platon, à bon droit, avait jugé insuffisant[2].

§ 5. Système de Malebranche.

Malebranche n'accepte pas la théorie de Descartes sur la connaissance des choses matérielles. « Rien ne prouve, dit-il, que notre *inclination* à croire à l'existence des objets extérieurs nous vienne de Dieu. Elle peut être, comme nos mauvaises inclinations, l'effet des imperfections de notre nature. » Malebranche était persuadé, comme les successeurs d'Aristote et comme tout le moyen âge, que l'esprit ne voit pas les objets corporels eux-mêmes, mais des images intermédiaires, et il en donnait pour preuves les prétendues différences qu'il signalait entre les objets et leurs apparences dans l'âme[3], objections que nous avons réfutées[4]. Ces apparences des objets dans l'âme, il les appela des *idées*. « Les *idées*, dit-il, ont une existence très-réelle, puisqu'elles ont des propriétés différentes les unes des autres, comme, par exemple, l'idée d'un carré et l'idée de quelque nombre.

---

1. *OEuvres philosophiques*, épit. Ad. G., t. I, p. 177, 178.
2. Voy. plus haut, même chap., § 1.
3. *De la Recherche de la vérité*, livre III, IIe partie, chap. I, édit. 1678, p. 188.
4. Voy. plus haut, même liv., ch. III, § 4.

L'âme n'a pas besoin d'*idées* pour apercevoir ses sensations, imaginations, pures intellections, parce qu'elles sont dans l'âme, ou plutôt parce qu'elles ne sont que l'âme modifiée d'une telle ou telle façon ; mais pour les choses qui sont hors de l'âme, nous ne pouvons les apercevoir que par le moyen des *idées*. Les choses spirituelles peuvent se découvrir à notre âme sans *idées* et par elles-mêmes.... L'être sans restriction, l'être immense, l'être universel ne peut être aperçu par une *idée*, c'est-à-dire par un *être particulier* différent de l'être infini[1]. » Ces phrases fixent bien le sens du mot *idée* dans le langage de Malebranche. L'*idée*, suivant lui, n'est pas un acte de l'esprit humain, mais une *image* représentative des objets, ce que les scholastiques appelaient *species*, *espèces*. Ceci posé, il entreprend d'examiner quelle est l'origine de ces *espèces*, ou *idées-images*. Elles ne peuvent pas venir des objets, pour les raisons que nous lui avons empruntées[2]. L'âme n'a pas la puissance de produire elle-même les idées des objets matériels, puisqu'elle ne voit point ces objets. Ces idées ne sont pas créées avec nous, car nous ne les acquérons que successivement; enfin, elles ne sont pas créées de Dieu à mesure que nous en avons besoin, car il n'est pas digne du Créateur de se mettre ainsi au service des créatures[3]. Cette raison est singulière de la part de Malebranche, qui explique les mouvements de notre corps par l'intervention spéciale de Dieu, et qui applique à l'être tout-puissant cet adage : *Semel jussit, semper paret*[4]. Nous verrons d'ailleurs que l'explication à laquelle Malebranche s'arrête sur l'origine

---

1. *De la Recherche de la vérité*, livre III, IIe part., chap. I, même édit., p. 189, 205.
2. Voy. plus haut, même chap., § 2.
3. *De la Recherche de la vérité*, livre III, IIe partie, chap. III et IV.
4. Voy. plus haut, liv. III, ch. II, § 2.

des *espèces* ou *idées-images*, ne tire pas Dieu de la servitude. Les *idées-images*, poursuit-il, ne viennent pas des objets; elles ne sont pas créées par l'âme, ni créées de Dieu, soit au moment de notre naissance, soit au fur et à mesure de nos besoins : d'où viennent-elles donc enfin? L'esprit en se considérant soi-même n'y peut découvrir l'*idée* ou l'*image* des objets extérieurs; mais Dieu qui a créé ces objets doit en avoir l'idée. Cette idée ne peut même être qu'en Dieu, car on a démontré l'impossibilité qu'elle soit autre part[1]. En conséquence, l'âme connaissant les objets extérieurs non par eux-mêmes, mais par des *idées*, les connaît par les idées qui sont en Dieu[2]. Tel est le système de la *vision en Dieu*.

Que l'on ne se récrie pas contre la bizarrerie de cette doctrine. Une fois qu'on admet que l'esprit ne perçoit pas les objets extérieurs eux-mêmes, et la scholastique était unanime dans cette opinion, il est difficile de rejeter les conséquences que Malebranche fait sortir de ce principe; elles y sont rattachées par une chaîne indissoluble, et l'on ne peut qu'admirer les efforts d'imagination et de raisonnement par lesquels ce philosophe, après avoir accepté l'hypothèse qui brise toute communication entre l'âme et les objets extérieurs, essaye de combler l'abîme qu'on a creusé.

Mais si l'âme est en communication avec les idées de Dieu, comment ne les voit-elle pas toutes à la fois? comment les aperçoit-elle successivement et dans l'ordre où nous arrivent en ce monde les idées des objets matériels? C'est ici que recommence l'esclavage dont Malebranche avait voulu délivrer le Créateur. Dieu prend le soin de nous découvrir en lui celle des *idées* dont nous avons be-

---

1. *Ibid*, chap. VI.
2. *De la Recherche de la vérité*, livre III, II° partie, chap. V.

soin ; c'est-à-dire qu'il nous laisse voir l'idée de tel objet précisément lorsque cet objet agit sur notre corps. L'objet n'est donc pas la cause directe de notre idée, il n'en est que la *cause occasionnelle*. Dieu est donc, à double titre, dans notre dépendance : premièrement, pour accomplir les mouvements de notre corps, ainsi que nous l'avons déjà dit[1] ; secondement, pour nous fournir ou nous laisser voir en lui les *idées* qui nous sont nécessaires.

Mais si nous ne voyons pas les objets extérieurs, si nous percevons les *idées* que Dieu possède de ces objets, il n'est pas nécessaire que Dieu ait en effet créé des objets conformes aux idées qu'il possède, et rien ne nous assure que ces objets existent. Cette difficulté fut soumise à Malebranche, et il y répondit dans les Éclaircissements qui accompagnèrent les éditions successives de son ouvrage : *De la Recherche de la vérité*[2]. La solution qu'il donne est plus étonnante encore que tout le reste du système. « Rien ne nous prouverait, dit-il, qu'il existât des objets matériels, si Dieu n'avait pris soin de nous l'apprendre expressément lui-même : or, il a dicté à Moïse un livre où il est écrit : Dieu a créé le ciel et la terre en l'espace de six jours; et où Dieu nomme tous les objets de la création. » Malebranche ne veut pas qu'on lui objecte que nous ne voyons pas plus ce livre que tous les autres objets matériels; que nous en voyons seulement l'*idée* en Dieu ; que cette *idée* pourrait être en Dieu sans qu'il eût fait le livre qui correspond à l'idée. Il prétend qu'on ne peut supposer en Dieu une idée fausse et mensongère, comme serait celle d'une création, qui ne répondrait pas à une création réelle. Mais premièrement, pour les fins que Dieu se propose à l'égard des

---

1. Voy. plus haut, liv. III, ch. II, § 2.
2. *Éclaircissements*, édit. 1678, p. 500.

hommes, l'idée de la création vaut la création elle-même. Dieu en créant les objets matériels veut en faire pour nous une occasion d'épreuve et de mérite. L'*idée* des objets matériels, telle que l'entend Malebranche, suffirait à ce but; Dieu ne nous tromperait donc pas en nous laissant voir en lui une idée de création qui ne répondît à aucune création. Secondement, on peut s'étonner que Malebranche ne trouve pas à une difficulté philosophique d'autre solution que la révélation elle-même; de sorte que celui qui n'aurait pas lu le livre de Moïse ou ne le regarderait pas comme *révélé*, ne saurait s'assurer de l'existence des choses matérielles, et que Dieu, qui pouvait nous donner les moyens de connaître directement les corps, aurait voulu que nous prissions un si long chemin pour acquérir cette connaissance. Troisièmement enfin, laissant de côté toutes les autres difficultés, nous dirons que l'hypothèse de Malebranche ne nous donne pas un moyen de distinguer nos perceptions d'avec nos pures conceptions, que dans ce système les idées du rêve et de la folie sont aussi bien des idées en Dieu que les idées de l'état de veille, et que nous ne pouvons savoir par ce moyen dans quel cas nos idées répondent ou ne répondent pas à des réalités extérieures. Lorsqu'au lieu de constater le fait de la perception extérieure on le met en problème, il faudrait au moins le résoudre, et ici le problème n'est pas résolu.

§ 6. Doctrine d'Arnauld.

Arnauld se chargea de réfuter directement la théorie fantastique de Malebranche sur la connaissance des choses extérieures. Malebranche, dit-il, partait d'un faux principe en supposant que l'esprit ne perçoit pas les objets eux-mêmes, mais un certain *être représentatif* des objets; il ajoutait à cette faute celle d'appeler cet être représentatif une *idée*, mot par lequel tout le monde entendait la perception des objets, c'est-à-dire un attribut ou une modification de notre âme, et Arnauld fit voir que Malebranche avait d'abord employé lui-même ce mot dans l'acception commune[1]. Sur le fond du système, il objecta que si nous voyons chaque chose dans l'idée particulière que Dieu en possède, cela n'explique pas comment le soleil, par exemple, étant toujours de même grandeur, selon cette idée particulière de Dieu, nous le voyons plus grand lorsqu'il est à l'horizon que lorsqu'il est au sommet de sa course[2]. Quant à la manière dont Malebranche démontre l'existence des corps par la révélation faite à Moïse, on est assuré, poursuit Arnauld, qu'il y a des corps avant d'avoir la foi, puisque la foi suppose des corps, des prophètes, des apôtres, une Écriture sainte, des miracles. Malebranche dit que dans l'apparence de l'Écriture sainte nous apprenons que Dieu a créé un ciel et une terre, que le Verbe s'est fait chair et autres semblables vérités qui supposent l'existence d'un monde créé ; qu'il est certain par la foi qu'il y a des corps, et que toutes ces apparences deviennent pour elle des réalités. Mais ce raisonnement prouve aussi bien pour l'Alcoran que pour la Bible ; car, si la Bible, que je crois voir, n'est qu'une idée en Dieu, l'Alcoran est aussi une idée en Dieu ; et si l'assertion de la Bible qu'il y a un ciel et une terre et un Dieu fait chair, est la seule voie que j'aie de connaître tout cela, comment les assertions de l'Alcoran sur les miracles qu'il renferme et sur le prophète qu'il annonce ne me feraient-elles pas croire à ces miracles et à ce prophète[3] ?

Dieu, dit encore Arnauld, n'a pas voulu créer notre âme et la mettre dans un corps qui devait être environné

---

1. *Des vraies et des fausses idées*, Paris, 1683, chap. III et V.
2. *Des vraies et des fausses idées*, Paris, 1683, chap. XVIII.
3. *Ibid*, chap. XXVIII.

d'une infinité d'autres corps, sans vouloir aussi qu'elle fût capable de les connaître. Dieu ne fait point par des voies composées ce qui se peut faire par des voies plus simples. Suivant Malebranche, le *corps matériel* que nous animons n'est pas le *corps intelligible* que nous voyons; mais Dieu en créant mon âme et en la mettant dans un corps, a voulu qu'elle veillât à la conservation de ce corps. Or il était nécessaire pour cela que je connusse le corps que j'anime et non un corps intelligible. Et de même lorsque je sens un grand froid, si j'ai besoin de m'approcher du feu, c'est du feu matériel et non point du feu intelligible. Nous ne ferons donc que nous embarrasser et nous éblouir, si nous voulons chercher comment la perception d'un objet peut être en nous; parce que nous trouverons, si nous voulons y prendre garde, que c'est la même chose que de demander comment la matière peut être divisible ou figurée, car, puisque la nature de l'esprit est d'apercevoir les objets, il est ridicule de demander d'où vient que notre esprit les aperçoit, et ceux qui ne veulent pas comprendre ce que c'est qu'apercevoir les objets en se consultant eux-mêmes, on ne sait comment le leur faire connaître mieux [1].

En effet, la perception, comme nous l'avons dit souvent, est un fait simple qui se constate et ne se prouve pas. Mais Arnauld satisfait d'avoir détruit l'hypothèse des *idées-images*, ou, comme il le dit, de cet *être représentatif* qu'on interposait entre l'âme et les objets, ne s'est pas attaché à distinguer les différentes espèces de nos idées, et il a donné le nom de perceptions à des conceptions pures qui n'impliquent pas l'existence des objets qu'elles représentent. « L'absence locale, dit-il, n'empêche pas que l'objet ne puisse être vu de l'âme, comme quand la mère du jeune Tobie pleurait sur son

---

1. *Des vraies et des fausses idées*, Paris, 1683, chap. II, x, xi.

absence.... Il est certain aussi que la *perception* de plusieurs choses est actuellement dans notre esprit quoique ces choses ne soient pas actuellement hors de nous[1]. » Il ne fait aucune différence entre la perception d'un corps, de la lumière du soleil, par exemple, et la conception d'une personne absente, ou celle du cube ou du carré parfait, qui n'existe que dans l'esprit et que nous ne pouvons réaliser hors de nous[2].

Arnauld a sans doute rendu un grand service à la philosophie en renversant l'hypothèse de ces *êtres représentatifs* qui entouraient l'esprit de fantômes et l'empêchaient de s'avancer jusqu'aux réalités; mais il est à regretter qu'en confondant sous le nom de perception des phénomènes très-divers, il n'ait pas assez mis en lumière cette vérité importante que l'esprit distingue spontanément entre ses perceptions et ses conceptions.

§ 7. Doctrine de Leibniz.

Aussi, la réforme d'Arnauld ne porta-t-elle pas tous les fruits qu'on en devait attendre, et Leibniz écrivait-il encore après lui : « Il semble que les sens ne sauraient nous convaincre de l'existence des choses sensibles sans le secours de la raison[3]. » Pour distinguer le songe d'avec l'état de veille, Leibniz reproduit timidement, il est vrai, les motifs de Descartes, condamnés d'avance par Platon. « Le vrai criterium en matière des objets des sens, dit-il, est la liaison des phénomènes.... Cependant, il faut avouer que toute cette certitude n'est pas du suprême degré, comme Locke l'a bien reconnu; car il n'est point impossible, métaphysiquement parlant, qu'il y ait un songe suivi et durable comme la vie d'un

---

1. *Ibid.*, chap. VIII et IX.
2. *Ibid.*, chap. V et VII.
3. *Nouveaux essais*, livre II, chap. VII.

homme ; mais c'est une chose aussi contraire à la raison que pourrait être la fiction d'un livre qui se formerait par le hasard en jetant pêle-mêle les caractères d'imprimerie. Au reste, il est vrai aussi que, pourvu que les phénomènes soient liés, il n'importe qu'on les appelle songes ou non, puisque l'expérience montre qu'on ne se trompe point dans les mesures qu'on prend sur ces phénomènes[1]. » Ainsi, Leibniz se contente de dire qu'en raisonnant sur ces phénomènes liés et constants que nous appelons l'état de veille, la plupart du temps nos conjectures se trouvent justes ; du reste, il n'ose pas nous assurer que la vie ne soit pas un songe.

Nous avons fait connaître le système de Leibniz sur l'harmonie préétablie : les substances se développent symétriquement, mais sans action réciproque[2]. Elles sont si bien en harmonie les unes avec les autres, que telle substance, prise à un instant donné, représente ou *exprime*, c'est le mot de Leibniz, l'état de toutes les autres substances ; et cette *expression* de l'état de toutes les substances par l'état d'une seule, est ce qu'il appelle la *perception*. Nous ne voudrions pas affirmer que Leibniz n'ait pas entendu quelquefois par *perception* une impression que reçoit une substance par suite de l'action des autres, comme lorsqu'il dit que notre corps est toujours frappé par les autres qui l'environnent[3] ; et lorsqu'il parle des *impressions* qu'on reçoit dans l'état de léthargie[4] ; mais ce sont là des aveux ou au moins des mots qui lui échappent ; la doctrine à laquelle il attache le plus d'importance est celle de l'incapacité où sont les substances d'agir les unes sur les autres. D'après cette doctrine, « nos *perceptions* confuses, qui tiennent

---

1. *Ibid*, livre IV, chap. II, § 14.
2. Voy. plus haut, liv. III, ch. II, § 2.
3. *Nouveaux essais*, livre II, chap. I, § 17.
4. *Ibid.*, livre II, chap. IX, § 1.

même de l'infini, ne sont que des expressions du détail de ce qui arrive dans les corps.... L'âme n'est jamais privée du secours de la sensation, parce que la sensation exprime toujours son corps[1]. » Ainsi, la *perception* est une simple représentation de l'état des autres substances; elle ne saisit pas, elle ne connaît pas les autres existences, elle les peint. Il n'est pas possible de distinguer ici entre la perception véritable et le simple souvenir, entre le rêve et l'état de veille, l'état de raison et la folie; ce sont autant de *perceptions*, suivant le langage de Leibniz, qui doivent exprimer les unes aussi bien que les autres l'état correspondant de toutes les substances de l'univers. Mais, comme nous l'avons déjà dit, cette théorie conduit à l'anéantissement du monde extérieur. Leibniz se défie de ses sens, et il ne veut pas admettre l'existence du monde matériel sur leur seul témoignage; il pense que ce monde n'agit pas sur l'âme, et qu'elle accomplit tous les actes que nous montre la conscience, sans aucune action du monde des corps : à quoi sert donc ce monde? Pourquoi en supposer l'existence, puisque les sens ne l'attestent pas, et qu'il n'est d'aucune utilité pour l'esprit?

§ 8. Locke et Condillac.

Le philosophe moderne qui paraîtrait au premier coup d'œil porter le plus de faveur au témoignage des sens extérieurs, qui renferme toutes les connaissances dans la sensation et la réflexion, Locke a tenu cependant, au sujet des sens, un langage souvent équivoque. Il affirme, par exemple, que l'âme n'est en communication qu'avec ses sensations ou ses idées et point avec les objets; que les sensations ne ressemblent pas aux qualités

---

1. *Ibid.*, livre II, chap. I, § 17; livre IV, chap. III, § 1.

secondes des corps[1], et, comme ce sont les qualités secondes qui nous révèlent les premières, si nous n'avons pas un moyen certain de connaître les secondes, la connaissance des corps nous échappe entièrement. Il n'a donc pas mieux établi que Protagoras l'existence des objets extérieurs[2]. Il n'est pas jusqu'à Condillac, qu'on regarde comme le père du matérialisme en France, qui n'ait considéré la sensation comme un phénomène dont le côté interne ou spirituel était beaucoup plus clair que le côté externe ou matériel, et qui n'ait écrit que nous étions plus assurés de l'existence de notre âme que de celle des corps[3].

§ 9. Conclusions de Berkeley.

Si vous vous défiez des sens extérieurs, si vous n'avez pour prouver la réalité des corps que la durée comparée du rêve et de l'état de veille, comme Descartes, que la révélation, comme Malebranche, que l'harmonie préétablie, comme Leibniz, il vaut mieux nier l'existence d'un monde qui ne repose que sur des hypothèses. Nous sommes ainsi conduits à parler de cette seconde classe de philosophes qui ont rejeté le monde externe. Ceux-ci sont plus conséquents que les premiers. Ils n'essayent pas de donner la preuve de ce qui ne peut pas être prouvé : ils n'aperçoivent pas un fait qui est évident de lui-même, c'est-à-dire la perception des choses matérielles, ils le suppriment et ne s'efforcent pas de le remplacer par des suppositions plus ou moins hardies, mais qui ne peuvent être plus évidentes que l'évidence qu'on a méconnue.

1. *Essai sur l'entendement humain*, livre II, chap. VIII, § 11-15 et Dugald Stewart, *Essais philosophiques*, trad., par Ch. Huret, 1ᵉʳ *Essai*, chap. II.
2. Voy. même chap., § 2.
3. *Traité des sensations*, 1ʳᵉ édit., t. II, p. 202.

Dans l'antiquité grecque, une partie de l'école d'Élée était arrivée à nier tout à fait l'existence des corps. Elle y avait été conduite par les prétendues erreurs des sens, et par des raisons plus profondes sur lesquelles nous reviendrons en traitant de la notion de l'espace. Dans les temps modernes, le premier qui proclama hardiment les conséquences des principes généralement admis sur les sens extérieurs, ce fut Berkeley, évêque de Cloyne, en Irlande. La philosophie la plus répandue admettait que l'esprit ne percevait pas les objets eux-mêmes, mais des *êtres représentatifs*, selon l'expression d'Arnauld. La critique de ce dernier philosophe n'avait pas été assez remarquée, et n'avait d'ailleurs pas détruit les objections sur les erreurs des sens, sur la prétendue impossibilité de distinguer l'état de veille et de raison d'avec le rêve et la folie. Locke affirmait que l'âme ne communique pas avec les objets eux-mêmes. Malebranche et Leibniz expliquaient les phénomènes de la perception, l'un par des idées en Dieu, l'autre par des idées dans l'âme; il était clair qu'on ne pouvait admettre plus longtemps l'existence d'un monde matériel que personne n'avait vu, qu'on ne pouvait même pas voir, qui, s'il eût existé, n'aurait servi à rien. Berkeley déclara donc que le monde matériel n'existait pas, qu'il n'y avait de réel que l'âme de l'homme et Dieu qui était la cause de nos idées. Les idées sont plus ou moins vives : celles qui ont beaucoup de vivacité sont appelées l'état de veille; celles qui en ont moins, le souvenir; moins encore, la conjecture, l'opinion, la rêverie, le rêve. Berkeley fut tellement persuadé de cette opinion qu'il la regarda comme universelle et populaire. Personne, suivant lui, ne croyait plus à l'existence des corps; quand nous en parlons, nous ne sommes pas plus dupes de notre langage que de ces phrases où nous disons que le soleil se lève ou se couche, quoique nous sachions bien qu'il est immobile.

Ainsi, l'âme, les idées, qui sont des modifications de cette âme, et Dieu, qui est la cause de ces modifications, voilà l'univers[1].

§ 10. David Hume.

Sommes-nous au moins assurés de cette nouvelle position? Pas plus que des autres. En effet, si l'âme a des perceptions et des sentiments sans objets extérieurs, si elle croit mouvoir un corps, quoiqu'elle ne le meuve pas, si toutes ses idées ressemblent à celles du rêve, si l'idée des corps ne prouve pas l'existence des corps, comment l'idée de Dieu prouverait-elle l'existence de Dieu? — Mais, dites-vous, j'existe et je ne me suis pas donné l'être, il faut donc que je l'aie reçu d'autrui. — Ce raisonnement est une idée : cette idée n'est pas plus évidente que celle de la lumière et des corps. Vous rejetez l'existence des corps et de la lumière, attendez-vous à ce que d'autres rejettent l'existence de Dieu. Et vous ne serez pas encore au bout de toutes ces nouveautés. Vous existez, dites-vous? Comment le savez-vous? Par une idée? Mais une idée, selon vous, ne prouve pas l'existence de l'objet auquel elle s'applique. Vous ne pouvez donc même pas affirmer votre propre existence, mais seulement l'idée de votre existence. Voilà donc où vous en êtes réduit : vous avez creusé un abîme dans lequel se sont ensevelies toutes les existences, les corps, Dieu, votre âme elle-même, et sur ce néant il ne surnage que *l'idée*, être incompréhensible, sans objet auquel il s'applique, sans sujet dans lequel il réside, image qui ne représente aucune chose, fantôme qui n'apparaît à personne, être et néant, tout et rien, folie et contradiction. Cette dernière et terrible conséquence de la théorie com-

---

1. Voy. *Principes des connaissances humaines*, 1710.

mune sur les sens extérieurs a été développée par David Hume, l'un des plus habiles logiciens des temps modernes. Il l'a élevée au rang d'un système sceptique du haut duquel il riait avec raison de la témérité de certains philosophes[1].

« C'est, dit-il, par les différents degrés de vivacité que je distingue toutes les perceptions en deux classes. J'appelle *idées* ou *pensées* les perceptions les moins vives, et *impressions* toutes les perceptions qui ont un certain degré de force, comme sont celles de la vue, de l'ouïe, du toucher, et j'y joins aussi l'amour, la haine, le désir et la volition ... Un instinct naturel *semble* porter les hommes à *croire* leurs sens, indépendamment de la raison et même avant l'usage de la raison. Nous *supposons* un univers extérieur et indépendant de nos perceptions. Les animaux font la même *supposition*. Cependant la philosophie nous enseigne que ce qui est présent à l'âme, ce n'est pas l'objet lui-même, mais sa représentation, son image. A mesure que nous nous éloignons d'un objet, nous le voyons diminuer de grandeur, et cependant l'objet réel ne souffre aucun changement : ce qui se présentait à notre esprit n'était donc qu'une image. Le raisonnement nous force d'abandonner ou de contredire les premiers instincts de la nature. Comment prouvera-t-on jamais que les *représentations* soient produites par des objets extérieurs qui diffèrent essentiellement de ces *représentations*? Celles-ci ne pourraient-elles pas résulter d'une force propre à l'âme ou de l'action de quelque esprit invisible ou inconnu?... On accorde déjà qu'un grand nombre de ces représentations ne viennent pas du dehors, comme dans les songes, la folie, etc.... Comment d'ailleurs les corps pourraient-ils envoyer ces représentations? Nous ne pouvons savoir

---

1. Voy. le *Traité de la nature humaine*, t. II, p. 416 et suiv.

si ces représentations sont produites par les objets extérieurs, car nous ne voyons que ces représentations et point les objets eux-mêmes. On a recours à la véracité de Dieu pour prouver la véracité de nos sens; mais si nous doutons du monde externe, où trouverons-nous des arguments pour prouver l'existence de Dieu?... On reconnaît généralement aujourd'hui que ce qu'on appelle les qualités secondes : la couleur, la résistance, le son, l'odeur et la saveur n'existent pas dans la matière et ne sont que des impressions de l'âme, sans modèle extérieur; mais comme nous ne connaissons les qualités premières, l'étendue, la forme, la solidité, que par les secondes, qui peut nous assurer de l'existence des qualités premières[1]? »

David Hume, comme on le voit, n'a fait que tirer les conséquences des principes posés par ses prédécesseurs. Les philosophes nous enseignent que ce qui est présent à l'âme, ce n'est pas l'objet lui-même, mais sa représentation : nous ne pouvons savoir si cette représentation est produite par les objets extérieurs, puisque nous ne voyons pas ces objets; les perceptions des sens ne sont donc que des affections ou des modifications de l'âme, qui sont semblables à l'amour, à la haine, au désir, et qui ne diffèrent entre elles que par le degré de vivacité; et si un instinct naturel *semble* nous porter à *croire* nos sens, nous n'avons à ce sujet qu'une croyance, une supposition qui n'implique en rien l'existence réelle d'objets extérieurs.

David Hume parvenait à ces conclusions en partant des théories spéculatives généralement admises de son temps. Mais, comme il arrive à tous les sceptiques, c'est-à-dire à tous ceux qui veulent nier des principes évidents d'eux-mêmes, il se frappait bientôt de contradiction, et dans

---

1. *OEuvres philosophiques*, traduction française, t. II, p. 73, 101-108.

l'*Essai* même, où il réduisait les perceptions à des affections purement internes, il se servait du mot d'*impressions*, qui implique un phénomène produit par une cause extérieure ; il distinguait entre les sens, les organes des sens et les objets externes[1], et enfin, dans son *Essai sur la philosophie sceptique*, il laissait échapper ces mots : « Le grand destructeur du pyrrhonisme, c'est l'action, c'est la vie commune. La réponse la plus forte aux objections du scepticisme, c'est de demander au sceptique dans quelle vue il les propose : il sera arrêté tout court, car il ne peut espérer de les faire adopter, et s'il y réussissait, quel bien en résulterait-il pour l'humanité ? La fin du monde. *La nature prévaudra toujours contre les objections des sceptiques*[2] »

Le devoir du philosophe est d'écouter cette voix de la nature, d'en recueillir avec soin et avec respect tous les accents. Peindre son modèle trait pour trait sans y rien changer, c'est là sa tâche, et elle est assez difficile pour n'avoir pas encore été remplie et pour suffire à la gloire de celui qui saura l'achever.

Que résulte-t-il du mépris pour les sens extérieurs ? On enlève la base de toutes les connaissances ; les sciences physiques sont dédaignées ; on choque le bon sens et l'on en fait l'ennemi de la philosophie. Bien plus, on sape le fondement des sciences morales elles-mêmes. Vous exhortez les hommes, ô Platon ! à contempler les *idées* éternelles, les modèles divins de la vérité et de la vertu ; mais ces hommes que sont-ils? Vous ne percevez que des étendues et des formes ; si ces étendues et ces formes ne sont que des rêves ou des visions, que deviennent les hommes et les âmes qui les animent ? des songes et des visions comme tout le reste. Pourquoi tourner sa pensée

---

1. *Ibid.*, t. I, p. 78 et 79.
2. *OEuvres philosophiques*, traduct. franç., t. II, p. 116.

vers les types immuables de la tempérance et de la justice? La tempérance, c'est la lutte contre les passions du corps ; mais le corps n'existe pas. La justice c'est le respect de nos semblables ; mais ces semblables existent-ils ? La réalité, dites-vous, n'est que dans les choses intelligibles, dans le nombre pur, dans la beauté et la bonté absolues, dans l'être immuable. Mais quel fruit recueillerons-nous de cette théorie pour les sciences et les beaux-arts ? où sont les mathématiciens, les architectes, les peintres et les sculpteurs ; où est le marbre, où sont les couleurs? Vous êtes seul, ô Platon, à contempler les *essences!* Seul, face à face avec votre Dieu, et encore ne pourrez-vous le conserver longtemps. Il faut qu'il vous absorbe ou que vous l'absorbiez. Si vous n'apercevez pas les fatales conséquences de cette doctrine, la postérité les apercevra. Descartes rejettera aussi le témoignage naturel des sens, et quelques disciples de Descartes proclameront que chacun ne peut affirmer que sa propre existence, que le *moi* est seul au monde et qu'il n'y a ni humanité ni Dieu.

Si, au contraire, nous ne méconnaissons pas les sens extérieurs, nous nous mettons d'accord avec tout le monde, nous rendons aux sciences physiques leur importance, nous rétablissons l'harmonie dans l'encyclopédie des connaissances humaines ; nous avons des semblables, des devoirs sociaux à observer, du mérite à obtenir ; le monde physique et le monde moral nous servent de degrés pour nous élever jusqu'à Dieu, qui redevient un créateur, un maître et un père.

§ 11. Thomas Reid.

Après que David Hume, en s'appuyant sur les faux principes admis par presque tous les philosophes de son temps, eut fait évanouir non-seulement le monde matériel, mais Dieu et l'âme elle-même pour ne laisser survivre que l'idée, Thomas Reid, le plus illustre des maîtres de l'école écossaise, porta son examen sur la perception des sens. On raconte qu'admettant d'abord, avec les philosophes contemporains, que l'esprit ne perçoit pas les objets, il avait été conduit, par les raisonnements de Berkeley et de Hume, à rejeter l'existence du monde matériel. Il en avait pris courageusement son parti, quoiqu'il lui en coutât beaucoup de regarder comme de pures idées le soleil, les étoiles, les montagnes, les fleuves et les campagnes fertiles, et tout ce bel ordre de l'univers où se lit en caractères si visibles la souveraine intelligence. Mais quand il vint à réfléchir que les objets mêmes de sa tendresse, que son père, que sa femme, que ses enfants n'étaient aussi que des idées, son courage l'abandonna; il pensa qu'un principe qui conduisait à une si absurde conséquence devait être lui-même absurde. « Pour admettre l'existence du monde matériel, disait-il, j'ai le cri de ma nature et l'accord du genre humain; pour accepter ces idées-images qui me cachent le monde physique, je n'ai que l'autorité des philosophes: je ne dois pas hésiter. » Et il donna le premier l'exemple de retourner la conséquence contre le principe[1]. Il s'appliqua d'abord à détruire toutes les préventions contre les sens, et démontra qu'ils ne peuvent pas nous tromper. Il en donna cet exemple remarquable : L'homme qui a été abusé par une pièce de fausse monnaie ne manque pas de dire que ses sens l'ont trompé : mais son accusation ne tombe pas sur le vrai coupable, car demandez-lui si ses sens l'ont trompé sur la couleur, la figure ou l'empreinte ? Non; c'est cependant à quoi se réduit le témoignage irrécusable de ses sens.... Non-seulement ses sens sont innocents de l'erreur de son jugement[2], mais c'est par eux seulement qu'il

---

1. *Vie de Reid*, par Dugald Stewart, dans la traduction française des œuvres de Reid, t. I, p. 14-15.
2. Ce jugement est dû à l'induction dont nous parlerons plus loin.

parvient à la découvrir : qu'il sache les interroger, et ils lui apprendront que le métal qu'il a jugé pur ne l'est pas, ou que la pièce n'en contient pas le poids nécessaire[1]. » Reid s'attacha ensuite à décrire le phénomène de la perception et à faire voir qu'il se distingue naturellement de la conception. « Le mot *percevoir*, dit-il, ne s'applique jamais aux choses de l'existence desquelles nous n'avons pas la pleine conviction ; je puis concevoir ou imaginer une montagne d'or, un cheval ailé, mais personne ne dit qu'il perçoit ces êtres imaginables ; la perception se distingue par là de la conception ou de l'imagination.... La conception et la perception d'un arbre ne diffèrent pas seulement en degré.... Dans cette phrase : Je sens une douleur, la distinction entre l'acte de l'âme et l'objet de l'acte n'est pas réelle, comme dans cette autre : Je vois un arbre[2]. » Reid oppose aussi la perception à la conscience et même à la mémoire ; mais l'usage de notre langue permet de dire que l'âme se perçoit elle-même, dans son existence présente et dans son existence passée ; nous n'avons donc pas suivi Reid dans cette dernière opposition. Pour nous, la conscience et la mémoire que nous distinguons de la réminiscence sont, comme on le verra, des genres de perceptions[3].

§ 12. La perception n'est pas une conception accompagnée de croyance.

Plût au ciel que Thomas Reid eût toujours maintenu d'une main ferme la distinction naturelle entre la perception et la conception ; mais nous allons voir qu'il est lui-même tombé dans quelques contradictions sur ce sujet.

---

1. *OEuvres complètes*, traduct. franç., t. IV, p. 38.
2. Voy. *Critique de la philosophie de Th. Reid*, par Adolphe Garnier, p. 14 et suivantes.
3. Voy. plus loin, même section, chap. IV.

Dans les citations que nous venons de faire, la perception et la conception s'opposent l'une à l'autre, et elles diffèrent de nature ; mais Reid, en d'autres parties de ses ouvrages, a écrit des phrases telles que celles-ci : « La *perception* d'un objet renferme deux éléments : la *conception* de sa figure et la *croyance* à son existence présente.... Il y a dans la perception trois choses : 1° quelque conception ou notion de l'objet perçu ; 2° une conviction irrésistible et une croyance ferme de son existence actuelle ; 3° cette conviction et cette croyance sont immédiates et non l'effet du raisonnement [1]. »

Ici la perception ne s'oppose plus à la conception et à la croyance ; elle les renferme. Mais, je conçois une blessure ; je crois que je vais être blessé : ce n'est pas la perception de la blessure. L'enfant aperçoit le reflet de la lune dans l'eau, il croit qu'un corps solide existe sous cette lumière, et il demande qu'on le lui donne, mais il ne le *perçoit* pas. La *perception* n'est donc pas la *conception* d'un objet accompagné de la *croyance* à la présence actuelle de cet objet.

On a cependant répété sur l'autorité de Thomas Reid, que parmi les pensées ou conceptions de notre esprit, il en est qui ne sont pas accompagnées de la croyance à l'existence extérieure de leur objet, et d'autres qui en sont suivies, et que ce sont celles-là qu'on appelle des perceptions. Nous répondons : « 1° Que si par croyance on entend une conjecture pareille à celle qui trompe l'enfant dans l'exemple que nous avons cité, cette croyance ne constitue pas la perception ; 2° que si par croyance on entend une connaissance certaine de la présence actuelle de l'objet, un acte qui saisit l'être, cette croyance est la perception elle-même ; mais on a tort de l'appeler une

---

1. *Critique de la philosophie de Th. Reid*, par Adolphe Garnier, p. 15 et 24.

croyance, car elle est plus qu'une croyance, elle est une connaissance [1].

§ 13. La perception ne s'appuie pas sur le principe de causalité.

Une autre erreur très-répandue, c'est que la sensation est une pure modification de l'âme ; qu'elle ne nous donnerait par elle-même aucune idée d'une existence extérieure ; mais que l'esprit n'étant pas l'auteur de sa modification, en place la cause hors de lui et trouve ainsi le monde externe.

Cette opinion est sujette à plusieurs reproches. Premièrement, la sensation, à prendre le mot comme on l'emploie généralement et non dans le sens restreint que nous lui avons assigné plus haut [2], comprend la perception et l'affection agréable ou désagréable. Celle-ci est, en effet, un phénomène purement *intérieur*. La peine et le plaisir ne sont nulle part hors de l'âme ; la peine, c'est l'âme souffrante ; le plaisir, c'est l'âme agréablement affectée ; il n'y a rien hors de l'âme qu'on puisse appeler plaisir ou peine. Mais la perception ou la connaissance de l'étendue, de la forme, etc.. contient deux éléments, dont l'un est *intérieur*, c'est la connaissance, et l'autre *extérieur*, c'est l'étendue, la forme, etc. L'âme identifie avec elle la jouissance, la souffrance et la connaissance ; elle dit *je* jouis, *je* souffre, *je* connais ; mais elle ne peut identifier avec elle la forme et l'étendue. La sensation n'est donc pas une pure modification de l'âme.

Secondement, si la sensation était une pure modification de l'âme, si l'âme pouvait identifier avec elle la forme et l'étendue comme une pure idée, comme l'idée d'un rêve, par exemple, l'âme ne connaîtrait qu'elle-même,

---

1. Voy. plus loin le chap. de l'induction.
2. Voy. même chap., § 9.

elle n'aurait l'idée de rien d'extérieur. — Mais elle saurait, direz-vous, qu'elle ne s'est pas donné telle ou telle modification. — Elle n'en pourrait conclure que cette modification lui viendrait d'un autre être, puisqu'elle ne connaîtrait qu'elle-même. Elle supposerait sans doute qu'elle se serait donné cette modification à son insu. Ainsi la notion que tout effet doit avoir une cause, ou ce qu'on appelle en philosophie le *principe de causalité*, ne peut faire qu'un être, qui se sait seul au monde, en imagine un autre que lui, mais seulement qu'il accuse sa conscience de lui faire défaut, et nous verrons que la conscience ne nous atteste pas toutes nos actions. Lorsque je me connais et que je connais mes semblables et Dieu, ce que je ne fais pas moi-même, je puis l'imputer à Dieu ou à mes semblables; mais si je ne connais que moi au monde, le principe de causalité ne s'appliquera jamais qu'à moi : il est incapable de me fournir l'idée d'une autre existence.

Troisièmement, cette doctrine ne nous donnerait pas le moyen de distinguer entre nos perceptions et nos conceptions. L'idée de l'étendue serait, dit-on, une modification de mon âme, dont je chercherais la cause hors de moi; mais je ne suis pas plus la cause de l'idée de l'étendue, quand elle me vient à l'état de conception ou de souvenir involontaire que quand elle me vient à l'état de perception. Quelquefois un souvenir me poursuit quoi que je fasse ; je devrais donc croire présent l'objet de ce souvenir, si le principe de causalité me forçait de placer hors de moi la cause des modifications que je ne me suis pas données moi-même.

On a dit encore que la distinction entre nos perceptions et nos conceptions vient de ce que nous pouvons changer l'ordre des secondes et non l'ordre des premières. Lorsque vous vous représentez un arbre, dit-on, vous pouvez, si vous le voulez, mettre les branches en bas; mais, quand vous le percevez, vous êtes obligé de voir chaque chose à sa place. Cette liberté qui vous manque vous avertit qu'il y a là quelque chose hors de vous qui vous domine. Nous répondrons qu'il y a certains courants de nos pensées qui nous entraînent, dont nous ne pouvons changer l'ordre, et que nous ne les prenons cependant pas pour des objets de perception. Essayez de réciter de mémoire, à rebours de l'ordre ordinaire, les noms des mois de l'année ou des lettres de l'alphabet, vous verrez votre mémoire rebelle reprendre plusieure fois l'ordre direct, et cette contrainte que vous éprouverez ne vous fera pas croire que vous lisiez véritablement ce que vous essayez de répéter. Ce n'est donc ni le principe de causalité ni l'ordre fatal des conceptions qui nous donne la connaissance du monde extérieur et nous fait distinguer entre la perception et la conception. La distinction est plus simple et plus immédiate.

§ 14. La distinction des qualités premières et des qualités secondes de la matière n'est pas fondée.

Il y a une théorie un peu plus exacte que la précédente, mais qui ne contient pas encore la vérité. On distingue dans les corps, les qualités premières ou primaires qui sont l'étendue, la forme, le mouvement, le nombre, la divisibilité et la solidité, et les qualités secondes ou secondaires, c'est-à-dire le chaud et le froid, la tangibilité, la résistance, la couleur, le son, l'odeur et la saveur[1]. On suppose que les unes sont connues directement comme extérieures et que les autres sont de pures modifications de l'âme. On ajoute que si nous rapportons ces modifications aux corps, c'est que nous ne les éprouvons

---

1. Voy. Locke, *Essai sur l'entendement humain.* liv. II, chapitre VIII, § 9 et 10.

qu'en présence des qualités premières. L'étendue, dit-on, par exemple, ne se confond jamais avec notre esprit ; dès qu'elle est en rapport avec nous, elle se distingue de nous-mêmes ; elle est l'objet d'une perception immédiate, irréfléchie, irrésistible. Il en est autrement de la chaleur : ce phénomène n'est qu'une modification de notre âme ; s'il existait seul, il ne nous donnerait l'idée que de l'âme diversement modifiée. Mais comme nous ne l'éprouvons qu'en présence de l'étendue, le principe de causalité nous conduit à placer la cause de cette modification dans l'étendue, et voilà comment nous arrivons à dire que la chaleur est dans l'objet extérieur, quoiqu'elle n'existe que dans notre âme[1].

Dans cette théorie, ce n'est plus le principe de causalité qui est chargé de créer, pour ainsi dire, le monde externe de toutes pièces. Certaines qualités sont données immédiatement comme extérieures, et elles nous paraissent la cause de nos modifications internes. Mais si le chaud, le froid, la couleur, etc., ne sont que des modifications de l'âme, elles ressemblent à la peine et au plaisir ; ce sont de pures affections. Comment se fait-il que je n'identifie pas avec moi les premiers de ces phénomènes comme les seconds? De la souffrance et de la jouissance je dis : *je* souffre, *je* jouis ; de la couleur et du son, je ne dis jamais : *je* brille, *je* sonne. La couleur et le son me paraissent immédiatement extérieurs, et je les distingue aussi directement de moi-même que l'étendue, la forme, etc.

Nous avons vu dans l'histoire du jeune aveugle, guéri par Cheselden, qu'en acquérant la vue, il n'avait pas pris les couleurs pour de purs sentiments de son âme, mais pour des objets aussi extérieurs que les étendues[2]. On

---

1. Voy. Reid, trad. franç., t. III, p. 273-279.
2. Voy. plus haut, même chap., § 4.

dit que nous rapportons les qualités secondes aux corps parce que nous éprouvons la chaleur, la couleur, etc., en présence de l'étendue, la forme, etc. Mais nous éprouvons aussi du plaisir et de la peine en présence de l'étendue et de la forme : d'où vient que nous ne disons point que le plaisir et la peine soient dans les corps? C'est que nous savons directement que le plaisir et la peine sont l'âme jouissant ou souffrant, et que la couleur et la chaleur ne sont pas l'âme brillante ou chaude, mais l'âme percevant la couleur et la chaleur. On insiste : la chaleur et la couleur, poursuit-on, cessent dès que l'étendue est retirée, tandis que le plaisir et la peine existent en l'absence de l'étendue. Cette observation n'est pas toujours vraie : le plaisir que me cause la vue d'un cercle bien tracé cesse dès que je ne vois plus cette figure, et cependant je ne dis pas que le plaisir soit dans le cercle.

On ne fait pas attention que l'étendue, la figure, etc., ne nous sont révélées que par la résistance, par la tangibilité, ou par la couleur. En effet, nous ne percevons l'étendue des corps que par la vue ou le toucher : comment donc une pure modification de l'âme analogue au plaisir et à la peine, telle qu'on soutient que seraient la couleur et la tangibilité, pourrait-elle nous révéler l'étendue et la figure? Le plaisir et la peine n'ont ni figure ni étendue. La couleur et la tangibilité sont figurées et étendues : elles ne sont donc pas de pures modifications de l'âme, puisque l'âme n'a ni étendue ni figure. On n'a pas assez considéré que la tangibilité et la couleur sont étendues, figurées, et de plus mobiles. Les modifications de l'âme se déplacent-elles? Les nuages qui ne sont à nos yeux que des couleurs, passent dans le ciel au-dessus de nos têtes; les modifications de notre âme traversent-elles ainsi les cieux? Les qualités premières, comme vous les appelez, ne nous sont connues que par les qualités secondes? Si les qualités secondes n'existent qu'en nous, que deviennent les qualités premières? Telles sont les inconséquences par lesquelles la philosophie ouvre la porte au scepticisme.

Il faut donc reconnaître que les qualités secondes sont perçues immédiatement comme distinctes de l'âme, et non comme de pures modifications internes. Et en effet, l'étendue, la forme, etc., peuvent être pour nous tantôt à l'état de perception, tantôt à l'état de conception, et nous savons distinguer immédiatement ces deux états; il en est de même de la couleur, de la chaleur, de l'odeur, etc.; nous n'avons pas besoin de percevoir une étendue ni une forme, pour savoir si nous percevons un son ou si nous ne faisons que nous en souvenir, si l'odeur d'une rose est soumise à notre sens ou si elle n'existe que dans notre mémoire. Cette distinction directe et immédiate est toute la théorie de la perception extérieure.

Mais, poursuit-on encore, les mots qui expriment la perception des qualités secondes conviennent à la fois à l'objet et à la sensation : on dit une belle vue pour dire une chose belle à voir; on dit qu'un objet est d'un toucher rude, pour signifier qu'il est rude au toucher, et enfin qu'un aliment est de bon goût pour faire entendre qu'il est bon au goût. Ces confusions s'appliquent à la couleur, à la tangibilité, à la saveur et jamais à l'étendue, à la forme, etc. Donc l'étendue, la forme, etc., sont distinctes de l'être qui les perçoit, tandis que les qualités secondes se confondent avec lui. Ces confusions, dirons-nous, ne sont pas irrémédiables, et cela nous suffit. Avec quelque attention, il est facile de distinguer entre l'acte du toucher et le tangible, l'acte de la vue et la couleur, l'acte de l'ouïe et le son, l'acte de l'odorat et l'odeur, l'acte du goût et la saveur. Nous répéterons d'ailleurs que l'étendue, la forme, etc., ne nous sont connues que par le tangible et la couleur, et que si ces deux qualités n'étaient pas perçues comme extérieures, l'étendue et la forme nous paraîtraient n'exister que dans notre intelligence, comme les lignes et les figures de la géométrie.

On dit enfin, que les qualités premières sont claires pour l'esprit, et que les secondes sont obscures. Nous avons fait observer que l'étendue n'existe pas dans les corps, si l'on entend par l'étendue la juxtaposition continue des parties du corps[1], nous ne voyons donc pas avec clarté comment des parties discontinues produisent dans notre âme la perception d'une étendue continue. La solidité n'est pas claire non plus, car il nous est très-difficile de concevoir comment des parties discontinues peuvent avoir de la cohésion. Ne nous flattons pas de trouver la clarté où elle n'est pas : l'étendue est aussi obscure pour nous que le son ou la chaleur.

Reid et Stewart disaient que l'étendue et la figure sont si claires, qu'elles deviennent les objets des sciences mathématiques[2]. Mais ce n'est pas l'étendue de la matière avec les pores que l'observation y découvre et les intervalles que la physique y suppose, ce n'est pas la forme irrégulière des corps naturels, qui servent d'objets aux sciences mathématiques ; c'est l'étendue pure ou l'espace pur, c'est la forme régulière conçue par l'esprit et non empruntée à l'observation des sens externes. L'étendue et la forme géométrique ne sont pas des qualités de la matière[3].

Après avoir distingué les qualités premières et les qualités secondes sous le rapport psychologique, c'est-à-dire selon les différences qu'on supposait dans la perception des unes et des autres, on a cru pouvoir les distinguer en elles-mêmes, ou, comme on le dit en philo-

---

1. Voy. plus haut, chap. III, § 1.
2. Reid, *OEuvres complètes*, traduct. franç., t. III, p. 277, Dugald Stewart, *Essais philosop.*, trad. de Huret, p. 192 et suiv.
3. Voy. plus loin, même livre, sect. II, chap. II.

sophie, sous le rapport ontologique. Voici les oppositions qu'on a établies de ce nouveau point de vue :

1º Les qualités premières sont essentielles à la matière.

2º Les qualités premières ne supposent pas les secondes, tandis que les secondes supposent les premières.

3º Les qualités premières sont absolues ; elles existeraient lors même que nous n'existerions pas ; les qualités secondes sont relatives, elles supposent l'existence de l'âme qui les perçoit.

Examinons ces nouvelles oppositions. Premièrement, l'on ne peut concevoir, dit-on, la matière sans les qualités premières, tandis qu'on la conçoit sans les secondes. Cependant rien n'empêche de supposer une matière infinie, immobile et indivisible, en ce sens que rien ne pût en séparer les parties : dans ce cas, la matière n'aurait ni la forme, ni la divisibilité, ni le nombre, ni le mouvement. C'est ce qu'a fait remarquer M. Royer-Collard, et, dans l'opinion de ce philosophe, il ne resterait d'essentiel à la matière que l'étendue et la solidité[1]. Mais doit-on même faire cette concession? Si par solidité on entend la qualité par laquelle les corps solides se distinguent des corps liquides et fluides, il est trop évident qu'on peut concevoir la matière sans cette qualité. Si l'on entend par solidité l'impénétrabilité, loin que la molécule impénétrable soit essentielle aux corps, quelques physiciens et Leibniz entre autres, expliquent les phénomènes physiques par l'action de certaines forces simples, qui sont pénétrables les unes aux autres. Il ne reste donc que l'étendue. Mais qu'entend-on par ce mot? Est-ce une juxtaposition de parties sans intervalles? La physique, comme nous l'avons dit, n'admet pas cette étendue,

---

1. *Fragments philosophiques*, à la suite des œuvres de Reid, trad. franç., t. III, p. 428.

puisqu'elle suppose que les parties sont à distance les unes des autres, et que le corps comprend plus de vide que de plein. L'étendue, loin d'être essentielle à la matière, n'y existe même pas. Veut-on parler de l'étendue de la molécule? Mais la molécule est une hypothèse qui n'a rien de nécessaire et d'essentiel, et Leibniz explique les phénomènes matériels par des forces simples ou des monades non étendues. Entend-on enfin l'étendue au sens de Descartes? Mais l'étendue était, dans l'opinion de ce philosophe, l'espace lui-même, car il ne distinguait pas entre le corps et l'espace[1]. Dans ce sens, dire que l'étendue est essentielle au corps, c'est dire que l'étendue est essentielle à l'espace, ou l'espace à l'espace. Sur ce pied, le son sera essentiel au son, et la lumière à la lumière. Nous ne pouvons donc affirmer qu'aucune qualité soit plus essentielle qu'une autre à la matière.

Mais, dit-on en second lieu, les qualités secondes supposent les premières; les qualités premières ne supposent pas les secondes; il peut y avoir étendue et solidité, si l'on s'en tient à la thèse réduite de M. Royer-Collard, sans résistance, sans couleur, etc.; il ne peut y avoir ni résistance, ni couleur, etc., sans étendue et solidité. Nous répondons que, dans l'hypothèse de Leibniz, des monades simples, sans étendue, sont les causes des phénomènes qui se manifestent dans les corps, et qu'il pourrait y avoir résistance, couleur, etc., sans étendue et sans solidité. L'expérience nous apprend que le son par exemple est associé à certaines vibrations de l'étendue; **mais nous ne savons pas du tout comment a lieu cette** association, et la raison ne nous la montre pas comme nécessaire.

Troisièmement, enfin, on allègue que les qualités premières sont absolues, qu'elles existeraient sans

---

1. *OEuvres philosophiques*, édit. Ad. G., introduct., p. cxiii.

l'homme, et que les qualités secondes n'existent qu'avec lui. Mais si l'on conçoit que, même en l'absence de l'homme, il y ait de l'étendue et de la solidité, on admettra aussi qu'il y ait des principes odorants, sapides, visibles, etc., c'est-à-dire capables de nous donner les perceptions de la couleur, du son, de l'odeur et de la saveur [1]. De quelque façon qu'on envisage la nature extérieure et les causes de nos perceptions, il est clair que ces causes sont aussi absolues les unes que les autres, et que nous savons, à l'égard de toutes, distinguer dans quel cas nous sommes à l'état de perception ou à l'état de pure conception ; et c'est là le point important dans la théorie des sens extérieurs.

§ 15. Les objets de la perception ne sont pas seulement les modifications de notre propre corps.

Quelques personnes considérant que nous ne connaissons pas les qualités absolues des objets extérieurs, mais le rapport de ces qualités avec celles de notre corps [2], pensent que l'âme ne perçoit que son propre corps diversement modifié par les objets du dehors. Cette doctrine est fort différente du système suivant lequel l'âme ne perçoit que ses propres modifications, et qui conduit à la négation du monde externe. Ici l'esprit connaît autre chose que lui-même, c'est-à-dire un corps diversement modifié. L'âme sait directement que ce corps n'est pas elle ; elle distingue les phénomènes qui se passent dans ce corps d'avec les phénomènes qui se passent en elle-même. Mais comment dans cette théorie s'explique-t-on qu'elle connaisse d'autres corps que le sien ? Dira-t-on que l'âme, sachant qu'elle n'a pas donné

---

1. Voy. plus haut, même chap., § 2, un passage d'Aristote dans le même sens.
2. Voy. plus haut, même liv., même sect., ch. III, § 8.

à son corps les modifications qu'elle y observe, place au dehors la cause de ces modifications, et qu'elle affirme ainsi l'existence des objets distincts de son corps? Mais si elle ne connaît que son corps, qui peut lui donner l'idée d'autre chose, d'un dehors, d'une force extérieure à ce corps? Nous avons déjà vu que le principe de causalité ne peut faire sortir l'âme d'elle-même : il ne pourrait davantage lui faire dépasser la limite de son corps. Un être extérieur nous étant donné par la véritable perception, le principe de causalité peut nous amener à penser qu'il est la cause de tous les effets que nous ne produisons pas nous-mêmes, mais le principe de causalité ne peut le créer à nos yeux. Nous avons vu que l'âme commence par connaître les corps étrangers, et qu'elle ne distingue le sien d'avec les autres que par la perception réciproque du toucher [1].

Comment arrive-t-elle à discerner d'avec les phénomènes véritablement externes ceux qui passent dans ses propres organes, par exemple d'avec le son extérieur le tintement de l'oreille, d'avec la lumière étrangère les couleurs qui se produisent dans l'organe de la vue, d'avec l'étendue tangible externe ces pressions que la maladie lui fait quelquefois sentir sur les tissus qui recouvrent le corps humain. Voici de quelle manière elle fait cette découverte : la perception augmente ou diminue d'intensité, selon qu'on s'approche ou qu'on s'éloigne de l'objet qu'elle saisit. Si l'âme ne découvre aucun corps étranger à l'approche ou à l'éloignement duquel la perception augmente ou diminue, elle jugera que le phénomène a lieu dans l'organe même.

Les causes étrangères qui agissent sur notre corps sont multiples et diverses ; elles diffèrent par leur nature et non pas seulement par l'organe qu'elles affectent ; car

---

1. Voy. plus haut, ch. III, § 1.

si elles étaient de même nature, elles affecteraient le même organe, ou tous les organes à la fois. Il y a donc en dehors de l'âme et des organes quelque chose qui est le tangible, quelque autre chose qui est la lumière ou le visible, quelque autre chose qui est le son, d'autres choses qui sont l'odeur et la saveur. Toutes ces choses, aussi bien que le corps humain, sont connues directement par l'âme comme distinctes d'elle-même, et c'est cette connaissance que nous appelons la *perception* des sens, perception en dehors de toute discussion qui se pose et ne démontre pas.

Nous avons terminé ce que nous avions à dire sur la perception des sens extérieurs ; nous les avons défendus contre les reproches qu'on leur avait injustement adressés ; nous avons distingué la perception d'avec l'affection agréable ou désagréable et d'avec l'impression produite sur l'organe par l'objet extérieur ; nous nous sommes surtout attaché à montrer qu'elle se distingue par elle-même de la conception qui a lieu soit dans la réminiscence, soit dans le rêve ou la folie. C'est là le point capital de la théorie des sens extérieurs. Parcourant les différents systèmes auxquels les philosophes se sont laissés entraîner, nous avons montré l'origine de leurs erreurs : elles venaient de ce qu'ils supposaient que les sens nous trompent, que nous n'avons aucun moyen de distinguer le rêve et la folie d'avec l'état de veille et l'état de raison, et que nous ne voyons pas les objets eux-mêmes, mais des *êtres représentatifs* qui s'interposent entre l'esprit et les objets.

Les philosophes se débattaient dans le vide, faute d'avoir remarqué un fait primitif et vulgaire ; et ils inventaient une multitude d'explications qui laissaient l'homme dans la nuit et le néant de *l'idéalisme*. Ils cherchaient le monde extérieur qui est trouvé, et dont ils n'auraient pas même l'idée s'ils ne l'avaient pas rencontré de prime abord et s'ils n'avaient pas su, comme le vulgaire, distinguer entre leurs perceptions et leurs conceptions. Mais quoi, s'écrie-t-on, la philosophie est-elle si facile et si commode? Elle ne dépassera donc pas le sens commun? Il ne faut que des yeux, dirons-nous, pour faire l'histoire naturelle, et cependant quelle différence n'existe-t-il pas entre le vulgaire et Georges Cuvier. Ce n'est pas par les notions évidentes d'elles-mêmes que Cuvier se distingue de la foule, c'est par la quantité des faits qu'il compare, coordonne et unit à l'aide de l'*induction*. De même les philosophes n'en sauront jamais plus que tout le monde sur tel ou tel principe de l'intelligence, sur tel ou tel jugement premier, mais ils recueilleront tous ces jugements que le vulgaire accomplit sans les remarquer; ils les compareront les uns avec les autres, ils distingueront ceux qui contiennent la certitude et ceux qui ne la contiennent pas, et ils assigneront ainsi les lois du monde de la pensée, comme Képler, Galilée, Newton assignent les lois du monde des corps. Mais quant aux notions évidentes d'elles-mêmes, aux éléments, aux principes, aux faits premiers, qu'ils ne cherchent pas à expliquer ce qui est inexplicable et qu'ils se résignent sur ce sujet à l'ignorance de l'enfant.

CHAPITRE V.

LA PERCEPTION EXTERNE IMMATÉRIELLE OU L'INTUITION PURE.

§ 1. Perception de l'espace pur ou absolu.

On se rappelle ce que nous entendons par le terme de perception ; on ne le comprend bien que par son opposition avec le mot de conception. La perception saisit des réalités qui existent même quand la perception n'a pas lieu ; la conception est un souvenir, une imagination dont l'objet n'existe pas en dehors de la conception. Nous avons vu que l'âme perçoit des objets qu'on appelle les corps et qu'elle se perçoit elle-même dans le présent et dans le passé. A propos de ces premières perceptions, elle en accomplit d'autres dont les objets se distinguent des corps et d'elle-même. Ces objets sont l'espace pur ou absolu, le temps pur ou absolu et la cause éternelle. Ces perceptions nouvelles n'accompagnent pas nécessairement les premières : peut-être même quelques hommes passent-ils leur vie sans qu'elles leur viennent d'une manière claire et complète ; c'est pour cela que nous les attribuons à une faculté distincte des sens extérieurs, de la conscience et de la mémoire.

Nous appelons cette faculté la perception externe immatérielle, ou l'intuition extérieure de l'esprit : *intuition*, parce qu'elle est une vue aussi immédiate que celle qui s'exerce par les organes corporels, et qu'elle ne déduit pas ses connaissances d'autres connaissances précédemment acquises comme le fait le raisonnement; *extérieure*, parce que le nom général d'intuition de l'esprit comprend la conscience et les conceptions purement idéales [1], et que nous voulons parler ici d'une faculté qui saisit des réalités extérieures à l'esprit.

Nous nous occuperons d'abord de la perception de l'espace absolu, parce qu'elle est la plus facile à constater. A propos des *étendues* tangibles ou visibles que les sens nous font connaître, nous percevons qu'il y a un *espace* qui contient ces corps. Nous disons que nous le percevons et non pas que nous le concevons, parce que le mot de conception s'applique aux objets dont on n'affirme pas l'existence et que nous affirmons celle de l'espace. L'espace n'est ni visible, ni tangible : il n'est donc pas la même chose que le corps. Le corps peut se déplacer : l'espace qui le contenait n'est pas anéanti pour cela. Le corps ne peut exister sans l'espace, l'espace peut exister sans le corps. C'est une des deux raisons pour lesquelles on dit qu'il est *absolu*. L'autre raison est que l'espace ne dépend pas de l'esprit humain, qu'il n'est pas une fiction que nous puissions changer à notre gré. Il est donc absolu, c'est-à-dire indépendant des corps qu'il contient et de l'intelligence qui le perçoit. Quelques philosophes supposent qu'il n'y a point de vide, que l'espace est toujours rempli d'une matière imperceptible à nos sens; ils n'entendent pas dire que sans cette matière subtile l'espace n'existerait pas : ils distinguent donc, comme nous, l'espace d'avec la matière. « Il n'est pas nécessaire, dit Locke, de prouver l'existence du vide pour prouver l'existence de l'espace, il suffit de montrer

---

1. Voy. Descartes, *OEuvres philosophiques*, édit. Ad. G., t. III, p. 63, 64, 98, 250; t. IV, p. 280.

qu'on distingue entre l'idée du vide et l'idée des corps[1]. »

Les corps ne sont que dans un repos relatif : une personne immobile sur un vaisseau est en repos relativement au navire, et en mouvement par rapport au rivage ; le rivage lui-même est en repos relativement à la terre dont il fait partie, mais le rivage et la terre sont en mouvement par rapport au soleil, et le soleil lui-même se meut peut-être relativement à quelque point fixe de l'espace absolu qui seul est absolument immobile. « De même, a dit Newton, que l'ordre des parties du temps est immuable, de même l'ordre des parties de l'espace. Si les parties de l'espace quittaient leurs places, elles se quitteraient, pour ainsi dire, elles-mêmes[2]. »

Les corps peuvent augmenter ou diminuer d'étendue, l'espace n'est susceptible ni de dilatation, ni de contraction.

L'espace est pénétrable à tous les corps. Là où existent les corps, il n'existe pas moins ; il est donc pénétré par tous les corps ; mais les parties de l'espace sont impénétrables les unes aux autres ; c'est cette vérité que nous exprimons en disant qu'on ne peut aller d'un lieu à un autre sans traverser les lieux intermédiaires, que deux parties de l'espace ne peuvent se réduire en une seule, que deux corps ne peuvent être dans le même lieu, ni un corps en deux lieux à la fois. Ce que nous appelons l'impénétrabilité des corps est emprunté à l'impénétrabilité réciproque des parties de l'espace. Lorsque nous supposons que la molécule d'un corps remplit tout un certain espace, sans y laisser de vide, nous ne pouvons, sans nous contredire nous-mêmes, supposer qu'une autre molécule vienne occuper le même espace. A ne consulter que les sens extérieurs, nous croirions que les corps se

---

[1]. *Essai sur l'entendement humain*, livre II, chap. XIII, § 21.
[2]. *Principes mathématiques*, livre I, Schol. sur la défin. VIII.

pénètrent; car nous les voyons entrer les uns dans les autres, comme lorsque, par exemple, le clou entre dans la muraille et que le mélange de certains liquides occupe moins de place que les deux liquides séparés. Mais nous supposons dans ce cas que chaque corps a des interstices vides; que les parties d'un corps peuvent, en conséquence, se refouler les unes vers les autres, ou recevoir entre elles les parties d'un autre corps. Nous n'avons point de certitude sur l'existence des molécules; rien n'empêcherait de concevoir les corps comme des forces qui agiraient dans un espace plus ou moins grand, suivant les circonstances, à peu près comme la faculté motrice agit dans notre corps. L'impénétrabilité des corps est donc supposée à l'image de l'impénétrabilité réciproque des parties de l'espace; mais cette dernière impénétrabilité n'est pas une hypothèse; elle est l'objet d'une perception de l'esprit. Les parties de l'espace sont hors les unes des autres et réciproquement impénétrables.

Les corps peuvent avoir des pores ou interstices, les parties de l'espace sont continues sans intervalles; il est impossible de comprendre dans l'espace une lacune sans espace.

Les corps se laissent rompre et diviser, les parties de l'espace sont retenues par un lien indissoluble.

Les corps ont des limites, ils sont finis; l'espace ne s'arrête pas où s'arrête les corps. Il nous paraît d'abord indéfini; bientôt nous nous apercevons qu'on ne peut lui assigner de limites et nous le déclarons infini. L'indéfini disent les géomètres, est ce dont je n'aperçois pas les limites; l'infini est ce que j'affirme n'avoir pas de limites. Si, par une fiction d'un moment, nous supposons des bornes à l'espace, nous nous apercevons bientôt que l'espace existe au delà de ces bornes et qu'il contient les bornes elles-mêmes.

L'espace est donc absolu, ou indépendant des corps qui l'occupent et de l'esprit qui le perçoit; il est infini; il est de plus éternel, c'est-à-dire que nous ne pouvons concevoir un temps où l'espace n'ait pas été, et un autre où il ait commencé d'être, pas plus que nous ne concevons un temps à venir où il ne soit plus. L'absence de l'espace est pour nous incompréhensible. Ce qui est de tout temps existe nécessairement, ou, en d'autres termes, n'a pas pu, ne peut pas, et ne pourra pas ne pas être. L'espace est donc nécessaire. Voilà pourquoi l'on dit qu'il est l'objet d'une connaissance nécessaire. Le corps, au contraire, aurait pu ne pas être; il est arrivé, *contigit*, il est *contingent*, il est l'objet de ce qu'on appelle, par une figure de mots, une connaissance contingente. Dans une connaissance nécessaire, ce n'est pas l'acte de connaître, c'est l'objet de la connaissance qui est nécessaire. « Ce n'est pas dit Descartes, que ma pensée impose aux choses aucune nécessité, mais au contraire la nécessité qui est en la chose même me détermine à avoir cette pensée[1]. » Cette observation ne doit pas être oubliée si l'on veut éviter toute méprise. On n'entend pas par une connaissance nécessaire celle qui vient nécessairement à tous les hommes; car, d'un côté, celui qui est doué du toucher connaîtra nécessairement les corps tangibles, et il n'acquerra pas par là ce qu'on appelle en philosophie une connaissance nécessaire; de l'autre, plusieurs personnes, comme nous l'avons dit, peuvent mourir sans avoir eu l'occasion de faire attention à l'infinité et à l'éternité de l'espace, et par conséquent sans avoir obtenu cette connaissance dite nécessaire. L'espace n'en sera pas moins pour cela marqué du caractère de la nécessité.

---

1. *OEuvres philosophiques*, édit. Ad. G., t. I, p. 151.

2. *L'espace réel n'est pas l'objet d'une conception.* — Distinction des conceptions géométriques et de l'espace réel.

Une chose doit nous surprendre, c'est que les objets nécessaires sont justement ceux dont la réalité extérieure a été le plus contestée. Les distinctions que nous avons établies entre le corps et l'espace sont empruntées à Locke, à Reid, et à M. Royer-Collard[1]. Le premier a même proposé de consacrer au corps le mot *d'extension*, et à l'espace vide ou plein le nom *d'expansion*, pour mieux marquer la distinction entre ces deux objets de notre connaissance. Mais presque tous les autres philosophes ont rejeté l'existence absolue de l'espace. Ceux-ci l'ont regardé comme l'objet d'une conception purement idéale, à laquelle ne répondait aucune réalité hors de nous; ceux-là l'ont identifié avec le corps; d'autres enfin avec Dieu lui-même.

Passons en revue ces différentes opinions. L'homme ne se contente pas de percevoir l'existence des objets, il voudrait en comprendre aussi la nature, et lorsqu'il ne peut parvenir à pénétrer la seconde, il lui arrive de rejeter même la première. Les philosophes, ne comprenant pas comment la rame plongée à demi dans l'eau paraissait droite au toucher et brisée à la vue, ne voulaient croire ni les yeux ni la main; ils aimaient mieux nier l'existence des corps, tandis que s'ils avaient reçu le témoignage de la vue et celui du toucher, ils seraient arrivés plus vite à distinguer l'étendue de la lumière d'avec l'étendue tangible et à reconnaître la sincérité des sens. C'est ainsi que trouvant de l'obscurité dans la nature de l'espace, quelques-uns vont jusqu'à rejeter l'existence

---

1. Locke, *Essai*, etc., livre II, chap. xv; Th. Reid, trad. fr., t. IV, p. 7; Royer-Collard, *Fragments*, dans la traduct. franç. des *OEuvres de Reid*, t. IV, p. 338.

de l'espace lui-même; tandis que, plus sensés, ils penseraient avec Bossuet que ce qu'on ignore ne doit pas faire rejeter ce qu'on connaît[1].

On combat l'existence de l'espace réel à l'aide de quelques conceptions géométriques, qui n'ont point de réalité hors de l'esprit. Cette confusion remonte aux philosophes de l'école d'Élée. Aristote nous a conservé sous une forme très-abrégée leur argumentation, que Bayle a développée et complétée, et que le philosophe Kant a en partie répétée de nos jours[2]. « De quelques éléments, dit-on, que nous supposions formée l'étendue ou l'espace, nous ne pouvons parvenir à nous satisfaire. L'étendue est-elle composée ou de parties indivisibles, ou de parties divisibles à l'infini, ou de parties non étendues? De ces trois hypothèses, la dernière est la plus facile à détruire. L'étendue ne peut être composée de parties non étendues ou de points mathématiques. Il est clair qu'une collection de zéros ne peut former un nombre, ni même l'unité. Deux néants d'étendue joints ensemble ne pourront jamais former une étendue[3]. L'étendue doit donc se composer d'éléments qui soient eux-mêmes étendus. Ceci établi, ces éléments seront-ils divisibles à l'infini ou indivisibles. Il ne peuvent être ni l'un ni l'autre. D'abord ils ne peuvent être indivisibles. Supposez deux cercles concentriques ; si l'étendue se compose de parties indivisibles elles seront en nombre fini; il y en aura moins dans le petit cercle que dans le grand. Cependant, la géométrie enseigne que les lignes menées de tous les points de la circonférence du grand cercle vers le centre, passeront

---

1. *Traité du libre arbitre*, chap. III et IV.
2. Aristote, *Physique*, livre VI, chap. IX; Bayle, *Dictionnaire historique et critique*, art. Zénon. Pour la philosophie de Kant, voy. plus loin, liv. IX.
3. Bayle, *loc. cit.* et Port-Royal, *Logique*, part. IV, chap. I, 5ᵉ édit., p. 393.

par le petit cercle ; comment cela peut-il se faire, si le petit cercle n'a qu'un certain nombre de parties, inférieur aux parties du grand cercle? Si le grand cercle s'étend à l'infini, toutes les lignes menées des points de sa circonférence n'en passeront pas moins par le petit cercle; il faut donc que les parties de celui-ci soient divisibles à l'infini. Mais, d'un autre côté, les parties ne peuvent être divisibles à l'infini; en effet, il en résulterait que le petit cercle serait égal au plus grand, puisqu'il contiendrait autant de parties que l'autre. La supposition de la divisibilité à l'infini renverse donc aussi la géométrie. La partie devient égale au tout, et un espace cent mille millions de fois plus petit que la cent millième partie d'un grain de sable égale l'espace infini[1]. Il est inexact d'avancer, comme le fait Port-Royal, que le plus petit grain de blé enferme en soi autant de parties que le monde entier, quoiqu'à proportion plus petites[2]. Ces parties ne doivent pas être plus petites, car si ce grain de blé était placé au centre du monde, les rayons menés de toutes les parties de la circonférence de l'univers ne devraient pas trouver sur la circonférence du grain de blé des parties plus petites que celles de la circonférence du monde, à moins que le rayon ne fût plus mince à son point d'arrivée qu'à son point de départ, ce qui est contraire à la définition du rayon; celui-ci étant une longueur sans largeur, n'est pas susceptible de se rétrécir. L'étendue divisible à l'infini est donc tout aussi difficile à comprendre que l'étendue composée d'unités indivisibles. De plus, si l'on admet que l'espace soit divisible à l'infini, il résulte de cette supposition plusieurs conséquences absurdes : 1° Le mouvement est impossible : en effet, il faut que le mobile puisse passer d'un lieu à un autre; mais chaque

1. Bayle, *loc. cit.*
2. *Art de penser*, 5ᵉ édit., p. 391.

lieu étant divisible à l'infini, le mobile n'en peut sortir, parce qu'il n'en peut trouver la dernière limite; il est donc toujours en repos : la flèche qui paraît traverser les airs ne se meut pas. 2° Pour qu'un mobile pût passer d'un lieu dans un autre, il lui faudrait un temps infini, puisque le milieu qu'il doit traverser est divisible à l'infini; or, le temps n'est pas divisible à l'infini, le mouvement que nous croyons voir n'est qu'idéal, comme l'étendue elle-même, et le philosophe qui croit prouver le mouvement en marchant, est, comme tout le monde, dupe d'une illusion de son esprit. 3° Si l'étendue est divisible à l'infini, le mobile le plus rapide, poursuivant le mobile le plus lent, ne pourra jamais l'atteindre; Achille aux pieds légers n'atteindra jamais à la course une tortue. Supposons qu'il coure dix fois plus vite que la tortue et qu'elle n'ait sur lui qu'un pas d'avance : pendant qu'il franchira cet intervalle, elle fera un dixième de pas, puisqu'elle court dix fois moins vite; pendant qu'Achille fera ce dixième, elle fera un centième; pendant qu'il fera ce centième, elle fera un millième, et ainsi à l'infini, laissant toujours Achille derrière elle.

Enfin les parties de l'étendue soit pleine soit vide devraient être hors les unes des autres et les unes à côté des autres, pour constituer la continuité de l'étendue. Mais les parties soit indivisibles soit divisibles à l'infini ne peuvent être continues. Les unités indivisibles auraient les trois dimensions, car, si elles ne les avaient pas, elles ne pourraient former l'étendue qui a longueur, largeur et profondeur; dans ces unités, la longueur serait indivisible de la largeur, et la longueur et la largeur indivisibles de la profondeur; les unités contiguës se toucheraient ainsi par la longueur, la largeur et la profondeur; il n'y aurait donc pas contact, mais pénétration. Des difficultés aussi grandes se trouvent dans l'hypothèse de la divisibilité à l'infini. Deux parties ne peuvent se toucher que par leurs extrémités; mais dans une partie divisible à l'infini, il n'y a pas d'extrémité. Cherchez une partie que vous appeliez la dernière, vous allez la voir se subdiviser en une infinité d'autres parties, sans que vous en puissiez assigner une qui soit la limite. Il n'y aura donc pas non plus de contact possible entre des parties divisibles à l'infini. D'un autre côté, si l'on suppose que le contact ait lieu, comme il ne s'opérera que par deux parties divisibles en une infinité d'autres, et que ces autres auront les trois dimensions, sans quoi elles ne seraient pas les parties de l'étendue, le contact se fera par une infinité de parties ayant les trois dimensions; il y aura donc une pénétration plus intime encore que dans l'hypothèse des unités indivisibles. En résumé, l'étendue pleine ou vide, est continue : soit que nous concevions les parties de l'étendue comme indivisibles ou divisibles à l'infini, nous ne pouvons pas expliquer la contiguïté des parties. Donc l'étendue ou l'espace n'est qu'une conception de la pensée, et n'a point de réalité en dehors de notre esprit.

Telles sont les objections qu'on élève contre l'existence de l'espace. Voici notre réponse :

Supposons pour un instant qu'on soit obligé d'admettre la divisibilité à l'infini de l'espace réel, nous verrons qu'Aristote a déjà réfuté une partie de ces arguments et, quoi qu'en dise Bayle, d'une manière victorieuse [1]. A la divisibilité infinie de l'espace, Aristote oppose la divisibilité infinie du corps qui remplit l'espace. L'espace occupé par la flèche, quelque divisible qu'il soit, n'est pas plus grand que la flèche elle-même ; elle le remplit donc, elle l'épuise ; par conséquent elle en atteint la limite, elle en peut sortir ; et le nouveau lieu qu'elle occupe n'est pas plus infini qu'elle-même ; elle le comble : l'infini égale l'infini ; et elle peut aller ainsi de place en place

---

1. Aristote, *Physique*. livre VI, chap. IX; Bayle, *loc. cit.*

sans être obligée de demeurer nulle part. Aux arguments contre le mouvement, Aristote oppose la divisibilité à l'infini du temps. Pour aller d'un lieu à un autre, le mobile doit traverser un milieu divisible à l'infini ; mais le temps qu'il emploie est lui-même divisible à l'infini. L'infini égale l'infini, l'un comble l'autre. Un corps franchit, je suppose, une lieue en une minute : la lieue est divisible à l'infini, mais la minute l'est aussi ; non-seulement la minute, mais la seconde ; le corps aurait pu franchir la lieue en une seconde, en un millième de seconde, car la divisibilité ne s'arrête pas plus dans le temps que dans l'espace. Bayle traite fort rudement ceux qui admettent la divisibilité infinie du temps : « Ce qui convient, dit-il, au lundi et au mardi, à l'égard de la succession, convient à chaque partie du temps quelle qu'elle soit. Puis donc qu'il est impossible que le lundi et le mardi existent ensemble, et qu'il faut nécessairement que le lundi cesse d'être avant que le mardi commence d'être, il n'y a aucune partie du temps quelle qu'elle soit, qui puisse coexister à une autre ; chacune doit exister seule, chacune doit commencer d'être lorsque la précédente cesse d'être, chacune doit cesser d'être avant que la suivante commence d'être. D'où il s'ensuit que le temps n'est pas divisible à l'infini, et que la durée succesive des choses est composée de moments proprement dits, dont chacun est simple et indivisible, parfaitement distinct du passé et du futur, et ne contient que le temps présent. Ceux qui nient cette conséquence doivent être abandonnés ou à leur stupidité ou à leur mauvaise foi, ou à la force insurmontable de leurs préjugés [1]. » Comment Bayle ne s'aperçoit-il pas que ce raisonnement se retourne contre la divisibilité infinie de l'étendue, et qu'on pourrait dire en lui empruntant ses

---

1. Article *Zénon*, note F.

propres paroles : « Ce qui convient à l'Europe et à l'Asie, à l'égard de la continuité, convient à chaque partie de l'étendue quelle qu'elle soit. Puis donc qu'il est impossible que l'Europe et l'Asie existent l'une dans l'autre, et qu'il faut nécessairement qu'elles soient l'une hors de l'autre, et que l'Asie cesse là où l'Europe commence, il n'y a aucune partie de l'étendue, quelle qu'elle soit, qui puisse en pénétrer une autre ; chacune doit exister seule, chacune doit commencer d'être là où la précédente cesse d'être, chacune doit cesser d'être là où la suivante commence d'être. D'où il s'ensuit que l'étendue n'est pas divisible à l'infini et que la continuité des choses est composée d'unités proprement dites, dont chacune est simple et indivisible, parfaitement distincte de celle qui est devant et de celle qui est derrière, et ne contient que le milieu. Ceux qui nient cette conséquence doivent être abandonnés, etc... » Bayle a dit lui-même ailleurs : « L'espace occupé par le soleil n'est pas le même que celui qui est occupé par la lune, car si le soleil et la lune remplissaient le même espace, ces deux astres seraient dans le même lieu et seraient pénétrés l'un avec l'autre, puisque deux choses ne sauraient être pénétrées avec une troisième sans être pénétrées entre elles. Il est de la dernière évidence que le soleil et la lune ne sont pas dans le même lieu[1]. » En effet, si le passé ne peut pas être le présent, ce qui est ici ne peut pas être là ; si deux parties du temps ne peuvent exister ensemble, deux parties de l'étendue ne peuvent se contracter en une seule. Si, au contraire, on dit que toute étendue est divisible à l'infini, on doit dire que toute durée est aussi divisible à l'infini. Aristote a donc raison d'opposer à la divisibilité de l'étendue celle de la durée.

1. *Dictionnaire critique*, article *Zénon*, note I, édit. Desoër, 1820, t. XV, p. 54.

Il se sert du même moyen contre l'argument d'Achille et de la tortue. L'expérience prouve, je suppose, qu'Achille a rejoint la tortue en une seconde. L'espace qu'il a parcouru est divisible à l'infini ; on en peut concevoir le dixième, le centième, le millième, etc. ; mais tout cela ne forme qu'un espace fini, d'un pas et quelque chose ; Achille l'a parcouru en un temps également divisible à l'infini, mais dont la somme est finie et s'appelle une seconde. S'il fallait joindre à l'autorité d'Aristote celle d'un grand géomètre moderne, nous citerions cette phrase de Pascal : « Qu'ils comparent l'espace entier avec le temps entier et les infinis divisibles de l'espace avec les infinis instants de ce temps ; et ainsi ils trouveront que l'on parcourt une infinité de divisibles en une infinité d'instants et un petit espace en un petit temps, en quoi il n'y a plus la disproportion qui les avait étonnés[1]. » En effet, quand on admet la divisibilité infinie de l'espace, on n'a aucune raison de rejeter la divisibilité infinie du temps.

Mais examinons maintenant si nous sommes obligés d'accorder la divisibilité infinie de l'espace réel. Bayle dit avec raison que l'étendue, c'est-à-dire l'espace plein ou vide, ne peut se former de néants d'étendue, c'est-à-dire de parties non étendues ; mais il croit devoir dire que ces parties ou éléments étendus de l'espace ne peuvent être indivisibles. Quel est le motif de ce jugement ? C'est que si ces parties sont indivisibles, elles seront en nombre limité, et que la géométrie démontre le nombre illimité des parties, et par conséquent leur divisibilité à l'infini. Mais comment la géométrie fait-elle cette démonstration ? Comment prouve-t-elle qu'il y a autant de parties dans le plus petit de deux cercles concentriques que dans le plus grand ? C'est en supposant qu'il passera

---

1. *Pensées*, édit. Faug., t. I, p. 141.

autant de rayons par le plus petit que par le plus grand, et qu'il en passera même un nombre infini. Or, quelle est la nature de ces rayons? On ne l'a pas assez remarqué : ce sont des lignes sans largeur : ils n'ont point d'étendue dans le sens où ils pourraient s'exclure les uns les autres. Il n'est donc pas étonnant qu'il en passe autant par le petit cercle que par le grand. On prouve la divisibilité infinie par l'infinité des parties ; mais ces parties n'ont point d'étendue ; c'est une infinité de zéros sous le rapport de l'étendue. On suppose qu'il y a autant de points sur la circonférence du petit cercle que sur celle du plus grand, et même d'un cercle infini ; cette hypothèse n'a rien de contradictoire, car les points sont sans étendue, ils ne s'excluent nullement les uns les autres, et il peut y en avoir une infinité dans le plus petit espace. Mais ces points sans étendue, ces lignes sans largeur sont des néants d'étendue ; on ne peut donc pas les regarder comme les parties ou les éléments de l'étendue. Ils ne peuvent former l'étendue ou l'espace réel, et l'étendue ou l'espace réel ne peut se fractionner en zéros d'étendue. Les surfaces sans profondeur, les lignes sans largeur, les points sans étendue ne sont donc pas des parties de la vraie étendue. Ce sont de pures conceptions de l'esprit qui n'ont rien de commun avec l'étendue réelle, qui n'en viennent pas et qui ne peuvent y retourner. Avec des points vous ne ferez pas même une ligne géométrique ; avec des lignes vous ne ferez pas une surface, avec des surfaces vous ne ferez pas un solide, c'est-à-dire un espace ayant les trois dimensions. Par conséquent, un espace ayant les trois dimensions ne peut se diviser en lignes ni en points, car il se diviserait en zéros, ce qui est contradictoire. Quand donc on veut prouver la divisibilité infinie de l'espace réel par les points infinis de la géométrie, on parle de deux objets qui n'ont aucun rapport entre eux ; on parle, d'un côté, d'un objet étendu qui a de la réalité hors de l'esprit, c'est-à-dire d'un objet de perception, et de l'autre côté, de choses non étendues, qui sont des objets de pure conception. La confusion est ici semblable à celle que l'on commettait entre l'étendue du corps tangible et l'étendue de la couleur. On supposait qu'elles ne formaient qu'un seul et même objet, et, comme on ne les trouvait pas d'accord, on les rejetait toutes les deux. De même on confond l'espace étendu et perçu comme tel avec les points et les lignes de la géométrie, lesquels sont conçus comme n'ayant pas d'étendue ; et comme on ne trouve pas ces choses d'accord on veut les détruire les unes par les autres.

Quant à cette objection que s'il y a autant de points dans le plus petit cercle que dans le plus grand, la partie est égale au tout et la géométrie renversée, nous pensons que les géomètres ne s'en embarrasseront guère, puisque, d'après leur supposition, les points n'ont pas d'étendue ; qu'il peut y avoir autant de ces zéros d'étendue dans un espace que dans un autre, et que d'ailleurs ils ne présentent ni les points ni les lignes comme des parties de l'étendue, ni même comme des limites, quoi qu'on en ait dit, car comment la limite ou la fin de ce qui est étendu, ne serait-il pas étendu ? Ils donnent les points et les lignes pour ce qu'ils sont, c'est-à-dire pour des conceptions dont les objets sont dépourvus d'étendue, soit dans tous les sens comme le point, soit dans le sens de la largeur comme la ligne, soit dans le sens de la profondeur, comme la surface, et ils ne prétendent pas que ces conceptions aient aucune réalité hors de l'esprit. L'espace réel ne se divise ni en lignes sans largeur, ni en points sans étendue, seules choses qui puissent être considérées en nombre infini dans un petit espace, parce que réellement elles ne sont que dans l'esprit, mais il se divise en parties qui sont encore étendues, car des parties non étendues ne pourraient former l'étendue, et ces parties sont en nombre fini.

Mais, dira-t-on, si l'élément de l'étendue est lui-même étendu, il est divisible au moins par la pensée, car tout ce qui est étendu est divisible, et l'on retombe ainsi dans les difficultés et les contradictions de la divisibilité infinie. Nous ne croyons pas que la raison soit forcée de reconnaître toute étendue comme divisible ; nous croyons qu'elle se forme la notion de quelque chose qui est *la moindre étendue possible*, et qui étant telle ne peut se diviser sans s'anéantir. Ce sont ces moindres étendues possibles, imperceptibles aux sens, mais perçues par la raison, qui forment les éléments, les unités de l'étendue, ou de l'espace plein ou vide. L'espace ne peut se résoudre ou se diviser qu'en ces moindres étendues possibles, qui sont en nombre limité et au-dessous desquelles il n'y a plus que le néant d'étendue, ou, si l'on veut, le point mathématique. L'élément de l'espace est l'unité d'étendue ; le point mathématique est le zéro d'étendue.

Bayle dit que dans l'unité d'étendue la longueur, la largeur et la profondeur étant indivisibles, le contact se fera par les trois dimensions, et qu'en conséquence il y aura pénétration, ce qui anéantit l'étendue ; mais ce que nous entendons par *la plus petite étendue possible* a cependant sa longueur, sa largeur et sa profondeur distinctes, qui sont la plus petite longueur, la plus petite largeur et la plus petite profondeur possibles. Ces dimensions sont indivisibles en ce sens qu'elles ne peuvent se séparer sans que l'unité d'étendue s'anéantisse, mais tout cela n'en est pas moins parfaitement distinct. Le contact des moindres étendues possibles se fait par une surface, et par conséquent par deux dimensions seulement et non par les trois ; il y a donc seulement contact et non pas pénétration. Bayle ne voulait pas consentir à la divisibilité infinie du temps ; les motifs qu'il donnait se retournent victorieusement, comme nous l'avons fait voir, contre la divisibilité infinie de l'étendue. Nous admettrons donc des parties indivisibles de l'espace, comme il admettait des parties indivisibles du temps. Nous dirons avec David Hume : « Quelque dispute qu'il puisse y avoir sur les points mathématiques, il faut tomber d'accord qu'il y a des points physiques, c'est-à-dire des parties d'étendue qui ne sauraient être divisées ou diminuées ni par les yeux ni par l'imagination [1]. » L'étendue réelle n'est donc pas divisible à l'infini, c'est pour cela qu'une flèche peut sortir du lieu où elle est, qu'un mobile peut aller d'une place à une autre, et qu'Achille peut atteindre la tortue. En effet, dans ce dernier exemple, il arrive un moment où les fractions de pas qu'on suppose exécutées par la tortue sont au-dessous de la plus petite somme possible de l'étendue réelle et par conséquent ne pourraient pas être exécutées. Il se peut que le moindre espace réel soit, je suppose, un millionième de pas ; la tortue ne peut en faire moins d'un seul coup : or, comme Achille fait ces millionièmes de pas dix fois plus vite, il doit bientôt la dépasser.

Nous avons fait voir que la divisibilité infinie de l'étendue est une conception géométrique qui se lie à la conception du point sans étendue et de la ligne sans largeur. Or, il n'y a pas hors de l'esprit de point sans étendue, ni de ligne sans largeur. Il faut donc dire hardiment que, dans la réalité des choses, les parties de l'espace, étant les unes hors des autres ont une certaine étendue, la moindre possible, mais enfin une étendue, et que cette étendue, étant la moindre possible, ne peut se diviser sans périr. Les moindres parties de l'espace réel sont donc étendues et indivisibles. Cette assertion n'est pas une conception renfermée dans l'esprit, mais

---

1. *OEuvres philosophiques*, trad. franç., t. II, p. 112; note.

l'affirmation d'une réalité qui est indépendante de notre pensée, et voilà pourquoi nous disons que l'espace réel est l'objet d'une perception et non d'une conception.

§ 3. L'espace n'est pas le néant.

Les scolastiques ont prétendu que l'espace est le néant, et qu'on peut dire du néant tout ce que nous avons dit de l'espace, par exemple que le néant est immobile, indivisible, etc.[1]

Si l'on veut dire que l'espace est un néant d'esprit et de corps, on a raison ; mais ce n'est pas un néant d'espace. « Le néant est ce qui n'a ni modes, ni propriétés, c'est-à-dire ce dont on ne peut rien affirmer avec vérité, et dont on peut tout nier véritablement. Or, ce n'est pas là le cas de l'espace[2]. »

Nous donnons à l'espace des attributs qui ne peuvent convenir au néant. Prétendre que le *rien* est immobile, indivisible, etc., c'est se moquer. Le rien n'est ni mobile, ni immobile, ni divisible, ni indivisible ; il n'est rien. Ce serait se moquer plus encore que d'avancer que le rien est *absolu*, c'est-à-dire indépendant de l'esprit et du corps, qu'il est *vide* ou *plein* ; qu'il est *continu*, qu'il est pénétrable aux corps, et que ses parties sont réciproquement *impénétrables* les unes aux autres, et enfin que le *rien* est *infini* et *nécessaire*, et cependant nous disons tout cela de l'*espace*. L'espace n'est donc pas le néant. Qu'est-il donc ? Il est l'espace, comme le tangible est le tangible. Nous ne pouvons donner aucune définition de l'un ni de l'autre.

« L'espace, dit-on encore, est le vide ou l'absence des

---

1. Voy. Bayle, *Dictionnaire critique* art. *Zénon*, note I, édit. Desoër, 1820, t. XV. p. 52.
2. Clarke. *Traité de l'existence de Dieu*, trad. franç., édition Blois, 1825, t. I, p. 33.

corps, comme le silence est l'absence du son, et la nuit l'absence de la lumière; mais ce n'est rien de positif, c'est une pure négation. » Comment se fait-il, cependant, que nous donnions des attributs à cette négation, que nous disions qu'elle est absolue, continue, qu'elle a des parties impénétrables les unes aux autres, et de plus qu'elle est infinie et nécessaire ? Peut-on en dire autant du silence et de la nuit? Le silence et la nuit ne sont pas nécessaires, et ils ne pourraient être infinis qu'à la condition qu'il n'y eût ni lumière ni son dans tout l'espace. Leur infinité tiendrait à celle de l'espace; mais leur infinité serait négative, celle de l'espace est positive. Il ne peut y avoir de corps ni de mouvement sans qu'il y ait en même temps l'espace : dirons-nous qu'il ne peut y avoir de son sans qu'il y ait en même temps le silence, et de lumière sans qu'il y ait en même temps l'obscurité? Le silence et la nuit sont l'absence du son et de la lumière : l'espace n'est pas l'absence des corps, car il existe là où sont les corps. Le silence et le son, la nuit et la lumière se détruisent réciproquement; le corps et l'espace ne se détruisent pas l'un l'autre. L'espace peut être vide ou plein; mais, quand il est plein, il est encore l'espace; et le corps qui se déplace ne l'emporte pas avec lui. Enfin, pour parler le langage de la logique, le silence et le son, la nuit et le jour sont deux contradictoires; qui affirme l'un, nie l'autre; l'espace et le corps ne se contredisent pas. L'espace n'implique pas le corps, mais le corps implique l'espace.

§ 4. L'espace n'est pas le corps.

Ce que nous venons de dire répond d'avance à l'opinion de ceux qui identifient l'espace avec le corps.

Cette opinion semble remonter dans l'antiquité jusqu'à Platon, pour ne parler, suivant notre habitude, que des philosophes dont les ouvrages sont, par leur importance, des monuments philosophiques. Platon n'est cependant pas constant à lui-même dans la manière dont il s'exprime sur l'espace, et l'on pourrait conclure de ses différentes expressions, tantôt qu'il confond l'espace avec les corps, tantôt qu'il l'en distingue. C'est dans le *Timée* qu'il a traité directement de l'espace τῆς χώρας. « Nous avons jusqu'à présent, dit-il, considéré deux genres δύο εἴδη, il faut maintenant en considérer un troisième. D'abord nous avons admis un modèle conçu seulement par l'intelligence, éternel et toujours le même, ensuite une copie du modèle, perceptible aux sens, variable, ayant un commencement et une fin : il faut admettre maintenant le giron et comme la nourrice de tout ce qui naît et meurt.... Si quelqu'un travaille un lingot d'or et lui donne successivement mille formes diverses, on pourra dire que ce lingot est de l'or, et non un triangle ou toute autre figure qui ne fait que passer : il faut en dire autant sur la *nature* περὶ φυσέως qui reçoit tous les corps ; elle est toujours la même, elle ne perd jamais sa puissance, elle admet toute chose, et ne prend pas de forme qui ne soit celle des choses qu'elle admet dans son sein ; mais elle est flexible et reçoit de ces choses le mouvement et la forme, ce qui la fait paraître diverse et changeante. Les objets périssables sont les copies des êtres éternels dont ils subissent l'empreinte d'une manière merveilleuse et presque ineffable, sur laquelle nous reviendrons. Quant à présent il faut reconnaître trois genres γένη τριττά : le premier qui est produit, le second dans lequel se produit le premier, le troisième qui est l'origine et le modèle de la production. Nous pouvons comparer ce dernier au père, le second à la mère et le premier à l'enfant.... Ceux qui veulent façonner une substance molle commencent par ne lui laisser aucune forme sensible et s'efforcent de la rendre unie et lisse : ainsi, ce qui doit recevoir les copies des êtres éternels doit être libre de toute forme. C'est pourquoi cette mère, ce giron de tout ce qui est visible et sensible, ne disons pas que ce soit la terre, l'air, le feu et l'eau, ou ce qui en est formé, ou ce qui les forme, mais quelque chose d'invisible, d'indéterminé et d'ouvert à toute chose, qui participe à l'intelligible d'une manière obscure et mystérieuse. Autant qu'il est permis de saisir sa nature, peut-être aura-t-on raison de dire que le feu est la partie de cette chose qui s'enflamme, l'eau la partie qui se liquéfie, la terre et l'air la partie qui reçoit les imitations de ces éléments [1]. »

D'après ce passage, tantôt Platon distingue l'espace d'avec les corps, puisqu'il le compte pour un genre à part; tantôt il le compare à un lingot sans forme, à une substance molle qui peut prendre toutes les figures, celle du feu, de l'eau, de l'air, sans qu'on puisse voir si le philosophe distingue alors le feu, l'eau, l'air de la place qu'ils occupent.

Plus loin, Platon compte encore à part le troisième genre qu'il appelle par son nom : le genre de l'espace Τό τῆς χώρας γένος, éternel, ὃν ἀεί, incorruptible φθορὰν οὐ προσδεχόμενον, offrant un théâtre à tout ce qui prend naissance, inaccessible aux sens extérieurs, qui nous fait dire que tout ce qui est doit être quelque part, avoir une certaine place, et que ce qui n'est ni sur la terre ni dans le ciel n'est rien. Tout cela est juste; mais il ajoute que ce genre est à peine saisi par une certaine raison bâtarde λογισμῷ τινι νόθῳ μόγις πιστόν, qu'il semble être l'objet d'un rêve πρὸς ὃ δὲ καὶ ὀνειροπολοῦμεν βλέποντες, et il revient à dire encore que l'espace se liquéfie et s'enflamme, reçoit les formes de la terre et de l'air, et celles qui s'ensuivent, et apparaît ainsi sous mille aspects divers [2]. Il en

---

1. *Timée*, édit. H. E., t. III, p. 49 et suiv.
2. *Timée*, édit. H. E., t. III, p. 52, 53.

fait donc une substance qui, d'abord insensible, peut devenir sensible par l'influence de certaines actions extérieures.

Cette dernière partie de l'opinion de Platon a été adoptée par Descartes. Le philosophe moderne ne reconnaît pas, comme nous, deux genres d'étendues dont l'une contient l'autre : celle-ci sensible, mobile, divisible, limitée, contingente; celle-là insensible et ne pouvant jamais tomber sous les sens, immobile, indivisible, infinie, nécessaire. Il n'admet qu'une seule étendue. « L'espace ou le lieu intérieur, dit-il, et le corps qui est compris en cet espace, ne sont différents que par notre pensée. Car, en effet, la même étendue en longueur, largeur et profondeur qui constitue l'espace, constitue le corps[1]. » Ce que nous appelons l'espace n'est pour lui que l'étendue des corps considérée abstraitement, c'est-à-dire séparée des autres qualités qui rendent les corps perceptibles aux sens. Voici comment il développe sa pensée sur ce sujet : « Il sera aisé de reconnaître que la même étendue qui constitue la nature du corps constitue aussi la nature de l'espace, en sorte qu'ils ne diffèrent entre eux que comme la nature du genre ou de l'espèce diffère de la nature de l'individu, si, pour mieux discerner quelle est la véritable idée que nous avons des corps, nous prenon pour exemple une pierre et en ôtons tout ce que nous saurons ne point appartenir à la nature du corps. Otons-en donc premièrement la dureté, parce que si on réduisait cette pierre en poudre, elle n'aurait plus de dureté, et ne laisserait pas, pour cela, d'être un corps; ôtons-en aussi la couleur, parce que nous avons pu voir quelquefois des pierres si transparentes qu'elles n'avaient point de couleur; ôtons-en la pesanteur, parce que nous voyons que le feu, quoiqu'il soit très-léger ne laisse pas

---

1. *OEuvres philosophiques*, édit. Ad. G., I, p. 280.

d'être un corps; ôtons-en le froid, la chaleur et toutes les autres qualités de ce genre, parce que nous ne pensons point qu'elles soient dans la pierre, ou bien que cette pierre change de nature parce qu'elle nous semble tantôt chaude et tantôt froide. Après avoir ainsi examiné cette pierre, nous trouverons que la véritable idée qui nous fait concevoir qu'elle est un corps, consiste en cela seul que nous apercevons distinctement qu'elle est une substance étendue en longueur, largeur et profondeur. Or, cela même est compris dans l'idée que nous avons de l'espace, non-seulement de celui qui est plein de corps mais encore de celui qu'on appelle vide [1]. »

Ainsi, pour Descartes, il n'y a qu'une seule étendue qui tantôt est perceptible et tantôt ne l'est pas. Dans le premier cas, le vulgaire l'appelle le corps, et dans le second cas l'espace. Descartes l'appelle corps dans tous les cas. Pour nous il y a deux étendues dont l'une ne peut devenir l'autre. Jamais le corps ne deviendra l'espace, jamais l'espace ne deviendra le corps. Le corps est perceptible à nos sens extérieurs, ou s'il est momentanément insensible, comme un gaz, il peut devenir sensible; l'espace n'est pas perceptible à nos sens et n'a rien qui puisse lui donner cette qualité. Nous admettons, comme on l'a vu, que l'espace est immobile; Descartes, qui ne distingue pas entre l'étendue des corps et l'étendue de l'espace, déclare « qu'on ne saurait rencontrer en tout l'univers aucun point qui soit véritablement immobile; qu'il n'y a point de lieu d'aucune chose au monde qui soit ferme et arrêté, sinon en tant que nous l'arrêtons en notre pensée [2]. »

Descartes ne reconnaît donc qu'une seule étendue dont les parties sont mobiles, et font par leur mouvement que

---

1. *OEuvres philosophiques*, édit. Ad. G., t. I, p. 281.
2. *OEuvres philosophiques*, édit. Ad. G., t. I, p. 283.

tantôt elle est perceptible aux sens et que tantôt elle ne l'est pas[1]. Ne retrouvons-nous pas ici ce *troisième genre* de Platon, qui est d'abord sans aucune figure tangible ou visible, mais qui, recevant le mouvement des causes extérieures, devient de l'eau, de l'air, de la terre ou du feu. Quant à cet espace qui coexiste avec l'étendue des corps et qui demeure après que les corps en sont sortis, qui ne peut jamais devenir sensible, qui est immobile, immuable et nécessaire, Descartes n'y voit qu'une erreur vulgaire, un préjugé d'enfance[2], ou tout au plus une fiction de la pensée[3], et, suivant lui, quand nous parlons au propre, nous n'employons les mots d'espace et de lieu que pour marquer seulement la grandeur et la figure d'un corps et sa situation entre les autres corps[4].

Leibniz a emprunté cette théorie de Descartes et l'a reproduite presque dans les mêmes termes. « Quoiqu'il soit vrai, dit-il, qu'en concevant le corps on conçoit quelque chose de plus que l'espace, il ne s'ensuit point qu'il y ait deux étendues : celle de l'espace et celle du corps. Ainsi, en concevant plusieurs choses à la fois, on conçoit quelque chose de plus que le nombre, savoir *res numeratas*, et cependant il n'y a point deux multitudes : l'une abstraite, celle du nombre; l'autre concrète, celle des choses nombrées. On peut dire de même qu'il ne faut pas s'imaginer deux étendues : l'une abstraite, celle de l'espace; l'autre concrète, celle du corps; le concret n'existant que par l'abstrait. Et comme les corps passent d'un endroit de l'espace à l'autre, c'est-à-dire changent d'ordre entre eux, les choses aussi passent d'un nombre à l'autre, lorsque, par exemple, la première devient la

---

1. *OEuvres philosophiques*, édit., Ad. G., t. III, p. 319-320.
2. *Ibid.*, t. I, p. 281; t. III, p. 322.
3. *Ibid.*, t. I, p. 280-283.
4. *Ibid.*, t. I, p. 282.

seconde et la seconde la troisième, etc. En effet, le temps et le lieu ne sont que des espèces d'ordre[1]. »

Pour Leibniz comme pour Descartes, l'espace est aux corps ce que le nombre est aux objets[2]. Notre raison résiste à l'autorité de ces grands hommes. Nous comprenons que les objets, en périssant, emportent le nombre avec eux, mais nous ne comprenons pas qu'ils emportent l'espace. Peut-être, au surplus, pourrons-nous opposer Leibniz à lui-même et surprendre sur ses lèvres quelque aveu que l'espace est parfois, pour lui, autre chose que l'étendue abstraite des corps. Il commence par attribuer le nom d'espace non-seulement aux corps existants, mais aussi aux corps possibles. « *Philalèthe*[3] : On peut donner des bornes aux corps, mais on ne saurait le faire à l'égard de l'espace. — *Théophile*[4] : C'est que le temps et l'espace marquent des possibilités au delà des existences. Le temps et l'espace sont de la nature des vérités éternelles qui regardent également le possible et l'existant. Les sens ne sauraient suffire à nous donner ces notions, et l'on peut dire que l'idée de l'*absolu* est antérieure, dans la nature des choses, à celle des bornes qu'on ajoute. Mais nous ne remarquons la première qu'en commençant par ce qui est borné et qui frappe nos sens[5]. » Si l'espace ne comprend pas seulement les corps existants mais les corps possibles, comment peut-on dire que l'espace ne soit que l'étendue abstraite des corps? Le lieu des corps possibles est le vide ou l'espace pur. Quiconque comprend le lieu des corps possibles, comprend l'espace

---

1. *Nouveaux essais*, livre II, chap. IV, § 4.
2. Voy. Descartes, *OEuvres philosophiques*, édit. Ad. G., t. III, p. 279.
3. C'est le nom que Leibniz donne à Locke dans les *Nouveaux essais sur l'entendement humain*.
4. C'est le nom que Leibniz se donne à lui-même.
5. *Nouveaux essais*, livre II, chap. XIV, § 26.

sans les corps. De plus, si l'idée de l'espace et du temps est l'idée de l'absolu, comment l'espace et le temps ne seraient-ils que des espèces d'ordre ? Si l'idée de l'absolu ne trouve que l'occasion de se manifester dans l'idée des choses bornées, mais sans dépendre ni se déduire de cette idée, l'idée de l'espace ne dépend pas et ne se déduit pas de l'idée du corps, et, par conséquent, l'espace n'est pas le corps. Leibniz dit ailleurs : « Par rapport à l'espace, il faut attribuer à Dieu l'immensité…. L'espace et le temps n'ont leur réalité que de lui, et il peut remplir le vide quand bon lui semble ; c'est ainsi qu'il est partout à cet égard[1]. » Leibniz comprend donc le vide ou l'espace libre de corps et l'immensité de l'espace distincte de l'immensité du corps. Enfin, dans un autre endroit, il semble répondre directement au passage où Descartes disait que, si l'on ôtait tout corps de l'intérieur d'un vase, les deux côtés du vase se toucheraient[2]. « Je distingue, dit Leibniz, la matière d'avec l'étendue, et j'avoue que s'il y avait du vide dans une sphère, les pôles opposés dans la concavité ne se toucheraient pas pour cela. Mais je crois que ce n'est pas un cas que la perfection divine admette[3]. » Leibniz ne croit pas à l'existence actuelle du vide, mais il en admet la possibilité, et cela suffit pour qu'il distingue l'espace d'avec le corps. On ne peut garder aucun doute sur ce sujet lorsqu'on le voit examiner ailleurs laquelle est la plus vraisemblable de l'hypothèse qui remplit l'espace de petits cubes, ou de celle qui le remplit d'une matière parfaitement fluide[4].

Ces aveux nous montrent que la distinction de l'espace et du corps n'est pas un de ces préjugés vulgaires contre

1. *Nouveaux essais*, livre II, chap. xv, § 4.
2. Voy. *OEuvres philosophiques*, édit. Ad. G. t. I, p. 286.
3. *Nouveaux essais*, livre II, chap. xiii, § 21.
4. *Ibid.*, chap. iv.

lesquels s'élève avec raison la philosophie, mais une de
ces notions communes et saines que la philosophie
doit recueillir, et dont les grands esprits ne s'écartent,
dans leurs systèmes, que pour y revenir par le bon
sens.

Chose singulière, l'école qu'on appelle *rationaliste*,
parce qu'elle admet des connaissances dont l'objet dépasse la portée des sens extérieurs, est moins exacte sur
la notion de l'espace que l'école appelée *sensualiste*, qui,
pour rester fidèle au titre qu'on lui donne, ne devrait
admettre que des notions dont l'objet tombât sous la prise
des organes corporels. Aristote qui, suivant une opinion
que nous examinerons plus loin, passe pour rapporter
aux sens l'origine de toutes nos idées, s'exprime sur
l'espace avec beaucoup plus d'exactitude que Platon,
Descartes et Leibniz. Aristote distinguait si bien l'espace
d'avec le corps, qu'il regardait les différentes parties de
l'espace comme attirant à elles les différents corps et
séparant ainsi les corps graves d'avec les corps légers.
Quelques physiciens pensent encore de nos jours que
l'espace est doué de certaines propriétés, et ils expliquent
ainsi la direction naturelle des courants électriques de
l'intérieur du globe. Ces opinions prouvent que l'esprit
distingue naturellement entre l'espace et les corps qu'il
contient. Il n'est pas sans intérêt de résumer ici la doctrine d'Aristote sur ce sujet. « Tout le monde comprend
que les êtres sont quelque part. Le principal mouvement, celui de translation, s'accomplit selon l'espace κατὰ
τόπον[1]. Mais il n'est pas facile de savoir ce que c'est que
le lieu[2]. Qu'il y ait de l'espace, c'est ce que paraît prouver la translation. De l'eau se trouve en un lieu : lorsqu'elle en sera sortie comme d'un vase, il s'y trouvera de

---

1. *Physique*, liv. IV, chap. 1, § 1.
2. *Ibid.*, § 2.

l'air; il est donc évident que le même lieu peut être occupé tour à tour par des objets différents et qu'il se distingue des objets qui l'occupent, et qui s'y remplacent les uns les autres[1]. La translation des corps simples, tels que le feu, la terre et d'autres semblables, montre que non-seulement l'espace existe, mais qu'il a une certaine propriété τινὰ δύναμιν. En effet, tel corps est porté en haut, tel autre en bas[2]. Or, le haut, le bas et les autres lieux sont les parties de l'espace. Ces autres lieux n'existent que relativement à nous : suivant notre position, la droite devient la gauche, etc.; mais le haut et le bas sont des parties distinctes de l'espace. Le haut n'est pas désigné au hasard, c'est le lieu vers lequel se portent le feu et les corps légers; le bas est le lieu où tendent les corps lourds et formés de terre, de sorte que le haut et le bas ne diffèrent pas seulement par la position, mais par la propriété τῇ δυνάμει. Il n'en est pas des corps comme des figures mathématiques. Celles-ci n'ont pas d'existence hors de l'esprit, elles ne sont pas dans l'espace; nous pouvons leur donner la position qu'il nous plaît, mettre en haut ou en bas le sommet du triangle; mais les corps ont une situation naturelle qui ne dépend pas de nous[3]. Ceux qui parlent du vide reconnaissent l'existence de l'espace, car le vide, c'est l'espace privé de corps. L'espace est donc quelque chose indépendamment des corps, et tout corps sensible est dans l'espace. C'est avec raison qu'Hésiode a dit : Avant toutes choses fut l'abîme, le vide χάος, et ensuite la terre au large sein. Il faut en effet que la place existe avant les êtres[4]. Sans l'espace, rien ne peut exister; il faut donc que l'espace soit d'abord seul avant les autres choses, et il ne périt

1. *Physique*, livre IV, chap. I, § 3.
2. *Ibid.*, § 4.
3. *Ibid.*, § 6.
4. *Ibid.*, § 6.

pas, alors même que les choses qui sont dans l'espace viennent à périr[1]. L'espace a trois dimensions : longueur, largeur, profondeur, comme le corps qu'il contient ; il est donc impossible que l'espace soit un corps, car il y aurait deux corps dans un seul[2]. »

Aristote se fait ensuite quelques difficultés sur les limites des corps, qu'il confond avec les lignes et les points géométriques. « Les points, dit-il, sont sans étendue, et l'on ne peut distinguer le point et le lieu du point ; on ne pourra donc pas distinguer non plus les limites des corps et le lieu de ces limites[3]. » Ici, Aristote confond l'étendue idéale des géomètres avec l'étendue réelle. Nous en avons marqué plus haut la distinction. Le clairvoyant philosophe avait cependant reconnu lui-même que les lignes géométriques ne sont que dans notre pensée ; il ne devait donc pas les confondre avec les parties finales des corps qui ont toujours une certaine étendue.

« Que dirons-nous que soit l'espace ? poursuit Aristote. Il n'est ni l'un des quatre éléments, ni un composé d'éléments soit corporels, soit incorporels ; s'il était composé d'éléments corporels, il serait un corps, si, d'éléments incorporels, il n'aurait point de grandeur, car les choses intelligibles n'en ont pas[4]. » Si par chose intelligible, on entend ce qui est connu par l'esprit et ne tombe pas sous la prise des sens, l'espace est une de ces choses, et il est inexact de dire qu'aucune chose purement intelligible n'a de grandeur.

Aristode examine si l'espace peut être rangé au nombre des causes : « Il n'est pas, dit-il, la cause matérielle des êtres ὕλη, car rien n'est fait d'espace ; il n'est pas

---

1. *Physique*, livre IV, chap. I, § 7.
2. *Ibid.*, § 8.
3. *Ibid.*, § 9.
4. *Ibid.*, § 10.

non plus pour eux la cause formelle, la détermination εἶδος καὶ λόγος, ni la cause finale τέλος, ni la cause efficiente ou la cause des changements οὔτε κινεῖ τὰ ὄντα. » Le philosophe oublie qu'il a donné plus haut une puissance à l'espace, et qu'il l'a regardée comme la cause de la séparation des corps graves et des corps légers. Après quelques autres difficultés qui lui font dire qu'il faut apporter un sérieux examen à la question de savoir non-seulement quelle est la nature de l'espace, mais même si l'espace existe[1], Aristote conclut à peu près en ces termes : « On voit aisément que l'espace n'est ni le fond ni la forme des choses ; car ni le fond ni la forme ne se séparent de la chose, et le lieu s'en sépare, puisque l'air est remplacé par l'eau. Le lieu n'est donc ni une partie, μόριον, ni une qualité, ἕξις, de chaque chose, mais il en est indépendant, χωριστός. Le lieu semble être quelque chose comme le vase : le vase est un lieu mobile, et l'espace est un vase immobile ; le vase n'est aucune partie de la chose qu'il contient[2]. Si l'on dit que le lieu se confond avec l'objet, le lieu changera donc de lieu, puisque l'objet en change[3]. Lorsque l'air cède la place à l'eau, le lieu a donc été détruit[4] ; on voit pourquoi il est nécessaire que le lieu soit quelque chose, et pourquoi il est difficile de dire ce qu'il est[5]. »

Hobbes, qui est le chef des *sensualistes* modernes, admet que l'espace est perçu par l'esprit comme une chose qui n'a pas d'autre détermination et d'autre qualité que d'être indépendant des corps et indépendant de la pensée humaine[6].

1. *Physique*, livre IV, chap. I, § 12 et 13 et chap. II, § 1-3.
2. *Ibid.*, chap. II, § 4, et chap. IV, § 12.
3. *Ibid.*, chap. II, § 7.
4. *Ibid*, § 8.
5. *Ibid.*, § 9.
6. *Éléments de philosophie*, partie II, chap. VII, § 2.

Locke a établi entre l'espace et le corps des distinctions dont nous avons profité. Enfin, Condillac décrit ainsi la notion de l'espace : « Partout où la statue ne trouve point de résistance, elle juge qu'il n'y a rien, et elle se fait l'idée d'un espace vide.... D'abord elle n'imagine rien au delà de l'espace qu'elle découvre autour d'elle, et, en conséquence, elle ne croit pas qu'il y en ait d'autre. Dans la suite, l'expérience lui apprend peu à peu qu'il s'étend plus loin. Alors l'idée de celui qu'elle parcourt devient un modèle d'après lequel elle imagine celui qu'elle n'a point encore parcouru ; et lorsqu'elle a une fois imaginé un espace où elle ne s'est point transportée, elle en imagine plusieurs les uns hors des autres. Enfin, ne concevant point de bornes au delà desquelles elle puisse cesser d'en imaginer, elle est comme forcée d'en imaginer encore, et elle croit apercevoir l'immensité même[1]. »

L'école sensualiste est donc unanime sur la distinction de l'espace et du corps. Nous avons lieu de nous étonner qu'elle ait pu rapporter aux sens extérieurs la notion d'un objet qui leur échappe, puisqu'il est invisible et intangible, absolu et nécessaire. Comment Locke, qui a si bien distingué l'étendue des corps d'avec l'espace qui les contient, a-t-il pu dire que l'œil atteint l'espace pendant le jour, et que le toucher le saisit dans les ténèbres. Comment a-t-il pu rapporter à la sensation la faculté qu'il nous reconnaît d'ajouter l'espace à l'espace sans jamais être arrêté, jusqu'à ce que nous arrivions à la notion de l'immensité ou de l'infinité de l'espace[2] ? L'erreur sur l'origine de la notion de l'espace a jeté Condillac en des fautes nombreuses sur la notion elle-même. Relevons-les en passant. Condillac suppose que c'est par le

---

1. *Traité des sensations*, IIe part., chap. VII, § 24-25.
2. *Essai sur l'entendement humain*, livre II, chap. XV, § 2.

toucher que la statue animée connaît l'espace ; le toucher ne connaît que le corps. « Partout où elle ne trouve point de résistance, elle juge qu'il n'y a rien, et elle se fait l'idée d'un espace vide. » Cela est vrai, mais ce n'est pas le toucher qui fait porter ce jugement : le toucher ne juge que de ce qu'il touche ; là où il ne touche rien il ne juge pas ; il faut qu'une autre faculté juge à sa place. « L'idée de l'espace qu'elle parcourt devient un modèle d'après lequel elle imagine celui qu'elle n'a point encore parcouru. » Est-ce par le toucher qu'elle imagine cet espace qu'elle n'a pas encore parcouru ? Imaginer et toucher sont-ils un seul et même acte ? Le toucher a-t-il donc de l'imagination ? Si l'on veut dire que l'acte du toucher est l'occasion à propos de laquelle une autre faculté nous fait juger qu'il y a un espace indépendant du corps, on a raison ; mais en ce cas il ne faut pas rapporter ce jugement au toucher. Ce n'est pas non plus s'exprimer exactement que de dire que l'âme *imagine* l'espace qu'elle n'a pas encore parcouru. Le mot d'imagination s'entend ou des choses qu'on se retrace mentalement après les avoir perçues, ou des choses qu'on se représente comme n'existant que dans l'esprit. Or, l'espace que nous n'avons pas parcouru n'est pas conçu comme un objet de réminiscence ou d'une conception purement idéale ; il est perçu comme un objet extérieur qui est actuellement, qui a toujours été, qui sera toujours, et qui ne peut pas ne pas être. « Enfin, la statue ne concevant point de bornes au delà desquelles elle puisse cesser d'imaginer de l'espace, elle est comme forcée d'en imaginer encore, et elle croit apercevoir l'immensité même.... Cependant, elle n'a dans le vrai ni l'idée de l'éternité, ni celle de l'immensité. Si elle juge le contraire, c'est que son imagination lui fait illusion en lui représentant, comme l'éternité et l'immensité même, une durée et un espace vagues dont elle ne peut fixer les bornes[1]. » Nous ne pouvons comprendre la restriction dans laquelle s'embarrasse ici le philosophe : « elle est comme forcée; » que signifie ce mot? Est-elle forcée ou ne l'est-elle pas? Si elle n'est pas forcée, essayez de lui faire concevoir des bornes à l'espace. « Elle croit apercevoir l'immensité même. » Y a-t-il des moments où elle aperçoit l'immensité et d'autres où elle croit seulement l'apercevoir? Si Condillac n'a jamais perçu l'immensité, comment est-il arrivé à supposer que sa statue croie l'apercevoir? « Cependant, elle n'a dans le vrai ni l'idée de l'éternité ni celle de l'immensité. » Où en avez-vous puisé le mot si vous n'en avez pas l'idée? » Son imagination lui fait illusion en lui représentant comme l'éternité et l'immensité même une durée et un espace vagues dont elle ne peut fixer les bornes. » Nous n'avons pas seulement la notion d'un espace vague et indéfini dont nous ne fixions pas les bornes, mais la notion d'un espace infini que nous affirmons n'avoir pas de bornes. Autre chose est de laisser flotter une limite dans son esprit, sans décider du point où elle existe, autre chose est de déclarer qu'elle n'existe pas. Dans le premier cas, nous avons la notion de l'indéfini; dans le second, celle de l'infini, de l'absolu, du nécessaire. L'idée d'un espace indéfini nous arrive la première, et elle dépasse déjà la portée des sens, qui limitent tout ce qu'ils saisissent; à plus forte raison les sens sont-ils dépassés par la notion de l'espace infini, qui contient la négation de toute limite, de toute relation, de toute condition, et dont l'objet, en un mot, est absolu.

En résumé, les philosophes rationalistes, qui accordent à l'homme d'autres sources d'instruction que les sens extérieurs, n'ont pas suffisamment distingué l'espace d'avec le corps, et les philosophes sensualistes, qui

---

. *Traité des sensations*, IIe partie, chap. VII, § 27.

ont fait cette distinction, ont eu le tort d'attribuer aux sens extérieurs la connaissance de l'espace.

§ 5. L'espace n'est pas Dieu.

Examinons maintenant la doctrine qui identifie l'espace avec Dieu. Newton nous paraît être le premier qui ait autorisé cette opinion. Voici comment il s'exprime : « Dieu n'est pas l'éternité ni l'infinité, mais il est éternel et infini ; il n'est pas la durée de l'espace, mais il est présent. Il dure toujours et il est présent partout, et en existant toujours et partout, il constitue la durée et l'espace, l'éternité et l'infinité. Comme chaque partie de l'espace est toujours, et que chaque moment indivisible de la durée est partout, le fabricateur et le maitre de toutes choses est partout et toujours. Il est partout présent, non-seulement par sa puissance, mais encore par sa susbtance, car il ne peut y avoir de puissance sans substance [1]. »

Ce passage n'est pas, à ce qu'il semble, exempt de contradiction. Nous n'avons rien à objecter contre la première partie : « Dieu n'est pas l'éternité ni l'infinité, mais il est éternel et infini ; il n'est pas la durée ni l'espace, mais il dure et il est présent. » Mais nous ne pouvons accepter la seconde. « Dieu, en existant toujours et partout, constitue la durée et l'espace, l'éternité et l'infinité. » D'un côté, Dieu est distingué de l'espace et du temps, de l'autre le temps et l'espace paraissent n'être plus que des modes de l'existence de Dieu.

Cette expression un peu indécise prend plus de précision et de fermeté dans la bouche de Samuel Clarke, qui s'appuie sur l'autorité de Newton. « J'ai beau

---

1. *Principes mathématiques, schol. général*, vers la fin.

tâcher, dit-il, de me persuader qu'il n'y a point d'être dans l'univers qui existe nécessairement, je trouve toujours, quoi que je fasse, les idées de l'infinité et de l'éternité si bien exprimées dans mon âme, que je ne puis m'en défaire : c'est-à-dire que je ne puis pas supposer sans commettre une contradiction dans les termes mêmes, qu'il n'y a point d'êtres dans l'univers en qui ces attributs ne soient nécessairement inhérents; car les attributs ou les modes n'existent que par l'existence de la substance dont ils sont les attributs et les modes. Or, tout homme qui est capable de supposer qu'il n'y a dans l'univers ni éternité ni immensité, et, par conséquent, qu'il n'y a point de substance par l'existence de laquelle ces attributs ou ces modes existent, pourra, s'il lui plaît, anéantir avec la même facilité la relation d'égalité entre deux fois deux et quatre. Supposer l'immensité bannie de l'univers, ou supposer qu'elle n'est pas éternelle, c'est faire une supposition contradictoire, comme l'aperçoit évidemment tout homme qui fait attention à ses propres idées et à la nature essentielle des choses. Supposer une partie de l'espace ôtée de sa place, c'est la supposer ôtée d'elle-même, ce qui est contradictoire. Cet argument ne peut être obscur qu'à ceux qui traitent l'espace immense de pur néant, ce qui est aussi une notion formellement contradictoire, car le néant est ce qui n'a ni modes ni propriétés, c'est-à-dire ce dont on ne peut rien affirmer avec vérité et dont on peut tout nier véritablement. Or, ce n'est pas le cas de l'immensité ou de l'espace[1]. » Ailleurs le même philosophe dit encore : « Je conçois donc l'espace comme une propriété de la substance qui existe par elle-même; je conçois aussi que l'espace étant évidemment nécessaire, il faut que la substance

---

1. *Traité de l'existence de Dieu*, trad. franç., édit. de Blois, 1825, t. I, p. 31 et suiv.

dont il est une propriété soit pareillement nécessaire[1]. »

Nous ferons remarquer que l'auteur admet directement que l'espace a une existence nécessaire ; ce n'est pas comme propriété d'une substance nécessaire que l'espace lui paraît revêtu du caractère de la nécessité, c'est de la nécessité de l'espace qu'il conclut celle de l'être qui lui paraît la substance de l'espace. Cela prouve que la notion de l'espace est primitive, directe, intuitive, et non pas dérivée ou abstraite d'une autre notion complexe et antérieure.

Il s'agit maintenant d'examiner si l'espace peut être considéré comme une propriété de Dieu. On a fait avec raison à Samuel Clarke l'objection suivante : « Si l'espace est une propriété de la substance qui existe par elle-même, il est aussi dans le même sens une propriété de toute autre substance. Il n'y aura de différence que sous le rapport de la quantité. Or, de ce que chaque partie de l'espace est nécessaire, il suit que chaque substance doit exister par elle-même[2]. » En effet, si l'espace infini est un attribut de l'être infini, le petit espace que j'occupe est aussi l'attribut de l'être fini que je suis, et comme ce petit espace est nécessaire, il s'ensuit que mon existence est également nécessaire. Clarke répond en ces termes à l'objection : « L'espace est une propriété de la substance qui existe par elle-même et non pas une propriété de toute autre substance. Toutes les autres substances sont dans l'espace et l'espace les pénètre, mais la substance existant par elle-même n'est pas dans l'espace et n'en est pas pénétrée. Elle est, si je puis m'exprimer ainsi, le *substratum* de l'espace, elle est le fondement de l'existence de l'espace et de la durée. Or, l'espace et

---

1. *Traité de l'existence de Dieu*, trad. franç., édit. de Blois, 1825, t. I, p. 271 et 293.
2. *Ibid.*, p. 273.

la durée étant évidemment nécessaires et n'étant pourtant point des substances, mais des propriétés, il est clair que la substance, sans laquelle ces propriétés ne sauraient subsister, est encore plus nécessaire s'il est possible [1]. »

Si dans cette réponse l'auteur voulait dire que Dieu est le créateur de l'espace, il émettrait une autre doctrine dont nous nous occuperons plus tard, mais il revient encore à cette assertion que l'espace est une des propriétés de Dieu, et cependant il ajoute que Dieu n'est pas dans l'espace et qu'il n'en est pas pénétré. Mais comment Dieu peut-il n'être pas pénétré de sa qualité et être en dehors de sa qualité? Tout cela est inintelligible. Nous ne pouvons admettre ces assertions contradictoires que Dieu est la substance de l'espace et que Dieu n'est pas dans l'espace. Nous disons tout le contraire : l'espace n'est pas la qualité de Dieu, mais Dieu est dans l'espace. En effet, il ne nous est pas possible de comprendre que Dieu soit en dehors de l'espace. Dieu pénètre l'espace et l'espace pénètre Dieu en ce sens que là où est l'espace, là est aussi Dieu : comment comprendre autrement que Dieu soit partout? Dieu est donc dans l'espace comme l'âme est dans l'espace, comme le corps lui-même est dans l'espace. « L'espace, a dit M. Royer-Collard, est le lieu des esprits comme le lieu des corps. » Seulement le corps est dans l'espace par la multiplicité de ses parties, et l'âme et Dieu sont dans l'espace par la multiplicité et l'étendue de leurs actions, multiplicité et étendue qui ne détruisent pas la simplicité indivisible de Dieu et de l'âme. Si Dieu était le *substratum* de l'espace infini, l'être fini serait le *substratum* de l'espace fini qu'il occupe, et comme le mode suit la substance, lorsque l'être fini périt, il emporterait avec lui l'espace qu'il occupe. Mais,

---

1. *Traité de l'existence de Dieu*, trad. franc., édit. de Blois, 1825, t. I p. 275.

au contraire, l'espace que j'occupe demeurerait alors même que je serais anéanti; et ceux qui commettent l'erreur de nier l'existence de Dieu ne rejettent pas pour cela l'existence de l'espace. « Tant de créatures humaines, a dit M. Royer-Collard, ont ignoré l'être unique, éternel et nécessaire dont aucune n'a ignoré l'espace [1]. » Donc l'espace n'est pas l'attribut de Dieu.

« Mais, dira-t-on, tous les objets de la pensée humaine se classent sous les deux catégories de substance et de qualité. A laquelle des deux l'espace appartient-il ? L'espace n'est pas une substance, donc il est une qualité, et comme il est infini, il est la qualité d'un être également infini. L'argument de Clarke est donc légitime. » Nous répondons qu'on aurait pu dire tout aussi exactement : l'espace n'est pas une qualité, donc il est une substance. Clarke donne lui-même des modes et des propriétés à l'espace. « Le néant, dit-il dans un passage que nous avons déjà cité, est ce qui n'a ni modes ni propriétés, c'est-à-dire ce dont on ne peut rien affirmer avec vérité et dont on peut nier tout véritablement. Or, ce n'est pas là le cas de l'immensité ou de l'espace. » Clarke reconnaît donc ici que l'espace a des modes ou des propriétés : il en fait donc une substance, à moins qu'il ne suppose qu'il y a des modes de modes, ce qui serait inintelligible. Nous examinerons plus loin en détail la notion de la substance : nous verrons que par substance on entend ordinairement, soit le sujet des phénomènes qui frappent les sens extérieurs, soit le sujet des phénomènes qui sont perçus par la conscience, et que nous imaginons la substance de Dieu sur le modèle de la substance de l'âme. L'espace ne se manifestant ni aux sens ni à la conscience, n'a pas été considéré comme une substance, mais on ne voit pas pourquoi il a été considéré comme

---

1. Traduction française des *OEuvres de Reid*, t. IV, p. 346.

une qualité, puisqu'il ne sert à manifester ni le corps, ni l'âme, ni Dieu. En effet, l'espace seul ne nous donnerait l'idée ni du corps, ni de l'âme, ni de Dieu, car Dieu est la toute-puissance, la toute-intelligence et la toute-bonté, et rien de tout cela ne paraît par l'espace tout seul. Si le Dieu de Clarke n'était que le *substratum* de l'espace, aucune intelligence ne pourrait le distinguer de l'espace, et il serait plus court de dire que l'espace est Dieu même. L'espace ne manifeste aucune autre existence que la sienne propre : il n'est donc pas une qualité. On ne répugne à l'appeler une substance que parce que ce mot est mal fait, et qu'on entend par là le sujet caché et pour ainsi dire souterrain des qualités matérielles ou intellectuelles et morales. Il faut donc ou agrandir le sens du mot substance et entendre par là non-seulement l'âme et le corps, mais l'espace et aussi le temps, comme nous le verrons plus loin, ou dire que nos connaissances se rangent sous trois catégories qui sont : 1° la substance, 2° la qualité, 3° l'espace et le temps, qui sont les récipients des substances et des qualités [1].

Nous n'avons pas encore exposé tous les rapports qu'on a établis entre l'espace et Dieu. Les anciens donnaient à l'espace et au temps une vertu créatrice. Aristote a dit, comme nous l'avons vu, qu'Hésiode avait eu raison de placer le *chaos* avant toutes choses, parce qu'il faut que la *place* existe avant les êtres [2] ; le chaos était le vide, l'espace, le gouffre béant, χάος, et l'on voit dans Hésiode que l'espace engendre l'Érèbe et la Nuit, et que le Temps engendre Zeus. Mais l'espace et le temps nous paraissent dépourvus de toute puissance productrice ; l'espace n'est pas une force, il est le lieu où les forces s'exercent. De même, c'est dans le langage des poëtes qu'on donne

---

1. Voy. Gassendi, *Physique*, sect. I, livre II, chap. I; Locke, *Essais*, livre II, chap. XIII.
2. Voy. au § précédent.

au temps un pouvoir et des armes. Ce qui produit et détruit les choses créées, ce n'est pas le temps mais les forces qui se développent dans le temps. L'espace et le temps sont donc pour nous tout à fait stériles.

Au lieu de les regarder comme des créateurs de Dieux, les modernes inclinent plutôt à croire que Dieu a créé le temps et l'espace. L'idée que nous avons de la perfection divine est une idée jalouse de toutes les autres ; elle nous force de rejeter tout ce qui nous semble porter une atteinte quelconque à la toute-puissance de Dieu. Elle entraîne même quelques esprits à nier l'évidence de certains axiomes et à sacrifier ainsi une moitié de la raison au profit de l'autre. Mais que pouvons-nous gagner à obscurcir la vérité ? Si nous demandons à notre raison l'abandon de quelque principe, ne craignons-nous pas qu'elle ne tienne moins fermement tout le reste ? Si nous épaississons les voiles sur la notion de Dieu, ne courons-nous pas le danger de le perdre entièrement de vue ? Dieu est tout-puissant sans doute, mais sa puissance s'arrête là où elle deviendrait contradictoire et absurde. Quelques esprits pensent que nous devons satisfaire à l'idée que nous avons de la puissance de Dieu jusqu'à supposer qu'il peut construire un triangle carré, un cercle quadrangulaire et faire que ce qui s'est passé hier ne se soit point passé. Si vous obtenez de votre intelligence cette concession, comment n'en obtiendrez-vous pas la négation même de l'existence de Dieu ? Par quelle évidence votre esprit sera-t-il retenu ? Nous allons contre l'évidence lorsque nous essayons de nous faire croire que Dieu a créé le temps et l'espace. Dire que Dieu est infini, c'est dire qu'il est présent dans tout l'espace, comme dire qu'il est éternel, c'est dire qu'il est présent dans tous les temps ; si l'on suppose que Dieu a créé l'espace, on suppose qu'il a précédé l'espace ; mais, s'il l'a précédé, il n'était donc pas d'abord infini ?

On objecte que si l'on proclame l'espace éternel et infini, l'espace sera indépendant de Dieu, qu'il sera coéternel à Dieu et infini comme lui, qu'il y aura deux êtres infinis, deux dieux? — En aucune façon : Dieu est une cause, l'espace n'en est pas une; Dieu est créateur, l'espace ne crée rien; Dieu est tout bon et tout sage, l'espace n'a ni sagesse ni bonté. — Mais, enfin, poursuit-on, l'espace est quelque chose; quelque chose va donc échapper à la puissance de Dieu. — Telle est, en effet, la jalousie et l'exigence de notre idée de la puissance de Dieu, que nous ne voulons rien y soustraire. Mais cependant Dieu ne peut se détruire lui-même; il ne peut faire que le passé ne soit point passé. Quelque chose échappe donc à sa puissance; et encore n'est-ce pas là une véritable limite : la toute-puissance ne consiste pas à faire ce qui est contradictoire, mais à faire tout ce qui est possible, c'est-à-dire tout ce qui n'implique pas contradiction. Ainsi Dieu ne peut faire qu'il ne soit pas infini. Si Dieu détruit l'espace, il détruira sa propre immensité; s'il crée l'espace, il crée sa propre immensité, et Dieu ne peut se créer lui-même.

Ceux qui supposent que Dieu a créé des choses éternelles, supposent aussi que cette création a été faite de toute éternité, de telle sorte que Dieu la précède, non d'une priorité de temps, mais d'une priorité de dignité. « De même, dit saint Augustin, que si un pied était de toute éternité empreint dans la poussière, l'empreinte serait aussi de toute éternité, et cependant elle aurait été faite par le pied; et aucune de ces deux choses ne serait antérieure à l'autre, quoique l'une eût été faite par l'autre; ainsi les platoniciens affirment que le monde a toujours été comme son auteur et que cependant il a été créé[1]. » Telle est la seule ressource qui nous reste :

---

1. *Cité de Dieu*, livre X, chap. XXXI.

si nous disons que l'espace infini a été créé de Dieu, ce sera une création de toute éternité, car on ne peut concevoir le moment où ait commencé l'espace et par conséquent l'immensité de Dieu. Or, cette création de toute éternité ne peut être admise, suivant saint Augustin, que d'une manière à peine intelligible [1].

L'espace et Dieu ne sont pas deux infinis qui s'excluent mais deux infinis fort différents et fort inégaux en dignité, qui se supposent l'un l'autre. Il faut s'entendre sur le sens du mot infini : on le prend quelquefois comme synonyme du mot parfait, comme exprimant un être qui a toutes les qualités à un degré infini. Dans cette acception, sans doute deux infinis s'excluent; l'un rend l'autre inutile; mais c'est un mauvais emploi du mot. « Il y a des infinis de différents genres, dit Pascal; l'infinité de la ligne n'est pas l'infinité du plan, etc. » L'espace n'est infini qu'en étendue et en durée; il n'est pas infini en puissance, en sagesse, en bonté ! C'est ainsi que le temps n'est infini que sous le rapport de la durée et de l'espace. Dieu possède ces deux infinités et d'autres encore. Il est infini dans le sens de l'espace et dans le sens du temps, et de plus dans le sens de la puissance, de la sagesse et de la bonté, trois infinités qui manquent à l'espace et au temps. Dieu est la cause, la force, le père, le créateur, le principe de vie et de mouvement; l'espace n'est rien de tout cela, il n'est que l'espace ; mais son infinité est nécessaire à l'infinité de Dieu. L'infinité de l'espace ne contredit pas l'infinité de Dieu : la première est la condition de la seconde. Que si notre idée de la puissance de Dieu est contrariée par cette existence indépendante de l'espace, nous serons obligés de recourir à une création éternelle de l'espace, qui ne sera pas dans l'ordre du temps, mais dans l'ordre de la dignité, tant il nous est impossi-

---

1. *Modo quodam vix intelligibili. Cité de Dieu,* livre II, chap. IV.

ble de chasser de notre esprit la notion de l'immensité et de l'éternité de l'espace.

En résumé, à propos de la perception des objets tangibles, visibles, mobiles, relatifs, variables, discontinus, divisibles, limités, contingents, l'intuition extérieure de l'esprit saisit ou perçoit un espace invisible, intangible, immobile, immuable, continu, indivisible, infini, éternel, nécessaire. Cet espace n'est pas l'objet d'une pure conception qui n'aurait d'existence que dans notre pensée. Les arguments de Zénon et de Bayle, fondés sur les conceptions géométriques qui n'existent que dans l'esprit, ne portent pas contre l'étendue réelle de l'espace. La divisibilité à l'infini n'est démontrée que pour des lignes sans largeur, et des points sans aucune dimension, c'est-à-dire pour des néants d'étendue; elle ne l'est donc pas pour l'étendue véritable. Celle-ci, au contraire, ne se formant pas de parties non étendues, ne peut absolument se diviser en parties sans étendue; et loin que nous soyons obligés d'accorder que toute étendue soit nécessairement divisible, notre raison saisit au contraire une étendue qui est la plus petite possible et qui, par conséquent, ne peut se diviser. Aucune des qualités que nous attribuons à l'espace, ne peut s'attribuer au néant : l'espace n'est donc pas une pure négation. Il ne peut pas non plus se confondre avec le corps : il s'en distingue par les caractères nombreux et essentiels que nous venons de rappeler et que les philosophes sensualistes ont fait eux-mêmes ressortir. Il se distingue aussi de Dieu par des caractères non moins nombreux et non moins essentiels. Enfin l'espace n'est pas le père des dieux, comme l'avaient imaginé les poëtes de l'antiquité; et l'on ne peut arriver à le considérer comme l'œuvre de Dieu que d'une manière à peine intelligible, comme le dit saint Augustin.

§ 6. Perception du temps pur ou absolu.

Examinons maintenant un second objet de l'intuition extérieure de l'esprit, ou le *temps absolu*. Ce que nous avons dit de l'*espace* abrégera de beaucoup ce que nous avons à dire du *temps*; car ces deux objets, qui ne se séparent guère dans notre pensée, n'ont pas été séparés dans les ouvrages des philosophes. Sous beaucoup de rapports, ce qu'on dit de l'un se dit de l'autre; ils ont été compris dans les mêmes systèmes, soumis aux mêmes objections, et l'on peut les défendre par les mêmes réponses.

Comme les sens extérieurs, en percevant les étendues trangibles ou visibles, donnent à l'intuition de l'esprit l'occasion de percevoir l'espace, ainsi la mémoire en percevant notre passé, nous donne l'occasion de percevoir un temps pur ou un temps qui a existé avant nous, qui existerait actuellement sans nous, et qui existera encore quand nous aurons cessé d'être. Si nous percevons que les corps n'entraînent pas l'espace dans leur destruction, nous percevons aussi que les âmes pourraient périr sans entraîner le temps dans leur perte. « De ce qu'il n'y avait pas de monde, dit Cicéron, il n'en résulte pas qu'il n'y eût point de siècles. Je ne parle pas de ces siècles qui sont formés par le nombre des jours et des nuits et dans les révolutions annuelles, car ceux-là ne peuvent exister sans le mouvement du monde, mais je dis qu'il y a eu un temps infini, une éternité que ne mesurait aucune circonscription des temps[1] »

Le temps nous apparaît donc comme absolu, c'est-à-dire comme indépendant des corps et des esprits qui sont dans le temps, et indépendant de la pensée qui le perçoit.

---

1. *De natura Deorum*, livre I, chap. IX.

Nous ne percevons pas par le toucher les interstices des corps, et il est possible que le son et la lumière aient dans leur durée des interstices qui échappent à notre oreille et à nos yeux. Mais, de même que la discontinuité des étendues tangibles n'affecte pas la continuité de l'espace pur, de même la discontinuité possible du son et de la lumière, sous le rapport de la durée, n'affecte en rien la continuité du temps pur ou absolu qui ne peut offrir en lui de lacune.

Les parties de l'espace sont hors les unes des autres et réciproquement impénétrables : sans cela l'Asie et l'Europe pourraient occuper le même lieu ; de même les parties du temps sont hors les unes des autres et mutuellement impénétrables. Si l'on ne peut aller d'un lieu à un autre sans traverser les lieux intermédiaires, on ne peut aller d'hier à demain, sans traverser aujourd'hui. L'impénétrabilité réciproque des parties de l'espace a fait supposer l'impénétrabilité des molécules matérielles ; l'impénétrabilité réciproque des parties du temps nous fait concevoir que dès qu'un être a existé deux moments, il a nécessairement pour lui un présent et un passé qui ne peuvent se confondre ensemble.

Enfin, les phénomènes qui apparaissent dans le temps ont un commencement et une fin ; ils sont limités, sans imposer leurs limites au temps, qui nous apparaît comme les ayant précédés et comme devant leur succéder. Il est donc d'abord pour nous infini comme l'espace ; bientôt, à l'aide de l'attention, nous apercevons qu'il est infini. Non-seulement nous n'en saisissons pas les bornes, mais nous affirmons qu'il n'en peut recevoir. Quand nous essayons de comprendre que le temps a commencé et qu'il cessera d'être, nous nous confondons nous-mêmes ; c'est demander un temps où il n'y ait pas eu de temps, et un temps où le temps cesse.

Les phénomènes sont donc limités, périssables, locaux

ou renfermés en un certain lieu; ils auraient pu ne pas être, c'est ce qu'on exprime en disant qu'ils sont contingents; le temps est illimité, impérissable, immense, c'est-à-dire présent dans tous les points de l'espace, et nécessaire, ou en d'autres termes il n'a pas pu, ne peut pas, et ne pourra pas ne pas être. De même que l'espace est éternel, le temps est universel : ils se pénètrent donc mutuellement.

La plupart des oppositions que nous venons d'établir entre les phénomènes et le temps sont empruntées, comme les oppositions entre le corps et l'espace, à Locke, à Thomas Reid et à M. Royer-Collard[1]. Nous citerons en partie les belles paroles de ce dernier philosophe : « 1° Comme l'*espace pur* n'est pas un objet propre du toucher, et que cependant nous n'aurions pas l'idée de l'espace pur, si nous n'avions jamais touché, de même le *temps pur* n'est pas l'objet propre de la mémoire, et cependant nous n'aurions point l'idée du temps pur sans la mémoire. 2° De même que la notion de l'*espace pur*, une fois introduite dans l'esprit, devient indépendante des objets qui l'ont introduite, de même la notion du *temps pur* devient indépendante des événements passés qui nous la donnent.... Il ne tient qu'à nous de supposer qu'ils n'aient pas eu lieu; il n'est pas en notre pouvoir de supposer l'anéantissement du *temps* qui les contenait. 3° De même que la notion d'une étendue limitée nous suggère la notion d'un espace sans bornes, qui n'a pas pu commencer, qui ne pourra pas finir et qui demeure immobile, tandis que les corps s'y meuvent en tous sens, de même la notion d'une durée limitée nous suggère la notion d'une durée sans bornes, qui n'a pas pu commencer, qui ne pourra pas finir, et qui se serait écoulée

---

1. Locke, *Essai*, livre II, chap. xv; Th. Reid, *OEuvres complètes*, trad. franç., t. IV, p. 61; Royer-Collard, t. IV, de la trad. franç. des *OEuvres de Reid*, p. 347 et suiv.

uniformément quand aucun événement ne l'aurait remplie. La durée se perd dans l'éternité, comme l'espace dans l'immensité. Je ne cherche point ce que le temps et l'espace sont en eux-mêmes; je crois que nous ignorons profondément la nature de l'un et de l'autre; je veux seulement reconnaître et constater le fait que l'esprit humain les perçoit comme éternels, nécessaires et indépendants de ses pensées et du monde matériel. Or, le fait de cette perception est indubitable et reconnu de ceux qui prétendent l'expliquer, comme de ceux qui le jugent inexplicable. 4° Quoique la notion de l'espace et celle du temps présupposent l'exercice des sens, elles ne sont identiques à aucune notion sensible. Ce ne sont ni des notions partielles ou abstraites, car, quelles sont les réalités plus vastes que le temps et l'espace, dont l'espace et le temps seraient des abstractions; ni des notions générales, car il n'y a qu'un temps et un espace; ni des notions composées, car il n'y a point d'addition dont le total soit l'infini; ni enfin des notions déduites, car le nécessaire ne se déduit pas du contingent[1]. 5° Le temps et l'espace sont des quantités continues, composées de parties homogènes; on pourrait dire que le temps est une étendue, mais une étendue qui n'a qu'une dimension, et dont les parties sont successives et non simultanées[2]. »

Ces expressions fermes et nettes répondront d'avance à toutes les fausses théories, soit sur la notion du temps absolu, soit sur l'origine de cette notion.

1. Voy. sur les notions abstraites, générales, composées et déduites, le chapitre de *la division de l'intelligence*, plus haut, et *le raisonnement*, plus loin, livre VIII.
2. Royer-Collard, t. IV de la trad. franç. des *OEuv. de Reid*, p. 348-350.

§ 7. Le temps absolu n'est pas l'objet d'une conception.

Le temps a été, ainsi que l'espace, considéré soit comme une pure conception sans réalité hors de l'esprit, soit comme la même chose que les événements qui se passent dans le temps, soit enfin comme un attribut ou une œuvre de la Divinité.

Kant est le seul, à notre connaissance, qui ait regardé l'idée du temps comme une pure conception sans réalité extérieure[1]. Suivant cette théorie, si l'esprit humain n'existait pas, il n'y aurait ni temps, ni espace, et croire que le temps et l'espace sont hors de l'esprit, c'est partager l'illusion du géomètre qui croirait que le cercle parfait existe en dehors de sa pensée. Nous répondrons que si quelqu'un n'aperçoit pas du premier coup que le temps et l'espace ne font point partie de sa pensée, ne sont pas des formes de lui-même, nous ne pouvons le lui démontrer ; car les perceptions primitives se posent, se constatent et ne se démontrent pas. Le temps et l'espace sont perçus directement par nous comme distincts de nous-mêmes. Nous en appelons au langage qui est le dépositaire de nos jugements : jamais nous n'identifions les mots *temps* et *espace* avec le mot *je*, comme nous identifions avec le mot *je* les mots *pensée* et *sentiment*, dans ces phrases : *je pense, je sens*. C'est une preuve que nous ne prenons pas le temps et l'espace pour des formes de notre esprit, mais pour des réalités qui existent en dehors de notre pensée.

---

1. Voy. plus loin, livre IX.

§ 8. Le temps absolu n'est pas la même chose que les changements et les événements.

L'opinion qui identifie le temps avec les choses qui changent est de beaucoup la plus répandue. Voici l'abrégé de la théorie de Platon sur ce sujet. « Comme le Père voyait que le modèle sur lequel il entreprenait d'établir le monde était éternel, il essaya de donner à celui-ci l'éternité autant que possible. Il ne pouvait la donner à ce qui a commencé; il se contenta donc de faire du monde une image mobile de l'immobile éternité : c'est ce que nous avons nommé le temps χρόνος. Les jours, les nuits, les mois et les années n'existaient pas avant le ciel; Dieu leur a donné naissance en même temps. Quant aux divisions du temps, telles que : *il était, il sera*, toutes ces formes d'un temps qui a pris naissance, nous avons tort de les transporter à l'essence éternelle. Nous disons qu'elle a été, qu'elle est et qu'elle sera; mais il n'y a que le mot *elle est* qui lui convienne. Les formes : *il a été, il sera* n'appartiennent qu'à ce qui prend naissance dans le temps, car ce sont des changements; mais ce qui reste toujours le même sans changement ne peut être, avoir été, ou devoir être plus vieux ou plus jeune.... Le temps a donc pris naissance avec le ciel, afin que, nés ensemble, ils périssent ensemble, si toutefois leur destruction doit arriver[1]. »

Platon identifie le temps avec les changements célestes. Aristote rejette cette opinion. Après quelques phrases où il semble établir que l'esprit, en concevant le temps se frappe lui-même de contradiction, ce qui mettrait Aristote au nombre des philosophes qui ne donnent au temps aucune réalité extérieure, le maître du Lycée finit par envisager le temps comme le nombre ou la mesure

---

1. *Timée*, édit. H. E., t. III, p. 37.

des choses qui changent et qui passent. « On croirait d'abord, dit Aristote, que le temps n'existe pas ou qu'il existe à peine et d'une manière fort obscure, si l'on considère que telle partie du temps a été et n'est plus, que telle autre doit être et n'est pas encore, et que de ces parties se compose le temps infini et éternel. Il paraîtra impossible que le composé de ce qui n'est pas participe à l'existence. Tout ce qui est divisible se divise en parties qui existent; le temps est divisible en parties qui n'existent pas. Le présent n'est pas une partie du temps, car le tout se compose des parties et le temps ne se compose pas de moments présents.... Il faut que le moment antérieur s'anéantisse toujours; mais il ne peut s'anéantir en lui-même, puisqu'il est alors présent; il ne peut non plus s'anéantir dans le moment suivant, puisqu'il n'y est pas encore; il est donc impossible que les moments se succèdent les uns les autres[1]. »

Nous avons rapporté ce passage comme un exemple de la subtilité du génie d'Aristote; mais on ne se laissera pas arrêter par les difficultés qu'il entasse en ce lieu. Le temps est composé de moments qui ne sont plus et de moments qui ne sont pas encore, séparés par un moment qui existe, quoiqu'il périsse sans cesse. Ce moment ne périt ni en lui-même ni dans un autre, c'est-à-dire qu'il ne périt ni quand il est présent, ni quand il est passé, et cependant il périt, quoique nous ne puissions dire de quelle manière, nous nous en référons à la parole de saint Augustin : « Qu'est-ce donc que le temps? Si personne ne me le demande, je le sais; si je veux l'expliquer à celui qui m'interroge, je ne le sais plus[2]. » Nous y ajouterons cette observation des philosophes de Port-Royal : « Il y a des choses qui sont incompréhen-

---

1. *Physique*, livre IV, chap. x, § 1 et suiv.
2. *Confessions*, livre XI, chap. xiv.

sibles dans leur manière, et qui sont certaines dans leur existence ; on ne peut concevoir comment elles peuvent être, et il est certain néanmoins qu'elles sont[1]. » Aristote ne s'est pas lui-même laissé troubler par les nuages qu'il avait amassés, puisqu'il a fini par regarder le temps comme le nombre des choses qui changent et qui passent. « Le temps, dit-il en combattant l'opinion de Platon, n'est pas le changement du ciel, car s'il y avait plusieurs cieux, il n'y aurait pas pour cela plusieurs temps.... Le temps n'est pas le changement, mais il n'est pas non plus sans le changement ; car, lorsque nous ne changeons point de pensée ou que nous en changeons sans nous en apercevoir, le temps ne nous semble pas exister, pas plus qu'à ceux qui, en Sardaigne, suivant la mythologie, s'éveillent après avoir dormi auprès des héros. Ils joignent le premier moment du sommeil au premier moment du réveil, et ils les identifient en un seul, supprimant tout le temps intermédiaire, dont ils ne se sont pas aperçus. Nous sentons à la fois le temps et le changement : pendant la nuit, lorsque nous ne sentons rien par le corps, et qu'il y a un changement dans notre âme, le temps nous paraît exister.... Puisque le temps n'est pas le changement, il reste donc qu'il soit quelque chose du changement. C'est le nombre ou la mesure du changement sous le rapport de l'antériorité et de la postériorité.... Non-seulement nous mesurons le changement par le temps, mais encore le temps par le changement. Nous disons que le temps dans lequel il y a beaucoup de changements est long, et qu'il y a beaucoup de changements, s'il y a beaucoup de temps.... Puisque le temps est la mesure du changement, il l'est aussi accidentellement d'un arrêt de changement : ce qui est de sa nature immuable ne s'arrête pas, mais seulement ce qui suspend

---

1. *Art de penser*, 5ᵉ édit., p. 391.

son changement, étant né pour changer. Le temps mesure donc ce qui change et ce qui se fixe, de sorte que ce qui ne change, ni ne se fixe n'est pas dans le temps.... Si l'âme n'existait pas, le temps existerait-il ou non? On admettra que le temps existerait sans l'âme, si l'on admet que le changement existe sans elle; l'antériorité et la postériorité sont dans le changement, et ces choses, en tant quelles sont susceptibles d'être comptées, sont le temps.... On se demande si le temps est le nombre de tel changement ou de tous les changements? Tout le temps est un, de même que, soit qu'il y ait sept chevaux ou sept chiens, le nombre est le même; ainsi pour tous les changements qui s'accomplissent ensemble, il n'y a qu'un seul et même temps.... Chaque chose est comptée par une chose du même genre, les unités par une unité, les chevaux par un cheval, et le temps par un certain temps déterminé. Le temps est mesuré par le changement, et le changement par le temps : cela veut dire que la quantité de changement et de temps est mesurée par un changement qui est lui-même mesuré par le temps[1]. »

Si l'on considère attentivement cette opinion d'Aristote, on s'apercevra qu'elle est plus raisonnable que celle qu'on lui prête d'ordinaire, quoiqu'elle ne nous paraisse pas contenir encore toute la vérité. Aristote passe pour avoir dit que le temps *est la mesure du mouvement*, mais le mot qu'il emploie dans tous les passages précédents, κίνησις, signifie changement et non pas mouvement, car il l'applique aux actes de l'âme, et il savait bien que l'âme ne se meut pas. Leibniz a fait observer qu'Aristote emploie un autre terme φορά quand il veut exprimer le mouvement ou le transport d'un lieu à un autre. Le temps est donc pour Aristote la mesure ou plutôt le nombre des changements successifs; tout nombre n'est

---

1. *Physique,* livre IV, chap. x, xi, xii, xiii et xiv.

pas le temps, mais seulement le nombre des changements qui se succèdent.

A cette définition : *le temps est la mesure du mouvement*, que l'on croyait être la définition d'Aristote, on faisait avec raison l'objection suivante : Sous quel rapport le temps serait-il la mesure du mouvement? Ce ne serait pas sous le rapport de l'espace. Ce serait donc sous le rapport du temps, ce qui reviendrait à dire que le temps mesure le temps du mouvement, ou que le temps est la mesure du temps, et c'est une *tautologie* et non une définition. Mais Aristote a dit lui-même qu'une chose ne peut servir de mesure qu'aux choses du même genre. Il savait que ce n'est pas définir l'unité que de dire qu'elle sert de mesure aux chevaux. Il n'est donc pas coupable de la faute qu'on lui reproche, puisqu'il a voulu dire que le temps est le nombre des changements successifs.

Il ne doit pas non plus être accusé d'avoir dit que *le mouvement est la mesure du temps*. Nous nous servons des mouvements comme par exemple des oscillations du pendule, pour mesurer le temps, parce que ce mouvement parcourt une certaine étendue dans l'espace, et que l'étendue est ce que nous mesurons et comparons avec le plus d'exactitude[1]. Mais le mouvement ne peut être défini la mesure du temps, 1° parce qu'il y a des mouvements qui ne servent pas à mesurer le temps ; 2° parce que le son, la lumière, etc., peuvent être aussi employés à la mesure du temps, quoique avec moins de sûreté que le mouvement. Mais Aristote n'a pas dit que le mouvement fût la mesure du temps, il a dit : Le temps est le nombre des changements successifs, et le nombre des changements successifs est le temps. Si au lieu d'employer le mot de changements il eût employé celui de moments, sa définition eût été irréprochable. Le seul

---

1. Voy. plus haut, t. I, liv. VI, sect. 1, chap. 11, § 8, 6°.

tort qu'il ait commis est d'avoir identifié les moments du temps soit avec les changements de la pensée, soit avec les changements extérieurs.

L'opinion d'Aristote diffère de celle de Platon, en ce que celui-ci identifiait le temps avec le mouvement du ciel, ajoutant que ce qui est immobile n'est pas dans le temps, tandis qu'Aristote applique le temps non-seulement aux phénomènes visibles, mais encore aux changements de l'âme, c'est-à-dire qu'il regarde le temps comme l'attribut, la mesure ou le nombre des changements, non des changements simultanés, mais des changements successifs. Nous croyons que Platon et Aristote ont, chacun de leur côté, confondu la nature du temps avec l'occasion qui nous en fait obtenir la connaissance. Nous accordons au premier que c'est surtout à propos du spectacle des changements du ciel que nous arrivons à penser au temps, et la langue vulgaire confond encore sous le nom de temps le ciel, la température et la durée. Mais supposer que le ciel est la cause du temps ou de la durée, c'est partager l'erreur du poëte qui faisait le temps fils du ciel, ou *Cronos* fils d'*Ouranos*. En effet, les mouvements du ciel nous servent à mesurer le temps, mais ils ne créent pas le temps, et le ciel s'anéantirait que le temps existerait encore. Nous accordons d'un autre côté qu'Aristote, en remarquant que nous pouvons penser au temps sans avoir besoin de rien voir, ni de rien sentir par le corps, et en contemplant seulement la marche de notre pensée, a fait une observation juste et profonde, mais il ne fallait pas pour cela identifier le temps avec le changement de notre pensée; car une fois que la mémoire nous a fait apercevoir une partie de la durée de notre esprit et nous a donné l'idée de notre passé, une intuition de l'esprit nous fait voir que le temps a précédé notre passé et qu'il doit continuer après le moment où nous sommes; que, comme l'espace, il pourrait être vide de toute autre existence que de la sienne, et que le temps n'a pas eu de commencement et qu'il n'aura pas de fin. Il n'est même pas besoin que la mémoire nous découvre en nous un changement de pensée, pour que nous acquérions la notion du temps : nous pouvons remarquer la durée d'une pensée qui ne change pas. Il y a en nous quelque chose qui change et quelque chose qui ne change pas, dont nous apercevons la durée. Si la théorie d'Aristote était fondée, les idées qui changent dans notre âme nous paraîtraient avoir de la durée et l'âme paraîtrait n'en pas avoir.

Parmi les philosophes modernes, Descartes a reproduit à peu près l'opinion de Platon sur la nature du temps. « De ces qualités ou attributs, dit-il, il y en a quelques-unes qui sont dans les choses mêmes et *d'autres qui ne sont qu'en notre pensée* : ainsi, par exemple, le temps que nous distinguons de la durée prise en général, et que nous disons être la mesure du mouvement, n'est rien qu'une certaine façon dont nous pensons à cette durée, car nous ne concevons point que la durée des choses qui sont mues soit autre que celle des choses qui ne le sont point ; comme il est évident de ce que, si deux corps sont mus pendant une heure, l'un vite et l'autre lentement, nous ne comptons pas plus de temps en l'un qu'en l'autre, encore que nous supposions plus de mouvement en l'un de ces deux corps. Mais afin de comprendre la durée de toutes les choses sous une même mesure, nous nous servons ordinairement de la *durée* de certains mouvements réguliers, qui sont les jours et les années, et la nommons *temps*, après l'avoir ainsi comparée, bien qu'en effet ce que nous nommons ainsi ne soit rien, hors de la véritable durée des choses, qu'une façon de penser[1]. »

---

1. *OEuv. philosoph.*, édit. Ad. G., t. I, p. 257.

Au premier coup d'œil, l'opinion de Descartes sur la nature du temps paraîtrait se confondre avec celle de Kant, puisque le philosophe français arrive à dire que ce que nous nommons le *temps* n'est qu'une façon de penser. Cependant ces deux opinions diffèrent par un côté très-important. Kant regarde l'idée du temps comme entièrement produite par l'esprit. En ce sens, nous ne pouvons affirmer que quelque chose ait véritablement de la durée hors de nous, mais uniquement que nous avons l'idée de la durée[1]; Descartes, au contraire, pense que les choses ont une durée véritable, et que c'est seulement quand nous voulons considérer le temps en dehors des choses qui *durent* que nous produisons une pure pensée dont l'objet n'a pas de réalité extérieure. Henri More lui avait posé cette objection : « Si Dieu anéantissait l'univers et qu'il en créât un autre de rien, longtemps après, cet *intermonde* ou cette privation du monde aurait sa durée...[1]. » Descartes répond : « Je crois qu'il implique contradiction de concevoir une durée entre la destruction du premier monde et la création du nouveau : car si nous rapportons cette durée ou quelque chose de semblable à la succession des pensées divines, ce sera une erreur de l'intellect, non une véritable perception de quelque chose[2]. » Au sens de Descartes, il n'y a point de temps absolu; il n'y a de temps qu'à la condition qu'il y ait un monde qui dure. Si Dieu existait seul, il n'y aurait ni temps absolu, ni temps relatif. Descartes ne veut pas que les pensées de Dieu soient successives, c'est-à-dire qu'elles aient une durée. A l'exemple de Platon et d'Aristote, il regarde le temps comme l'attribut des choses qui commencent et finissent.

Telle est l'opinion à laquelle il s'est arrêté; les pas-

1. Voy. plus loin, liv. IX, chap. v.
2. Descartes, édit. Ad. G., t. III, p. 347.
3. *Ibid.*, t. III, p. 368.

sages précédents sont extraits des *Principes de la philosophie,* qui sont postérieurs de trois ans aux *Méditations.* Dans celles-ci, Descartes avait distingué deux sortes de temps, l'un qu'il appelait concret et qui était la durée des choses qui commencent et finissent, l'autre qu'il appelait abstrait et qui était indépendant de ces choses. Il mettait entre le premier et le second cette différence que le temps concret ou la durée des choses lui paraissait pouvoir être interrompu, tandis que le temps abstrait ou le temps en dehors des choses lui semblait formé de moments indissolubles, que rien ne pouvait détacher les uns des autres et dont rien ne pouvait interrompre la suite. « Dieu, disait-il, est la cause de toutes les choses créées non-seulement en ce qui dépend de leur production, mais même en ce qui concerne leur conservation ou leur durée dans l'être ; c'est pourquoi il doit toujours agir sur son effet d'une même façon pour le conserver dans le premier être qu'il lui a donné ; et cela se démontre fort clairement par ce que j'ai expliqué de l'indépendance des parties du temps, ce que vous tâchez en vain d'éluder, en proposant la nécessité de la suite qui est entre les parties du temps *considéré dans l'abstrait,* de laquelle il n'est pas ici question, mais seulement du temps ou de la durée de la chose même, de qui vous ne pouvez pas nier que tous les moments ne puissent être séparés de ceux qui les suivent immédiatement, c'est-à-dire qu'elle ne puisse cesser d'être dans chaque moment de sa durée[1]. »

Gassendi s'était élevé contre cette expression de temps abstrait et de temps concret. « Vous répondez que je parle du temps abstrait, et vous de la chose qui dure ; mais qu'entendez-vous par le temps abstrait? Je ne connais qu'un seul temps qu'on peut considérer, je l'avoue,

---

1. *OEuv. philosop.*, édit. Ad. G., t. II, p. 307-308.

abstraction faite des choses, puisqu'il est avec elles ou sans elles, et qu'à travers leurs mouvements ou leur repos, il coule toujours d'un même cours persévérant et invariable. Mais je ne sache pas qu'il y ait un autre temps qu'on puisse appeler concret et considérer dans les choses, ou dans lequel les choses puissent être considérées. On distingue encore le temps en externe et en interne ; mais si le temps dont je parle est le temps externe, que sera-ce que le temps interne? Examinons : je suis, par exemple, une chose qui dure depuis cinquante ans ; je sais que j'ai duré dans le même temps que tous les hommes de mon âge et nous n'avons pas à nous tous consommé plus de temps que ne l'aurait fait un seul ; car il ne s'est pas écoulé, depuis notre naissance, autant de fois cinquante ans que nous sommes maintenant de quinquagénaires. Qu'est-ce donc que ce temps interne qui m'appartient d'une manière concrète et qui diffère du temps externe ou de celui que vous appelez abstrait?... Que la chose qui dure puisse cesser d'être à chaque moment, je le veux bien ; mais les moments eux-mêmes ne peuvent se détacher les uns des autres. Qu'une chose puisse périr à tel moment, ce n'est pas à dire pour cela que les moments ou parties du temps puissent s'anéantir[1]. »

Gassendi avait raison de blâmer les expressions de temps concret et de temps abstrait. Une chose ne peut être abstraite d'une autre, que si la première est contenue dans la seconde. La forme peut être abstraite du corps parce que la forme est dans le corps ; mais le temps, dont les parties ne peuvent périr et sont liées les unes aux autres d'un nœud indissoluble, ne peut être abstrait des choses dont la durée peut être interrompue. La pre-

---

1. *Dubitatio nona, instancia secunda; OEuv. philosop.* de Descartes, édit. Ad. G., t. II, p. 518.

mière n'est pas contenue dans la seconde. Le temps pur et absolu n'est donc pas abstrait de la durée des choses qui commencent et qui finissent. Le temps pur et absolu, qui est indépendant des choses, serait mieux nommé le temps externe, si l'on veut entendre par temps interne la part que chaque objet occupe dans la durée ou dans le temps externe et absolu. En laissant de côté la discussion des mots, nous voyons que, dans les *Méditations*, Descartes était d'accord avec Gassendi pour distinguer de la durée périssable des choses une durée impérissable qui enveloppe, pour ainsi dire, la première. Mais Descartes finit par abandonner cette distinction, puisque, dans les *Principes de la philosophie*, il dit que le temps considéré en dehors de la durée des choses n'est qu'une pure idée, une pure façon de penser. Il est donc revenu à l'opinion de Platon et d'Aristote, suivant laquelle il n'y a de temps qu'à la condition qu'il y ait une chose qui change.

Dans cette opinion qui identifie le temps avec les objets qui changent, Platon, Aristote et Descartes se trouvent d'accord avec Condillac. Voici comment ce dernier philosophe développe à ce sujet sa théorie : « La statue n'aurait jamais connu qu'un instant, si le premier corps odoriférant eût agi sur elle d'une manière uniforme pendant une heure, un jour ou davantage; ou si son action eût varié par des nuances si insensibles qu'elle n'eût pu les remarquer.... L'idée de la durée n'est donc point absolue; et lorsque nous disons que le temps coule rapidement ou lentement, cela ne signifie autre chose sinon que les révolutions qui servent à le mesurer se font avec plus de rapidité, ou avec plus de lenteur que nos idées ne se succèdent. On peut s'en convaincre par une supposition. Si nous imaginions qu'un monde composé d'autant de parties que le nôtre ne fût pas plus gros qu'une noisette, il est hors de doute que les astres s'y lèveraient et s'y coucheraient des milliers de fois dans une de nos heures, et qu'organisés comme nous le sommes, nous n'en pourrions pas suivre les mouvements. Il faudrait donc que les organes des intelligences destinées à l'habiter fussent proportionnés à des révolutions aussi petites. Ainsi, pendant que la terre de ce petit monde tournera sur son axe et autour de son soleil, ses habitants recevront autant d'idées que nous en avons pendant que notre terre fait de semblables révolutions. Dès lors, il est évident que leurs jours et leurs années leur paraîtront aussi longs que les nôtres nous le paraissent. En supposant un autre monde auquel le nôtre serait aussi inférieur qu'il est supérieur à celui que je viens de feindre, il faudrait donner à ses habitants des organes dont l'action serait trop lente pour apercevoir les révolutions de nos astres. Ils seraient, par rapport à notre monde, comme nous par rapport à ce monde gros comme une noisette. Ils n'y sauraient distinguer aucune succession de mouvement. Demandons enfin aux habitants de ces mondes quelle en est la durée : ceux du plus petit compteront des millions de siècles, et ceux du plus grand, ouvrant à peine les yeux, répondront qu'ils ne font que de naître. La notion de la durée est donc toute relative : chacun n'en juge que par la succession de ses idées ; et vraisemblablement il n'y a pas deux hommes qui, dans un temps donné, comptent un égal nombre d'instants ; car il y a lieu de présumer qu'il n'y en a pas deux dont la mémoire retrace toujours les idées avec la même rapidité. Par conséquent, une sensation qui se conservera uniformément pendant un an, ou mille si l'on veut, ne sera qu'un instant à l'égard de notre statue, comme une idée que nous conservons pendant que les habitants du petit monde comptent des siècles, est un instant pour nous. C'est donc une erreur de penser que tous les êtres jugent également de la durée et comptent le même nombre d'instants. La présence d'une idée qui ne varie point n'étant qu'un instant à notre égard, c'est une conséquence que tous les moments de notre durée nous paraissent égaux, mais ce n'est pas une preuve qu'ils le soient[1]. »

Condillac pense donc que l'idée de la durée n'est autre chose que celle de la succession de nos pensées; qu'une seule pensée ne nous donnerait pas l'idée de la durée, et que le temps est plus ou moins long selon que nos idées différentes sont plus ou moins nombreuses. Comme la théorie de Condillac est exposée d'une manière plus explicite que celle de ses prédécesseurs, les fautes en sont plus faciles à remarquer, et nous pouvons faire ressortir des propres paroles de ce philosophe qu'il percevait lui-même un temps pur ou absolu, d'après lequel il mesurait à son insu la durée des pensées et des phénomènes extérieurs. « L'idée de la durée, dit-il, n'est donc point absolue, et lorsque nous disons que le temps coule rapidement ou lentement, cela ne signifie autre chose sinon que les révolutions qui servent à le mesurer se font avec plus de rapidité ou avec plus de lenteur que nos idées ne se succèdent. » Comment le philosophe peut-il dire que les révolutions des astres se font avec plus de rapidité ou de lenteur que nos idées ne se succèdent? Où prend-il la mesure de la rapidité ou de la lenteur de nos idées? N'est-ce pas dans la notion d'un temps dont le cours est toujours égal, quel que soit le nombre des idées qui nous occupent. Si, pendant un certain temps, nos idées ont été nombreuses, nous disons qu'elles ont été rapides; si elles ont été rares, nous disons qu'elles ont été lentes; mais c'est en les comparant à ce temps qui marche d'un pas toujours égal et non à une rotation de la terre sur son axe; car comment savons-nous que cette rotation est

---

1. *Traité des sensations*, 1re édit., t. 1, p. 111 et suiv.

lente ou rapide? Serait-ce en la comparant au nombre de nos idées? Mais nous roulerions dans un cercle, mesurant la vitesse de nos idées sur un tour de la terre, et un tour de la terre sur la vitesse de nos idées.

Condillac pense, avec Aristote et Locke, que le jour nous paraît plus ou moins long suivant que le nombre de nos idées a été plus ou moins grand[1]. Mais premièrement, pour admettre cette opinion, il faudrait supposer que nos idées fussent toutes d'égale longueur; et encore, que signifie la longueur d'une idée si on ne la rapporte pas à un temps qui la contient et dont la marche est toujours la même? Secondement, l'expérience prouve qu'une journée bien remplie d'idées paraît plus courte qu'une journée vide d'idées. Ce n'est donc pas le grand nombre des idées qui fait la lenteur du temps. Troisièmement, l'erreur que nous pouvons commettre sur la durée n'altère en rien la nature et la quantité de cette durée, ni surtout le temps absolu et nécessaire qui contient toutes les durées contingentes, c'est-à-dire la durée des événements et des changements.

« Pendant que la terre de ce petit monde, dit Condillac, tournera sur son axe et autour de son soleil, ses habitants recevront autant d'idées que nous en avons pendant que notre terre fait de semblables révolutions. » Mais Condillac ne peut ignorer que si la journée de ce petit monde était la cent millième partie de la nôtre et qu'elle contînt le même nombre d'idées, chacune de ces idées serait la cent millième partie d'une des nôtres. Peu importerait donc que leurs jours et leurs années leur parussent aussi longs que les nôtres nous le paraissent : cette erreur n'altérerait en rien la réalité. Mais ils ne commettraient même pas cette erreur, car il ne serait pas impossible

---

1. Voy. plus haut, p. ??? et Locke, *Essai sur l'entendement humain*, livre II, chap. XIV.

de se figurer un monde dont les dimensions fussent cent mille fois plus grandes que celui qu'ils habiteraient, et où les journées étant cent mille fois plus lentes, produisissent chez l'habitant de cette planète des idées dont la durée serait cent mille fois plus grande, si le nombre en était le même que chez eux. En conséquence, si l'on demande aux habitants de ces trois mondes supposés depuis combien de temps ils existent, ceux du plus petit compteront des millions de siècles, mais ils sauront que ces siècles sont cent mille fois plus petits que les nôtres; ceux du plus grand répondront qu'ils ne font que de naître, mais ils sauront qu'un de leurs jours vaut cent mille de nos journées.

Pour prouver que la durée n'a rien d'absolu, Condillac propose ailleurs ce qu'il appelle une nouvelle preuve. Supposons, dit-il, qu'un corps soit mû en rond avec une vitesse qui surpasse l'activité de nos sens, nous ne verrons qu'un cercle parfait et entier. Mais donnons d'autres yeux à d'autres intelligences : elles verront ce corps passer successivement d'un point de l'espace à l'autre. Elles distingueront plusieurs instants où nous n'en pouvons remarquer qu'un seul. Par conséquent, la présence d'une seule idée à notre esprit, ou un seul instant de notre durée coexistera à plusieurs idées qui succèdent dans ces intelligences, ou à plusieurs instants de leur durée[1]. » Condillac confond encore ici notre durée avec la succession de nos idées. Dans son opinion, l'homme n'existe qu'à la condition que ses idées se succèdent, et si, de deux hommes, l'un n'a qu'une idée, pendant que l'autre en a plusieurs, le second aura vécu plus d'instants que le premier. Condillac confond donc la notion d'une chose avec la chose elle-même. Nous pourrions cependant ne pas nous apercevoir de notre existence, sans exis-

---

1. *Cours d'études*, édit. de 1790, t. IV, p. 126.

ter moins pour cela ; une erreur sur notre durée n'altérerait pas cette durée elle-même. Mais il n'est pas vrai que, dans l'exemple qu'il rapporte, les deux observateurs se tromperaient sur leur durée. L'un verrait, dit-il, un cercle parfait et entier, l'autre, un corps passant successivement d'un point de l'espace à l'autre. Cet exemple nous paraît très-propre à dissiper l'illusion de ceux qui identifient le temps ou la durée avec le changement en général ou le changement des idées en particulier. En effet, celui qui verrait le corps se mouvoir successivement sur chaque point de la circonférence, pendant que nous verrions la couleur de ce corps répandue à la fois sur tous les points, aurait un spectacle plus varié, mais non pas plus long que le nôtre. Nous aurions vu un cercle entier et immobile, pendant le même temps qu'il aurait vu un corps se mouvoir en cercle. Il n'est donc pas nécessaire, pour obtenir la notion du temps, qu'il y ait un changement de phénomène au dehors ou au dedans de nous, et il est surtout inexact de dire que le changement extérieur ou intérieur soit le temps lui-même.

Cette erreur que le phénomène interne est le temps lui-même se trouve poussée si loin chez Condillac, qu'il entreprend de prouver que le changement de notre pensée est non-seulement pour nous le présent et le passé, mais encore l'avenir, la durée indéterminée et l'éternité elle-même. Le philosophe suppose que sa statue se rappelle distinctement trois odeurs qu'elle a senties. « Les odeurs de jonquille, de rose et de violette peuvent donc marquer, dit-il, les trois instants qu'elle aperçoit d'une manière distincte. Par la même raison, les odeurs qui ont précédé et celles qui sont dans l'habitude de suivre, marqueront les instants qu'elle aperçoit confusément dans le passé et l'avenir. Ainsi, lorsqu'elle sentira une rose, sa mémoire lui rappellera distinctement l'odeur de jonquille et celle de violette, et elle lui représentera une durée indéfinie qui a précédé l'instant où elle sentait la jonquille, et une durée indéfinie qui doit suivre celui où elle sentira la violette. Apercevant cette durée comme indéfinie, elle n'y peut démêler ni commencement ni fin; elle n'y peut même soupçonner ni l'un ni l'autre. C'est donc à son égard une éternité absolue, et elle se sent comme si elle eût toujours été, et qu'elle ne dût jamais cesser d'être [1]. » Nous laissons de côté cette singulière assertion que la mémoire représente à la statue une durée indéfinie à venir, comme si la mémoire pouvait représenter autre chose que le passé, et nous nous attachons seulement à examiner si la durée indéfinie du passé que la statue retrouve dans sa mémoire peut devenir pour elle l'éternité. La statue se rappelle confusément les odeurs qu'elle a senties avant l'odeur de la jonquille, et leur durée indéterminée. Mais elle se rappelle cependant que ces odeurs ont eu un commencement et une fin, quoiqu'elle ne puisse en assigner l'époque précise; elle sait très-bien qu'elle n'a pas senti ces odeurs de tout temps. Or, la notion de l'éternité n'est pas celle d'un temps dont on entrevoit le commencement et la fin, c'est la notion d'un temps dont on affirme que le commencement et la fin n'ont jamais existé et n'existeront jamais. Il ne faut donc pas confondre la notion de la durée indéterminée ou indéfinie avec la notion de la durée éternelle ou infinie. Condillac a tort de prendre l'une pour l'autre, et de croire que l'éternité soit la durée indéterminée des odeurs que la statue a senties. S'il en était ainsi, l'éternité serait contenue dans le passé de la statue, peut-être dans la durée d'un mois ou d'un jour. L'erreur qui consiste à prendre le temps pour l'événement paraît plus sensible encore, lorsqu'on veut trouver l'éternité dans une succession de quelques odeurs. Condillac s'est

---

1. *Traité des sensations*, édit. orig., t. I, p. 104.

bien aperçu qu'il avait dépassé les bornes de la sensation en donnant à sa statue l'idée de l'éternité et celle de l'immensité et il dit plus loin : « Cependant la statue n'a dans le vrai ni l'idée de l'éternité, ni celle de l'immensité. Si elle juge le contraire, c'est que son imagination lui fait illusion en lui représentant comme l'éternité et l'immensité une durée et un espace vagues dont elle ne peut fixer les bornes[1] » La statue, en effet, ne peut trouver dans le souvenir confus de ses sensations que l'idée d'une durée et d'un espace vagues, et Condillac a raison cette fois de ne reconnaître en cela ni l'éternité ni l'immensité. Mais, puisqu'il compare l'illusion de la statue avec la véritable immensité et la véritable éternité, il a donc lui-même l'idée de ces dernières. De deux choses l'une : ou il ne peut découvrir l'erreur de la statue, ou il possède l'idée de l'immensité et de l'éternité. A quelle source l'a-t-il puisée? Ce n'est pas dans la sensation, puisqu'il vient d'accuser l'insuffisance de cette source. Condillac prouve donc ainsi que l'idée de l'éternité ne nous vient ni de la sensation ni de la mémoire, et qu'en conséquence le temps pur ou absolu ne peut se confondre avec les objets sentis ou dont la mémoire nous retrace la sensation.

On range ordinairement Leibniz au nombre des philosophes qui ne distinguent point le temps d'avec les choses qui commencent et qui finissent; et, en effet, quelques expressions du philosophe permettent cette interprétation. Nous avons déjà cité cette phrase. : « Le temps et le lieu ne sont que des espèces d'ordre[2]. » Mais nous avons cité aussi cet autre passage dans lequel Leibniz expliquait à sa manière pourquoi nous ne pouvons donner des bornes ni à l'espace ni au temps : « Le temps et l'espace marquent des possibilités au delà des existences;

---

1. *Traité des sensations*, 1re édit., t. I, p. 291.
2. Voy. plus haut, même chap., § 4.

le temps et l'espace sont de la nature des vérités éternelles qui regardent également le possible et l'existant. » Mais le temps des choses possibles est un temps vide ou absolu, un temps qui se distingue des choses actuellement existantes. Ailleurs encore Leibniz marque fort bien la différence du temps absolu et des choses qui se succèdent dans le temps. « Une suite de perceptions, dit-il, réveille en nous la durée, mais elle ne la fait point. Nos perceptions n'ont jamais une suite assez constante et régulière, pour répondre à celle du temps qui est un *continu uniforme et simple,* comme une ligne droite. Le changement des perceptions nous donne l'occasion de penser au temps, et on le mesure par des changements uniformes; mais quand il n'y aurait rien d'uniforme dans la nature, le temps ne laisserait pas d'être déterminé, comme le lieu ne laisserait pas d'être déterminé aussi, quand il n'y aurait aucun corps fixe ou immobile[1]. » Cet espace dont les parties sont déterminées indépendamment de tout corps fixe ou immobile, ce temps qui est un continu uniforme et simple, malgré l'inconstance et l'irrégularité de nos perceptions, différent beaucoup de cet espace et de ce temps que Leibniz regardait ailleurs comme l'ordre ou la disposition des choses qui se succèdent. Il faut convenir que cet écrivain s'est au moins contredit sur la nature de l'espace et du temps, et qu'on ne peut le ranger d'une manière incontestable parmi les philosophes qui identifient l'un et l'autre avec les objets contingents et passagers.

§ 9. Le temps n'est pas Dieu.

Si le temps absolu se distingue des phénomènes soit extérieurs, soit intérieurs, se distingue-t-il aussi de

---

1. *Nouveaux essais*, liv. II, chap. XIV, § 16.

Dieu? Nous avons vu que, suivant Newton, « Dieu, en existant toujours et partout, constitue la durée et l'espace, l'éternité et l'immensité[1]. » Mais Newton, dans ce passage, se frappe lui-même de contradiction. En disant que Dieu existe toujours et partout, il parle comme tout le monde, et tout le monde entend par là que Dieu remplit tout le temps et tout l'espace ; mais quand on a ainsi posé le temps et l'espace comme distincts de Dieu, on ne peut plus avancer que Dieu constitue l'espace et le temps.

On a vu que Clarke considérait Dieu non-seulement comme le *substratum* de l'espace, mais comme le *substratum* du temps. Les objections que nous avons opposées à la première partie de cette opinion s'élèvent aussi contre la seconde. Premièrement, le mode et la substance sont inséparables dans notre esprit; qui rejette l'un, rejette l'autre; et cependant ceux qui ont nié l'existence de Dieu n'ont pas nié pour cela l'existence du temps. Secondement, Dieu, par son existence, occupe l'éternité comme par la mienne, j'occupe une petite partie du temps. Dieu est la substance du temps éternel, je suis donc la substance d'un certain temps fini. Mais alors, si je n'avais pas existé, ce temps fini n'aurait donc pas existé non plus? Ou bien si ce temps est nécessaire et qu'on ne puisse détacher cet anneau de la chaîne éternelle, je suis donc nécessaire aussi, puisqu'un attribut nécessaire ne peut appartenir qu'à une substance nécessaire. Clarke répondra-t-il pour le temps comme il l'a fait pour l'espace : « Que le temps est une propriété de la substance qui existe par elle-même et non une propriété de toutes les autres subtances; que toutes les autres substances sont dans le temps, et que le temps les pénètre, mais que la substance existant par elle-même n'est pas dans le

---

[1]. Voy. plus haut, même chap., § 5.

temps et n'en est pas pénétrée[1]. » Mais moi qui suis dans le temps, je suis donc dans un attribut de Dieu ? Comment puis-je être dans un de ses attributs, sans être dans sa substance, et si je suis dans sa substance, je m'identifie donc avec lui ? D'un autre côté, si le temps est l'attribut de Dieu; et si l'attribut et la substance se pénètrent, comment Dieu n'est-il pas dans le temps et n'en est-il pas pénétré ? Dieu est donc en dehors de ses attributs. Tout cela est inintelligible. Au lieu d'avancer que le temps absolu ou l'éternité est l'attribut de Dieu et que Dieu n'est pas dans le temps absolu, il faut dire tout le contraire : le temps absolu n'est pas l'attribut de Dieu, et Dieu est dans l'éternité.

Quant à ceux qui demandent si le temps est une substance ou une qualité, nous pourrions leur faire la réponse de Locke : « Quand vous m'aurez bien fait comprendre ce que vous entendez par substance et qualité, je vous dirai si le temps est une qualité ou une substance [2]. » En effet, comme nous l'avons dit, on n'entend ordinairement par substance que le sujet inconnu des phénomènes physiques ou des phénomènes psychologiques, et comme le temps ne se manifeste ni aux sens, ni par des couleurs, ni par des pensées, on lui refuse le nom de substance. Mais on ne remarque pas que le mot d'attribut signifie une qualité physique et morale, ce qui frappe les sens ou la conscience, et que sous aucun de ces rapports le temps ne peut être appelé une qualité. Il faut donc, nous le répétons, ou changer l'acception du mot de substance, ou déclarer qu'indépendamment des substances et des modes, qui sont les esprits, les corps et les qualités, il y a encore le temps et l'espace, qui ne sont ni esprit, ni corps, ni qualité de l'un ou de l'autre, mais simplement le temps et l'espace.

1. Voy. plus haut, même chap., § 5.
2. *Essai*, liv. II, chap. XIII.

Mais si le temps n'est pas le mode de Dieu, ne serait-il pas l'œuvre de Dieu? C'est ainsi qu'on a demandé si l'espace ne serait pas une œuvre divine? Notre réponse sera la même. Nous ne disons pas, comme les anciens, que le temps ait créé Dieu, que *Chronos* soit père de *Zeus;* Le temps est pour nous stérile. Mais nous ne pouvons admettre davantage que Dieu ait créé le temps. Si Dieu a créé le temps, il a donc créé sa propre éternité : car l'éternité c'est l'existence répandue dans tous les temps. Dieu était donc avant d'être éternel. « Mais, dit-on, le temps est quelque chose, et si Dieu ne l'a pas créé, quelque chose échappe à la puissance de Dieu. » Nous répondons que ce qui a été fait hier est aussi quelque chose, et que cependant ce quelque chose échappe aujourd'hui à la puissance de Dieu en ce sens que Dieu ne peut pas faire que ce qui est fait n'ait pas été fait. Dieu ne peut se créer, ni se détruire lui-même; l'espace et le temps sont les conditions de son immensité et de son éternité; il ne pourrait créer l'un et l'autre qu'en se créant lui-même. « Mais il y aura donc trois infinis il y aura donc trois dieux. » Il ne faut pas entendre par infini *ce qui est tout*. Dans ce dernier sens, il ne peut, en effet, y avoir trois infinis, car il ne peut y avoir trois fois le *tout*. Mais il y a plusieurs genres d'infinité comme nous l'avons dit à propos de l'espace : il y a l'infinité de l'espace, celle du temps et la triple infinité de la puissance, de la sagesse et de la bonté : cette triple infinité est Dieu; les autres ne sont que le temps et l'espace. Si l'on suppose que Dieu a créé le temps de toute éternité, par une création qui n'est pas de l'ordre du temps, mais de l'ordre de la dignité, on se jette dans une théorie qui est à peine intelligible, comme l'a dit saint Augustin[1].

Mais on fait une distinction entre le temps et l'éternité.

---

1. Voy. plus haut, même chap., § 5.

Le temps, dit-on, comprend tout ce qui change; l'éternité s'entend de ce qui ne change pas. Dieu étant immuable est donc en dehors du temps, il a donc pu créer le temps. Platon a dit : « Quant aux divisions du temps telles que : *il était, il sera,* toutes ces formes d'un temps qui a pris naissance, nous avons tort de les transporter à l'essence éternelle Ἐπὶ τὴν ἀΐδιον οὐσίαν, nous disons qu'elle a été, qu'elle est et qu'elle sera, mais il n'y a que le mot : *elle est,* qui lui convienne. Les formes : *il a été, il sera,* n'appartiennent qu'à ce qui prend naissance dans le temps, car ce sont des changements. Mais ce qui reste toujours le même, sans changement Ἀκινήτως, ne peut être, avoir été ou devoir être plus vieux ou plus jeune[1]. » Aristote à dit à son tour : « Ce qui est de sa nature immuable, n'est pas dans le temps[2]. » De son côté, Descartes a pensé que si nous rapportons la durée ou quelque chose de semblable à la succession des pensées divines, c'est une erreur de l'intellect, non une véritable perception de quelque chose[3]. Enfin Condillac qui, sur le sujet du temps, se met, contre son ordinaire, dans la compagnie de Platon et de Descartes, s'est exprimé en ces termes : « Un instant de la durée d'un être peut coexister et coexiste en effet à plusieurs instants de la durée d'un autre. Nous pouvons donc imaginer des intelligences qui aperçoivent tout à la fois des idées que nous n'avons que successivement, et arriver en quelque sorte jusqu'à un esprit qui embrasse dans un instant toutes les connaissances que les créatures n'ont que dans une suite de siècles, et qui par conséquent n'essuie aucune succession.... Par ce moyen, nous nous formons, autant qu'il est en notre pouvoir, l'idée d'un instant indivisible et permanent, auquel les instants des créatures

---

1. Voy. plus haut, même chap., § 8.
2. *Ibid.*
3. *Ibid.*

coexistent, et dans lequel ils se succèdent. Je dis : autant qu'il est en notre pouvoir, car ce n'est ici qu'une idée de comparaison. Ni nous, ni toute autre créature, ne pourrons avoir une notion parfaite de l'éternité. Dieu seul la connaît parce que lui seul en jouit[1]. »

Examinons cette opinion, commune à des écoles si diverses, que Dieu ne peut être dans le temps absolu, comme on a dit qu'il ne peut être dans l'espace absolu. « Dieu, dit-on, est immuable, et s'il est dans le temps, il change ; il a été, il est, il sera. Ces moments ne coexistent pas ; Dieu change l'un pour l'autre. Il a été plus jeune et il deviendra plus ancien. » C'est ainsi que nous nous plaisons à nous tourmenter nous-mêmes, essayant de briser nos pensées les unes contre les autres, ou plutôt c'est ainsi que nous nous laissons tromper par les mots. Quand on dit que Dieu est immuable, on veut dire qu'il ne change pas de dessein ; qu'il ne devient ni pire ni meilleur ; qu'étant parfait, il ne peut ni se dégrader ni se perfectionner ; mais cela ne devrait pas signifier qu'il ne change pas les moments de son existence les uns pour les autres. Quelle dégradation pouvons-nous trouver dans la continuation de l'existence, et comment continuer d'exister sans voir changer les moments de son existence ? Nous attachons à l'idée de la jeunesse celle de l'inexpérience, à l'idée de la vieillesse celle de la maturité ; Dieu ne peut être ni inexpérimenté, ni muri par l'âge, voilà pourquoi nous répugnons à dire qu'il a été plus jeune et qu'il deviendra plus ancien. Mais cela ne doit pas nous faire rejeter cette vérité que Dieu a été, qu'il est, qu'il sera, c'est-à-dire que son existence continue et ne change que sous ce rapport qu'elle continue. Vous parlez d'une essence éternelle, ἀίδιος, mais elle n'est éternelle que parce qu'elle est

---

1. *Traité des sensations*, édit. 1754, t. I, p. 116.

toujours, etc. Comment est-elle toujours, si son existence n'a pas plusieurs instants et si, par conséquent, elle ne change pas d'instants? Si vous comprenez, comme le veut Condillac, qu'un instant de la durée d'un être coexiste en effet à plusieurs instants de la durée d'un autre, vous parviendrez à comprendre qu'il y a plusieurs temps, dont les uns sont plus vifs ou plus lents que les autres; vous parviendrez à comprendre que les quatorze siècles de la monarchie française peuvent concorder pour le commencement et pour la fin avec les huit siècles de la république romaine, et que le globe terrestre peut se renfermer en un grain de mil. Que Dieu embrasse en un instant toutes les connaissances que les créatures n'obtiennent que dans une suite de siècles, ce n'est pas à dire pour cela qu'il enferme en un instant de sa vie tous les instants que vivent les créatures dans la série des âges. Si vous admettez l'identité de la connaissance et de l'existence, vous supposez que la perception de notre pensée est non-seulement la perception de notre durée, mais notre durée elle-même. Tel homme pourrait apprendre mille vers d'un poëte en moins de temps qu'il n'en faudrait à un autre pour les lire : en résulterait-il que le premier eût vécu en une heure plus de temps que le second? Acquérir des connaissances, ce n'est pas la même chose que de vivre; à moins que l'on ne se paye de métaphores. Un quart d'heure de la vie de Newton n'est pas plus long qu'un quart d'heure de la vie d'un insecte. Supposer la coïncidence dont parle Condillac, c'est reproduire cette erreur qu'une noisette en tournant sur elle-même, dans la cent millième partie d'une seconde, donnerait non-seulement autant d'idées, mais autant d'existence à ses habitants que nous en avons pendant vingt-quatre heures. « Il est aussi impossible, a dit Gassendi, qu'un instant coexiste à une succession d'instants, qu'il est impossible qu'un point coïncide avec une ligne…. Mettre en avant ces propositions, c'est faire un pur emploi de mots inintelligibles…. C'est mettre son esprit à la torture pour lui faire saisir ce qui fuit l'intelligence[1]. » L'archevêque Tillotson dit de son côté : « Je n'ai pas dessein de vous parler des notions obscures et peu solides des scolastiques qui disent que l'éternité de Dieu est une durée qui est tout à la fois *duratio tota simul*. J'aimerais autant concevoir l'immensité de Dieu comme un point, que de m'imaginer son éternité comme un instant…. Conçoive qui pourra comment un être qui coexiste avec d'autres qui se succèdent peut exister sans succession[2]. »

En résumé, les parties du temps sont hors les unes des autres comme les parties de l'espace. Nous ne pouvons concevoir que l'espace se contracte en un point, à moins que nous ne voulions nous mettre en contradiction avec nous-mêmes : nous ne pouvons pas concevoir davantage que le temps se contracte en un moment. Dire qu'un instant de l'existence de Dieu coïncide à tous les moments de l'existence de ses créatures, c'est dire qu'un point de l'espace coïncide avec l'immensité, c'est essayer de comprendre une montagne sans vallée, un cercle quadrangulaire, c'est-à-dire, pour emprunter les expressions de Bossuet, « une chose absolument impossible et contradictoire en elle-même…. A cela il ne répond rien dans l'esprit : c'est un discours en l'air qui se détruit sitôt qu'on y pense, et qui ne peut nous donner aucune idée[3]. » Dieu est dans l'espace puisqu'il est partout ; il est dans le temps absolu ou dans l'éternité, puisqu'il est éternel. Sa présence universelle ne divise pas sa simplicité et ne multiplie que son action. « La durée, dit Leibniz, ne donne pas de parties à Dieu, elle n'en donne

---

1. *Physique*, liv. I.
2. *Sermons*, t. VII, serm. 13.
3. Bossuet, *Logique*, liv. I, chap. XIII.

qu'à ses opérations ; de même, par rapport à l'espace, il faut attribuer à Dieu l'immensité qui donne aussi des parties et de l'ordre aux opérations immédiates de Dieu[1]. »
— « Croyez-vous, avait dit autrefois Pascal, qu'il soit impossible que Dieu soit infini sans parties? — Oui. — Je vous veux donc faire voir une chose infinie et indivisible; c'est un point se mouvant partout d'une vitesse infinie, car il est en tous lieux et est tout entier en chaque endroit[2]. » L'éternité de Dieu ne peut être qu'à la condition de la continuité de cette existence, et cette continuité ne fait changer en Dieu que les moments de son existence, ce qui n'est pour lui ni une chute ni un progrès. Le temps est infini comme l'espace; il est absolu, c'est-à-dire indépendant de l'esprit qui le perçoit et des choses qui n'ont de durée que parce qu'elles sont dans le temps. Le temps n'est pas l'attribut de Dieu, il est la condition de l'une des infinités de Dieu. Si, par le mot de temps, on comprend les révolutions des astres, on a raison de dire que Dieu a précédé le temps, qu'il l'a créé et qu'il est en dehors du temps; mais indépendamment de ce temps fini, il y a un temps éternel; Dieu est dans ce temps éternel, sans déchoir et sans altérer la seule immutabilité qui importe à sa grandeur, celle de sa puissance, de sa sagesse et de sa bonté. Enfin on ne peut dire que Dieu ait créé le temps éternel, sans dire qu'il ait créé sa propre éternité, ce qui est contradictoire.

Voici en quels termes s'exprime sur le temps et l'espace le sage Nicole, dont on ne soupçonnera pas la piété. Il parle du temps et de l'espace comme de choses qu'il ne confond pas avec Dieu, et il ne lui répugne pas d'admettre différents instants dans l'éternité. « Pour suivre donc cette ouverture que l'Écriture nous donne, que

---

1. *Nouveaux essais*, liv. II, chap. xv, § 4.
2. *Pensées*, édit. Faugère, t. II. p. 170.

chacun contemple cette durée infinie qui le précède et qui le suit, et qu'y voyant sa vie renfermée il regarde ce qu'elle en occupe. Qu'il se demande à lui-même pourquoi il a commencé de paraître plutôt *en ce point* qu'en *un autre* de cette éternité, et s'il sent en soi la force de se donner l'être et de se conserver. Qu'il en fasse de même de l'espace : qu'il porte la vue de son esprit dans cette immensité où son imagination ne saurait trouver de bornes.... Qu'il tâche de découvrir pourquoi il se trouve en ce lieu plutôt qu'en un autre de cet infini où il est comme abîmé [1]. » Nous confirmerons l'autorité de Nicole par celle de Pascal, dont la piété est allée même jusqu'à l'excès. « Quelque grand, dit-il, que soit un espace, on peut en concevoir un plus grand encore, et encore un qui le soit davantage, et ainsi à l'infini, sans jamais arriver à un qui ne puisse plus être augmenté.... Il en est de même du temps. On peut toujours en concevoir un plus grand sans dernier.... Toutes ces vérités ne se peuvent démontrer.... Mais comme la cause qui les rend incapables de démonstration n'est pas leur obscurité, mais, au contraire, leur extrême évidence, ce manque de preuve n'est pas un défaut, mais plutôt une perfection [2]. » Nous ne changerions qu'un mot dans ces belles paroles de Pascal : au lieu de dire : quelque grand que soit un espace, on peut en *concevoir* un plus grand encore ; nous dirions : on *perçoit* qu'il y en a un plus grand encore. En effet, il ne s'agit pas ici d'une idée dont l'objet ne soit que dans l'esprit, mais d'une affirmation sur un objet qui existe en dehors de la pensée. Nicole et Pascal ne craignent donc pas de dire que l'espace et le temps sont infinis. Ils ne croient pas limiter par là l'infinité de Dieu ; ils ne croient pas que l'espace

---

1. *Essais de morale*, édit. 1755, t. 1, p. 13.
2. *Pensées*, édit. Faugère, t. I, p. 136.

et le temps, par cela seul qu'ils sont illimités, soient élevés au rang de Dieu, ni enfin que le temps et l'espace soient les qualités de Dieu.

« Mais, dit-on, nous ne comprenons pas ce que c'est que le temps et l'espace. » Nous savons qu'ils sont le temps et l'espace : que voulons-nous savoir de plus ? Est-ce que nous voudrions y trouver une étoffe que nous pussions voir de nos yeux ou toucher de nos mains ? Ils sont : contentons-nous de cette vérité. C'est pour ne s'être pas contentés de la vérité de fait, que l'antiquité et les temps modernes ont nié le monde matériel ou l'ont cherché par des voies qui ne peuvent y conduire ; c'est aussi pour ne pas se contenter de ce qu'on connaît du monde immatériel, qu'on le rejette ou qu'on en donne des explications qui le détruisent. Les anciens font de l'espace et du temps absolus des puissances qui engendrent la vie ; et nous savons pourtant que l'espace et le temps sont le champ stérile où se développe la vie. Newton et Clarke essayent de faire du temps et de l'espace le vêtement de Dieu pour ainsi dire. Mais si le temps et l'espace infinis sont les attributs de l'être infini, les espaces et les temps finis sont donc les attributs des êtres finis. Ainsi l'espace est un attribut de notre corps ; le temps est un attribut de notre pensée. Mais, quel est cet attribut qui n'appartient en propre à personne et qui ne se multiplie pas avec les êtres auxquels il appartient. Enfin, d'autres, pour échapper à ces contradictions, imaginent de dire que le temps et l'espace ne sont rien en dehors de notre esprit. Mais l'espace et le temps, loin d'être enchaînés à notre chétive pensée, continueraient d'être, lors même que nous ne serions plus. Le temps est comme un fleuve qui coule toujours, quand même il n'entraîne rien dans son cours, dont le mouvement ne peut être ni accéléré ni retardé, et qui marche d'un pas égal avec le monde ou sans le monde.

§ 10. Perception de la substance active nécessaire, ou de la cause éternelle.

L'espace et le temps sont stériles : ils n'ont aucun pouvoir créateur ou formateur; ils ne sont pas le néant, comme on l'a dit, car ils ne sont pas un néant de temps et d'espace, mais un néant de force ou de puissance. « C'est une erreur vulgaire et poétique, dit Gassendi, que cette sentence : *Le temps rongeur des choses* [1], le temps ne ronge rien; ce sont les causes physiques qui, dans la suite des temps, détériorent et détruisent [2]. » Mais indépendamment de l'espace et du temps, il existe des corps et des esprits : ces êtres n'ont pas été produits par le temps et l'espace : d'où viennent-ils donc?

Tous les systèmes sont d'accord sur ce point que ce qui existe a été de tout temps, ou a reçu l'existence d'une cause qui est par elle-même de toute éternité. » Qu'y a-t-il, dit Port-Royal, de plus incompréhensible que l'éternité, et qu'y a-t-il en même temps de plus certain? En sorte que ceux qui, par un aveuglement horrible, ont détruit dans leur esprit la connaissance de Dieu, sont obligés d'attribuer l'éternité au plus vil et au plus méprisable de tous les êtres, qui est la matière [3]. » En effet, nous n'admettons pas qu'une chose ait pu commencer d'exister par elle-même ou sortir par elle-même du néant. Nous n'admettons pas davantage qu'une chose puisse cesser d'être par elle-même ou se retirer à elle-même l'existence.

---

1. *Tempus edax rerum.*
2. *Instances sur les Méditations de Descartes*, doute 9ᵉ, instance 2. Voy. les *OEuvres philosophiques* de Descartes, édit. Ad. G., t. II, p. 518.
3. *La logique ou l'Art de penser*, IVᵉ partie, chap. I, 5ᵉ édit., p. 391.

§ 11. **Des axiomes métaphysiques sur la substance et la cause.**

Il y a donc trois choses nécessaires : l'espace, le temps et la force, ou la substance active, ou la cause. La perception de cette troisième chose nécessaire donne lieu à certaines propositions qu'on appelle en philosophie l'axiome de la substance et l'axiome de la causalité, et qui s'énoncent ainsi : tout changement suppose une substance ; tout ce qui commence d'exister suppose une cause. Il est facile de ramener ces deux axiomes à celui-ci : ce qui change suppose quelque chose qui ne change pas ; en d'autres termes : l'être ne peut commencer, cesser et recommencer par lui-même. Pour montrer qu'indépendamment des accidents perçus par les sens, il y a dans les choses une substance qui reste toujours la même et qui n'est perçue que par l'intuition de l'esprit, Descartes propose l'exemple suivant : « Prenons, dit-il, un morceau de cire : il vient tout fraîchement d'être tiré de la ruche ; il n'a pas encore perdu la douceur du miel qu'il contenait ; il retient encore quelque chose de l'odeur des fleurs dont il a été recueilli ; sa couleur, sa figure, sa grandeur sont apparentes ; il est dur, il est froid, il est maniable, et si vous frappez dessus, il rendra quelque son ; enfin toutes les choses qui peuvent distinctement faire connaître un corps se rencontrent en celui-ci. Mais voici que, pendant que je parle, on l'approche du feu : ce qui y restait de saveur s'exhale, l'odeur s'évapore, sa couleur se change, sa figure se perd, sa grandeur augmente, il devient liquide, il s'échauffe, à peine peut-on le manier, et quoique l'on frappe dessus, il ne rendra plus aucun son. La même cire demeure-t-elle encore après ce changement ? Il faut avouer qu'elle demeure ; personne n'en doute, personne ne juge autrement. Qu'est-ce donc que l'on connaissait en ce morceau de cire avec tant de distinction? Certes, ce ne peut être rien de tout ce que j'y ai remarqué par l'entremise des sens, puisque toutes les choses qui tombaient sous le goût, sous l'odorat, sous la vue, sous l'attouchement et sous l'ouïe se trouvent changées, et que cependant la même cire demeure.... Or, ce qui est ici grandement à remarquer, c'est que la perception de la substance de la cire n'est point une vision, ni un attouchement, ni une imagination, et ne l'a jamais été, quoiqu'il le semblât ainsi auparavant, mais seulement une inspection de l'esprit, laquelle peut être imparfaite et confuse, comme elle était auparavant, ou bien claire et distincte, comme elle est à présent, selon que mon attention se porte plus ou moins aux choses qui sont en elle et dont elle est composée [1]. »

Supposons que nous ne connaissions pas les transformations possibles de la cire, et qu'après avoir laissé quelque part un corps solide ayant l'odeur des fleurs, la figure des alvéoles construites par les abeilles, etc., nous trouvions en sa place un liquide sans odeur, n'ayant d'autre forme que celle du vase dans lequel il est contenu : nous penserons qu'on a enlevé le premier corps et qu'on y a substitué le nouveau. Il ne nous viendra pas à l'esprit que le premier ait revêtu la forme du second, encore moins que le premier ait été anéanti, et que le second ait pris naissance à sa place. Si les métamorphoses de la cire se font sous nos yeux, bien que tous les phénomènes sensibles disparaissent et soient remplacés par d'autres, nous ne pourrons admettre que toute la réalité de la cire périsse et renaisse à chaque moment sous une autre forme; ou, si nous le pouvons, ce sera en supposant que Dieu lui-même détruit et crée à chaque instant. Cela revient à dire que nous ne comprenons pas que l'être finisse et commence par lui-même

---

1. *OEuvres philosop.*, édit. Ad. G., t. I, p. 105.

Nous démentons le témoignage de nos yeux : ils nous montrent un solide qui devient liquide, un liquide qui s'évapore, une vapeur qui échappe à notre vue. Mais lorsque les yeux l'ont perdue, notre esprit la suit encore et ne peut admettre qu'elle s'anéantisse, ou il ne l'admet qu'en supposant qu'elle a été anéantie par le pouvoir d'un être qui lui-même ne peut s'anéantir. Ainsi, l'être ne peut périr par lui-même ; un être ne périt que par le pouvoir d'un être impérissable. Telle est la vérité qui se cache sous les expressions métaphoriques : tout mode suppose une substance.

Les explications que nous avons empruntées à Descartes nous feront mieux comprendre les passages suivants de Platon :

« Partagerons-nous l'opinion de ceux qui croient que toute chose est soumise à un écoulement perpétuel ?... Comment ce qui n'est jamais de la même façon serait-il quelque chose ?... Si un objet changeait sans cesse, il ne serait jamais connu ; car pendant qu'on l'étudierait, il deviendrait différent de lui-même, et l'on ne pourrait savoir ni s'il existerait encore, ni ce qu'il serait. Il n'y aurait même personne pour le connaître ; car si tout s'écoule sans cesse, celui qui voudrait connaître changerait lui-même, et il ne resterait en lui rien qui pût s'appeler connaissance. Il n'y aurait donc ni esprit connaissant, ni objet connu[1].... Il y a deux choses : ce qui existe en soi et ce qui a besoin d'autre chose pour exister[2].... Le véritable ami de la science serait né pour s'avancer jusqu'à l'être, et ne pourrait supporter de s'arrêter sur les diversités qui ont l'air d'exister[3]....

---

1. Cratyle, édit. E., t. I, p. 439, e.
2. Τὸ μὲν αὐτὸ καθ' αὑτό, τὸ δὲ ἀεὶ ἐφιέμενον ἄλλου. Philèbe, édit. H. E., t. II, p. 53, e.
3. République, liv. VI, édit. H. E., t. II, p. 490, a ; édit. Tauch., t. V, p. 215.

C'est par la pensée, διανοία, et non par les sens que l'on connaît l'être et toutes les choses purement intelligibles[1]. »

Ce qui change nécessite quelque chose qui ne change pas, soit pour supporter le changement, soit pour le causer. Si tout changeait, tout périrait pour renaître, ce qui est inintelligible. Si quelque chose change, quelque chose demeure, et c'est ce que nous appelons métaphoriquement : le fond, le dessous, la substance, le *substratum*, et ce qu'il vaudrait mieux appeler simplement l'*invariable*. L'invariable n'est ni dessus ni dessous ; il est au même temps et au même lieu que le variable. « Il ne faut pas s'imaginer, dit Bossuet, que l'accident soit dans son sujet, comme une partie est dans son tout, par exemple, la main dans le corps; ni comme ce qui est contenu est dans ce qui le contient, par exemple, un diamant dans une boîte. Il n'est pas non plus attaché à son sujet, comme une tapisserie l'est à la muraille[2]. » Leibniz a dit aussi : « Nous concevons plusieurs prédicats du même sujet, et ces mots métaphoriques de soutien et de *substratum* ne signifient que cela[3]. » L'axiome : *Tout mode suppose une substance* revient donc à celui-ci : *Tout variable suppose l'invariable*, tout ce qui commence et finit suppose quelque chose qui ne commence ni ne finit.

Le principe de causalité : *Tout ce qui commence suppose une cause*, retourne à ce même principe que l'être ne peut ni commencer ni finir par lui-même. En effet, on entend par phénomène ce qui commence et finit, et se montre soit aux sens extérieurs, soit à la conscience. La cause du phénomène est dans l'objet ou hors de l'objet. Si elle est intérieure, elle se confond avec la

---

1. *République*, liv. V, édit. H. E., t. II, p. 511, e; édit. Tauch., t. V, p. 244.
2. Bossuet, *Logique*, liv. I, chap. VIII.
3. *Nouveaux essais*, liv. II, chap. XXIII, § 1.

substance, qui alors est une substance active, c'est-à-dire capable de produire des changements. Dans ce cas le principe : *Ce qui commence suppose une cause* est le même que celui-ci : *L'accident suppose la substance*, c'est-à-dire le variable suppose l'invariable, ce qui commence et périt suppose l'incréé et l'impérissable. Si la cause du phénomène est extérieure, la substance est considérée comme passive : elle ne s'est pas modifiée d'elle-même ; mais quelque chose ayant commencé en elle et non par elle, il faut que cela ait commencé par autrui, car aucune chose ne peut commencer d'être par soi-même. L'axiome : *Tout ce qui commence suppose une cause* n'est donc aussi que l'axiome : L'être ne peut commencer par lui-même ; il y a une cause incréée qui n'a pas eu de commencement.

Si l'être ne peut commencer par lui-même, il ne peut non plus par lui-même cesser d'être ; il ne peut être anéanti que par autrui et par une cause qui soit impérissable. Une fois que l'être existe, il persévère dans l'existence, comme les corps persévèrent dans le repos ou le mouvement. Nous ne pouvons admettre cette pensée de Descartes que Dieu soit obligé à une création perpétuelle de chaque chose, en sorte que s'il cessait un instant de la créer, elle retournerait de sa nature dans le néant. Descartes ne voulait pas que la cause suprême fût obligée d'agir pour détruire. L'existence paraissait à ce philosophe plus noble que la non-existence, et il lui répugnait que l'action de Dieu tendît au néant. Mais dans les desseins de Dieu, la destruction vaut la création ; qu'importe qu'il crée ou qu'il anéantisse, pourvu que sa volonté soit faite et sa providence accomplie. Cette opinion de Descartes est, comme l'a dit Leibniz, la semence qui, cultivée par Spinosa, produisit le panthéisme ; en effet, si toute chose n'existe que par l'action continuelle de Dieu, cette chose se distingue bien peu du créateur lui-même ; si c'est Dieu qui crée chacune de nos pensées, au moment où elle s'exerce, autant dire que c'est Dieu qui pense en nous. De plus, il nous est impossible de comprendre qu'un être tende de sa nature au néant, ou s'anéantisse de lui-même. Il ne peut périr que par le pouvoir d'une cause qui demeure elle-même éternellement.

Ainsi, nous comptons trois choses nécessaires, sans commencement ni fin, sans limites d'aucune sorte : l'espace, le temps et la substance active ou la cause qui produit des changements soit en autrui, soit en elle-même. Le nom de cause ou de substance active distingue nettement la troisième chose nécessaire d'avec l'espace et le temps ; car l'espace et le temps sont des êtres nécessaires et même des substances nécessaires, en agrandissant un peu le sens de ce mot[1] ; mais à coup sûr, ce ne sont pas des substances actives, c'est-à-dire des forces, des puissances ou des causes.

Nous avons vu que la conscience et la mémoire nous font percevoir en nous un être qui reste le même, malgré la diversité de ses actions successives, et nous avons trouvé ainsi la première origine de l'idée de substance et de mode, de sujet et d'attribut. Nous avons dit que la conscience nous donne aussi la première origine de l'idée de cause, de puissance, de force, de substance active, surtout dans le spectacle de celles de nos facultés qui ne se renferment pas en elles-mêmes et qui produisent des effets au dehors, telles que la faculté motrice et la volonté. Mais la notion de substance et de cause, telle que nous la fournissent la conscience et la mémoire, ne suffit pas à l'explication de ce qu'on appelle en philosophie l'axiome de la substance et l'axiome de la causalité. En effet, la conscience n'est pas toujours en exercice,

---

1. Voy. plus haut, même chap., § 9.

selon la remarque de Leibniz ; nous perdons quelquefois de vue, pour ainsi dire, notre propre existence, et lorsque nous en retrouvons le sentiment, après ces interruptions, ce n'est ni la conscience ni la mémoire qui nous font voir que nous n'avons pas cessé d'exister pendant la suspension de la conscience. En effet, celle-ci n'atteste que ce qui est présentement sous sa perception, et la mémoire ne certifie que les anciennes perceptions de la conscience. La conscience et la mémoire nous montrent qu'il y a en nous quelque chose qui ne varie pas ; mais elles ne peuvent nous apprendre que ce quelque chose soit absolument invariable. Si donc nous affirmons que, depuis notre naissance, quelque chose en nous n'a jamais cessé d'être, ce n'est pas que nous nous soyons connus sans interruption, c'est par ce principe que l'être ne peut cesser et recommencer de lui-même, principe qui dépasse la portée de la conscience et de la mémoire.

De même, la conscience et les sens extérieurs nous font voir que nous produisons certains effets, soit en nous, soit hors de nous : la volonté, par exemple, fixe et éclaircit nos souvenirs ; par la faculté motrice nous mettons notre corps en mouvement, et par celui-ci les autres corps de la nature. Mais si on s'interroge sur la naissance de notre faculté motrice et de notre volonté, on dépasse déjà les limites de la conscience ; car elle ne peut songer même à poser cette question, et elle n'a idée que de ce qu'elle connaît présentement. On les dépasse bien plus encore, lorsqu'on affirme que notre force motrice et notre volonté ne se sont pas donné l'être à elles-mêmes et qu'elles ont toujours été ou qu'elles ont reçu l'existence d'une force, d'une puissance, d'une substance active ou d'une cause qui n'a jamais commencé. Nous apercevons hors de nous des mouvements et des changements que nous n'avons pas produits : l'induction nous porte à croire qu'ils sont causés par une force motrice et par une volonté semblable à celles que nous connaissons en nous; mais, si l'on recherche le commencement des forces ou des causes de la nature extérieure, on est contraint de reconnaître ou qu'elles n'ont pas eu de commencement ou qu'elles ont reçu l'être d'une force qui n'a jamais commencé. « Ma première proposition, dit Clarke, dans sa démonstration de l'existence de Dieu, ne peut être révoquée en doute : c'est qu'il est absolument nécessaire que quelque chose ait existé de toute éternité. Cette proposition est si évidente et si incontestable, qu'aucun athée n'a jamais soutenu le contraire.... En effet, puisque quelque chose existe aujourd'hui, il est clair que quelque chose a toujours existé. Autrement, il faudrait dire que les choses qui sont maintenant sont sorties du néant et n'ont absolument point de cause de leur existence, ce qui est une pure contradiction dans les termes; car, si l'on dit qu'une chose est produite et que cependant on ne veuille reconnaître aucune cause de sa production, c'est comme si on disait qu'une chose est produite et n'est pas produite.... Les choses existent, ou en vertu d'une nécessité qu'elles trouvent dans leur nature, et alors elles sont éternelles par elles-mêmes; ou, en conséquence de la volonté de quelque autre être, et alors il faut que cet être ait existé avant elles[1]. »

Clarke dit encore ailleurs : « C'est sur cette proposition que l'être existant par lui-même est un être intelligent, que porte le fort de la dispute entre les athées et nous; mais qu'il y ait un être existant par lui-même, et que cet être existant par lui-même soit éternel, infini, et la cause originelle de toute chose, c'est ce qui ne souffre pas de contestation[2].

---

1. *Traité de l'existence de Dieu*, édit. de Blois, 1825, t. I, p 15.
2. *Ibid.*, p. 95.

§ 12. Il n'y a pas une série de causes à l'infini, mais une cause première éternelle.

Si l'on supposait que les corps et les esprits ont reçu l'existence de causes qui ont été créées elles-mêmes par d'autres causes, et ainsi à l'infini, sans qu'il y ait eu de causes premières, on obéirait encore à la nécessité de ce principe que l'être ne peut commencer par lui-même, et que quelque chose a été de tout temps, mais on multiplierait inutilement les êtres et les difficultés. Une cause sans commencement satisfait mieux la raison, qu'une chaîne infinie de causes successives; car, comme on le dit dans l'école : il ne faut pas multiplier les êtres au delà de la nécessité. De plus, le fait qu'un être transmet l'existence à un autre est une difficulté et un mystère que la perfection de Dieu nous fait admettre, comme nous le verrons, mais qu'il ne faut pas prodiguer. C'est une transmission ineffable qu'on ne peut accorder surtout à des causes secondes et imparfaites comme seraient les membres d'une série infinie. Comment l'un de ces membres donnerait-il l'existence à l'autre? Serait-ce en abandonnant une partie de la sienne? Cette séparation d'une existence en deux parties est déjà incompréhensible. Admettons-la cependant : les deux membres continueront-ils d'exister tous les deux? Non, le premier devient inutile, puisque le second produit le troisième sans le concours du premier. Le premier va donc s'anéantir; mais comment le fera-t-il, puisque, d'après la supposition que l'existence s'est transmise par un partage, il a gardé une partie de son existence? L'être ne peut rentrer de lui-même dans le néant. Il faudra donc que le second anéantisse le premier : nouvelle difficulté; car comment un être peut-il en anéantir un autre? De plus, si le premier a donné au second assez de force pour que celui-ci pût anéantir celui-là, le premier, en retenant le pouvoir qu'il a communiqué, pouvait donc s'anéantir lui-même, ce qui répugne à la raison. Enfin, on supposerait que le second ne détruirait le premier que pour faire ce que le premier aurait fait lui-même : pourquoi donc ne pas laisser agir le premier? On arrive ainsi à la nécessité de reconnaître une cause première sans commencement.

Veut-on supposer maintenant que l'un des membres de la série transmette toute son existence à l'autre? Mais à quel moment la transmet-il? Est-ce avant de périr? il aura donc à la fois donné et gardé son existence? Est-ce après avoir péri? Mais il n'a plus rien à donner.

Si l'on suppose enfin que l'existence subit seulement des transformations, il n'y a plus alors une série de causes; l'on revient à ce principe, qu'il existe de tout temps une ou plusieurs substances actives, capables de produire en elles-mêmes des changements. Ainsi, la supposition d'une série de causes à l'infini ne fait que multiplier les embarras et les obscurités, et satisfait moins la raison que ce principe : ce qui existe à présent a toujours existé ou a reçu l'existence d'une cause éternelle.

§ 13. Du spinozisme.

N'existe-t-il qu'une cause éternelle, ou faut-il en reconnaître plusieurs? Si l'on admet l'existence d'un Dieu créateur, il n'y a qu'une seule cause; si l'on rejette le Dieu créateur, il faut consentir à la pluralité des causes, et l'on ne peut admettre, comme Spinoza, l'hypothèse d'une seule substance active. En effet, non-seulement les esprits sont distincts des corps, mais les corps eux-mêmes sont différents entre eux. Par cela seul qu'on distingue les corps d'avec l'espace, que l'on conçoit les corps à distance les uns des autres, qu'on admet la divisibilité de la matière, on admet la pluralité des substances corporelles. La divisibilité de la matière avait conduit Leibnitz à placer la substance des corps dans des forces simples, indivisibles, ou dans des monades dont la collection formait les corps; et il entendait par substance une force *capable d'agir et de pâtir* [1]. « Je ne donne au corps, dit-il, qu'une image de la substance et de l'action, parce que ce qui est composé de parties ne saurait passer, à proprement parler, pour une substance non plus qu'un troupeau [2]. » La pluralité des esprits implique encore davantage la pluralité des substances. Je me connais et je m'oppose à tout ce qui n'est pas moi. Je me connais dans mes attributs et dans ma substance, c'est-à-dire que je connais ce qui change en moi et ce qui n'y change pas. Si vous étiez la même substance que moi, comment ne vous connaîtrais-je pas en tant que partie de moi-même, ou comme confondu avec moi? Je saurais votre pensée comme la mienne, ou plutôt en tant que mienne; vous connaîtriez mes sentiments en tant que vôtres. Il n'y aurait qu'un seul *moi*, il n'y en aurait pas plusieurs. Cette opposition de *moi* et de *vous*, cette séparation, plus évidente encore que celle des corps, prouve la pluralité des substances, et par conséquent la pluralité des substances nécessaires, si tout ce qui existe a existé de tout temps.

Spinoza suppose qu'il n'y a qu'une substance nécessaire existant par elle-même, et que tout le reste n'est que l'attribut ou le mode d'attribut de cette substance [3]. Mais pour arriver à cette conclusion, il faut qu'il nie le

---

1. *De ipsâ naturâ*, etc., édit. Erdmann, p. 156; *Principes de la nature et de la grâce*, même édit., p. 714; *Monadologie*, même édit., p. 705.
2. *Nouveaux essais*, liv. II, chap. XXI, § 72.
3. *Éthique*, Ire partie.

vide, la séparation et la division des corps, qu'il identifie les corps avec l'espace, comme l'avait fait Descartes ; il faut, ce qui est plus difficile, qu'il méconnaisse la séparation des consciences, qu'il ferme les yeux sur la nature de ce *moi,* qui est incommunicable et impénétrable à tout autre que lui. Suivant Spinoza, les corps sont les modes nécessaires de l'étendue, et l'étendue est l'attribut nécessaire de la substance qui existe par elle-même. Ainsi, il n'admet pas qu'il y ait deux étendues dont l'une contienne l'autre, dont l'une soit nécessaire et l'autre contingente. Mais, si le corps est un mode nécessaire de l'espace, le corps et l'espace sont indissolublement liés, et l'anéantissement des corps anéantit l'espace, ce qui répugne à la raison. Il retombe ainsi dans la doctrine qui identifie l'espace avec les corps, et que nous avons déjà examinée[1]. De plus, si l'espace n'est pas ce qui contient la cause ou la substance active, mais un attribut de cette substance, l'espace est un attribut de Dieu, comme dans la doctrine de Clarke. Spinoza réunit donc les deux erreurs que nous avons essayé de dissiper[2]. Il identifie à la fois Dieu avec l'espace, l'espace avec les corps, et par conséquent Dieu avec les corps.

Le même philosophe suppose que les esprits sont les modes nécessaires d'une pensée générale, et que cette pensée générale est l'attribut nécessaire de l'être qui existe par lui-même ; mais si toutes les âmes humaines ne sont que les modes d'une pensée générale, comment ne se pénètrent-elles pas toutes ensemble, comment s'ignorent-elles les unes les autres, comment ont-elles l'idée du *moi* et du *non moi,* de l'un et du multiple ? Si elles ne sont que les actes de cette substance simple, une, éternelle, universelle, nécessaire, comment se con-

---

1. Voy. plus haut, même chap., § 4.
2. Voy. plus haut, *ibid.*, § 5.

naissent-elles en tant que plusieurs, séparées, contingentes, bornées dans le temps et dans l'espace ?

Si l'on renonce à Dieu, c'est-à-dire à l'être nécessaire et créateur, et qu'on s'en tienne aux choses qui existent, en leur accordant l'éternité, il faut reconnaître plusieurs substances nécessaires ou se mettre en contradiction avec les faits.

§ 14. Des différentes hypothèses sur le rapport de la substance et de l'attribut.

Que nous considérions la substance nécessaire et créatrice, ou les substances contingentes et créées, il est difficile de nous former une idée claire du rapport de la substance et des qualités, du sujet et de l'attribut, ou de l'invariable ou du variable. C'est en nous-mêmes que nous puisons, par la conscience et la mémoire, les premières notions de quelque chose qui varie et de quelque chose qui ne varie pas; mais quel est le rapport de l'âme avec ses phénomènes ? Comment ce *moi* qui connaît est-il le même que ce *moi* qui aime, que ce *moi* qui veut ? Comment les facultés ne le divisent-elles pas ? Nous n'avons jamais connaissance du *moi* dépouillé de toute action; nous le connaissons toujours ou mouvant, ou pensant, ou aimant, ou voulant. Chacune de ses facultés peut se reposer, pourvu qu'une autre agisse; mais il n'apparaît jamais à notre conscience dans le repos de toutes ses facultés. Comment nous sommes-nous donc formé l'idée du *moi pur*, pour ainsi dire ! Par quel effort d'abstraction sommes-nous arrivés à former ce mot de *moi*, d'*âme*, sans y joindre le mot ou de pensée, ou d'inclination, ou de volonté, ou de faculté motrice ? Nous devrions dire ou l'être pensant, ou l'être aimant, etc., mais jamais le *moi* seul, puisque la conscience ne le montre jamais nu. Cependant nous savons qu'à chaque changement de l'âme, il reste quelque chose qui n'a pas changé, et que nous appelons *je* ou *moi*. S'il y a tant d'obscurité dans le rapport de la substance et des qualités en nous-mêmes, que sera-ce quand nous voudrons nous figurer ce rapport en Dieu, ou seulement dans les substances corporelles? Tout ce que nous savons, c'est que dans chaque être il y a quelque chose qui change et quelque chose qui ne change pas, c'est que les substances sont multiples, distinctes les unes des autres, mais nous ignorons profondément le rapport qui lie les substances aux qualités.

Le variable suppose l'invariable, voilà une vérité de perception nécessaire. De quelle manière l'invariable est-il dans le variable, c'est là un sujet de croyance inductive; chacun fait là-dessus ses conjectures, qui n'ont rien de nécessaire ou d'absolu. C'est sur la substance des corps que les hypothèses se sont le plus multipliées.

Il y en a quatre principales. La première, qui est l'opinion vulgaire, se représente le rapport de la qualité à la substance comme celui de l'habit au corps ou de la tapisserie à la muraille, suivant l'expression de Bossuet.

La seconde, qui est celle de Descartes, n'admet dans le corps que l'étendue et le mouvement. Elle ne s'explique pas sur la nature de ce qu'elle appelle l'étendue, elle se borne à dire que les parties de l'étendue, lesquelles ne sont pas distinctes de l'espace, peuvent changer de situation, se mouvoir dans tel ou tel sens, avec plus ou moins de rapidité, et qu'elles n'agissent que mécaniquement, c'est-à-dire en se poussant les unes les autres. A propos de telle ou telle situation, tel ou tel mouvement des parties de l'étendue, l'âme conçoit les idées de chaleur, de couleur, de son, d'odeur et de saveur. Ainsi, la chaleur, la couleur, etc., ne sont pas dans les corps; ce sont de pures idées de l'âme. Il n'y a dans les corps que l'étendue et le mouvement. Le corps est exclusivement substance, ou du moins n'a d'autres qualités que la position et le mouvement de ses parties.

Dans un troisième système, adopté par Newton, les corps sont considérés comme formés de molécules soumises à des forces attractives et répulsives. Les molécules sont retenues les unes près des autres par la force d'attraction moléculaire ou la force de cohésion : il en résulte un corps étendu, tangible et figuré. Les corps sont attirés les uns vers les autres par la force d'attraction céleste ou de gravitation. La cohésion est combattue par d'autres forces qui tendent à séparer les molécules. La gravitation peut être contrariée par des impulsions accidentelles, comme celles qui naissent du choc des corps, ou par une impulsion originelle, comme celle qui retient les planètes sur la courbe de leur orbite. D'après cette hypothèse les molécules sont purement passives. Que l'on considère les forces comme inhérentes aux molécules, ou agissant sur celles-ci du dehors, les forces se distinguent des molécules qu'elles poussent ou qu'elles entraînent.

Une quatrième théorie supprime les molécules. Elle observe que dans l'hypothèse qui les admet, lorsqu'une muraille est battue par le bélier, les molécules du bélier n'agissent sur celles de la muraille que parce que les unes et les autres sont contenues par la force de cohésion; qu'en conséquence, c'est la force de cohésion qui agit véritablement dans chacun des deux corps. La molécule ressemble à cette tortue qui, dans le système d'un philosophe indien, supportait la terre. La tortue était elle-même portée par un éléphant, et formait un intermédiaire inutile. Si les molécules des deux corps n'étaient pas retenues par la force de cohésion, elles se disperseraient comme une poussière. Elles ne servent à rien et peuvent être retranchées. Dans cette théorie nouvelle, ce qu'on appelle le corps n'est qu'une agrégation de forces pures, agissant les unes sur les autres. Descartes voulait rejeter de la physique les forces inconnues ou les qualités occultes des corps, et, en effet, il les bannissait des corps, mais en les transportant dans l'âme. Comment, à propos de telle position ou de tel mouvement des molécules, l'âme pouvait-elle concevoir des idées telles que celles de couleur, de son, etc., qui n'avaient rien de commun avec le mouvement ou la situation des parties de l'étendue? Dans la dernière doctrine que nous avons exposée, l'âme prend connaissance des forces ou pouvoirs réels dont l'agrégation compose les corps. Ces forces peuvent être pour nous à l'état latent; elles sont la seule substance des corps; le degré de leur action forme les qualités. Cette dernière hypothèse serait celle de Leibnitz, s'il avait admis l'action réciproque des forces et s'il n'avait pas supposé que chacune d'elles se développe à part sans communication avec aucune autre.

De toutes ces hypothèses, nous préférons la dernière comme la plus simple; mais nous devons faire remarquer que toutes les quatre sont l'objet d'une induction, c'est-à-dire d'une croyance. Le seul objet de notre perception, touchant la substance des corps, c'est que dans les corps qui changent sous nos yeux, il y a quelque chose qui persiste et qui ne change pas; c'est que le variable suppose l'invariable. Le variable est ce que nous appelons les qualités, l'invariable est ce que nous appelons la substance.

On a demandé si les substances des corps sont semblables entre elles; si par exemple la substance de l'or est la même que celle du plomb, et ces deux substances ne diffèrent que par les qualités. Dans toutes les hypothèses, excepté celle de Spinoza, ces deux substances diffèrent en nombre; elles sont deux et non pas une. Spinoza les considère comme une seule substance, mais à la condition de regarder les corps comme un mode de l'espace et l'espace comme un attribut de la substance active ou de la cause, ce qui choque la raison. Suivant Descartes, l'or et le plomb ne diffèrent que par la situation et le mouvement de leurs parties, les mouvements divers donnant à l'âme différentes idées de couleur, de son, d'odeur, etc. Dans l'opinion de Newton, les molécules peuvent être les mêmes quant à la substance, mais elles diffèrent par leurs propriétés, c'est-à-dire par les forces qui leur sont inhérentes. Enfin, suivant la quatrième hypothèse, les forces ou les substances actives qui constituent les corps diffèrent non-seulement par le degré de leur action, mais encore par leur nature, et l'on compte autant de substances différentes, que la chimie compte d'éléments.

Locke dit que plus est grand le nombre des qualités que nous percevons dans un corps, plus nous en connaissons la substance[1]. Il a raison si, par qualités, il entend ces forces substantielles qui composent un corps dans la théorie de Leibnitz, mais il a tort si la qualité est pour lui une sorte de superficie qui tombe sous nos sens, tandis que le fond leur échappe; car il est clair que la connaissance du nombre des vêtements ne fait pas mieux connaître le corps qu'ils revêtent.

Condillac, faisant la critique de l'idée de substance, s'exprime ainsi : « Un corps que touche la statue n'est donc à son égard que les perceptions de grandeur, de solidité, de dureté, etc... qu'elle juge réunies. C'est là tout ce que le tact lui découvre, et elle n'a pas besoin, pour former un pareil jugement, de donner à ces *qualités* un sujet ou soutien, ou, comme parlent les philosophes,

---

[1]. *Essai sur l'entendement humain*, liv. II, chap. XXIII, § 7.

une *substance*, il lui suffit de les sentir ensemble¹. » Si Condillac avait voulu dire que le corps est pour la statue une réunion de forces qui produisent la solidité, la dureté, etc., il aurait adopté sur la nature des corps l'hypothèse de Leibnitz. On n'aurait pas de reproche à lui faire sur le fond de sa pensée, mais sur l'expression qu'il lui aurait donnée. Pourquoi, en effet, appellerait-il ces forces des *qualités?* On donne le nom de qualités aux choses que l'on conçoit comme n'existant pas par elles-mêmes, et comme ayant besoin de s'appuyer sur un fond ou sur ce que l'on appelle substance. Condillac commettrait donc la faute de dire que les corps sont une collection de *qualités* sans *substance*, ce qui est une contradiction dans les termes. Il aurait dû appeler ces forces non des qualités, mais de véritables substances. Mais quelques pages plus loin, le philosophe montre qu'il tient pour l'opinion vulgaire, et après avoir dit que la statue n'a pas besoin de donner de substance aux attributs, il avance qu'elle imagine quelque chose qui est le sujet des qualités. « Supposé que la statue fût curieuse de découvrir comment les *qualités* existent dans chaque collection, elle serait portée comme nous à imaginer quelque chose qui en soit le *sujet*, et si elle pouvait donner un nom à ce quelque chose, elle aurait une réponse toute prête aux questions des philosophes. Elle en saurait donc autant qu'eux, c'est-à-dire qu'ils n'en savent pas plus qu'elle¹. » A la contradiction dans les termes, Condillac a donc joint la contradiction dans la pensée; car il a dit d'abord que le corps était pour la statue une collection de qualités sans substance, et ensuite que la statue imaginait quelque chose qui est le sujet des qualités. Du reste, Condillac n'a pas atteint le but principal qu'il se proposait, et qui était de prouver que, dans l'idée

---

2 *Traité des sensations*, édit. orig., t. I, p. 274.

de la substance, rien ne dépassait la sensation. Car ce *quelque chose* que la statue imagine comme le *sujet* des *qualités*, elle ne le touche ni ne le voit ; elle emploie donc pour y penser une autre faculté que la perception des sens extérieurs.

La perception de la *substance* nécessaire a été quelquefois exprimée sous forme de proposition *tautologique* et ainsi exposée aux attaques de l'école qui dérive de la sensation toutes les connaissances : « Toute qualité, a-t-on dit, suppose un sujet ; tout mode suppose une substance. » Comme on entendait par qualité ou mode une superficie, ces expressions revenaient à celle-ci : tout dessus suppose un dessous. Or, quiconque parle de dessus ou de dessous a divisé un tout en deux parties corrélatives, dont il appelle la première supérieure, et la seconde inférieure. Le premier de ces mots n'a de sens que par son opposition avec le second ; le mot de supérieur signifie une partie qui est sur une autre ; dire que tout dessus suppose un dessous, c'est dire que la partie placée sur une autre suppose cette autre, ce qui est une *tautologie*. Il serait convenable peut-être de rejeter ces mots figurés de substance et d'accident, de s'en tenir aux termes de *variable* et *invariable*, et de s'exprimer ainsi : le variable suppose l'invariable, c'est-à-dire que ce qui commence suppose quelque chose qui n'a pas commencé ; ou, en d'autres termes, que l'être ne peut commencer par lui-même.

L'axiome de la causalité a été, comme l'axiome de la substance, présenté sous une forme *tautologique*; on a dit : Tout effet suppose une cause. Mais le mot d'effet signifie un phénomène produit par une cause. La proposition signifiait donc : Ce qui est produit par une cause suppose une cause. C'était dire deux fois la même chose

---

1. *Traité des sensations*, édit. orig. t. I, p. 284.

ou commettre une *tautologie*. En disant que tout ce qui commence suppose une cause, on exprime mieux cette perception de la raison qui affirme que tout ce qui change ou commence d'exister suppose une substance active qui ne change pas et dont l'existence n'a pas eu de commencement, ou, en d'autres termes, que le variable suppose l'invariable.

§ 15. De la distinction entre la substance et la force.

On a demandé s'il y a lieu de distinguer entre la substance et la force. On fait cette distinction dans le système de Newton : la substance est la molécule douée de plusieurs forces ou propriétés différentes. On ne peut la faire ni dans la théorie de Descartes ni dans celle de Leibnitz. En effet, l'étendue est la substance des corps suivant Descartes ; la situation et le mouvement des parties ne sont pas des forces, des pouvoirs, mais des états : la manière est tout à fait passive. L'âme a le pouvoir de concevoir différentes idées à propos des mouvements de la matière : elle a donc seule des pouvoirs ou des forces, et comme Descartes n'admet pas qu'elle soit jamais sans pensée, elle est pour lui une force toujours agissante, dans laquelle il est difficile de distinguer la force de la substance. Quant à Leibnitz, il ne pense pas qu'il y ait ni dans les corps, ni dans les esprits, de pures puissances, sans aucune action présente. Les corps sont donc, à ses yeux, comme les esprits, des forces toujours en action, avec lesquelles se confond la substance. « La substance même des choses, dit-il, consiste dans la puissance d'agir et de pâtir[1]. »

Nous n'avons rappelé ces différentes opinions sur la substance des corps que pour faire distinguer ce qu'il y a

---

1. *De naturâ ipsâ*, etc., édit. Erdmann, p. 156.

d'arbitraire et ce qu'il y a de nécessaire dans cette notion. Le côté nécessaire est celui-ci : le variable suppose l'invariable. Quant au rapport du variable avec l'invariable, il est l'objet de nos inductions. Il faut nous garder de l'opinion grossière qui fait de la qualité ou du mode comme un habit que revêt la substance. L'opinion la plus vraisemblable nous paraît, ainsi que nous l'avons déjà dit, celle qui considère les corps comme une collection de forces ou de substances actives, dont le degré d'action forme ce qu'on appelle les qualités.

§ 16. A quelle occasion acquérons-nous la notion de la substance nécessaire ?

Quelques philosophes ont agité la question de savoir si la notion de la substance nécessaire nous arrive à propos de l'exercice de la conscience ou des sens extérieurs, c'est-à-dire à propos des changements internes ou des changements externes.

La question serait résolue si, dans ce que nous percevons en nous quelque chose de variable et quelque chose d'invariable, nous induisions qu'il y a dans les corps des éléments qui changent et un élément qui ne change pas. L'idée de la substance des corps ne serait qu'une induction de l'idée de notre substance ; mais les faits ne se passent pas ainsi. La conscience et la mémoire nous font bien connaître que certaine chose en nous n'a pas changé, mais non pas que cette chose soit absolument invariable, et doive persister nécessairement sous tous les changements. Or, la notion complète de la substance contient tous ces développements ; et cette notion peut se former en nous à propos de tout changement, soit intérieur, soit extérieur. Il n'y a donc pas de raison pour que la notion de la substance universelle, première et dernière, sans commencement ni fin, ou, en un seul mot, nécessaire, nous vienne à propos de l'exercice de la conscience et de la mémoire plutôt qu'à propos de l'action des sens extérieurs. Comme nous sommes frappés des changements. externes avant de l'être de nos propres changements, il est plus vraisemblable que la notion de la substance nécessaire nous arrive d'abord à propos de l'exercice des sens. Mais que cette notion se produise en nous à l'occasion des objets extérieurs ou des phénomènes internes, ce que nous devons faire remarquer, c'est que ni la conscience, ni la mémoire, ni les sens ne suffisent pour nous faire connaître que ce qui commence suppose quelque chose qui n'a pas commencé.

Récapitulons les propositions principales que nous venons d'énoncer. Lorsque les sens nous ont montré des étendues tangibles et visibles, et que la conscience et la mémoire nous ont fait connaître notre existence présente et passée, une intuition de l'esprit nous apprend que les corps et les âmes sont contenus dans un espace et un temps indépendants des âmes et des corps. Mais l'existence des corps et celle de notre âme ne découlent pas de l'existence de l'espace et du temps. L'existence des corps et des esprits suppose celle de l'espace et du temps, mais l'existence de l'espace et du temps ne suppose pas celle des corps et des esprits. Ces derniers ne viennent donc pas de l'espace et du temps, mais d'une cause ou substance active qui est le principe de leur existence, et qui est elle-même sans commencement ni fin. Nous ne pouvons pas admettre que les corps ou les esprits naissent ou périssent d'eux-mêmes. Si un corps se transforme sous nos yeux, et si tout ce qu'il y a en lui de perceptible aux sens disparaît, pour faire place à d'autres objets de perception, nous n'admettons pas qu'il ait péri et repris naissance ; mais que quelque chose dans ce corps a persévéré, toujours le même, et a causé ces changements ou les a subis. Cette notion est ce qu'on appelle dans l'école le principe de substance et le principe de causalité. Si nous considérons que ce qui n'a pas varié dans le corps a causé les changements perceptibles, nous appelons l'élément invariable une substance active ou une cause ; si nous supposons que l'élément invariable n'a pas causé les changements, mais les a subis, nous l'appelons une substance passive ; et comme aucune chose ne peut commencer d'exister par soi-même, et que par hypothèse, nous ne mettons pas la cause des changements dans le corps, il faut que nous la supposions et que nous la cherchions au dehors.

Nous trouvons dans notre conscience et notre mémoire la première notion de quelque chose qui ne varie pas, c'est-à-dire de l'identité personnelle, et de quelque chose qui agit et produit des changements, c'est-à-dire d'une cause. Une intuition qui dépasse la conscience et la mémoire affirme que pendant le sommeil et l'évanouissement certaine chose persiste en moi et que mon existence n'a pas été interrompue. L'intuition de l'esprit dépasse encore plus le cercle de la conscience et de la mémoire, lorsqu'elle affirme que je n'ai pu commencer d'exister par moi-même et que je ne puis par moi-même cesser d'exister. Ce qui existe dans le sein de l'espace et du temps n'a pu commencer d'exister par lui-même : les corps et les esprits ont donc toujours été ou tiennent l'existence d'une cause ou substance active qui a toujours été et qui sera toujours. Nous verrons plus loin, comme nous l'avons déjà dit, les raisons qui nous font croire que cette cause est intelligente et parfaite. Nous nous sommes, quant à présent, borné à montrer que recourir à une série de causes à l'infini, c'est multiplier les êtres sans nécessité ; et que regarder les esprits et les corps comme les modes ou attributs d'une même substance, c'est se mettre en contradiction avec l'expérience qui montre que les corps sont des substances distinctes les unes des autres et distinctes des esprits, et que les esprits sont aussi des substances séparées et réciproquement indépendantes.

§ 17. Du nécessaire et du contingent, du fini, de l'infini et de l'indéfini; du parfait et de l'imparfait.

L'espace, le temps et la substance active ou la cause. sont les trois choses infinies et nécessaires que perçoit l'intuition de l'esprit. Ces trois infinis ne s'excluent pas : ils se pénètrent. L'espace est dans tous les temps, le temps est dans tout l'espace : la cause est dans tous les temps et dans tout l'espace. Exister dans tous les temps, c'est exister nécessairement. L'infinité comprend la nécessité et réciproquement. L'espace, le temps et la cause sont nécessaires; les corps et les esprits humains sont contingents, ou, en d'autres termes, ils auraient pu ne pas exister. L'idée de la contingence ne s'entend que par son opposition à l'idée de la nécessité. Les sens nous font connaître l'étendue comme étendue, mais non comme contingente. La conscience nous fait connaître l'âme comme âme; mais sans y joindre l'idée que l'âme aurait pu ne pas exister. L'idée de contingence est donc une idée que nous devons à une faculté distincte des sens et de la conscience. Il n'en est pas de même de l'idée de fini. Les sens peuvent nous faire connaître que les corps sont finis relativement les uns aux autres. Par cela seul que la main nous montre la pluralité des corps, leur égalité ou inégalité, elle nous en fait saisir les limites. De même la mémoire nous fait percevoir que nos pensées se succèdent les unes aux autres, et que par conséquent elles sont limitées. Mais lorsque nous sortons de cette notion qu'un corps est plus grand ou plus petit qu'un autre, qu'une pensée se termine à une autre, et que nous comparons les limites des corps et des pensées avec l'espace, le temps et la cause éternelle, nous dépassons le cercle des sens extérieurs et de la mémoire.

L'espace, le temps et la cause nous apparaissent d'abord comme *indéfinis*, c'est-à-dire que nous comprenons qu'ils ne finissent pas là où finissent les corps et les pensées ; et nous ne songeons pas dès le principe à nous demander si l'espace, le temps et la cause ont véritablement des limites. Lorsque nous nous posons ensuite cette question, nous découvrons que non-seulement ils ne finissent pas là où finissent les autres choses, mais qu'ils ne finissent nulle part, et d'*indéfinis* qu'ils étaient d'abord pour nous, ils deviennent ce qu'ils sont véritablement, c'est-à-dire *infinis*.

L'espace, le temps et la cause composent toute l'idée de l'infini. Il n'y a rien d'infini qui ne soit ou l'espace, ou le temps, ou la cause, et encore l'infinité de la cause n'est-elle mesurée que par celle du temps et de l'espace. Une puissance infinie est pour nous celle qui suffirait à remplir de ses effets l'espace et le temps, c'est-à-dire à laquelle aucun lieu, aucun temps n'apporterait de limites. Une sagesse et une bonté infinies sont celles qui s'étendent à un nombre infini de créatures, et l'on ne se forme l'idée d'un nombre infini qu'en songeant que les objets nombrés rempliraient tout le temps et tout l'espace. On a demandé si le nombre infini était pair ou impair ; mais les parties du temps et de l'espace ne peuvent se compter : il n'y a donc pas lieu de faire la question, car là où le nombre est impossible, il n'est ni pair ni impair.

Suivant la juste remarque de Locke, nous n'avons pas l'idée d'une blancheur infinie [1] ; en effet, l'intensité de la blancheur ne peut se mesurer ni sur le temps ni sur

---

1. *Essai sur l'entendement humain*, liv. II, chap. XVII, § 6.

l'espace : on n'en mesurerait ainsi que la durée et l'étendue. Leibniz combat cette pensée de Locke. « Si nous n'avons pas, dit-il, l'idée d'une blancheur infinie, ce n'est pas parce que cette qualité n'a point de parties hors les unes des autres, mais c'est parce que les sens ne nous en donnent qu'une connaissance confuse. A l'égard des qualités connues distinctement on voit qu'on peut les porter à l'infini, non-seulement là où il y a extension ou ce que l'école appelle *partes extra partes*, comme dans le temps et le lieu, mais encore là où il y a *intensité* ou degrés, par exemple, à l'égard de la vitesse [1]. » C'est Descartes qui, le premier, a dit que nous avions une idée confuse de la couleur, du son, de l'odeur, de la saveur, du froid et du chaud, et une idée claire de l'étendue de la figure. Nous avons déjà fait observer que nous possédons une idée aussi claire de la couleur en tant que couleur, que de la figure en tant que figure, et que si Descartes trouvait de l'obscurité dans l'idée de la couleur, du son, etc., c'est qu'il voulait dériver ces qualités de l'étendue, de la situation et du mouvement des parties dans les corps, et qu'en effet il n'est pas aisé de voir comment la situation et le mouvement des parties de l'étendue peuvent produire le son et la lumière. Mais quand on s'interdit toute hypothèse sur la relation de la couleur avec la situation et le mouvement des parties d'un corps et qu'on s'en tient à la vérité de fait, c'est-à-dire à la connaissance de la couleur, en tant que couleur, on trouve l'idée de la couleur aussi claire que l'idée de la figure. Ce n'est donc pas parce que l'idée de la blancheur est confuse que nous ne concevons pas cette qualité portée à l'infini, c'est parce que nous ne pouvons en étendre l'intensité sur la mesure du temps et de l'espace. Pour prouver que nous concevons l'intensité d'une qua-

---

1. *Nouveaux essais*, liv. II, chap XVII, § 6.

lité poussée jusqu'à l'infini, Leibniz allègue l'exemple de la vitesse; mais la vitesse ne peut s'augmenter que par la diminution du temps ou par l'augmentation de l'espace, et par conséquent l'infini s'applique encore ici à l'espace et au temps. Cet exemple porte donc contre la conclusion de Leibniz. Nous devons, en conséquence, maintenir cette proposition, qu'on ne conçoit l'infini que dans le sens du temps et de l'espace, et que toute chose qui est incapable de s'étendre de l'un ou de l'autre côté est également incapable de nous suggérer l'idée de l'infini. Cette remarque ne doit pas être perdue de vue, si l'on veut maintenir la précision et la justesse des idées.

Aristote blâme Melissus d'avoir dit que l'infini est un tout, parce qu'il pense, comme Parménide, que le tout est limité. Il ajoute que l'infini est le tout en puissance et non en acte [1]. Il veut dire sans doute que l'infini grandit toujours sans se terminer jamais. Si l'on attache au mot de totalité l'idée de quelque chose de fini, il ne faut pas dire en effet que l'infini soit un tout, mais si on laisse à ce terme un sens assez vaste pour exprimer ce qui n'a pas de limites, nous ne voyons pas d'inconvénient à nous servir de ces mots : tout l'espace et tout le temps.

On a prétendu que l'idée de l'infini était négative et qu'elle n'exprimait rien de positif; mais l'idée du fini est également négative; elle signifie : *ce qui ne continue pas*. Si l'idée de l'infini nie les limites, l'idée du fini nie la continuation. La vérité est que chacune de ces idées contient quelque chose de négatif et quelque chose de positif. L'objet positif de l'idée du fini est une durée et une étendue qui s'arrêtent à un certain point; l'objet positif de l'idée de l'infini est une durée et une étendue qui existent partout et toujours. L'objet positif de la dernière

---

1. *Physique*, liv. III, chap. VII, § 9 et 10.

est donc bien plus considérable que l'objet positif de la première ; l'idée de l'infini est donc plus positive que l'idée du fini, car elle nie une limite, elle nie une négation, elle affirme au plus haut degré.

Le mot d'infini contient une négation qui marque l'origine et non pas l'objet de l'idée de l'infini. Nous commençons par savoir que les corps sont finis et que nos pensées sont aussi limitées, et lorsqu'à propos des corps, et des pensées nous arrivons à découvrir l'espace, le temps absolu et la cause nécessaire, il est naturel que nous les exprimions par un mot qui marque leur différence d'avec les objets qui nous ont donné l'occasion de les découvrir.

Nous avons dit que l'infini et le parfait ne sont pas la même chose [1]. Le parfait est ce qui possède tous les attributs qu'il peut avoir. C'est en ce sens qu'on parle du triangle parfait, du cercle parfait, de la vertu parfaite, du Dieu parfait. Le triangle et le cercle sont parfaits sans être infinis ; le parfait n'est donc pas l'infini. D'un autre côté l'espace est infini : peut-on dire qu'il soit parfait ? Les athées supposent une cause éternelle, sans intelligence et sans bonté : elle serait infinie sans être parfaite. C'est en Dieu seul que l'infini et le parfait se confondent, parce qu'à l'infinité, dans le sens du temps et de l'espace, il joint celle de la puissance, de l'intelligence et de la bonté. Partout ailleurs le parfait et l'infini peuvent se séparer.

Locke, qui, en général, a bien parlé de l'espace, du temps et de Dieu, a dit de bonnes choses sur l'idée de l'infini [2], mais il en a mal représenté la formation. « L'idée de l'espace infini, dit-il, nous vient de ce que nous pouvons ajouter un pied à un pied et toujours ainsi sans

---

1. Voy. plus haut, même chapitre, § 5.
2. *Essai sur l'entendement humain*, liv. II, chap. XVI, § 8, et chap. XVII, § 1-22.

être jamais plus près de la fin... En ajoutant les mesures du temps les unes au bout des autres, soit dans l'avenir soit dans le passé, sans que rien nous arrête, nous arriverons ainsi à l'idée d'éternité [1]. » Locke croyait, par cette explication, rapporter l'idée de l'infinité de l'espace à la sensation et celle de l'infinité du temps à la conscience ou à la réflexion. Mais, pour que nous puissions ajouter un pied à un pied, et une heure à une heure, sans que rien nous arrête, il faut que nous ayons déjà la connaissance d'un espace infini et d'un temps infini. Ce n'est donc pas l'addition des objets sentis ou perçus intérieurement qui nous conduit à la perception de ce qui ne tombe ni sous les sens ni sous la conscience. C'est la perception de l'infini qui nous permet d'ajouter sans cesse les uns aux autres les objets connus par l'expérience. Telle est la réponse que Leibniz adresse à Locke, en disant « que l'idée de l'infini ne se forme point par une extension des idées finies [2]. »

L'idée de l'infini comprend donc celle de l'espace, du temps et de la substance active. On ne peut dire de l'infini que ce qu'on a dit des trois autres objets. Aristote semble avoir une opinion différente, et il n'est pas d'ailleurs d'accord avec lui-même sur la nature de l'infini. Il pense d'une part qu'on reconnaîtra que l'infini existe en considérant cinq choses : 1° le temps; 2° la divisibilité de l'étendue; 3° le principe ou la cause des changements, de la naissance et de la mort; 4° l'idée de la limite qui est relative à l'idée de l'illimité; 5° le nombre, l'étendue mathématique et l'espace au-dessus du ciel [3]. D'une autre part il avance que ceux qui supposent l'existence de l'infini et ceux qui font la supposition con-

---

1. *Essai sur l'entendement humain*, liv. II, chap. XVII, § 3 et 5.
2. *Nouveaux essais*, liv. II, chap. XXIII, 33.
3. *Physique*, liv. III, chap. IV, § 8 et suiv.

traire rencontrent également des impossibilités [1]. « Si l'infini existe, dit-il, il est indivisible ou divisible en parties infinies : comme une partie d'or est de l'or, une partie de l'infini est de l'infini et ainsi plusieurs infinis appartiendront au même être [2]. Cependant, s'il n'existe pas, le temps aura un commencement et une fin [3], etc. » Aristote conclut donc que l'infini n'existe que dans notre pensée, que l'augmentation et la diminution à l'infini ne se font pas sur les choses, mais dans notre esprit seulement [4].

Les cinq choses auxquelles Aristote applique l'idée de l'infini se raccordent facilement aux trois que nous avons indiquées. L'illimité ne se distingue pas de certains objets qui seuls aussi peuvent fournir un nombre infini. Restent donc le temps, la cause et l'espace au-dessus du ciel. Quant à la divisibilité de l'étendue, elle n'est infinie que pour l'étendue mathématique. Cette infinité n'a lieu en effet que dans l'esprit. Mais les trois autres existent en dehors de la pensée, et leur existence n'est pas compromise par ce singulier paralogisme que si une partie de l'or qu'on a divisé est de l'or, une partie de l'infini devrait être infinie. En effet, de même que la partie d'or n'est pas tout l'or qu'on veut diviser, de même une partie de l'espace n'est pas tout l'espace.

En résumé, nous avons cherché à fixer le sens des mots *nécessaire*, *infini* et *parfait*. Tout ce qui est infini est nécessaire, et tout ce qui est nécessaire est infini. Ces deux termes conviennent à l'espace, au temps et à la cause première. Il n'en est pas de même du mot de *parfait*, qui peut convenir à certaines choses finies, comme au cercle et au triangle, et qui s'appliquerait

---

1. *Physique*, liv. III, chap. IV, § 10.
2. *Ibid.*, chap. V, § 2.
3. *Ibid.*, chap. VI, § 1.
4. *Ibid.*, chap. VIII, - 3.

mal au temps, à l'espace et à cette cause aveugle et sourde, mais infinie, que propose le matérialisme.

§ 18. Des axiomes métaphysiques qui ne concernent pas l'espace, le temps et la cause.

En énumérant les objets infinis nous avons épuisé la liste des connaissances nécessaires. On s'étonnera de ne pas trouver ici certaines propositions qu'on croit marquées du caractère de la nécessité, telles que celles-ci : Il est impossible que la même chose soit et ne soit pas; le tout est plus grand que la partie, etc., et aussi les vérités géométriques et les vérités morales.

Nous devons une explication sur ce sujet. L'espace, le temps et la cause infinie existent hors de la pensée; il n'en est pas de même des conceptions géométriques et des conceptions morales. Nous n'admettons pas, comme Platon, qu'il y ait en dehors de l'esprit de Dieu et de l'esprit des hommes quelque chose qui soit l'idée de la justice, de la tempérance, de la sagesse, etc. Dieu conçoit la justice et nous la fait concevoir, mais hors de la conception divine et de la conception humaine, l'idée de la justice n'existe nulle part. Il en est de même des vérités géométriques : le triangle, le cercle et toutes leurs propriétés ne sont point des réalités hors de l'intelligence de Dieu et de la conception qu'il nous en a donnée. En d'autres termes, l'espace, le temps et la cause sont des objets de perception. Les premiers ont une nécessité indépendante de l'intelligence humaine et même de l'intelligence divine; car si, par exemple, Dieu cessait un instant de penser à lui-même, cela ne suffirait pas pour l'anéantir; les vérités géométriques et morales sont des nécessités de notre pensée et de l'entendement divin, ce qui leur confère une nécessité fort différente de celle qui appartient à l'espace, au temps et à la cause. Nous en traiterons dans la section suivante.

Quant aux propositions telles que celles-ci : Il est impossible que la même chose soit et ne soit pas, etc., nous montrerons qu'elles sont de vaines *tautologies* dont l'attribut répète le sujet; qu'elles ne contiennent d'autre nécessité que celle de ne pas nous contredire nous-mêmes et qu'elles ne se distinguent pas des propositions qui expriment les connaissances fournies par l'expérience. Elles seront analysées dans le tableau des principaux systèmes sur les facultés intellectuelles.

CHAPITRE VI.

PERCEPTION DE LA MÉMOIRE.

§ 1ᵉʳ. Perception de notre identité ou de notre durée.

Je me perçois moi-même; je sais que j'existe au moment où je me perçois et que j'existe avec certains modes tels que la pensée, le sentiment du plaisir ou de la peine, la volition, etc.... De plus je sens que j'ai existé hier, avant-hier et tout le temps qu'embrasse ma mémoire. Il n'y a pas ici une croyance, mais une connaissance; ce n'est pas une conjecture, mais une certitude. Je me perçois dans le présent et je me perçois dans le Passé : le concours de ces deux perceptions constitue la connaissance de mon identité personnelle. La perception de mon existence passée est aussi immédiate que celle de mon existence présente. Je n'ai pas besoin de raisonner pour savoir qu'au moment où je parle, je ne me perçois pas pour la première fois et que je me suis déjà perçu.

En effet, me percevoir dans le passé, c'est percevoir actuellement que je me suis perçu autrefois; c'est pour ainsi dire avoir la perception actuelle d'une perception passée, ou la conscience présente d'une conscience qui n'est plus.

Nous ne cherchons pas à donner l'explication de ce

fait qui est simple et indécomposable, nous le constatons seulement. Les philosophes qui ont tenté de le ramener à un *fait* plus simple, n'ont pu que le reproduire sous d'autres termes. Comment sais-je que j'ai existé autrefois et que je me suis déjà connu, en d'autres termes, comment arrive-t-il que je me *re*connaisse? « Pour *re*connaître un objet, dit Descartes, il faut que lors de la connaissance primitive de cet objet, j'aie jugé qu'il était nouveau [1]. » Mais pour juger qu'un objet est nouveau, il faut qu'on le compare à d'autres qui sont jugés avoir été déjà connus. Or la question est précisément de savoir comment nous jugeons qu'un objet nous a été déjà connu. La première fois que je me suis perçu moi-même, je n'ai pu me percevoir ni comme nouveau ni comme ancien, car ce sont deux termes corrélatifs. La nouveauté ne paraît que par son opposition à l'ancienneté. C'est le second moment de mon existence seulement qui a pu me paraître nouveau, par opposition au premier qui m'a paru par cela même ancien. Je me suis donc rappelé le premier moment de mon existence, pendant que je percevais le second : j'ai nommé le premier passé et le second présent; mais avant de connaître le second, le premier n'était pour moi ni présent ni passé, car ce sont encore là deux termes corrélatifs. Si nous voulons chercher comment, au second moment de notre existence, le premier peut nous paraître passé, nous ne pourrons que répéter la question sans la résoudre : je le perçois comme passé, parce que je le perçois comme passé.

Condillac et Hume ont voulu expliquer la différence de la connaissance primitive et de la mémoire par une différence de vivacité entre les deux phénomènes. « L'âme, dit le premier, sent faiblement ce qu'elle a été et sent

---

1. *OEuvres philosophiques*, édit. Ad. G., introd. p. CXIV.

vivement ce qu'elle est[1]. » « La mémoire, dit le second, retrace les perceptions sensibles, l'imagination les imite, mais ni l'une ni l'autre n'ont le degré de force de la sensation primitive. Les idées sont les copies des impressions; chaque idée est une perception languissante, un affaiblissement d'une perception plus vive[2]. » Mais Condillac se réfute lui-même lorsqu'il dit : « Le sentiment d'une sensation actuelle peut être moins vif que le souvenir d'une sensation qui n'est plus[3]. » D'ailleurs pourquoi le sentiment faible serait-il placé dans le passé plutôt que le sentiment vif? Nos perceptions actuelles sont plus ou moins vives et nous ne les rangeons pas dans l'ordre des temps, suivant le degré de leur vivacité. Ce n'est donc pas la différence de degré dans la perception qui établit pour nous entre les moments de notre existence une différence de temps.

Dira-t-on, encore, avec Condillac qu'au second moment de notre existence, le premier est seulement l'objet d'une conception, tandis que le second est l'objet d'une perception; que la perception affecte nos nerfs et que la conception n'affecte que le cerveau[4]. Mais on n'explique pas ainsi comment cette conception se rapporte plutôt au passé qu'à l'avenir, ou comment elle n'est pas prise pour un effet de notre imagination. Il y a des conceptions qui ne se rapportent à aucun temps comme celle du cercle parfait. La perception de mon existence passée n'est donc pas une pure conception. La conception n'implique pas l'existence de l'objet qu'elle représente; la *re*connaissance implique l'existence de l'objet qu'elle *reconnaît*. La conception ou la représentation mentale d'un

---

1. *Traité des sensations*, édit. orig., p. 26.
2. *OEuvres philosophiques*, traduction française, Ier volume, p. 73 et 77.
3. *Traité des sensations*, édit, orig., p. 28.
4. *Ibid.*

objet qui a été autrefois perçu n'emporte pas nécessairement avec elle la perception du temps passé dans lequel j'ai perçu l'objet que je conçois. Un musicien conçoit quelquefois une mélodie qu'il croit nouvelle, sans reconnaître qu'il l'a déjà entendue ; car la conception n'est pas la *reconnaissance*.

Ce qu'on appelle ordinairement la *mémoire* contient deux phénomènes différents : 1° La conception ou représentation mentale des objets absents : nous en traiterons quand nous nous occuperons des conceptions ; 2° la *reconnaissance*, qui est une perception : c'est la perception d'un moment passé de mon existence dans lequel j'ai connu l'objet que je *reconnais*. Cette reconnaissance peut accompagner une conception, si celle-ci est la représentation d'un objet que nous ayons perçu autrefois ; mais elle peut aussi s'en séparer ; il peut y avoir conception sans reconnaissance, comme dans l'exemple du musicien, et reconnaissance sans conception, comme lorsqu'en présence d'une seconde perception du même objet, il m'arrive de le reconnaître. Il ne faut pas dire non plus que la reconnaissance soit la conception jointe à l'idée du passé ; car j'ai la conception de l'âge d'or jointe à l'idée du passé, et cela ne suffit pas pour que je m'affirme à moi-même que j'ai perçu l'âge d'or, ou, en d'autres termes, pour que je le *reconnaisse*. La mémoire ou le souvenir entendu comme acte de reconnaissance n'est pas la conception du passé en général, mais la perception d'un moment passé de mon existence dans lequel j'ai perçu l'objet que je reconnais.

Un savant de nos jours qui a voulu appliquer aux sciences morales la sagacité et la pénétration qui l'ont illustré dans les sciences physiques, a tenté aussi d'éclaircir l'acte de *reconnaissance*[1]. Il suppose qu'à la pre-

1. Ampère, *Essai sur la classification des sciences*, t. II.

mière perception l'âme est rendue attentive par la nouveauté de l'objet, et qu'à la seconde l'attention a cessé. Suivant lui, la conscience attestant à la fois une perception attentive et une perception inattentive et ces deux perceptions ne pouvant exister ensemble, il faut bien en placer une dans le passé, et par là nous connaissons que nous avons déjà connu l'objet. Mais la même difficulté se représente toujours. Comment la perception attentive est-elle placée plutôt dans le passé que dans l'avenir ou dans l'imagination? De plus, on suppose ici que la reconnaissance n'a lieu que dans le cas où la première perception a été attentive et la seconde sans attention, mais le contraire peut arriver. On examine souvent avec plus de soin un objet à la seconde vue, et cela n'empêche pas qu'on ne se rappelle l'avoir connu d'abord sans attention. La *reconnaissance* est d'autant plus sûre que la première et la seconde perception ont été l'une et l'autre attentives, et par conséquent sans caractère qui les distingue sous le rapport de l'attention. Il faut renoncer à expliquer ce qui est inexplicable, c'est-à-dire à décomposer un fait simple qui ne peut se ramener à des faits plus simples que lui.

C'est ce que Locke paraît avoir très-bien compris malgré quelque incertitude de langage, lorsque, parmi les éléments de la mémoire, il signale une perception particulière qui nous apprend que tels objets ont été déjà perçus[1]. Thomas Reid a aussi présenté l'acte de reconnaissance comme un fait indécomposable. « Par la mémoire, dit-il, nous avons la connaissance immédiate des choses passées.... Le souvenir d'un événement passé est nécessairement accompagné de la conviction que nous existions lors de cet événement[2].

Il faut donc se borner à constater que nous nous *re-*

---

1. *Essai sur l'entendement humain*, liv. II, chap. x, § 2.
2. Voy. *Critique de la philosophie de Th. Reid*, par Ad. Garnier, p. 25.

connaissons nous-mêmes, c'est-à-dire que nous connaissons notre identité, ou encore qu'au second moment de notre existence nous nous rappelons le premier, c'est-à-dire que nous percevons le premier comme passé. La reconnaissance de tous les objets que nous avons perçus se ramène à la reconnaissance de nous-mêmes. En effet, soit qu'on se trouve une seconde fois devant un édifice qu'on a déjà perçu, soit qu'on se le présente mentalement, on ne *le* reconnaît qu'à la condition de se reconnaître *soi-même* comme l'ayant déjà perçu.

La conscience nous a fait connaître la simplicité de notre âme ; la mémoire jointe à la conscience nous fait connaître que l'âme reste identiquement la même pendant tout le temps de son existence. La conscience nous montre les actes de l'âme qui sont simultanés ; la mémoire nous montre les actes successifs. Le plaisir succède à la peine, le souvenir à la perception, la croyance au souvenir, la volition à l'action involontaire ; mais quelle que soit la diversité des faits qui se remplacent les uns par les autres et qui s'expriment par des mots différents, la mémoire nous fait connaître qu'ils ont été accomplis par l'être que nous montre en ce moment la conscience et qui se nomme toujours du même nom : *je* souffrais, *je* jouis ; *je* consentais, *je* refuse : les actes ont changé, le *moi* producteur des actes est resté le même. L'identité comme l'unité du moi peut se prouver par le raisonnement, mais nous ne voulons parler ici que des perceptions immédiates. De même que la conscience atteint directement par elle-même l'unité du moi, de même la mémoire saisit directement et sans raisonnement l'identité de l'âme. L'*unité* est le premier caractère de la *personne humaine*, l'*identité* en est le second.

Pour comprendre cette identité, il faut lui opposer les fausses identités, comme celle d'un fleuve considéré à sa source et à son embouchure ; celle d'une armée qui a fait longtemps la guerre. Les eaux que le fleuve a puisées à sa source ont pu s'évaporer ou être détournées de son cours ; il a reçu des eaux nouvelles soit des nuées soit de ses affluents, et parmi les flots qu'il verse dans la mer, pas une goutte peut-être ne vient de l'origine primitive. C'est donc par figure qu'on l'appelle le même fleuve ; les anciens disaient qu'on ne pouvait traverser deux fois le même fleuve : en effet, il ne reste pas le même pendant deux instants. L'armée, qui a longtemps combattu, a été renouvelée en partie et entièrement peut-être ; au lieu de dire que c'est la même armée, on devrait dire que c'est une armée semblable. De la ressemblance nous induisons souvent l'identité ; mais nous ne faisons en ce cas qu'une conjecture. Lorsque devant les tribunaux on prétend constater l'identité de l'accusé ou des instruments du crime, on ne constate véritablement que la ressemblance, et des exemples fameux ont prouvé que la ressemblance la plus exacte ne contient pas toujours l'identité. La seule identité que nous sachions de science certaine, c'est la nôtre ; pour celle d'autrui, nous ne pouvons que la conjecturer. La personne humaine ne se compose pas d'une succession d'êtres semblables, mais d'un seul être qui persiste, qui reste le même malgré le changement des actes qu'il accomplit.

Condillac a dit que la connaissance de l'identité de l'âme, et par conséquent la mémoire est ce qui constitue le *moi*, c'est-à-dire, non pas l'existence de l'âme, mais la connaissance de l'âme par elle-même[1]. La conscience, en effet, ne s'applique qu'à l'instant présent ; si, au moment où l'âme perçoit son existence présente, elle ne se souvenait pas de son existence passée, cette connaissance de soi, toujours nouvelle, qui ne se prolongerait pas l'espace de deux moments, qui naîtrait sans cesse

---

1. *Traité des sensations*, édit. 1753, t. I, p. 122.

pour périr sans cesse, mériterait à peine le nom de connaissance. Pour être une connaissance, il faut qu'elle dure, et il est permis de dire à la rigueur que pour que le moi existe, c'est-à-dire que l'ame se connaisse, il faut la mémoire ou la connaissance de l'identité de l'âme pendant un certain temps. Cependant la mémoire suppose une connaissance primitive. Il faut être avant de durer. Si la mémoire fait durer la connaissance, ce n'est pas elle qui la fait naître. Il y a donc dans la conscience seule une conscience du moi, si courte qu'elle puisse être; le moi se perçoit comme existant et comme simple avant de se percevoir comme identique. D'après cette explication, on voit que l'expression de Condillac est un peu exagérée, et que ce n'est pas uniquement la mémoire qui constitue la connaissance de l'âme par elle-même.

Si nous devons à la mémoire la connaissance de ce qui ne change pas en nous, nous lui devons aussi la connaissance de ce qui change, et par conséquent les notions de différence, de commencement, de fin, de succession, et des choses qui se comptent dans le temps, c'est-à-dire de tout nombre concret qui ne peut pas être saisi par un seul acte de la conscience ou des sens extérieurs.

§ 3. Perception de notre existence substantielle.

A travers la diversité et la succession des phénomènes, la conscience nous découvre l'unité, et la mémoire l'identité du *moi*. Cela suffit-il pour nous faire connaître le moi existant et substantiel, ou, en d'autres termes, l'existence ou la substance du moi? Quelques-uns ne l'ont pas pensé. Ils ont supposé que la conscience et la mémoire nous enseignaient seulement les phénomènes ou les attributs du moi, et qu'il fallait une autre faculté pour nous en révéler l'existence substantielle. Il faut ici avoir recours aux principes de la méthode qui règle la détermination des facultés. C'est seulement dans les abstractions de la conception qu'on se forme l'idée d'un *moi* pur et nu, sans action et sans passion, d'une existence indéterminée qui n'est l'existence de rien de concret, d'une qualité sans un être qui la possède, d'une action sans un agent qui l'exerce[1]. Mais la conscience et la mémoire, qui sont des perceptions, nous présentent toujours le moi existant d'une certaine manière, soit comme produisant le mouvement du corps, soit comme aimant ou haïssant, soit comme voulant, soit comme pensant : la perception ne sépare jamais l'existence d'avec le mode, ni le mode d'avec l'existence. C'est là ce que Descartes a voulu dire quand il a posé son fameux enthymème : « Je pense, donc je suis[2]. » Il entendait que la conscience lui montrait le moi existant par cela même qu'elle le lui montrait pensant. La pensée étant connue, nous n'avons pas eu à en déduire l'existence : elles sont données l'une avec l'autre en même temps. L'existence et le mode d'existence sont inséparables dans la perception, quoique la conception parvienne à les séparer; et elle n'y parvient que parce que le mode change ; s'il restait toujours le même, peut-être ne distinguerait-elle pas entre l'existence et le mode. L'opposition entre l'existence et le mode est la même que l'opposition entre la substance et l'attribut. Dans ces phrases : je pense, je veux, je souffre, le premier mot exprime la substance et le second l'attribut. Si l'existence et le mode sont connus par la même faculté, on doit en dire autant de la substance et de l'attribut[3].

---

1. Voy. *la Conception*, livre VII, chapitre I, et *le Jugement*, livre IX.
2. *OEuvres philosophiques*, édit. Ad. G., introd., CXXIII, CXXIV.
3. Leibniz, *Nouveaux essais*, liv. I, chap. III, § 18, et liv. II, chap. VII.

La conscience et la mémoire nous font donc connaître non-seulement les modes et les attributs du moi, mais encore son existence ou sa substance. En effet, que prétend-on exprimer par le mot de substance, si ce n'est ce *je* invariable qui reparaît constamment et toujours le même dans la diversité des phénomènes : *je* pense, *je* jouis, *je* meus, *je* veux. Voudrait-on dire qu'il y a *sous* les attributs une *substance* que la conscience ne peut atteindre? Mais on se laisserait tromper par les figures du langage; on se représenterait grossièrement l'âme comme un corps ayant un dessus et un dessous. Dans le corps lui-même la substance et la qualité sont connues ensemble, et elles ne peuvent être représentées comme un dessous et un dessus; elles sont seulement l'existence et le mode d'existence, deux choses inséparables dans la réalité et dans la perception, et qui ne se séparent que dans les abstractions naturelles de la conception. La conception, en effet, comme nous l'avons dit, n'implique pas la réalité des objets auxquels elle s'applique, et c'est pour cela qu'elle peut offrir à notre pensée l'idée d'une existence sans mode et d'un mode sans existence, ou, comme nous le disons plus grossièrement par une figure plus matérielle, l'idée d'une *substance* sans attribut ou d'un attribut sans *substance*. L'opposition de la substance et de l'attribut, de l'existence et du mode est, si l'on veut parler un langage plus exact, l'opposition de quelque chose qui ne change pas et de quelque chose qui change. Or la conscience et la mémoire, qui nous font connaître ce qui change dans l'âme, sont aussi les facultés qui nous font connaître ce qui n'y change pas.

Nous ne dirons pas avec Condillac que le *moi* n'est qu'une collection de sensations[1]; car la sensation est dans un sujet qui sent, et il n'y a pas de collection

---

1. *Traité des sensations*, édit. orig., t. I, p. 124.

sans un sujet qui recueille et réunisse les sensations ; mais nous dirons que la conscience nous fait connaître en même temps la sensation et le sujet qui sent, les sensations réunies et le sujet dans lequel elles se réunissent. Condillac dit plus loin que les qualités de l'âme ne sont que le *moi* modifié différemment [1]. Cela est plus raisonnable et explique probablement ce qu'il entendait par cette expression inexacte que le *moi* est une collection de sensations. Il réfute même dans cet endroit quelques lignes de Pascal qui semblent confondre la qualité avec le *moi*. Si Condillac, au lieu de dire que le moi est une collection de sensations, avait dit que le moi nous est connu en même temps que ses qualités, et par une seule et même faculté, il aurait, selon nous, mieux exprimé sa pensée et il aurait exposé une vérité incontestable.

En résumé, la mémoire nous donne la connaissance de notre existence passée et même de notre existence en tant que présente ; car, à la première perception de moi-même, je n'ai pu me connaître ni comme passé, ni comme présent ; ce sont deux termes corrélatifs : le présent ne paraît que par son opposition avec le passé. Par la notion de notre passé et de notre présent, nous connaissons le passé et le présent des êtres extérieurs avec lesquels nous sommes en rapport.

L'acte de reconnaissance contient la notion de la durée et celle du nombre concret qui dépasse la portée de nos sens ou de notre conscience. Mais pour comparer les durées et les nombres entre eux, il faut se les représenter mentalement : à l'acte de reconnaissance, qui est une perfection, il faut joindre des conceptions spéciales. Nous nous en occuperons, lorsque nous traiterons des conceptions de la mémoire [2] ; ici nous ne parlons que de la perception qu'elle renferme.

---

1. *Traité des sensations*, édit. orig., t. I, p. 125.
2. Voy. plus loin, même livre, sect. II, chap. I.

Quelques personnes, et notamment Leibniz, donnent le nom de réminiscence à l'acte de reconnaissance et le nom de mémoire à la conception ou à la représentation mentale des objets absents [1]. Mais l'usage ordinaire de la langue française n'autorise pas cette acception; au contraire, le mot de réminiscence s'applique à ces conceptions ou souvenirs non reconnus pour tels, qui font souvent qu'un artiste est à son insu coupable de plagiat [2].

Nous avons dit que la conscience ne nous fait pas connaître tous nos actes, mais que ceux qu'elle nous fait connaître sont réels; autrement il faudrait qu'elle les eût inventés, et comment pourrait-elle le faire à notre insu? Nous en dirons autant de la mémoire entendue comme acte de reconnaissance : elle ne remet pas devant notre esprit tout ce que nous avons fait ou éprouvé, mais ce qu'elle nous retrace de notre passé est sincère, car comment pourrait-elle le feindre? elle est une perception, et une perception n'invente pas. La mémoire, dans les limites où elle ne nous fait pas défaut, c'est-à-dire où elle nous rappelle clairement ce que nous avons fait ou dit, est donc une certitude. Elle est comme la conscience une certitude immédiate, qui ne se tire pas d'une autre source que d'elle-même, qui ne peut être prouvée, mais qui n'a pas besoin de preuve et qui sert, au contraire, à prouver les connaissances médiates que produit le raisonnement [3].

1. *Nouveaux essais*, liv. I, chap. I, § 5.
2. Voy. le *Dictionnaire des synonymes français*, édit. 1808, t. II, p. 136 et 356.
3. Voy. plus loin, livre VIII.

FIN DU LIVRE VI.

LIVRE VII.

SUITE DES FACULTÉS INTELLECTUELLES.

LES CONCEPTIONS OU LA SECONDE PARTIE
DES CONNAISSANCES.

CHAPITRE I.

LES CONCEPTIONS DE LA MÉMOIRE OU LES RÉMINISCENCES.

§ 1er. Nature de la réminiscence.

La perception, avons-nous dit, met l'âme en présence de réalités distinctes de la pensée qui s'y applique; la conception, à proprement parler, n'a pas d'objet distinct d'elle-même. Reid a fait très-bien comprendre la nature de la conception. « De toutes les analogies qui se rencontrent, dit-il, entre les opérations du corps et celles de l'esprit, aucune n'est si frappante et ne se présente si naturellement que celle de la conception avec la peinture.... Cependant cette analogie est mensongère.... Celui qui peint fait quelque chose qui subsiste quand sa main s'est retirée, et qui continue de subsister lors même qu'elle n'y songe plus. Chaque coup de son pinceau produit un effet qui n'est point la même chose que l'action par laquelle il est produit, puisque l'effet demeure après que l'action a cessé. L'action de peindre et le tableau qui en résulte sont deux choses tout à fait différentes : la première est la cause, le second est l'effet. Voyons maintenant ce qui arrive quand le peintre conçoit simplement son tableau. Il faut bien qu'il l'ait conçu avant de le produire. Qu'est-ce que cette conception? un simple acte de l'esprit, une pensée. Cette pensée a-t-elle un autre effet qu'elle-même? Le sens commun répond que non. Tout le monde sait que concevoir n'est pas peindre... *Concevoir* aussi bien que *projeter* et *résoudre* sont ce que les scolastiques appellent des actes *immanents*, qui ne produisent rien qu'eux-mêmes; au lieu que peindre est un acte *transitif*, qui produit un effet distinct de l'opération, et cet effet est la peinture. Comprenons donc et n'oublions jamais que l'image d'une chose dans l'esprit n'est rien de plus que l'action de l'esprit qui la conçoit[1]. »

Parmi les conceptions, les unes sont les représentations mentales des objets que nous avons précédemment perçus, les autres n'ont pas de modèles fournis par l'expérience. Les premières s'appellent *réminiscences;* les secondes sont les conceptions *idéales.*

La réminiscence peut nous paraître une conception idéale, ou une idée neuve, s'il ne s'y joint pas la perception par laquelle l'âme saisit son existence passée et s'affirme à elle-même qu'elle a possédé telle ou telle connaissance[2]. « Il ne suffit pas pour nous *ressouvenir* de quelque chose, dit Descartes, que cette chose se soit autrefois présentée à notre esprit, qu'elle ait laissé quelques vestiges dans le cerveau, à l'occasion desquels la même chose *se représente* derechef à notre pensée; mais de plus il est requis que nous la *reconnaissions* lorsqu'elle se présente pour la seconde fois. Ainsi, souvent il se présente à l'esprit des poëtes certains vers qu'ils ne se souvenaient point avoir jamais lus en d'autres auteurs,

---

1. Reid, *OEuvres complètes*, traduct. franç., liv. IV, p. 120-121.
2. Voy. plus haut, liv. VI, chap. VI, § 1.

lesquels néanmoins ne se présenteraient pas à leur esprit s'ils ne les avaient pas lus quelque part¹. » Un autre écrivain fait remarquer que le *ressouvenir* ramène tout à la fois les idées effacées et la conviction de la préexistence de leur objet, au lieu que la *réminiscence* ne fait que réveiller les idées anciennes sans faire reconnaître que l'objet a été déjà connu².

§ 2. Les réminiscences considérées selon leurs objets. Réminiscence des objets sensibles. Mémoire du nombre.

Nous avons à considérer deux choses dans les réminiscences : 1° leurs objets, 2° leur apparition, leur marche et leur enchaînement. Sous le premier rapport, les réminiscences représentent à l'esprit les objets matériels ou les actes de l'âme. Il n'y a point de réminiscence des objets nécessaires ou infinis : ils ne sont jamais considérés comme absents ou passés, puisqu'ils existent toujours et partout. Nous avons deux manières de penser aux objets des sens extérieurs et de la conscience : on peut les percevoir ou les concevoir; nous n'avons qu'une manière de penser aux objets nécessaires : dès qu'on y pense on les perçoit : c'est-à-dire qu'on affirme qu'ils existent en dehors de notre pensée.

Les perceptions et les réminiscences sont en nombre égal. Les secondes nous représentent donc l'étendue et la forme tangible et toutes les connaissances qui en sont composées³, la résistance et ses divers degrés, l'étendue et la forme de la couleur et les connaissances qui en dérivent⁴; les sons de différente nature, tels que les into-

---

1. *OEuvres philosophiques*, édit. Ad. G., t. IV, p. 204.
2. *Encyclopédie*, t. X, p. 326.
3. Voy. plus haut, t. I, liv. VI, sect. I, chap. III, § 2.
4. Voy. plus haut, *ibid.*, § 4.

nations, les articulations et le timbre[1], enfin les odeurs et les saveurs.

La réminiscence d'un objet est facilitée par l'absence de tout objet semblable. Pour nous mieux retracer une image, nous sommes portés à fermer les yeux; pour nous représenter une voix, nous avons besoin du silence. C'est le manque de toute perception qui fait la vivacité de la conception du rêve[2].

Nous avons vu comment le toucher peut nous faire connaître à la fois plusieurs corps, la vue plusieurs couleurs, l'ouïe plusieurs sons, la conscience plusieurs actes de notre âme; la notion du nombre nous est donc fournie à la fois par les sens et la conscience; mais, dans la réminiscence, le nombre est plus souvent lié aux objets des sens extérieurs qu'à ceux du sens intime, et parmi les premiers, plutôt aux objets de la vue et de l'ouïe qu'à ceux des autres sens.

La réminiscence n'embrasse cependant pas avec netteté un grand nombre de choses visibles. Nous nous représentons bien les figures depuis le triangle jusqu'à l'octogone, mais l'ennéagone n'offre pas à notre réminiscence une figure facile à distinguer d'avec l'octogone. Pour nous représenter les points marqués sur les cartes ou sur les dés, nous les groupons dans notre esprit par deux ou par trois. Il en est de même à l'égard des notes écrites de la musique.

Si au lieu de choses visibles nous voulons nous retracer une suite de sons, nous les groupons aussi par deux et par trois, pour les compter de mémoire. Le nombre trois paraît être la limite de notre représentation mentale du nombre, puisque pour nous retracer un nombre supérieur, nous le subdivisons dans notre pensée en groupes de deux ou de trois. C'est pour ainsi dire le nombre favori

---

1. Voy. plus haut, t. I, liv. VI, sect. I, chap. III, § 5.
2. Voy. plus haut, *ibid.*, § 10.

de la conception humaine, et il figure dans les fictions des arts et de la poésie. Jupiter porte le triple foudre ; l'arme de Neptune est le trident; le chien des Enfers a trois têtes; les Grâces, les Parques et les Furies sont au nombre de trois ; trois fois trois forment le nombre des Muses. Les anciens adoraient la triple Hécate. Suivant Servius, Apollon était aussi un dieu triple, et les pythagoriciens consacraient le nombre trois au Dieu suprême, qui est le commencement, le milieu et la fin de toutes choses[1]. Enfin on retrouve encore cette prédilection pour le nombre trois dans ces vers de Virgile : « Trois bandeaux présentant une triple couleur entourent son image, que je promène trois fois autour des autels. Le dieu se plaît au nombre impair[2]. »

Les hommes n'ont pas tous la même aptitude aux différentes sortes de réminiscences : les uns ont plus de mémoire pour les étendues, les autres pour les figures soit tangibles, soit visibles ; d'autres encore pour les mélodies; ceux-ci pour les noms, ceux-là pour le nombre. C'est ce qu'on appelle la mémoire locale, la mémoire verbale, la mémoire des nombres[3], etc.

§ 3. Réminiscence des actes de l'âme. Mémoire de la durée.

La réminiscence des actes de l'âme nous représente nos jugements passés, nos opinions et nos intentions d'autrefois, les plaisirs et les peines d'un temps antérieur.

C'est à la réminiscence des actes de l'âme qu'il faut rapporter l'appréciation de la durée et ce qu'on appelle, dans l'art musical, le sentiment de la mesure. En effet, nous ne percevons la durée d'un objet extérieur qu'autant qu'il a été en rapport avec notre âme ; c'est donc par

1. Servius, Commentaires sur la VIIIe églogue.
2. Virgile, églogue VIII, vers 73-75.
3. *Essais sur l'entendement humain*, liv. II, chap. XVI.

la durée de notre perception que nous évaluons celle de l'objet perçu. Lorsque nous paraissons mesurer la durée d'un silence, ce que nous mesurons, c'est la durée de notre acte d'attention pendant le silence. Cependant, pour apprécier de très-longues durées, nous ne nous en rapportons pas à notre mémoire; nous n'aurions ni le loisir ni la patience de mesurer la longueur de notre attention, par exemple, pendant une heure.

Locke suppose qu'on évalue la longueur des journées par le nombre des idées qui en remplissent le cours. Outre qu'il faudrait pour cela, comme nous l'avons déjà dit, que toutes nos idées fussent d'égale longueur, il faudrait de plus que nous prissions la peine de les compter. Ce n'est pas de cette façon que nous avons reconnu la diverse longueur des jours. De même que l'on ne s'en rapporte pas aux sens et à la mémoire pour mesurer d'une manière exacte la résistance, le poids, la température des corps, et que pour apprécier les forces de la nature nous les mettons aux prises les unes avec les autres, après avoir cherché les moyens d'en faire agir une d'une manière uniforme[1], de même nous faisons en sorte que la durée des phénomènes soit mesurée par celle d'un phénomène dont la marche est rendue aussi constante que possible et qui sert de modèle. Les anciens s'étaient arrêtés au choix du sablier et de la clepsydre; les modernes, plus avancés dans l'art de la mécanique, ont préféré la détente d'un ressort réglée par un pendule. Le nombre des oscillations du pendule et le progrès de l'aiguille déterminé par ces oscillations sont les moyens qui nous servent à comparer la longueur des jours. Il n'en est pas moins vrai que c'est par la notion de la durée de nos perceptions que nous vient la notion de la durée des choses extérieures.

---

1. Voy. plus haut, t. I, liv. VI, sect. I, chap. III, § 7.

Les hommes n'ont pas tous la même aptitude à l'appréciation de la durée : quelques-uns portent le sentiment de la mesure à un degré presque incroyable. « Je suppose, dit M. Royer-Collard, quatre-vingts pulsations du pouls par minute, et la durée de chaque pulsation égale à l'intervalle des pulsations entre elles : chaque intervalle sera d'un cent soixantième de minute. On peut vous dire, après cinq ou six pulsations au plus, si votre pouls bat soixante-quinze ou quatre-vingts fois par minute ; on discerne donc une différence qui est du seizième d'un cent soixantième de minute ; c'est-à-dire d'environ un quarantième de seconde ; on discerne même, avec une exactitude suffisante, une différence une fois plus petite. Une oreille exercée à la musique saisit avec autant de promptitude que de justesse des différences bien plus petites encore [1]. »
Le plus grand nombre des hommes est loin d'une pareille exactitude dans l'évaluation de la durée ; mais suivant la remarque du même philosophe, beaucoup de nos erreurs sur la longueur du temps doivent être imputées à notre négligence. Pour apprécier de longs intervalles, il faudrait les subdiviser par des phénomènes de courte durée, comme des *pas* ou des *sons*, et prendre la peine de compter ces phénomènes. On se plaint que le temps nous paraisse de longueur inégale dans la joie et dans la tristesse ; mais c'est qu'alors on ne s'impose pas le soin de le mesurer. « Dans ces heures qui s'écoulent si rapidement ou si lentement, dit encore M. Royer-Collard, faites un pas, appelez quelqu'un, le moment rempli par cet acte ne vous paraît ni plus long ni plus court que de coutume [2]. »

1. *Fragments* de M. Royer-Collard, dans la traduction des *OEuvres de Reid*, par M. Jouffroy, t. IV, p. 404.
2. *Ibid.*, p. 410.

§ 4. La réminiscence est une abstraction.

La perception nous donne toujours à connaître plusieurs objets à la fois. La main, par exemple, nous fait percevoir en même temps l'étendue, une partie de la forme ou des limites du corps et la température; l'œil ne nous transmet jamais une étendue sans couleur, ni une couleur sans étendue, ni une étendue sans limites. La conscience nous montre souvent à la fois plusieurs certitudes, plusieurs croyances, plusieurs plaisirs, plusieurs peines, plusieurs résolutions. Mais la réminiscence nous reproduit toutes ces choses une à une, et nous permet d'y songer séparément. Elle fait spontanément des abstractions, c'est-à-dire qu'elle sépare les objets qui sont unis dans la nature des choses, et qui s'offrent quelquefois ensemble dans la perception.

Il y a, comme nous l'avons dit, deux sortes d'abstraction, celle de la réminiscence et celle que produit l'attention : celle-ci a lieu dans la perception, celle-là dans la conception[1]. Examinez comment se compose peu à peu dans votre esprit le souvenir d'un monument. Vous vous représentez d'abord une certaine étendue de couleur, dont les limites ne sont pas bien determinées; une seconde réminiscence vous donne ces limites; une troisième reproduit les divisions principales du bâtiment; bientôt les colonnes se dressent à leur place, les chapiteaux se dessinent, l'architrave se pose, la frise et le fronton apparaissent à leur tour. Chaque réminiscence est comme un coup de pinceau qui ajoute quelque trait à la figure. Les réminiscences se succèdent avec plus ou moins de rapidité; mais aucune ne représente d'un seul coup l'objet tout entier.

---

1. Voy. plus haut, t. I, liv. V, ch. II, § 2.

C'est sur l'abstraction que se fondent en partie les sciences, non-seulement celles qu'on appelle abstraites, telles que les mathématiques, mais celles qui recherchent les causes, telles que la physique, et même celles qui décrivent ou classent, comme l'histoire naturelle. Dans cette dernière, toutes les classifications reposent sur des qualités abstraites. Pour comparer les minéraux, nous en considérons abstraitement la dureté, la forme, les affinités chimiques, etc. Pour classer les végétaux, nous nous attachons au mode de l'accroissement, à la situation des racines, à la forme de la graine, aux détails de la fleur et de la feuille. La distribution des animaux se fait par la considération abstraite et successive des parties extérieures et intérieures.

L'isolement des réminiscences qui peut être l'occasion des erreurs de l'induction[1] est aussi pour l'esprit humain une cause de force et de pénétration. Comme l'histoire naturelle, la physique doit ses progrès à la faculté qui nous est accordée de penser isolément aux différentes qualités des corps.

Examinons pourquoi les mathématiques ont été particulièrement nommées les sciences abstraites. La réminiscence, en nous représentant plusieurs corps, est déjà abstraite, car elle ne nous donne pas le tableau de toutes leurs qualités en même temps que l'idée de leur nombre. Ainsi, dans l'idée de plusieurs corps ou de ce qu'on appelle le nombre concret, il y a déjà une abstraction. Lorsque la réminiscence détachant l'idée de la pluralité de celle de la résistance, de la couleur, etc., nous donne la première toute seule, elle fait une double abstraction. L'objet de l'arithmétique est une abstraction d'abstraction, si l'on peut ainsi parler. L'arithmétique est donc plus abstraite que la physique et que l'histoire naturelle. De plus, en phy-

---

1. Voy. plus loin, même livre, t. III, sect. III, chap. II, § 2.

sique et en histoire naturelle, la réminiscence peut être aidée par le spectacle de l'objet qu'on étudie ; il n'en est pas ainsi pour les mathématiques. Lorsque nous voulons compter de tête, nous ne nous représentons pas les objets matériels eux-mêmes, mais tout au plus des unités semblables à celles qui sont peintes sur les dés, ou bien les chiffres qui expriment les nombres et qui ne sont que des signes conventionnels. L'objet de la réminiscence est donc ici moins matériel ou plus éloigné de la réalité que dans la physique ou dans l'histoire naturelle. L'arithmétique force l'esprit à oublier les corps et à se fixer sur une chose qui est devenue presque immatérielle tant elle est dégagée de la matière.

Plus le signe conventionnel est abrégé, plus il se prête facilement aux combinaisons du souvenir, et plus il accélère les progrès de la science. Les chiffres romains peignaient grossièrement les nombres, puisqu'ils étaient la représentation des instruments primitifs de la numération ou des cinq doigts. Aussi la combinaison des nombres à l'aide de ces chiffres était-elle fort difficile. A Rome, l'orsqu'un tribun voulait lancer une accusation à coup sûr contre un patricien qui avait rempli quelque charge importante, le prétexte qu'il choisissait le plus ordinairement était la reddition des comptes, car ils étaient aussi difficiles à rendre qu'à vérifier. Les chiffres arabes qui donnent au nombre une expression plus abrégée et dont la place même est significative, ont beaucoup contribué aux progrès de l'arithmétique et de l'art des comptes publics et privés. Il y a une efficacité plus grande encore dans les signes de l'algèbre, qui sont plus généraux que ceux de l'arithmétique et qui comprennent plus de choses sous une plus petite forme.

Avant Descartes, la géométrie était dans une condition aussi défavorable que l'avait été l'arithmétique avant l'invention des chiffres arabes et de l'algèbre. En appliquant l'algèbre à la géométrie, il remplaça par des lettres les figures que les anciens représentaient sur le papier. En une demi-heure et sur une demi-page, il vint à bout de problèmes qui demandaient à ses prédécesseurs plusieurs jours et plusieurs cahiers [1]. L'avantage du signe abstrait, c'est que tout en reproduisant la totalité de l'objet pour qui veut y réfléchir, il permet cependant de ne penser qu'à une très-petite partie de cet objet et de n'en prendre que ce qu'il faut pour le combiner facilement avec d'autres.

Les remarques précédentes suffisent pour faire comprendre pourquoi l'arithmétique, la géométrie et l'algèbre ont été nommées des sciences abstraites, à l'exclusion des autres sciences qui contiennent cependant aussi des abstractions. Nous verrons plus loin que l'arithmétique et la géométrie renferment des éléments qui ne sont pas abstraits des corps, mais conçus idéalement par l'esprit, sans modèle et sans réalité extérieure; et que si par la conception du nombre et par les signes abrégés qu'emploient l'arithmétique et la géométrie, ces sciences sont appelées abstraites, elles devraient plutôt, en considération des principaux éléments qu'elles combinent, se nommer des sciences idéales [2].

Ce que nous avons dit sur la nature *abstractive* de la réminiscence pourra faire comprendre la formation des noms abstraits dans les langues. Tous les adjectifs sont abstraits, c'est-à-dire qu'ils expriment une réminiscence partielle, ou qu'ils répondent à une abstraction de l'esprit. L'intelligence peut penser à une qualité, la prendre pour base ou sujet de ses méditations et lui prêter fictivement une substance. Si l'on veut exprimer cette fiction dans le langage, au lieu de dire *blanc*, on dira:

1. Voy. *OEuvres philosophiques*, édit. Ad. G., notice biographique, p. XII.
2. Voy. plus loin, même livre, sect. II, chap. I.

blancheur. *Blanc* exprime que l'entendement pense à une qualité sans la séparer du sujet qui la possède ; *blancheur* exprime que nous pensons à une qualité, abstraction faite de son sujet. Nous supposons pour un moment que cette qualité se soutient par elle-même, qu'elle est une substance véritable. Telle est l'origine du substantif abstrait. Parmi les subtantifs de cette espèce les uns expriment les qualités des corps, les autres les qualités ou les actes de l'esprit. Dans cette phrase : *je sens une douleur*, l'abstraction se redouble. Le mot *je* exprime l'être substantiel, abstraction faite de ses attributs. C'est le seul véritable substantif de la phrase. Le mot *sens* est l'expression d'une modification générale de l'âme, qui a lieu par l'intermédiaire du corps[1]. Cette modification est spécifiée par le mot *douleur* qui lui-même est déterminé par le mot *une*. Plus les individus et les peuples avancent en âge, plus leur réminiscence devient abstraite, et plus par conséquent leur langage est abstrait. Les langues des peuples anciens ont des mots analogues aux mots français *jouir* et *souffrir*, elles n'en ont pas d'analogue au mot *sentir*, dans l'acception générale qu'il possède en français. Il serait impossible de traduire mot à mot en grec ou en latin cette phrase : *je sens une douleur*.

Plus une qualité est générale, ou plus elle convient à un grand nombre d'individus, moins elle caractérise chacun d'eux en particulier. L'habitant du centre de l'Afrique est moins bien caractérisé par la qualité d'homme qui lui est commune avec les habitants des autres parties du monde que par la qualité d'homme *noir* qui lui est particulière. Celui qui dans l'habitant de l'Afrique ne considère que la qualité d'homme pense moins complétement à l'Africain que celui qui en considère aussi la couleur. Le premier en oublie une plus grande part,

---

1. Voy. plus haut, t. I, liv. II, chap. II, § 2.

il en a une réminiscence plus abstraite. La généralité et l'abstraction se mesurent l'une par l'autre.

Ce que nous pouvons penser de plus général, et par conséquent de plus abstrait sur les choses, c'est qu'elles existent. L'existence séparée de toutes les qualités est une des abstractions les plus difficiles, une des dernières qui se présentent à la pensée des enfants, une des dernières qui s'expriment dans le langage. En Grèce et à Rome les philosophes seuls se servent des mots qui équivalent au mot français *existence*. Les orateurs et les poëtes emploient les verbes concrets, ou, comme on le dit en grammaire, les verbes adjectifs, de préférence au verbe abstrait ou verbe substantif. Les Grecs et les Latins expriment en un seul mot les deux mots français *je viens* Ἔρχομαι, *venio*. L'Anglais pour exprimer la même chose, emploie trois mots qui séparent le sujet, l'existence et l'attribut, *y am coming*, et cette locution anglaise n'est reçue dans aucune des langues précédentes.

Une autre abstraction presque aussi difficile que celle de l'*existence* est l'abstraction qu'on exprime par le verbe *avoir*. Penser à la possession sans penser à l'objet possédé est une abstraction tardive. Lorsque le langage exprime que l'objet possédé est une qualité abstraite, il y a un redoublement d'abstraction très-remarquable. Que l'on réfléchisse sur cette phrase : *L'or a de l'éclat*. Nous supposons à l'or une possession, et pour possession une chose abstraite. Les langues anciennes étaient incapables de rendre de pareilles abstractions. Le verbe *avoir* employé comme auxiliaire des autres verbes exprime, comme le verbe *être*, l'état ou l'habitude, *habitus*. On trouve des exemples de cet emploi dans la langue grecque et dans la langue latine [1] ; mais cette forme y

---

1. Ἀτιμήσας ἔχει, Sophocle ; *Rempublicam servatam habeo*, Cicéron.

est plus moderne et plus rare que celle qui exprime d'un seul mot l'existence et l'attribut. En français, au contraire, la forme indéfinie *je suis venu*, *j'ai vu*, etc., s'emploie dans un plus grand nombre de cas que la forme définie *je vins*, *je vis*, etc. Il en est de même dans la langue anglaise. De ces considérations et d'autres semblables, Adam Smith a conclu, avec raison, que les mots *être* et *avoir* sont relativement modernes; que ces verbes abstraits doivent être un démembrement des verbes concrets, bien loin que les verbes concrets aient été formés des verbes abstraits [1].

Les hommes, avons-nous dit, ne sont pas tous doués de la réminiscence des mêmes objets : cette différence est une des causes les plus efficaces de la différence des esprits. Elle contribue à distinguer les peuples de siècles et de pays divers, les individus de la même époque et de la même nation, et enfin les âges du même individu. Les réminiscences de l'enfant sont plus concrètes, plus matérielles, pour ainsi dire, que celles de l'homme fait. Le même individu retiendra dans son enfance les étendues, les formes, les couleurs, les noms et les intonations; dans l'âge mur, il aura plus d'aptitude à se rappeler les actes saisis par la conscience, comme les jugements, les opinions, les sentiments, les résolutions, etc. Dans le premier âge il apprendra complétement le vocabulaire d'une langue, les formes diverses de la déclinaison et de la conjugaison; il ne retiendra point la métaphysique du langage, c'est-à-dire les raisons qui font varier les mots suivant le rôle qu'ils jouent dans la phrase; mais dans la maturité, il retiendra spontanément les règles de la grammaire et non les formes va-

---

1. Par exemple dans la langue grecque le verbe εἰμί est une décomposition des verbes en μι, et ceux-ci n'ont pas été composés du premier. Voyez la *Dissertation sur les langues*, à la suite de la traduction française de la *Théorie des sentiments moraux*.

riées des substantifs et des verbes. Un discours et une fable en vers se plaçaient naturellement dans sa mémoire, et, pour ainsi dire, dans son oreille quand il était enfant : la mesure, la cadence, la rime enchaînaient pour lui les mots, qu'il répétait la plupart du temps sans les comprendre. Depuis qu'il est homme, ce n'est plus par les sons, mais par les pensées qu'il enchaîne ses réminiscences : un raisonnement, un motif d'action le conduit à un autre. L'enfant saisissait le corps du discours, l'homme mûr en saisit l'âme.

Nous avons distingué la réminiscence d'avec la *reconnaissance*[1] : la première est une conception, la seconde est une perception ; celle-là n'affirme aucune existence, celle-ci saisit et affirme notre existence passée ; elle nous fait savoir que nous avons accompli tel ou tel acte. La conscience nous montre que nous connaissons ; la mémoire nous montre que nous connaissons de nouveau ou que nous *reconnaissons*. Quoique le fait de la reconnaissance soit très-distinct de celui de la réminiscence, il est soumis en partie aux mêmes conditions. Celui qui a le plus de disposition pour se retracer tel ou tel objet de la perception est aussi le plus disposé à le reconnaître ou à s'apercevoir qu'il l'a déjà connu. On me parle d'une personne, de ce qu'elle m'a dit, de ce que je lui ai répondu ; je n'en retrouve aucun souvenir ; on me nomme le lieu où je l'ai vue : tout à coup le nuage se dissipe ; je reconnais non-seulement le lieu, mais la personne et les discours. Cela vient de ce que j'ai plus de disposition pour **la réminiscence** et **la reconnaissance des** objets de la vue : les autres choses ne me sont revenues à la mémoire, que parce qu'elles ont été associées avec l'objet qui me revient naturellement.

1. Voy. plus haut, liv. VI, sect. I, chap. VI, § 1.

§ 5. Les réminiscences suivant leur marche et leur enchaînement.

Nous avons à examiner maintenant ce que nous appelons la marche de la réminiscence, c'est-à-dire la manière dont elle apparaît et dont elle demeure dans l'esprit. Suivant que la réminiscence s'opère après un plus petit ou un plus grand nombre de perceptions, on dit qu'elle est plus ou moins facile. Selon qu'elle revient au besoin plus ou moins vite, on dit qu'elle est plus ou moins présente, et la présence de mémoire entre pour beaucoup dans ce qu'on appelle la présence d'esprit. En effet, si l'on examine les vives réparties, les prompts expédients, les habiles et soudains stratagèmes, on s'apercevra qu'ils ne contiennent pas d'invention et qu'ils sont dus au secours d'une riche et présente mémoire [1]. Lorsque la réminiscence revient longtemps après la dernière perception, on dit que la mémoire est fidèle ou tenace.

Une réminiscence qui serait à la fois facile, présente et tenace formerait une mémoire sans défaut; mais il est rare qu'elle réunisse ces trois qualités ou au moins qu'elle les possède pour tous les objets. Le plus ordinairement, la réminiscence des choses sensibles est facile et présente, mais fugitive; au contraire, celle des choses purement intelligibles est tenace, mais lente à se former et lente à revenir. Ces distinctions jettent un nouveau jour sur la différence des esprits. La mémoire des enfants, s'appliquant surtout aux choses matérielles, est facile, présente, mais passagère : il faut la retremper souvent aux sources de la perception. La mémoire des hommes mûrs s'attachant aux choses métaphysiques, est

---

[1] Voy. plus loin, livre VIII.

durable ; mais elle se forme difficilement et elle revient avec lenteur. Un observateur délicat, Sterne, a remarqué qu'en Italie il ne put parvenir à parler la langue du pays, quoiqu'il l'eût étudiée; et que son valet, encore adolescent, l'apprit en fort peu de jours, sans avoir, comme son maître, le secours de l'étude et la connaissance de la langue latine [1]. Le jeune homme avait appris la langue par le côté matériel, et l'homme mûr avait besoin d'en saisir le côté métaphysique, ce qui ne peut se faire qu'avec du temps. Mais, sortis de l'Italie, le maître conserva toujours le peu qu'il savait et le valet perdit tout son savoir aussi vite qu'il l'avait acquis.

Les mêmes oppositions se représentent entre la mémoire des poëtes et des orateurs et celle des penseurs et des savants. Les premiers sont toujours prêts, surtout s'ils ont soin de renouveler souvent les provisions de leur mémoire ; les seconds ne sont pas obligés de rapprendre ce qu'ils ont su : ils retrouvent dans leur esprit les raisons qu'ils y ont déposées, mais il leur faut du temps pour accomplir ce travail. Nicole, pour exprimer la lenteur avec laquelle il rassemblait ses idées, disait de l'adversaire avec lequel il disputait : « Il me bat dans la chambre, mais je le bats au pied de l'escalier. » Swift rapporte que Newton avait la conception très-lente et que si on le questionnait il tournait et retournait la question dans sa tête, avant de pouvoir y répondre [2]. J.-J. Rousseau nous apprend qu'il n'avait d'esprit qu'une demi-heure après les autres. Montesquieu ne brillait pas dans les entretiens d'un salon, tandis que Diderot étonnait par la rapidité des pensées, éblouissait par l'éclat des couleurs, subjuguait par l'abondance de sa parole. Garat nous a conservé le souvenir d'une des conversations

---

1. Walter Scott. *Notice sur Sterne.*
2. Walter Scott. *Notice sur Swift.*

de Diderot, qui vaut la peine d'être rapportée ici. « Il m'épargne, dit Garat, le soin de lui balbutier gauchement le motif de ma visite. Il le devine apparemment à un grand air d'admiration dont je devais être tout saisi. Il m'épargne également les longs détours d'une conversation qu'il fallait nécessairement amener aux vers et à la prose. A peine en est-il question qu'il se lève ; ses yeux se fixent sur moi et il est très-clair qu'il ne me voit plus du tout. Il commence à parler, mais d'abord si bas et si vite que, quoique je sois auprès de lui, quoique je le touche, j'ai peine à l'entendre et à le suivre. Je vois dans l'instant que tout mon rôle doit se borner à l'admirer en silence. Peu à peu, sa voix s'élève et devient distincte et sonore ; il était d'abord presque immobile ; ses gestes deviennent fréquents et animés. Il ne m'a jamais vu que dans ce moment, et lorsque nous sommes debout, il m'environne de ses bras ; lorsque nous sommes assis, il frappe sur ma cuisse, comme si elle était à lui. Si les liaisons rapides et légères de son discours amènent le mot de loi, il me fait un plan de législation ; si elles amènent le mot théâtre, il me donne à choisir entre cinq ou six plans de drames et de tragédies. A propos des tableaux qu'il est nécessaire de mettre sur le théâtre, où l'on doit voir des scènes et non pas entendre des dialogues, il se rappelle que Tacite est le plus grand peintre de l'antiquité, et il me récite ou me traduit les *Annales* et les *Histoires*. Mais combien il est affreux que les barbares aient enseveli sous les ruines des chefs-d'œuvre de l'architecture, un si grand nombre des chefs-d'œuvre de Tacite ! Là-dessus, il s'attendrit sur la perte de tant de beautés, qu'il regrette et qu'il pleure comme s'il les avait connues... Du moins encore si les manuscrits qu'on a découverts dans les ruines d'Herculanum pouvaient dérouler quelques livres des *Histoires* et des *Annales !* Et cette espérance le comble de joie. Mais combien de fois des mains ignorantes ont détruit, en les rendant au jour, des chefs-d'œuvre qui se conservaient dans les tombeaux; et là-dessus il disserte, comme un ingénieur italien, sur les moyens de faire des fouilles d'une manière prudente et heureuse. Promenant alors son imagination sur les ruines de l'antique Italie, il se rappelle comment les arts, le goût et la politesse d'Athènes avaient adouci les vertus terribles des conquérants du monde. Il se transporte aux jours heureux des Lélius et des Scipion, où même les nations vaincues assistaient avec plaisir aux triomphes des victoires qu'on avait remportées sur elles. Il me joue une scène entière de Térence; il chante presque plusieurs chansons d'Horace. Il finit par me chanter réellement une chanson pleine de grâce et d'esprit qu'il a faite lui-même en impromptu dans un souper, et par me réciter une comédie très-agréable, dont il a fait imprimer un seul exemplaire, pour s'épargner la peine de la copier. Beaucoup de monde entre alors dans son appartement: le bruit des chaises qu'on avance et qu'on recule le fait sortir de son enthousiasme et de son monologue. Il me distingue au milieu de la compagnie et il vient à moi, comme à quelqu'un que l'on retrouve, après l'avoir vu autrefois avec plaisir. Il se souvient encore que nous avons dit ensemble des choses très-intéressantes sur les lois, sur les drames et sur l'histoire; il a connu qu'il y avait beaucoup à gagner dans ma conversation; il m'engage à cultiver une liaison dont il a senti tout le prix. En nous séparant il me donne deux baisers sur le front et arrache sa main de la mienne avec une douleur véritable. »

La conception du poëte et de l'orateur l'emporte sur celle du penseur et du savant lorsqu'il faut user de la parole, rassembler ses pensées sur-le-champ, agir sur une assemblée. Mais la conception du penseur et du savant reprend l'avantage, lorsqu'il faut méditer et écrire dans le silence du cabinet, et s'adresser non à l'auditeur mais au lecteur. Diderot effaçait Montesquieu et Rousseau dans les assemblées; mais ses livres ne peuvent soutenir un seul instant la comparaison avec les ouvrages de ces deux philosophes. Les pages écrites par Diderot ressemblent à sa conversation; elles sont étincelantes de couleurs, pleines de jugements fins et ingénieux, mais sans ordre et sans liaison. Le lecteur est à chaque instant dévoyé, poussé par de brusques secousses: il ne sait où il se trouve et perd de vue le commencement et le terme de sa route. Les ouvrages des deux autres écrivains sout des traités complets, où toutes les matières s'enchaînent. Les principes sont posés : les conséquences s'en déduisent dans un ordre savant et clair; à mesure qu'on avance on s'instruit; la conviction se forme, l'auteur vous guide sans vous laisser dévier un instant; il vous offre une route droite et large; dès le commencement vous apercevez le but de la course; vous savez toujours où vous êtes et pouvez compter tous les pas que vous avez faits.

Il faut donc considérer dans la réminiscence 1° l'objet, 2° la manière dont elle se forme et se conserve L'objet de la réminiscence est plus ou moins abstrait, et il a été primitivement perçu soit par les sens extérieurs, soit par la conscience. Quant à la manière dont s'opère la réminiscence, la mémoire est facile ou difficile, présente ou absente, c'est-à-dire prompte ou lente au retour, enfin tenace ou inconstante. La réminiscence des objets concrets et matériels est celle des enfants, des premières générations, des poëtes et des orateurs; elle est facile, présente, mais peu durable. La réminiscence des choses abstraites et des actes de l'âme est celle des hommes faits, des générations plus modernes, des penseurs et des savants; elle est durable, mais lente à se former et à revenir.

Il nous reste à présenter sur la marche des réminiscences des observations qui leur sont communes à toutes, quel que soit leur objet.

Une réminiscence s'attache quelquefois à notre esprit et nous poursuit, pour ainsi dire. C'est une image que nous avons toujours devant les yeux, ou un chant qui semble résonner sans cesse à notre oreille. Cette persévérance de la conception est tantôt une suite de la vivacité de la perception, tantôt l'effet d'une passion naturelle que l'objet de la réminiscence a vivement intéressée.

D'autres fois une réminiscence nous vient subitement, et nous ne savons pas au premier moment d'où elle nous arrive. Si l'on en cherche l'origine on fera les découvertes suivantes :

1° Une réminiscence est appelée par une perception actuelle ou par une autre réminiscence ;

2° Une réminiscence n'est provoquée par une perception ou par une autre réminiscence, que si les objets de l'une et de l'autre ont été perçus ensemble ou dans des instants contigus ;

3° Plusieurs réminiscences peuvent s'appeler successivement l'une l'autre, mais la première de la série a été suscitée par une perception actuelle.

Si nous réduisons ces remarques à leur expression la plus simple, nous dirons que, lorsque deux objets ont été perçus ensemble ou dans deux instants contigus, la perception ou la réminiscence de l'un appelle la réminiscence de l'autre. Par exemple, en même temps qu'on présente les lettres et les syllabes à la vue de l'enfant, on fait résonner à son oreille les sons qu'elles expriment et les premières lui rappellent les seconds. On fait de même pour lui apprendre à lire la musique. Nous sommes quelquefois surpris de voir qu'un enfant qui sait plusieurs langues ne les embrouille pas les unes dans les autres, quand il parle ; « mais les sons, dit

M^m Necker de Saussure, s'enchaînent dans le souvenir des enfants, comme les images ; et un mot entraînant à sa suite tous les mots dont il a été accompagné, les idiomes ne se mêlent pas ensemble dans leurs petits discours. Il n'y a aucun risque de confusion quand la même personne s'adresse toujours à l'enfant dans la même langue. Alors l'idée de cette personne, se liant dans son souvenir à celle d'une certaine manière de parler, il emploie cette manière en lui répondant[1] »

S'il se présente tout à coup à notre esprit le souvenir d'un chant que nous avons entendu autrefois, cela vient de ce que le murmure du vent ou quelque autre son actuellement perçu nous a donné deux ou trois notes de ce chant, ou que nous avons vu la personne à qui nous l'avons entendu chanter, ou que nous nous trouvons dans le lieu où il a frappé notre oreille. Le chant, la personne et le lieu ont été perçus en même temps. Les notes qui se suivent dans notre mémoire ont été perçues dans les instants contigus. Lorsqu'on nous charge d'un certain office pour un temps et un lieu où nous ne sommes pas encore, nous cherchons à lier la perception des paroles qu'on prononce avec celle d'un objet qui doit se retrouver sous nos yeux en temps utile. De là, par exemple, le nœud fait au mouchoir. Lorsqu'on nous éveille au moment d'un rêve, si nous n'en retrouvons d'abord aucun souvenir, c'est que parmi les objets qui frappent alors notre vue, aucun ne présente avec ceux de notre rêve la liaison que nous avons indiquée. Souvent au milieu de la journée le souvenir de ce rêve nous revient tout à coup : c'est que notre perception est tombée sur un des objets qui nous ont occupés en songe.

Examinons le discours de Diderot que nous avons rapporté tout à l'heure. Le théâtre, Tacite, Herculanum,

---

1. *Éducation progressive*, 1re édit., t. I, p. 237.

les ingénieurs italiens, Athènes, Rome, Térence, Horace, des chansons et des comédies, voilà les idées qui se sont succédé dans son esprit et dont on n'aperçoit pas la liaison au premier coup d'œil; mais Diderot avait lié dans sa perception le théâtre et le drame, le drame et les récits dramatiques de Tacite, Tacite et les ouvrages de cet historien retrouvés dans Herculanum, les fouilles d'Herculanum et les moyens employés par les ingénieurs italiens pour dérouler les manuscrits, ces moyens et les ouvrages anciens qui leur devaient le jour, les ouvrages de l'antiquité et les deux foyers des lumières antiques, Athènes et Rome, Rome et les poëtes qu'elle a produits, et parmi eux Térence et Horace, les chants d'Horace et les chansons et comédies de Diderot lui-même. En passant en revue des sujets si divers, il n'a donc fait que suivre dans ses souvenirs la trace de ses perceptions.

Les idées rappellent les sentiments qui y ont été associés, et les sentiments rappellent les idées. Si nous sommes joyeux, nous nous représentons les objets qui ont été mêlés à nos plaisirs; si nous sommes tristes, nous songeons aux lieux témoins de notre tristesse.

La loi qui préside à l'enchaînement des réminiscences est la suite des perceptions dans le temps. Cela est si vrai que les conceptions nous reviennent dans l'ordre même des perceptions, et qu'il nous serait impossible de répéter le discours que nous savons le mieux en remontant du dernier mot au premier. Voilà pourquoi, si l'on nous exerce seulement à traduire une langue en français, nous ne savons pas écrire et parler cette langue. Le mot étranger nous suggère le mot français, mais celui-ci ne nous suggère pas celui-là, parce que dans l'exercice de la perception nous sommes toujours partis du mot étranger pour aller au mot français, sans nous exercer à partir du mot français pour aller au mot étranger. Voilà encore pourquoi beaucoup de personnes savent lire la musique sans savoir l'écrire : on s'est accoutumé dans la perception à passer du signe écrit à l'intonation qu'il exprime et l'on n'a pas fait l'opération contraire qui consiste à passer de l'intonation au signe.

Les hommes n'ayant pas tous de l'aptitude à la réminiscence des mêmes choses, telle mémoire s'empare des objets de la vue, telle autre des objets de l'ouïe ou du toucher; une troisième des objets de la conscience. Par conséquent, celle-là se retrace plus facilement les choses, qui, indépendamment du rapport de temps ont encore entre elles le rapport de lieu, ou de son ou de forme; celle-ci se représente mieux les choses liées par le rapport de cause et d'effet, rapport que saisit la conscience.

La diversité de nos inclinations influe aussi sur les objets de nos réminiscences. Si dans l'enfance on se rappelle surtout les objets qui flattent les appétits, à un autre âge on place plus facilement dans sa mémoire les choses qui satisfont l'amour-propre ou l'amour du beau. Mais il faut toujours que la disposition intellectuelle et l'inclination soient secondées par la contiguïté des perceptions.

David Hume est un des philosophes qui ont apporté le plus d'attention à l'enchaînement des réminiscences, qu'il appelle la liaison ou l'association des idées. Mais il n'a pas fait remarquer que l'ordre des perceptions était une condition dont aucune autre ne pouvait nous dispenser.

« Les principes de la liaison des idées, dit-il, sont la ressemblance, la contiguïté de lieu ou de temps et la causalité. De l'idée d'un portrait on passe à celle de l'original; de l'idée d'une pièce d'un appartement on passe à celle de la pièce contiguë; de l'idée d'une blessure on passe à l'idée de la douleur qui en est la suite. Je ne prétends pas affirmer qu'il n'y ait pas d'autres principes de liaison, mais ce sont là les plus importants.

Le principe de la liaison des *métamorphoses* d'Ovide est la ressemblance. Celui qui guide un annaliste est la contiguïté de temps et de lieu. Celui d'un historien est la relation de cause et d'effet. Le contraste ou la contrariété fait une liaison d'idées que je serais tenté de ranger dans la classe des ressemblances. Deux objets contraires se détruisent réciproquement; or, l'idée d'un objet anéanti renferme l'idée de son existence précédente[1]. » Observons que dans un portrait nous retrouvons à peu près la couleur, la forme, les traits du modèle. Si ces qualités nous rappellent les autres que nous ne percevons pas actuellement, c'est que nous avons perçu celles-ci en même temps que celles-là, ou au moins dans des instants contigus. La condition de la ressemblance ne supprime pas celle de l'ordre des perceptions. Si d'une autre part, le souvenir d'une chambre rappelle le souvenir de la chambre voisine, c'est que nous sommes passés de l'une dans l'autre, en des temps contigus. Nous en dirons autant de la blessure et de la douleur : la seconde a été connue immédiatement après la première. David Hume n'aurait pas dû mettre le rapport de la contiguïté du temps sur le même rang que le reste. Il donne à entendre que l'un de ces rapports suffit, tandis que l'ordre des perceptions est une condition qui doit toujours s'ajouter aux autres.

§ 6. Moyens de perfectionner la mémoire.

Nous avons dit qu'il y avait différentes espèces de mémoire et qu'elles se distribuaient inégalement entre les hommes ; mais la volonté peut contre-balancer en partie l'effet de la disposition intellectuelle et de l'inclination. Locke a indiqué les moyens d'augmenter le genre de mémoire qui n'existe chez nous qu'à un faible degré, ou d'acquérir celui qui nous manque.

1. *Essais philosophiques*, traduct. franç., t. I, p. 88 et suiv.

Premièrement, on doit concentrer fortement son attention sur les objets qu'on veut retenir. Il nous arrive de recommencer nos récits devant les personnes à qui nous les avons déjà faits, et de tomber en de fastidieuses redites. On se demande comment la mémoire qui retient la suite des faits oublie l'auditeur à qui on les a racontés. C'est qu'on donne plus d'attention à l'enchaînement de son récit qu'aux personnes qui nous écoutent.

Secondement, on fortifie la réminiscence en répétant plusieurs fois la perception. La vue étant celui des sens qu'on exerce le plus continuellement, on se retrace mieux, en général, les objets de la vue que ceux des autres sens.

Troisièmement, nous avons dit que, parmi les objets de nos perceptions simultanées ou successives, notre mémoire saisit la matière de ses réminiscences, suivant les dispositions naturelles de notre esprit. Il y a, sous ce rapport, une mémoire naturelle des formes et des lieux, une mémoire des intonations, une mémoire des noms, une mémoire des causes et des effets, etc. Nous pouvons, à l'aide de la mémoire que nous possédons naturellement, nous donner celle que nous n'avons pas; il suffit, pour cela, d'entremêler, dans la perception, les objets de l'une et de l'autre. S'il nous manque la mémoire des noms et que nous ayons celle des lieux, nous pouvons, pour retenir par exemple la suite des noms d'une dynastie, associer, dans notre esprit, tel nom à telle place, à tel angle de la chambre que nous habitons. La disposition des lieux, nous revenant d'elle-même, nous ramènera la suite des noms que nous y aurons attachés. Un enfant a-t-il la mémoire des mots et veut-on lui faire retenir les événements d'une histoire, qu'on écrive ces événements en vers. Sa mémoire, retrouvant d'elle-même les articulations, retrouvera en même temps les actions exprimées dans les rimes. Tel est le moyen qu'on a nommé *la mnémotechnie* ou la mémoire artificielle. Quelques personnes ont pensé que cet artifice donnait une double peine à la mémoire : celle de retenir, par exemple, les noms des rois et de plus les lieux auxquels on avait associé ces noms. Mais elles n'ont pas fait attention que la mnémotechnie suppose un certain genre de mémoire naturel, qui ne coûte aucun travail; c'est sur celui-là qu'on appuie celui qui a besoin de soutien. Seulement, il faut avoir le soin de varier l'artifice de la mnémotechnie, suivant la nature de la mémoire à laquelle on s'adresse. Si un enfant n'a pas la mémoire verbale, vous le surchargez, en effet, en mettant pour lui, sous la forme de vers, le récit des événements que vous lui faites apprendre.

Quatrièmement, pour arriver à placer dans notre mémoire les objets que nous voulons y retrouver au besoin, on peut répéter plusieurs fois de suite la perception avant d'essayer la réminiscence, ou essayer celle-ci après chaque perception. Bacon nous donne le conseil de préférer la seconde méthode. On arrivera, suivant lui, plus vite à retenir ce qu'on veut apprendre, si on essaye de le répéter, après chaque lecture, que si on le lit plusieurs fois de suite, avant de le répéter.

Cinquièmement, l'observation montre, comme nous l'avons déjà dit, que la mémoire s'attache de préférence aux objets qui ont intéressé l'une de nos inclinations. On peut profiter de cette disposition pour familiariser notre souvenir avec les objets auxquels il est d'abord rebelle. Un père de famille, ne pouvant fixer l'attention de ses enfants sur des leçons d'histoire naturelle, imagina de leur donner les objets dont ils retiendraient bien les caractères. Il aiguisa ainsi leur mémoire par l'amour de la propriété. Il est difficile, en général, d'intéresser les passions à l'étude; car on court le risque de les exciter au delà des bornes légitimes. Dans nos établissements d'instruction publique, on s'adresse à l'émulation des enfants ; mais on pousse en eux cette émulation jusqu'à l'orgueil et à l'envie. J. J. Rousseau proposait de recourir à une inclination qu'il regardait comme moins dangereuse, et il ne faisait pas difficulté d'offrir, pour récompense à son Émile, de quoi flatter son appétit. Mais il encourageait ainsi la gourmandise, à l'âge où ce vice domine chez les enfants et a besoin d'être tempéré. Les inclinations qu'il vaut le mieux employer sont l'amour filial, le plaisir qu'un enfant éprouve à contenter son père et sa mère et à recevoir leur approbation, la satisfaction qu'il goûte à remplir son devoir, et le chagrin naturel de l'avoir violé. Les enfants sont plus sensibles qu'on ne le suppose aux émotions du cœur et de la conscience morale.

§ 7. Résumé sur la mémoire.

Récapitulons ce que nous avons dit sur la mémoire. Le genre de conception qu'on appelle la réminiscence nous représente des objets qui ont été autrefois perçus et qui peuvent avoir cessé d'exister. La réminiscence ne s'applique pas en conséquence aux objets absolus ou nécessaires, qui ne peuvent pas cesser d'être. La réminiscence diffère de la reconnaissance. Celle-ci est une perception, par laquelle l'âme s'affirme à elle-même qu'elle a déjà connu l'objet qu'elle perçoit ou qu'elle conçoit. La reconnaissance s'opère sans la réminiscence, quand la première a lieu en présence d'un objet que l'on perçoit une seconde fois ; la réminiscence se sépare de la reconnaissance, quand un poëte prend pour un vers de son invention un vers qui lui revient, parce qu'il l'a lu dans un autre poëte. La réunion de la réminiscence et de la reconnaissance compose la mémoire complète. On considère dans la réminiscence : 1° l'objet ; 2° la marche de la réminiscence. Du premier point de vue, on distingue la réminiscence des objets des sens, et celle des objets de la conscience. La mémoire du nombre appartient à la première, la mémoire de la durée à la seconde.

La réminiscence considérée quant à sa marche, est facile ou difficile, prompte ou lente au retour, tenace ou inconstante. La réminiscence facile, prompte et fugitive, est celle des objets matériels et concrets; la réminiscence difficile, lente, mais durable, est celle des phénomènes intérieurs et des choses abstraites.

Nos réminiscences s'enchaînent dans le même ordre que nos perceptions. Aucune réminiscence ne revient d'elle-même à l'esprit; elle est toujours provoquée par une perception actuelle ou par une autre réminiscence, qui elle-même est appelée par une perception présente. Ce qui fait qu'une perception appelle une conception, ou qu'une première conception en détermine une seconde, c'est que les objets de l'une et de l'autre ont été perçus en même temps, ou dans des instants immédiatement contigus.

Nous avons parlé d'une extension de l'inclination, en vertu de laquelle notre amour ou notre haine s'attache à des objets qui nous étaient d'abord indifférents, mais qui ont été liés à d'autres, agréables ou désagréables par eux-mêmes. Nous avons ajouté que c'était l'un des éléments de ce que les philosophes écossais appellent l'association des idées [1]; l'autre élément est l'enchaînement de nos réminiscences, dont nous venons de tracer les lois.

Les perceptions des sens extérieurs et celles de la conscience nous font saisir des réalités; mais si ces perceptions n'avaient pas une sorte de prolongement dans la mémoire, à chaque moment la connaissance finirait et renaîtrait pour périr. On n'aurait aucune notion qui

---

1. Voy. plus haut, t. I, liv. IV, chap. v, § 2.

durât seulement deux instants. L'imagination s'étonne à chercher ce que serait la connaissance réduite au moment présent. Nous disons qu'une perception de la vue, qu'une perception de l'ouïe a une durée de quelques instants, mais pour parler plus exactement, il faudrait dire qu'à chaque instant une nouvelle perception commence. La partie du son qui précède le moment actuel n'est plus que dans la réminiscence; il en est de même pour tous les moments de la vision qui ont précédé celui où je puis dire *je vois*. Sans la réminiscence, on ne connaîtrait que pour oublier; l'intelligence ressemblerait aux tronçons d'un serpent coupé en mille morceaux; la connaissance serait bien voisine de l'ignorance. Il n'est donc pas surprenant que la plupart des philosophes aient pris l'idée ou la conception de la mémoire pour le fait capital, le fait premier de l'intelligence; qu'ils aient donné plus d'attention aux conceptions qu'aux perceptions, qu'ils aient traité de l'objet de la nature et de l'origine des idées, plutôt que de l'objet, de la nature et de l'origine des perceptions. Mais si la réminiscence fait durer la connaissance, c'est la perception qui la fait être; si l'esprit commençait par des conceptions, il ne pourrait affirmer aucune existence, pas même la sienne, ni dans le présent, ni dans le passé, et si la réminiscence est de quelque prix, c'est à cause de la valeur de ce qu'elle conserve, c'est-à-dire à cause des produits de la perception.

CHAPITRE II.

LES CONCEPTIONS IDÉALES. LES CONCEPTIONS MATHÉMATIQUES.

§ 1ᵉʳ. De la conception idéale en général.

Nous avons dit que Descartes divise tout ce qui tombe sous la connaissance de l'entendement pur en deux classes : la première contenant les choses dont l'existence est indépendante de la pensée qui s'y applique ; la seconde, celles qui ne sont rien en dehors de notre esprit. On sait que nous donnons à la connaissance des premières le nom de perception et à la connaissance des secondes celui de conception. Parmi les conceptions, les unes sont déterminées par une perception antérieure soit des sens, soit de la conscience : ce sont les réminiscences ; les autres ne viennent pas de l'expérience [1], elles sont originales et nous les appelons les conceptions *idéales* ou les conceptions *a priori*.

David Hume, après avoir divisé tous les actes de l'intelligence en impressions et idées, avance que les idées ne sont que les copies des impressions [2], ce qui réduit toutes les conceptions à n'être que des réminiscences ; mais il fait lui-même à sa théorie cette exception remar-

---

1. Voy. plus haut, t. I, liv. VI, sect. I, chap. I, § 4.
2. *OEuvres philosophiques*, traduct. franç., t. I, p. 77

quable : « Il y a cependant, dit-il, un phénomène contraire à notre thèse, et qui pourrait prouver qu'il n'est pas tout à fait impossible aux *idées* de devancer les *impressions*.

« Supposons qu'un homme ait perçu toutes les nuances du bleu, excepté une seule. Placez devant lui toutes les nuances excepté celle-là : il est évident que cet homme apercevra une lacune à l'endroit où cette nuance manquera ; il sentira que la distance entre les couleurs contiguës est plus grande en cet endroit que partout ailleurs. Or, je crois que son imagination sera capable par elle-même de suppléer à ce défaut, et de lui fournir l'idée de cette nuance dont les sens ne lui ont jamais donné le modèle. Ceci peut servir à prouver que les idées ne dérivent pas toujours d'impressions correspondantes. Cependant ce cas est si particulier, qu'il mérite à peine d'être remarqué, et je ne pense pas que, pour lui seul, il faille réformer notre maxime générale [1]. »

Le philosophe, en rapportant cet exemple, a donné la preuve de sa bonne foi, puisqu'il renversait par là toute sa théorie. Les lois générales, tant du monde physique que du monde moral, ne peuvent souffrir d'exceptions. Dès qu'elles manquent en un cas, elles ne sont pas universelles, elles ne sont pas des lois. De plus, une exception peut en faire soupçonner d'autres, et en effet, David Hume lui-même en signale deux nouvelles en d'autres parties de ses écrits. « Tous les objets, dit-il, dont la raison humaine se propose la recherche, se divisent en deux classes : la première comprend la *relation des idées* ; la seconde, *les vérités de fait*. A la première appartiennent les propositions de géométrie, d'algèbre et d'arithmétique, toutes celles en un mot qui sont intuitivement ou démonstrativement certaines.... Les proposi-

---

1. *OEuvres philosophiques*, trad. franç., t. I, p. 80.

tions de ce genre *se découvrent* par de simples *opérations de la pensée, et ne dépendent en rien des choses qui existent dans l'univers.* N'y eût-il ni cercle, ni triangle dans la nature, les théorèmes démontrés par Euclide n'en conserveraient pas moins leur évidence et leur éternelle vérité [1]. » Si les idées géométriques ne dépendent en rien des choses qui existent dans l'univers, elles ne sont pas des copies d'impression ou des réminiscences et la théorie de David Hume reçoit de l'auteur même un second démenti.

§ 2. Les conceptions mathématiques.

L'homme ne prend pas dans la nature le modèle de la figure régulière, et pour exécuter celle qu'il conçoit, il ne peut s'aider d'aucun objet naturel. La règle, l'équerre, le compas, le niveau, le fil à plomb sont des instruments de son invention ; pour les former, il a dû concevoir d'abord l'idée de la figure régulière. Avec ces instruments artificiels, il contrôle les formes naturelles qui lui paraissent présenter quelque régularité, comme, par exemple, les formes des cristaux, les alvéoles de l'abeille, et il s'aperçoit que ni le cristal, ni l'œuvre de l'insecte ne présente la forme aussi pure que l'intelligence humaine la conçoit. Bien plus, il ne peut lui-même exécuter la figure dans toute la rigueur de la conception. « Je ne suis pas assuré, dit Bossuet, d'avoir jamais aperçu aucun triangle équilatéral ou rectangle. Ni la règle ni le compas ne peuvent m'assurer qu'une main humaine, si habile qu'elle soit, ait jamais fait une ligne exactement droite, ni des côtés, ni des angles parfaitement égaux les uns aux autres. Il ne faut qu'un microscope pour nous faire, non pas comprendre, mais voir à l'œil que les lignes

---

1. *OEuvr. phil.*, t. I, p. 107.

que nous traçons n'ont rien de droit ni de continu, par conséquent, rien d'égal, à regarder les choses exactement. Nous n'avons donc jamais vu que des images imparfaites de triangles équilatéraux, ou rectangles, ou isocèles, on oxygones, ou amblygones, ou scalènes, sans que rien nous puisse assurer ni qu'il y en ait de tels dans la nature, ni que l'art en puisse construire[1]. »

La forme, telle que nous l'exécutons, suffit aux beaux-arts par sa régularité apparente et par son expression, mais elle ne suffit pas à la science. La géométrie conçoit dans la figure certains éléments simples que l'artiste n'y conçoit pas et n'a pas besoin d'y concevoir. Nous voulons parler de la surface pure, de la ligne pure et du point. La surface conçue par le géomètre est une étendue qui a longueur et largeur sans épaisseur ; la ligne est une longueur sans largeur ; le point n'a ni longueur, ni largeur, ni épaisseur ; il est indivisible, et répond à l'unité arithmétique, qui ne peut se diviser ; car diviser l'unité, c'est la multiplier. Sans ces éléments, il est impossible de donner une définition rigoureuse des figures. Voyez, par exemple, la définition de la circonférence du cercle : « C'est, dit le géomètre, une ligne courbe fermée, dont tous les points sont à égale distance d'un point intérieur appelé centre. » Si la ligne a quelque largeur, tous les points ne sont pas à égale distance du centre, et la définition de la circonférence devient impossible. Si le point qu'on appelle centre a longueur et largeur, s'il est divisible, à laquelle de ses parties rapportera-t-on la distance des points de la circonférence ? Non-seulement les objets des conceptions géométriques ne sont pas empruntés à la nature sensible, mais si nous les comprenons bien, nous savons qu'ils ne peuvent pas se réaliser matériellement, et qu'ils n'existeront jamais que dans

---

1. *Logique*, liv. I, chap. XXXVI, édit. De Lens, p. 315.

notre esprit. Comment exécuter une ligne sans largeur? Quel œil a pu voir, quelle main pourra tracer un point sans étendue? Platon a bien compris que si les géomètres se servent de formes visibles, c'est pour aider la conception des formes idéales, et qu'en voyant les figures qu'ils ont tracées, le solide qu'ils ont taillé, ils pensent aux figures qu'on ne peut voir, si ce n'est par l'esprit [1]. Quant à l'unité indivisible de l'arithmétique, Platon comprend aussi que les sens ne peuvent la percevoir. « Les nombres, dit-il, qui se composent *d'unités*, parfaitement égales les unes aux autres, sans aucune différence et sans aucune partie, ne sont accessibles qu'à l'intelligence [2]. »

Les objets de la géométrie ne peuvent être considérés comme les qualités abstraites des corps, car on ne peut abstraire d'une chose que les qualités qu'elle contient. Or, un corps n'a pas de surface sans profondeur, de ligne sans largeur, de point sans étendue. Le point, la ligne et la surface ne sont pas des réminiscences abstraites, car on ne peut se souvenir que de ce qu'on a vu; ce sont des conceptions originales, des inventions de l'esprit, qui n'ont jamais été et ne seront jamais hors de l'esprit.

Aristote est probablement le premier qui ait regardé les objets de la géométrie comme des abstractions prises des choses sensibles, mais c'était par une réaction naturelle contre la théorie de Platon, qui, au lieu d'envisager ces conceptions comme des actes de l'intelligence, leur donnait une réalité extérieure distincte de l'entendement et des corps. Suivant Aristote, les corps naturels ont des surfaces, des longueurs et des points qui sont les objets de la spéculation des mathématiciens. « Le physicien, dit-il, recherche la forme de la lune et du so-

---

[1] Τῇ διανοίᾳ. *Rép.* VI; édit. H. E., t. II, p. 510.
[2] Ὧν διανοηθῆναι μόνον ἐγχωρεῖ. *Rép.*, édit. H. E., t. II, p. 526.

leil, examine si la terre et le monde sont sphériques; le mathématicien travaille sur les mêmes objets, il ne les considère pas comme les limites d'un corps naturel; c'est pourquoi il abstrait [1]. »

Néanmoins, dans un autre passage, ce profond penseur voit bien qu'il y a contradiction à placer les objets mathématiques dans les choses sensibles. « Le solide mathématique ne peut se diviser, dit-il, car sur quelle ligne y établiriez-vous une division? Toutes les lignes comprises dans le solide mathématique sont indivisibles, puisqu'elles n'ont pas de largeur. Le solide ne peut donc pas lui-même être divisé. La ligne est indivisible même dans le sens de la longueur, puisqu'elle n'offre pas un seul point qui puisse être divisé soit en longueur, soit en largeur. Si les figures mathématiques sont dans les choses sensibles, ou bien les figures mathématiques peuvent se diviser, ou bien les choses sensibles ne le peuvent pas. Or, les choses sensibles se divisent; donc les figures mathématiques ne sont pas dans les choses sensibles [2]. »

Mais, d'un autre côté, comme Aristote ne peut admettre que les figures mathématiques existent en elles-mêmes, suivant la théorie de Platon, et qu'il ne songe pas à les reconnaître pour ce qu'elles sont, c'est-à-dire pour des conceptions mentales, sans réalité extérieure, il fait de vains efforts pour établir que les figures mathématiques sont dans les corps sans y être. Il avait déjà dit, dans la *Physique*, que la géométrie travaille sur la ligne naturelle, mais non en tant que naturelle [3]; il dit encore dans la *Métaphysique* : « On peut faire des raisonnements

---

1. Χωρίζει. *Physique*, liv. II, chap. II, § 1-3.
2. Aristote, *Métaph.* XIII, 1-2.
3. Ἡ μὲν γεωμετρία περὶ γραμμῆς φυσικῆς σκοπεῖ, ἀλλ' οὐκ ᾗ φυσική. *Physique*, liv. II chap. II, § 5.

et des démonstrations sur les grandeurs sensibles, non en tant que sensibles, mais en tant que grandeurs, de même qu'on fait des raisonnements sur les mobiles, abstraction faite de leurs autres qualités, et sans qu'il soit nécessaire qu'il y ait quelque chose qui se meuve en dehors des choses sensibles. Ainsi encore on fera des raisonnements sur les objets en mouvement, non plus en tant que mobiles, mais en tant que corps seulement, ou en tant que surfaces, longueurs.... Peu importe que les objets dont s'occupe la géométrie soient sensibles, elle ne s'occupe pas de ces objets en tant que sensibles, de même que la médecine, qui traite d'un remède, ne s'occupe pas de sa blancheur, s'il est blanc, mais de sa vertu médicale. C'est ainsi que les mathématiques ne sont pas une science d'objets sensibles, ni pour cela une science d'objets séparés des objets sensibles. Il y a une multitude d'accidents qui résident dans les choses : le sexe masculin ou féminin est un accident, une qualité dans l'animal, et cependant il n'y a rien de masculin ou de féminin en dehors de l'animal. On peut donc considérer les objets en tant que longueurs ou surfaces. Plus l'objet considéré est simple et premier dans l'ordre logique, quoiqu'il ne le soit pas dans l'ordre substantiel, plus la science est exacte [1]. »

Nous accordons à Aristote que le mouvement corporel peut se considérer abstraitement et que le sexe masculin n'est pas en dehors de l'animal; nous lui accordons qu'il y a dans les corps des surfaces irrégulières, des lignes qui, comme le dit Bossuet, n'ont rien de droit ni de continu, mais ce ne sont pas là les objets des mathématiques. Encore une fois, les objets mathématiques sont des solides sans résistance et sans impénétrabilité, des surfaces sans profondeur, des lignes sans largeur, des

Métaphys., XIII, 3.

points sans étendue. Rien de tout cela n'est dans les corps, rien de tout cela n'en peut venir et ne peut en être abstrait.

Condillac a aussi considéré les objets mathématiques comme des abstractions ou des réminiscences [1]. Son maître Locke, qui rouvrit la voie à cette erreur dans les temps modernes, en plaçant l'idée de l'unité mathématique parmi les idées de la sensation [2], avait cependant caractérisé cette unité d'une manière exacte, qui aurait dû lui faire reconnaître qu'elle n'était pas une abstraction prise des choses sensibles. « L'unité, avait-il dit, n'est susceptible que d'addition. La démonstration dans les nombres est plus précise que dans les choses sensibles, parce que, pour celles-ci, on ne saurait jamais arriver, par la pensée, à une petitesse telle qu'on ne pût en concevoir une plus petite encore, tandis que l'unité arithmétique est pour la pensée la limite de toute division. L'on peut concevoir le nombre immédiatement au-dessus de 90, qui est 91, parce que le second ne diffère mathématiquement du premier que par l'unité indivisible, tandis que personne ne peut exécuter un angle immédiatement au-dessus de l'angle droit de telle sorte qu'il soit impossible d'en exécuter un plus immédiat encore [3]. » Comment, après cela, Locke a-t-il pu rapporter à la sensation l'idée d'une chose que les sens ne peuvent voir et que les mains ne peuvent exécuter? Ce n'est pas la première fois, au surplus, que nous voyons Locke faire une excellente analyse d'une connaissance et se tromper sur son origine, à cause de la théorie trop étroite qu'il avait adoptée sur les facultés intellectuelles. Nous lui avons emprunté une grande partie de nos remarques sur l'espace et le temps absolus, et cependant il

---

1. *Origine des connaissances*, Ire partie, sect. III, § 12.
2. *Essai sur l'entendement humain*, liv. II, chap. XVI.
3. *Ibid.*, liv. II, chap. XVI, § 4.

avait cru pouvoir attribuer la notion de l'espace nécessaire à la sensation, et celle du temps pur à la conscience ou à la réflexion [1].

L'école de Descartes a enseigné, comme celle de Platon, que l'objet des mathématiques ne tombe pas sous les sens. « Il n'y a pas dans la nature, écrit Descartes, de figures géométriques perceptibles aux sens [2]. » Malebranche dit de son côté : « Nous ne pouvons distinguer exactement si une ligne est droite ou non, principalement si elle est un peu longue ; il nous faut pour cela une règle. Mais quoi ! nous ne savons pas si la règle même est telle que nous la supposons devoir être, et nous ne pouvons nous en assurer entièrement. Cependant, sans la connaissance de la ligne, on ne peut jamais connaître aucune figure, comme tout le monde le sait [3]. » Leibniz établit à son tour que la force de la démonstration géométrique est indépendante de la figure tracée sur le tableau ; que celle-ci n'est que pour fixer l'attention [4], qu'il faut distinguer les *images* d'avec les *idées exactes*, et que ces dernières fondent les définitions [5]. Dans un autre passage, il s'attache à montrer que le point sans étendue et l'instant sans durée ne font pas partie du temps et de l'espace réel, lesquels ne contiennent rien qui soit sans durée ou sans étendue, et que le point et l'instant ne sont, comme l'unité arithmétique, que de pures conceptions mentales sans aucune réalité extérieure. Enfin Fénelon a écrit sur l'unité une belle page que nous devons citer. « Mais par où est-ce que je puis connaître quelque unité réelle ? Je n'en ai jamais vu, ni même imaginé par le rapport de mes sens.

---

1. Voy. plus haut, liv. VI, sect. I, chap. v, § 4.
2. *OEuvres philosophiques*, édit. Ad. G., introd., p. cxi.
3. *De la Recherche de la vérité*, livre I, chap. vii, § 3.
4. *Nouveaux essais*, liv. IV, chap. i, § 9.
5. *Ibid.*, liv. II, chap. iv, § 8.

Que je prenne le plus subtil atome, il faut qu'il ait une figure, une longueur, une largeur et une profondeur, un dessus, un dessous, un côté gauche, un autre droit ; et le dessus n'est point le dessous, un côté n'est point l'autre. Cet atome n'est donc pas véritablement un : il est composé de parties, or, le composé est un nombre réel, une multitude d'êtres ; ce n'est point une unité réelle ; c'est un assemblage d'êtres dont l'un n'est pas l'autre. Je n'ai donc jamais appris, ni par mes yeux, ni par mes oreilles, ni par mes mains, ni même par mon imagination [1], qu'il y ait dans la nature aucune réelle unité ; au contraire, mes sens et mon imagination ne me présentent jamais rien que de composé, rien qui ne soit un nombre réel, rien qui ne soit une multitude. Toute unité m'échappe sans cesse : elle me fuit comme par une espèce d'enchantement. Puisque je la cherche dans tant de divisions d'un atome, j'en ai certainement l'idée distincte ; et ce n'est que par sa simple et claire idée que je parviens, en la répétant, à connaître tant d'autres nombres. Mais puisqu'elle m'échappe dans toutes les divisions des corps de la nature, il s'ensuit clairement que je ne l'ai jamais connue par le canal de mes sens et de mon imagination. Voilà donc une idée qui est en moi indépendamment des sens, de l'imagination et des impressions des corps [2]. »

Nous ne terminerons pas sur le sujet des conceptions mathématiques, sans faire remarquer que deux philosophes qui appartiennent à l'école sceptique, Bayle et Hume, n'ont cependant pas hésité à reconnaître le véritable caractère de ces conceptions. Nous avons cité, au

---

1. Fénelon entend comme Descartes par imagination la représentation mentale d'une chose qui a été d'abord sensible.
2. *Traité de l'existence et des attributs de Dieu*, 1re partie, chap. II ; édit. Danton, chez Hachette, 1843, p. 56.

commencement de ce chapitre, l'aveu du second sur les propositions mathématiques. « Les figures géométriques, dit le premier, n'existent qu'*idéalement* [1]. »

En résumé, l'unité arithmétique et géométrique diffère de l'unité sensible, et même, comme le dit Leibniz, de l'unité de la durée et de l'unité de l'étendue : le temps ne se compose pas d'unités sans durée, ni l'espace d'unités sans étendue ; car, une addition de zéros ne peut former une somme. Si l'unité mathématique ne fait partie ni des objets sensibles, ni du temps, ni de l'espace, elle n'est pas un objet de perception ; elle ne peut être non plus abstraite de ces objets, puisqu'ils ne la contiennent pas. Elle n'est pas l'unité de l'âme, car l'âme a une durée et plusieurs facultés différentes, tandis que l'unité mathématique n'a ni durée ni facultés. L'unité mathématique n'existe donc que dans l'esprit ; elle est l'objet d'une conception idéale. Il en est de même des autres éléments mathématiques, tels que la ligne, la surface et le solide. Ce sont des éléments simples, conçus directement par l'esprit, qui ne s'engendrent même pas les uns des autres. La ligne ne se forme pas de points, car elle est une longueur et les points n'ont pas de longueur ; la surface ne se compose pas de lignes, car ce qui n'a point de largeur ne peut former une largeur ; enfin les surfaces qui manquent de profondeur ne peuvent en se posant les unes sur les autres engendrer le solide, qui unit la troisième dimension aux deux premières. Le solide mathématique n'est pas le solide sensible, car ce dernier est dilatable, susceptible de contraction et cependant impénétrable ; tandis que le solide mathématique ne peut ni se dilater, ni se contracter, et est cependant pénétrable : les solides mathématiques

---

[1]. *Dictionnaire historique et critique*, édit. Desoër, Paris, 1820, t. XV, p. 66.

peuvent se couper ou se renfermer les uns les autres, sans rien perdre de leurs parties. Ces conceptions n'ont donc qu'une existence purement idéale, à ce point qu'on ne peut les réaliser hors de notre esprit.

CHAPITRE III.

SUITE DES CONCEPTIONS IDÉALES. LA CONCEPTION DE LA VERTU.

§ 1ᵉʳ. Les traits généraux de la conception de la vertu.

De même que je conçois des modèles qui peuvent corriger les choses sensibles, de même je conçois une vertu parfaite à laquelle je dois conformer mes actions.

Au tableau de l'homme qui recherche les aliments avec avidité et se laisse aller aux délices du corps, j'oppose la conception de la tempérance qui ne prend de ces plaisirs que ce qu'il en faut pour céder à la loi de la nature, et qui s'arrête au moment où naîtraient le trouble et la honte. A la vue de la cupidité qui se fait une trop grande part des biens de ce monde, qui les retient avec trop d'attache, qui s'en sépare avec trop de douleur, je conçois intérieurement le modèle de l'homme modéré qui, tout en recevant ce qui lui appartient, l'abandonne sans désespoir, si la fortune le lui ravit. Si j'aperçois quelque part l'abattement dans le malheur, la pusillanimité dans le péril : si j'entends les cris, si je vois les contorsions dans la douleur physique, la terreur à l'approche de la mort, je détourne les yeux et je contemple dans ma pensée la sérénité d'âme au sein de l'infortune, le calme dans le danger et au milieu des tortures, la résignation et la force au moment du trépas. Si quelqu'un s'enfle d'orgueil, établit sur ses semblables une impérieuse domination, se désespère de leurs avantages, se réjouit de leur infériorité, recherche la renommée jusque dans les choses de peu de valeur, je condamne cette conduite en concevant à l'encontre le type de l'homme modeste qui n'exerce sur autrui que le pouvoir de l'intelligence et des mœurs, se réjouit des avantages que les hommes peuvent remporter, souffre de l'humiliation qu'ils ressentent, et ne recherche d'estime que celle qui s'attache à la science et à la vertu. Une femme éprouve pour les objets de son affection un attachement qui va jusqu'à l'adulation et à la bassesse, qui, traversé par le malheur, s'aigrit jusqu'au désespoir et au blasphème ; à ce portrait, je conçois un amour qui laisse à celle qui aime, sa dignité, sa piété et son courage. Enfin en présence de l'homme qui satisfait ses passions par l'injustice, j'en conçois un autre qui respecte les intérêts les plus délicats, s'abstient de blesser l'amour-propre, de porter la plus légère atteinte à la réputation, veille sur sa langue comme sur ses mains, et qui, non content de ne pas nuire à ses semblables, fait de nobles efforts pour les servir, se voue au soin des pauvres et des malades, rachète ou remplace les captifs, et pour le bien de l'humanité, affronte la misère, la faim et la mort même.

On dira peut-être que pour nous former un idéal de la vertu, nous n'avons pas besoin d'une conception originale, et qu'il nous suffit de choisir les meilleures actions dans la conduite des hommes. Mais ce serait reculer la question sans la résoudre. Comment saurons-nous quelles sont les bonnes et les mauvaises actions, si nous n'avons pas un modèle auquel nous puissions comparer notre conduite ; et ceux qui auront accompli des actions louables, comment y auront-ils été conduits, s'ils n'ont pas une conception intérieure qui les éclaire ?

Pour concevoir ce type de la vertu je n'ai pas besoin de le voir réaliser sur cette terre. Tout le monde sait que la vertu parfaite est aussi complétement idéale que le cercle parfait. Comme exemples de ces figures morales qui sont tracées en consultant moins l'expérience que le modèle intérieur ou la conception idéale, nous citerons la femme forte de l'Écriture, l'image du philosophe d'après Platon, le portrait de Cyrus dans Xénophon et celui de Dion par Rollin[1].

Si nous recherchons les traits généraux de la vertu idéale, nous verrons qu'ils représentent un homme qui éclaire son intelligence, évite l'excès du plaisir et de la douleur, ne nuit à personne, rend à chacun ce qui lui est dû, et fait au delà du devoir le plus de bien qu'il lui est possible. Tel est l'idéal de la vertu.

Il n'y a point de vertu sans une volonté libre. Celui qui fait le bien sans le vouloir n'est pas vertueux : le soleil qui échauffe et qui éclaire, qui est le plus grand dispensateur visible des biens de ce monde, n'a pas de vertu, parce qu'il n'a pas sa liberté. La liberté est donc la première condition de la vertu. Le désintéressement en est la seconde, car la volonté qui accomplit la vertu, ne doit pas être déterminée par un intérêt ou un plaisir.

Cette volonté libre et désintéressée, en faisant effort pour éclairer l'esprit, pratique la recherche de la vérité ; en évitant l'excès du plaisir et de la douleur, elle exerce la tempérance et le courage ; en ne nuisant à personne, elle réalise la partie négative de la justice ; en rendant à chacun ce qui lui est dû, elle accomplit la justice active et la piété. La justice active comprend les services que nous devons à nos proches, comme au père, à la mère,

---

1. Voy. la *République*, la *Cyropédie* et le *Traité des Études*.

à l'enfant, à l'époux, au bienfaiteur, au frère, à l'ami, au concitoyen et même à l'étranger. La piété est le respect dû aux autorités naturelles et se divise en piété filiale et piété religieuse. Le bien qui dépasse la justice constitue la bienfaisance, la générosité, le dévouement ; cette division des vertus remonte à l'antiquité.

Les anciens appelaient la recherche de la vérité : σοφία, *prudentia*, *indagatio veri* ; la tempérance : ἐγκράτεια, σωφροσύνη, *temperantia*, *decorum* ; le courage : ἀνδρεία, *fortitudo*, *animi magnitudo*. Ils nommaient la piété : εὐσέβεια, γονέων θεραπεία, *erga Deum et parentes pietas*. Enfin ils ne séparaient guère la justice et la bienfaisance. Cicéron attribue souvent à l'une ce qui appartient à l'autre, et c'est la réunion de ces deux vertus que les anciens appellent δικαιοσύνη, εὐεργεσία, *justitia*, *liberalitas*, *beneficentia*, *societas tuenda*[1].

Le nombre des vertus n'est pas arbitraire : il résulte des éléments mêmes de notre nature. Ces éléments sont la faculté motrice, les inclinations, l'intelligence et la volonté. La recherche de la vérité se rapporte à l'action de la volonté sur l'intelligence ; la tempérance et le courage à l'empire de la volonté sur nos inclinations ; la justice, la piété et la charité à l'emploi volontaire de notre faculté motrice dans nos actions à l'égard d'autrui.

Ainsi, toutes nos facultés ont leur règle. On ne conçoit pas d'autre vertu possible, parce que nous n'avons pas d'autres facultés à régler.

Lorsque nos actions se conforment à la conception idéale, elles sont bonnes ; si elles s'en écartent, elles sont mauvaises. Le *bien moral* est le nom qu'on donne, soit à la conformité de l'action avec l'idéal, soit à cet idéal lui-

---

1. Voy. les *Mémoires* sur Socrate par Xénophon et le *De Officiis* de Cicéron.

même. Le *mal moral* se dit de l'action qui s'écarte de l'idéal.

La culture de l'intelligence, les actes de la tempérance et du courage peuvent être accomplis même dans la vie solitaire, et forment ce qu'on appelle la *morale individuelle*. La piété envers Dieu fonde la *morale religieuse;* enfin, les actes de la piété filiale, de la justice et de la bienfaisance, composent la *morale sociale*.

§ 2. L'idée du devoir et du droit.

Parmi les actions morales, les unes sont appelées *obligatoires*, les autres *non obligatoires*. Cela veut dire qu'on peut nous contraindre, même par la force, à l'accomplissement des premières, et qu'on ne le peut à l'égard des secondes. La culture de l'esprit, la tempérance, le courage et la justice sont marqués du caractère de l'*obligation* ou du *devoir;* la bienfaisance, le dévouement sont au-dessus de l'obligation.

A l'idée du *devoir* correspond l'idée du *droit*. Le droit est le pouvoir qu'on a de nous contraindre à l'accomplissement du devoir. La bienfaisance, le dévouement n'engendrent aucun droit.

§ 3. Le mérite, le démérite et leurs conséquences.

Les actions *méritoires* sont celles qui appellent la récompense. Ce caractère n'appartient qu'aux actions non-obligatoires, c'est-à-dire aux actes de bienfaisance et de dévouement. Celui qui ne fait que son devoir n'a pas de *mérite* et n'a droit à aucune récompense.

Les actions *déméritoires* sont celles qui encourent le châtiment. Il n'y a pas de *démérite* à ne pas s'élever jusqu'au dévouement, mais seulement à violer le devoir.

L'*approbation et la désapprobation morale* sont les jugements qui déclarent un acte conforme ou contraire à la conception morale.

Renfermées dans l'esprit, l'approbation et la désapprobation morale constituent l'estime ou le mépris; exprimées en paroles, l'éloge et le blâme; traduites en signes visibles, l'honneur et le déshonneur.

La peine et la récompense sont la confirmation ou la sanction de la loi soit naturelle, soit écrite. Il y a trois sortes de sanctions : 1° la sanction naturelle; c'est, d'une part, le déplaisir que nous éprouvons à la vue de notre démérite et qu'on appelle, suivant la gravité, le repentir ou le remords; de l'autre, le plaisir que nous cause le spectacle de notre mérite et qu'on nomme, suivant le degré, la satisfaction ou la joie de la conscience; cette sanction comprend aussi les sentiments qui naissent dans le cœur des témoins de notre conduite : l'amour, l'admiration, la reconnaissance, l'aversion, l'indignation, le ressentiment; 2° la sanction civile ou positive : ce sont les peines et les récompenses portées par la loi écrite, qui nous touchent dans notre honneur, dans nos biens et dans notre personne; 3° la sanction religieuse, ou les peines et les récompenses qui nous attendent dans l'autre vie. Le degré de la sanction dépend du degré de mérite et de démérite.

§ 4. L'ordre de préférence qu'on doit établir entre les vertus.

La bienfaisance est plus méritoire que la justice ; mais la justice est obligatoire, et elle doit être accomplie avant la bienfaisance. L'une et l'autre passent avant l'empire de soi. Dans les actes de la bienfaisance et de la justice, si nous agissons envers un seul homme, nous devons préférer celui qui nous touche de plus près ; notre enfant à notre ami, notre ami à notre concitoyen, notre concitoyen à l'étranger. C'est en ce sens que Cicéron a dit : Le salut de la société sera assuré, si notre bienfaisance se proportionne au degré de proximité qui nous rapproche d'autrui [1].

Si notre action peut s'étendre sur des sociétés tout entières, il faut au contraire préférer la plus vaste et par conséquent celle qui nous touche de moins près : mettre le genre humain avant la patrie, la patrie avant la cité, la cité avant la famille. C'est en ce sens que Fénelon a dit : J'aime l'humanité plus que ma patrie, ma patrie plus que ma famille, ma famille plus que moi-même [2].

Tels sont les objets de la conception morale.

L'intelligence de l'homme ne ressemble pas, comme le dit quelque part Aristote, à des tablettes sur lesquelles il n'y a rien d'écrit [3], ou, comme l'a dit Locke, à un papier blanc [4]; ce n'est pas un écho, un reflet, un pur miroir de la nature extérieure. L'homme impose à la nature sensible les figures que produit son entendement; et il réforme la nature morale sur les modèles fournis par son esprit. Cicéron disait que si l'on brisait un bloc de marbre, on pourrait trouver dans ses veines quelques-uns des traits du visage humain, mais non une statue de Scopas [5]. L'intelligence de l'homme est ce bloc de marbre où se trouve toute faite la statue de Scopas.

Lorsque les actions obligatoires sont exposées dans les codes, elles constituent *la loi écrite;* lorsqu'elles sont renfermées dans la pensée, elles s'appellent *la loi natu-*

---

1. *Optime autem societas hominum conjunctioque servabitur, si ut quisque erit conjunctissimus ita in eum benignitatis plurimum conferetur.* De Officiis, liv. I, chap. XVI.
2. Voy. la *Morale sociale*, par Ad. Garnier, p. 4 et 5.
3. *De l'âme*, liv. III, chap. IV, § 14.
4. *Essai sur l'entendement humain*, liv. II, chap. I, § 2.
5. *De Divinit.*, t. XIII.

relle. La loi écrite ne doit rien contenir de contraire à la loi naturelle.

§ 5. Rapports de la conception morale et de la loi écrite.

Il y eut à Rome une secte de jurisconsultes qui prétendit s'en tenir à la loi écrite sans en chercher l'origine. C'était l'école de Sabinus. Elle combattait celle de Proculus, qui plaçait au-dessus de la loi l'idée du droit ou de la justice. On dit encore aujourd'hui, dans la cause des Sabiniens, qu'il n'y a pas pour l'esprit de conception antérieure à la vue de la loi écrite ; que le mot *loi* signifie ce qui se *lit;* que les mots *droit* et *règle* désignent des objets matériels. En effet, le mot de *loi* n'a été inventé que quand on a transcrit dans les codes l'expression de la conception morale. Mais on a si bien compris que la loi est empruntée de la conception idéale, qu'on a désigné celle-ci sous le nom de *loi naturelle*, qui se lit des yeux de l'esprit, par opposition à la *loi écrite* ou positive, qui se lit des yeux du corps. Quant au mot de *droit* qui exprime non pas une chose matérielle mais la conception idéale d'une forme sur laquelle nous corrigeons celle des corps, à quoi pouvait-on mieux comparer la conception morale qui redresse les mœurs? Nous verrons plus tard comment, dans la formation du langage, les hommes ont été obligés d'exprimer les choses immatérielles par des mots qui n'avaient d'abord désigné que des corps.

La loi écrite est donc le résultat de la loi naturelle. Celle-ci fait toute l'autorité de celle-là. Partout le droit naturel et coutumier a précédé le droit écrit. Vico fait observer que dans Homère il n'est pas question de loi écrite; que le mot qui a signifié plus tard la loi νόμος n'est employé qu'une seule fois dans l'*Iliade*, et y signifie pâturage. Prendre la loi positive pour la règle, c'est prendre la conséquence pour le principe. La loi positive n'est pas notre règle première, car nous la jugeons; nous concevons donc un principe qui lui est supérieur.

De plus, dans tous les temps, la loi positive a été insuffisante. Aujourd'hui encore, malgré le nombre incalculable de nos lois, il se présente devant nos tribunaux une foule de questions auxquelles ne s'applique pas de texte précis et qui sont décidées par l'équité naturelle. Il est défendu aux juges de refuser de juger sous prétexte du silence de la loi. Comment aurait-on fait une pareille défense, si la loi positive eût été la seule règle des jugements ?

En même temps que le juge est obligé de suppléer au silence de la loi, on suppose que l'accusé la connaît sans la lire. Il n'est pas reçu à dire qu'il ne l'a pas lue. *Nul n'est censé ignorer la loi :* cela signifie, non pas qu'il est enjoint à tout le monde de la lire, mais que la loi positive n'est pas notre seule source d'instruction, ou, en d'autres termes, que la loi écrite, en ce qui concerne les délits et les crimes, n'est que la copie de la loi naturelle.

Mais, dira-t-on, s'il existe une loi naturelle, quel besoin avons-nous d'une loi écrite? Le même besoin que le géomètre a des figures tracées sur le tableau. « Elles aident, dit Platon, à penser aux figures idéales et à suivre le raisonnement géométrique[1]. » De même, la lecture de la loi écrite soutient la pensée de la loi naturelle. Demander pourquoi il existe une législation écrite, c'est demander pourquoi il existe des traités de géométrie. La conception des principes de la géométrie est une conception idéale et originale, comme nous l'avons fait voir; mais ces principes sont susceptibles d'être combinés les uns avec les autres et conduits à des conséquences très-éloignées du point de départ. Les hommes qui ont le loisir de se livrer à ces spéculations, les écri-

---

1. Voy. plus haut, même liv., même sect., chap. II, § 7.

vent pour les transmettre à leurs semblables. Leurs écrits, loin de nier les conceptions primitives les confirment en s'appuyant sur elles. Il en est de même des traités de morale et de législation : le moraliste et le législateur combinent à loisir les principes du bien moral; ils en font l'application à toutes les circonstances de la vie commune, et ils offrent à leurs semblables le résultat de leurs travaux. La transcription de la loi morale est encore plus nécessaire que celle de la géométrie. Les principes et les conséquences de celle-ci ne contrarient aucun intérêt; les applications de la loi morale gênent et blessent les passions. Il faut qu'au milieu du trouble de l'esprit, un signe visible rappelle le souvenir de la loi. Le législateur travaille dans le silence des passions, loin du théâtre où elles s'agitent; il voit mieux les conséquences de la conception morale, et il donne un corps à sa pensée, pour qu'elle reste sensible au moment du désordre et du combat.

Si nous n'avions d'ailleurs à obéir qu'à une loi écrite, sans la rattacher à aucun principe pur, idéal et désintéressé, que signifieraient les mots d'estime, d'honneur, de récompense? Quel honneur y a-t-il à suivre aveuglément une lettre matérielle? Si nous le faisons pour ne pas troubler la paix, nous savons donc qu'il est bon de ne pas troubler la paix, et nous mettons alors une conception idéale au-dessus de la loi positive. Mais, dira-t-on encore en obéissant à la loi écrite, on obéit à la force. Nous répétons cette question : Quel honneur y aurait-il à obéir à la force?

§ 6. Rapports de la conception morale et de la volonté de Dieu.

Un philosophe allemand du dix-huitième siècle, Crusius, a dit « que la règle de nos actions est la volonté de

Dieu; que Dieu veut la vertu et le bonheur, et que la vertu est ce qui répond aux perfections de la divinité[1]. »

Mais, comment arrivons-nous par les lumières naturelles à connaître la volonté de Dieu? A quel signe reconnaissons-nous les actions qu'il ordonne? Pour joindre à l'idée de la vertu l'idée de la volonté divine, il faut commencer par avoir l'idée de la vertu. Où prendrez-vous cette idée, si ce n'est dans la conception idéale? C'est parce que vous concevez que la tempérance, le courage et la justice sont obligatoires, que vous les regardez comme prescrits de Dieu. Vous ne pourriez pas prendre au hasard une action et supposer que Dieu la commande. Si vous le faisiez, vous ne changeriez pas pour cela le caractère de l'action; mais le caractère de Dieu. Platon, luttant contre les superstitions de son temps, et dévoilant peut-être une partie des mystères sacrés, disait : « Détourner sourdement de l'argent est une action basse; l'enlever ouvertement est un trait d'impudence; aucun des enfants de Jupiter ne s'est plu à faire ni l'un, ni l'autre; que personne donc ne se laisse tromper par les récits que débitent les poëtes ou tout autre conteur de fables.... Les dieux ne se font point la guerre, ils ne se tendent point de piége.... Si Esculape était fils d'un dieu, il ne convoitait pas un gain sordide, ou s'il le convoitait, il n'était pas fils d'un dieu[2]. » Platon ne raisonne pas ainsi : Mercure dérobe de l'argent, les dieux se font mutuellement la guerre, Esculape reçoit le prix de ses oracles, donc le vol, la discorde, la cupidité sont des vertus; mais il dit : le vol, la discorde, la cupidité sont des vices, donc les dieux n'en sont pas coupables et ils les défendent aux hommes; les poëtes qui leur imputent ces crimes doivent être bannis de la ré-

---

1. Tennemann, *Manuel de l'histoire de la philosophie*, trad. de M. Cousin, 1ʳᵉ édit., t. II, p. 187.
2. Voy. les *Lois* et la *République*.

publique. Platon ne détermine pas l'idée du bien et du mal par la volonté de Dieu, mais la volonté de Dieu par l'idée du bien et du mal ; il ne va pas de la théologie à la morale, mais de la morale à la théologie.

Les hommes ont toujours suivi cette voie. On peut remarquer trois âges dans la vie de tous les peuples : l'âge des passions du corps, celui des passions de l'amour-propre, celui des affections de l'esprit et du cœur[1]. Chacun de ces âges correspond à un état différent de la morale, que les passions altèrent toujours, et l'état de la morale réagit sur celui de la religion. La première époque est celle où les hommes ignorants et grossiers ne sont réunis qu'en petites tribus, ennemies les unes des autres, ayant sans cesse les armes à la main, cruelles et sanguinaires, parce qu'elles sont craintives et en proie à toutes les souffrances[2]. Les qualités que prisent ces barbares sont la force des bras, l'agilité des pieds, la violence et la ruse. Les vertus qu'ils estiment surtout sont la fidélité à la tribu, le courage guerrier, porté jusqu'à la soif du sang et la fermeté dans les supplices.... Ils se représentent leurs divinités sur ce modèle. Pour eux, les dieux sont robustes, grands, agiles, violents, rusés ; protecteurs de la tribu, avides du sang ennemi, audacieux, inflexibles. C'est l'époque où l'Inde adore Siva, le dieu sanguinaire, auquel on offre des victimes humaines ; où les prêtres grecs demandent le sang d'Iphigénie ; où Achille fait périr douze Troyens sur la tombe de Patrocle, pour honorer les dieux infernaux ; où la prêtresse de la Tauride immole les étrangers ; où les Spartiates font battre de verges les enfants au pied de la statue de Diane, jusqu'à ce que la déesse ait vu couler le sang. On aperçoit des vestiges de cet âge, même dans les livres de Moïse. Le

---

1. Voy. plus haut, t. I, liv. IV, chap. IV, § 1.
2. Voy. la *Morale sociale*, par Ad. Garnier, p. 322-325.

peuple hébreu appelle Jéhovah le Dieu des armées, le Dieu d'Abraham, d'Isaac et de Jacob, comme si Dieu partageait la vertu patriotique d'Israël ; il l'oppose au Dieu de Nachor et au Dieu de Laban ; et le législateur prescrit l'offrande qui rachète du sacrifice la tête de l'homme et celle de la femme. C'est le temps où les Troyens adorent les dieux de la guerre, Mars et Bellone, qui prennent part au combat ; où les Romains invoquent le Jupiter Stator, qui arrête les soldats en déroute et le Jupiter Férétrien, qui reçoit les dépouilles opimes ; où enfin les Gaulois et les sauvages de toutes les contrées offrent à leurs Teutatès des monceaux de corps ennemis.

A cette époque succède le temps où plusieurs tribus se réunissent en une seule nation. Les plus faibles ont été réduites en esclavage. La guerre ne se fait plus sur tous les points du territoire ; elle est reportée à la frontière de la nation ; les peuples ne combattent plus pour l'existence, mais pour la suprématie ; ce n'est plus la faim ni le dénûment qui les poussent, c'est l'orgueil, l'ambition, l'amour de la gloire. Les races victorieuses forment chez les races vaincues des classes privilégiées ; la noblesse se sépare profondément du reste de la nation. Le soin de sa dignité, le courage, la tempérance, l'ordre, les convenances, la décence: telles sont les qualités et les vertus que ces peuples estiment. La justice est pour eux le maintien des rangs ; elle ordonne que les artisans n'entreprennent rien sur les guerriers, ni les guerriers sur les magistrats, de même dit Platon, que, dans l'individu, les besoins sensuels sont soumis au cœur et le cœur à la raison[1]. Par conséquent on suppose que les dieux ont fondé et protégent cet ordre et cette hiérarchie de l'État. A cette époque on croit dans l'Inde que les prêtres sont sortis de

---

1. Voy. la *République*, liv. IV.

la tête de Brama, les guerriers de sa poitrine, les marchands de ses entrailles et les ouvriers de ses pieds. On croit à Rome que les familles patriciennes sont particulièrement agréables aux dieux et qu'elles ont seules le droit de diriger les cérémonies religieuses et d'offrir les sacrifices.

Enfin vient l'âge où plusieurs nations se réunissent en un seul empire; où elles se connaissent et se pénètrent intimement; où les préjugés, les préventions, les haines nationales s'affaiblissent et s'éteignent. Les hommes s'aperçoivent alors qu'ils sont frères. Aux devoirs de la justice on joint ceux de la bienfaisance. C'est pour l'Orient l'époque des lois équitables et bienfaisantes de Manou, de Zoroastre de Sésostris, l'époque de la croyance aux apparitions ou incarnations d'un Dieu bienfaisant, de Vichnou dans l'Inde, de Dschemschid en Perse, d'Osiris en Égypte. Dans l'occident, c'est l'époque où Cicéron marque les premiers traits du droit des nations, *juris gentium*, et du droit de la paix et de la guerre. Il veut que la guerre ne soit entreprise qu'après qu'on a épuisé tous les moyens de conciliation et que dans le but d'obtenir la paix[1]; il demande que les esclaves soient traités comme des ouvriers gagnant leur salaire[2]; il dit que, pendant une cherté, l'humanité, *humanitas*, commande de nourrir nos esclaves au péril même de nos enfants[3]; il ne donne d'autre borne à la bienfaisance que le respect de nos devoirs envers l'État et la famille[4]; il avance que l'homme est engagé à servir l'homme par le seul lien de l'humanité[5]; il ne veut pas qu'on fasse le moindre mal, sous

---

1. *De Officiis*, lib. I, cap. XI.
2. *Ibid.*, cap. XIII.
3. *Ibid.*, lib. III, cap. XXIII.
4. *Ibid.*, lib. I, cap. XIV.
5. *Hoc natura præscribit ut homo homini, quicumque sit, ob eam ipsam causam quod is homo sit, consultum velit.* (*De Officiis*, lib. III, cap. V, § 27.)

l'apparence de l'utilité publique[1]; il enseigne que le plus honnête homme est celui qui, ne nuisant à personne, rend le plus de services[2], et il déclare que la vie d'Hercule, qui se dévouait au service de ses semblables, est plus convenable à la nature humaine qu'une vie passée dans la mollesse et les délices[3]. Ce progrès de la morale amène nécessairement un progrès dans la religion. Cicéron admet l'existence d'un seul Dieu providentiel, ami de tous les hommes, distribuant les récompenses sans acception de personne, ne tenant compte que de la vertu[4], et il étale la ruine des vieilles superstitions en se riant des augures[5].

Telle est la marche de l'esprit humain; à mesure que les passions grossières s'apaisent, la conception morale s'éclaircit, et notre idée de la divinité s'épure. Socrate fonde la science morale, et il ébranle les fondements des superstitions religieuses de son temps. Aux devoirs envers la cité et la patrie Cicéron ajoute les devoirs envers l'humanité, et il montre au doigt les augures. L'homme se fait un Dieu à son image. Plus il s'affranchit de ses passions, plus il perfectionne la conception idéale de la vertu, mieux il se représente la perfection divine; tant vaut la morale, tant vaut la religion.

Sans doute, l'idée de la vertu amène avec elle l'idée d'une puissance qui la prescrit, qui en punira la violation et en récompensera la pratique; mais l'idée de la vertu est antérieure à celle de la loi du législateur, du rémunérateur et du vengeur. Si la religion confirme la morale, c'est la morale qui introduit la religion, et lorsque les apôtres du christianisme viennent annoncer au monde

1. *De Officiis*, lib. III, cap. XXII.
2. *Ibid.*, cap. V, VI.
3. *Ibid.*, cap. V, § 25.
4. *De la République*, liv. VI, chap. VII, VIII, XVI, XVII.
5. *Lettres familières*, liv. VI, VI. — *De la Divination*, liv. II, chap. XXX et suivant.

la nouvelle de Jésus ressuscité et appuyer sur cet exemple l'espérance de la résurrection des morts[1], ils s'exhortent les uns les autres à garder la pureté des mœurs, pour donner à la *bonne nouvelle* qu'ils apportent l'autorité de leurs vertus[2]. Un de nos poëtes a dit, en empruntant la démonstration la plus usitée par les premiers chrétiens :

> Des dieux que nous servons connais la différence :
> Les tiens t'ont commandé le meurtre et la vengeance,
> Et le mien, quand ton bras vient de m'assassiner,
> M'ordonne de te plaindre et de te pardonner[3].

Ce n'est pas la pureté de la religion qui autorise ici la morale, c'est la pureté de la morale qui autorise la religion.

Nous avons vu que Platon disait : si Esculape est fils d'un dieu, il ne convoite pas un gain sordide, ou, s'il le convoite, il n'est pas fils d'un dieu[4]. Nous disons aujourd'hui : Dieu veut la justice, ou, s'il ne la veut pas, il n'est pas Dieu. Nous avons donc, d'une part, l'idée de la justice, et, de l'autre, l'idée de la volonté de Dieu.

L'idée du bien moral et l'idée de la volonté de Dieu sont deux idées distinctes. La conception morale est immédiate, intuitive, primitive ; nous n'allons pas de l'idée de la volonté de Dieu à celle du bien moral, mais de l'idée du bien moral à celle de la volonté de Dieu.

« La vertu, dit Crusius, est l'obéissance à la volonté de Dieu : faisons ce que Dieu nous commande, et nous serons vertueux. » Mais pourquoi ferons-nous ce que Dieu

---

1. *Actes des apôtres*, II, 22, 36 ; XIII, 30-38.
2. Saint Paul, *Épître aux Romains*, XII, 9-21 ; seconde *Épître aux Corinthiens*, VI, 3-10.
3. Voltaire, *Alzire*, acte V, scène dernière.
4. Voy. plus haut, même chap., même §.

nous commande? Parce que, direz-vous, l'obéissance à Dieu est une vertu. Vous tournez dans un cercle, car vous définissez la vertu par l'obéissance à la volonté de de Dieu, et l'obéissance à la volonté de Dieu par la vertu. Si vous concevez directement que l'obéissance à Dieu soit une vertu, vous concevrez de même que l'action de s'instruire, la tempérance, le courage, la justice, la bienfaisance sont des vertus, et qu'elles ne sont commandées de Dieu que parce qu'elles sont vertus.

Lorsque nous n'avons, pour présumer la volonté de Dieu, que les lumières naturelles, nous sommes obligés de partir de l'idée de la vertu pour savoir quels sont les actes ordonnés de Dieu; mais, dit-on, nous évitons ce cercle vicieux, lorsque nous prenons la volonté de Dieu dans les textes sacrés. Alors nous n'avons pas besoin de conclure de la justice à la volonté de Dieu, mais de la volonté de Dieu nous concluons à la justice.

Nous répondrons d'abord que substituer, au sujet de la morale, la révélation à la philosophie, c'est déclarer que la lumière naturelle nous manque et professer le scepticisme sur ce point. Pascal, pour essayer d'établir la foi sur les ruines de la raison, fut obligé d'embrasser un pyrrhonisme universel. On sait, par la préface de la première édition des *Pensées*, que les fragments réunis sous ce titre devaient faire partie d'un ouvrage où l'auteur aurait tenté de montrer que l'entendement de l'homme ne produit que confusion et ténèbres, et que tout s'éclaircit et s'ordonne à la lumière de la révélation. Pascal y prenait donc plaisir à accabler la raison humaine sous les preuves de sa prétendue faiblesse et sous ses apparentes contradictions. Il y soutenait que la lumière naturelle est incapable de nous montrer notre devoir : « Ceux qui sont dans le dérèglement, écrivait-il, disent à ceux qui sont dans l'ordre que ce sont ces derniers qui s'éloignent de la nature, et ils la croient suivre, comme ceux qui sont dans un vaisseau croient que ceux qui sont au port fuient. Le langage est pareil des deux côtés. Il faut avoir un point fixe pour en juger. Le port juge ceux qui sont dans le vaisseau. Mais où prendrons-nous un point dans la morale[1]? » Pascal n'espère trouver ce point que dans la volonté de Dieu, telle qu'elle est révélée par l'Écriture sainte. Mais premièrement, comme nous l'avons dit, pour savoir que la volonté de Dieu est juste, il faut que nous ayons d'abord l'idée de la justice. Les mages de la Perse croyaient à un Dieu du mal ; pour eux, l'idée de la divinité n'était donc pas synonyme de l'idée de la justice. Secondement l'idée du bien et du mal moral apparaît chez les enfants, avant qu'on leur communique la lumière de la révélation, et pour leur faire regarder comme juste un acte injuste, il ne suffirait pas de leur dire que Dieu le veut. Cela ne changerait pas l'idée qu'ils se font de la justice, mais l'idée qu'ils se font de la nature de Dieu. Troisièmement, de même que la loi écrite suppose la loi non écrite et renvoie le juge aux lumières de l'équité[2], de même la loi sacrée a toujours supposé la loi naturelle. Elle n'a jamais prétendu la remplacer, mais la confirmer et sur quelques points seulement. Les livres sacrés des chrétiens établissent quatre révélations positives : la première adressée à Adam, la seconde à Noé, la troisième à Moïse, et la quatrième aux disciples de Jésus. Aucune de ces révélations ne comprend dans son texte toutes les prescriptions morales, et d'après ces écrits mêmes, Dieu a toujours plus demandé à l'homme qu'il n'avait mis dans le texte de la loi.

La première révélation ne contient que l'interdiction de toucher aux fruits de l'arbre de la science. La défense

---

1. Pascal, édit. F., t. I, p. 192.
2. *Code civil*, art. 4.

est transgressée ; l'homme est chassé du lieu de délices, aucune révélation nouvelle ne lui est accordée, et cependant bientôt Dieu redemande à Caïn le sang d'Abel. « Caïn, qu'as-tu fait de ton frère? — Me l'avez-vous donné à garder[1]? » En effet, Dieu n'a rien prescrit à ce sujet, et cependant il punit le meurtrier. C'est qu'il a mis dans l'intelligence humaine la lumière suffisante. Autrement, aurait-il pu frapper le meurtrier et punir les fautes des hommes, par la catastrophe dont il ne préserve que la famille de Noé?

C'est à cette famille seulement qu'il adresse une seconde révélation positive ; c'est alors pour la première fois qu'il défend le meurtre, en ajoutant sur ce point à la lumière naturelle la confirmation de la parole. « Quiconque aura répandu le sang de l'homme, sera puni par l'effusion de son propre sang ; car l'homme a été créé à l'image de Dieu[2]. » Cette seconde révélation positive laisse encore beaucoup à faire à la conscience naturelle. Dieu n'a pas prescrit le respect de la pudeur, et cependant il maudit Cham qui a violé cette règle à l'égard de son père[3]. Il n'a pas défendu l'adultère, et cependant Pharaon et Abimelech se révoltent contre Abraham qui les a exposés à ce crime, en leur cachant la condition de Sara[4], et Joseph répond aux sollicitations de la femme de son maître : « Vous voyez que mon maître m'a confié toutes choses, et que m'ayant mis tout entre les mains, il ne s'est réservé que vous seule, qui êtes sa femme : comment donc pourrais-je commettre un si grand crime et pécher contre mon Dieu[5]? » Dieu n'a pas encore ordonné aux hommes de protéger leurs proches et d'épargner le

1. *Genèse*, IV, 10 et suiv.
2. *Ibid.*, IX, 6.
3. *Ibid*, IX, 25.
4. *Ibid.*, XII, 18; XX.
5. *Ibid.*, XXXIX, 8, 9.

vaincu, et cependant il loue Abraham qui a couru à la défense de Loth et qui n'a pas commis de pillage chez l'ennemi[1], et il condamne les fils de Jacob qui ont vendu leur frère[2].

Il y a un passage de l'histoire sacrée où la conception morale est mise en opposition avec ce qui semble la volonté arrêtée de Dieu. Lorsque l'Éternel médite de punir Sodome, il se présente à Abraham sous la figure de trois jeunes hommes et il lui déclare son dessein. Abraham, s'approchant, lui dit : « Perdrez-vous le juste avec l'impie ? S'il y a cinquante justes périront-ils avec tous les autres ? Non, sans doute, vous êtes bien éloigné d'agir de la sorte et de confondre les bons avec les méchants. Cette conduite ne vous convient en aucune sorte ; et jugeant toute la terre, vous ne pourrez exercer un tel jugement. Le Seigneur lui répond : « Si je trouve dans tout Sodome cinquante justes, je pardonnerai à cause d'eux à toute la ville. » Abraham dit ensuite : « Puisque j'ai commencé, je parlerai encore à mon Seigneur, quoique je ne sois que poudre et que cendre. S'il s'en fallait de cinq qu'il y eût cinquante justes, perdriez-vous toute la ville parce qu'il n'y en aurait que quarante-cinq ? » Le Seigneur lui dit : « Je ne perdrai point la ville s'il s'y trouve quarante-cinq justes. » Abraham lui dit de nouveau : « Mais s'il y a quarante justes, que ferez-vous ? — Je ne détruirai point la ville, dit le Seigneur, si j'y trouve quarante justes. — Je vous prie, Seigneur, dit Abraham de ne pas trouver mauvais que je parle une troisième fois : si vous trouvez dans cette ville trente justes, que ferez-vous ? — Si j'en trouve trente, dit le Seigneur, je ne la perdrai point. — Puisque j'ai commencé, reprit Abraham, je parlerai encore à mon Seigneur : et si vous en

---

1. *Genèse*, XIV, 14, 16, 22, 23.
2. *Ibid.*, XLII, 21.

trouviez vingt? — Dieu lui dit : Je ne la perdrai point non plus s'il y en a vingt. — Seigneur, ajouta Abraham, ne vous irritez pas, je vous supplie, de ce que je parle une dernière fois : et si vous trouvez dix justes dans cette ville? — Je ne la perdrai point, dit le Seigneur, s'il y a dix justes[1]. »

L'histoire sacrée donne ici raison à la conception morale de l'homme contre ce qui semble la parole de Dieu. Cette parole prononce la condamnation de Sodome tout entière : Abraham réclame : sur quel fondement s'appuie-t-il? Sur la parole de Dieu? Non, puisqu'il combat cette parole. Il la combat pour ainsi dire pied à pied et la fait reculer jusqu'à ce qu'elle ait déclaré que les justes seront épargnés, et cette victoire, Abraham la remporte par les seules armes de la raison naturelle.

On a dit qu'Ismaël, en quittant la tente d'Abraham, avait emporté un code complet de morale et que c'était par lui que la morale s'était répandue de la terre de Chanaan dans le reste du monde. Mais sur quel texte ou au moins sur quelle parole Ismaël aurait-il pu copier ce code complet? Dieu a permis aux hommes de multiplier, de manger la chair des animaux et il leur a défendu l'homicide. Il n'a rien prononcé de plus [2]. Dira-t-on qu'il devait avoir fait à Adam, à Noé et même à Abraham des révélations plus amples que celles qui sont dans les textes sacrés? Mais alors on se jette dans les suppositions philosophiques; on sort du domaine de la théologie positive, qui permet d'interpréter les textes, mais qui défend d'en supposer. Ismaël, en sortant de la terre sacrée, emporte les paroles qui défendent le meurtre et pour le reste, le flambeau qui guidait Abraham, qui avait guidé Noé et ses fils, le flambeau de la lumière naturelle.

1. *Genèse*, XVIII, 23-32.
2. *Ibid.*, IX, 1-7.

Au sortir de la captivité d'Égypte, Dieu parle à son peuple une troisième fois. Il donne les dix commandements. Est-ce à dire que jusque-là il ait laissé son peuple sans guide ? Non, il a puni l'infraction des dix commandements avant qu'ils fussent écrits. Il veut seulement confirmer ces prescriptions naturelles en les faisant tracer par Moïse sur les tables de pierre. La loi de Moïse comprend-elle tous les devoirs, et la lumière naturelle peut-elle s'éteindre ? Il s'en faut de beaucoup. On chercherait en vain dans la loi de Moïse la condamnation de l'orgueil, de la vanité, de l'ambition, de la colère. L'esclavage y est autorisé ; l'époux peut répudier l'épouse ; le père peut vendre la fille, le chef de la famille n'accorde sa bénédiction qu'à un seul enfant ; l'aîné obtient double part dans l'héritage ; la peine de mort est prodiguée : elle frappe non-seulement le crime d'adultère, mais la violation du sabbat, mais l'excitation au changement de religion, et elle atteint le profane qui touche de la main les vases sacrés ou même le sol du mont Sinaï[1]. La loi de Moïse était donc seulement celle que le peuple hébreu pouvait porter à cette époque, et non pas la loi morale tout entière.

Enfin la quatrième révélation, celle de l'Évangile, choisit dans la troisième un précepte qu'elle s'approprie : « Aimez Dieu par-dessus toute chose, dit-elle, et votre prochain comme vous-même, c'est là la loi et les prophètes. » En effet, l'ancienne loi avait dit : « Tu aimeras l'Éternel ton Dieu de toute ton âme, de tout ton cœur et de toutes tes forces.... Tu aimeras ton prochain comme toi-même : je suis l'Éternel[2]. » Mais si ce précepte n'avait pas dispensé de la lumière naturelle, du

---

1. *Exode*, XIX, XXI, XXIII, XXXI; *Lévitique*, XIX, XX, XXV; *Deutéronome*, XV, XXI, XXIX.
2. *Deutéronome*, VI, 5; *Lévitique*, XIX, 18.

temps de l'ancienne loi, peut-il en dispenser du temps de la nouvelle loi ? En admettant qu'il contienne toute la morale religieuse et toute la morale sociale, contient-il la morale individuelle? Dirons-nous, comme Hutcheson, que le devoir de la tempérance et du courage ne sont que le devoir d'aimer Dieu par-dessus toute chose et le prochain comme soi-même? Si les vertus individuelles sont des moyens de plaire à Dieu, encore faut-il que la conception morale nous indique quelles sont les vertus individuelles ? Le devoir d'aimer le prochain comme soi-même, laissait subsister dans l'ancienne loi la répudiation, la servitude; peut-il encore souffrir ce voisinage? Le devoir de la charité fait-il passer la bienfaisance avant la justice, et ne faut-il pas commencer par la justice avant de nous élever à la bienfaisance? Toutes ces questions sont abandonnées à la décision de la conscience naturelle. L'Évangile n'aurait donc pas eu pour but de la remplacer, mais de la confirmer sur les points les plus essentiels.

Non-seulement les textes regardés comme sacrés n'ont pas tout dit, mais souvent dans ce qu'ils disent ils ont besoin d'interprétation. Selon Pascal, les mots *Sede a dextris meis*, l'odeur des parfums, la terre grasse, le Dieu jaloux, sont des expressions qui ne doivent pas être prises au propre; le sens littéral n'est pas le vrai, les prophètes l'ont dit eux-mêmes. Ils entendaient par les biens temporels d'autres biens, car cela serait indigne de Dieu. Ils avouent que leurs discours sont obscurs, et leurs discours se contredisent. « Qu'on lise le vieux Testament en cette vue et qu'on voie si les sacrifices étaient vrais, si la parenté d'Abraham était la vraie cause de l'amitié de Dieu, si la terre promise était le véritable lieu de repos. Non. Donc c'étaient des figures. Qu'on voie de même toutes les cérémonies ordonnées et tous les commandements qui ne sont pas pour la charité, on verra que c'en sont les figures[1]. »

Quelques personnes se fondant sur des passages de l'Écriture sainte ont voulu introduire la doctrine que la justice de Dieu diffère de la justice des hommes, non pas en ce qu'elle est supérieure, mais différente. Nous emprunterons encore sur ce sujet l'autorité de Pascal, et de Pascal écrivant ses lettres sous le contrôle sévère de Nicole et d'Arnault. « Selon saint Augustin et saint Thomas, dit-il, quand l'Écriture nous présente quelque passage dont le premier sens littéral se trouve contraire à ce que les sens ou la raison reconnaissent avec certitude, il ne faut pas entreprendre de désavouer les sens et la raison en cette rencontre, pour les soumettre à l'autorité de ce sens apparent de l'Écriture. Mais il faut interpréter l'Écriture et y chercher un autre sens qui s'accorde avec cette vérité sensible, parce que la parole de Dieu étant infaillible dans les faits mêmes, et le rapport des sens et de la raison, agissant dans leur étendue, étant certain aussi, il faut que ces deux vérités s'accordent; et comme l'Écriture se peut interpréter en différentes manières, au lieu que le rapport des sens est unique, on doit en ces matières prendre pour la véritable interprétation de l'Écriture celle qui convient au rapport fidèle des sens. Il faut observer deux choses, selon saint Augustin, l'une, que l'Écriture a toujours un sens véritable, l'autre que comme elle peut recevoir plusieurs sens, quand on en trouve un que la raison convainc certainement de fausseté, il ne faut pas s'obstiner à dire que c'en soit le sens naturel mais en chercher un autre qui s'accorde avec la raison[2]. » L'autorité de l'Écriture est donc soumise ici à celle des sens et de la raison.

---

1. *Pensées*, édit., F., t. II, p. 246, 247, 253, 258 et 364.
2. *Lettres provinciales*, édit. Paris, 1830, t. II, p. 190.

§ 7. *De la valeur de la parole pour l'enseignement de la morale.*

La parole n'a le pouvoir d'enseigner aucune vérité intuitive. Elle n'est qu'une suite de sons et elle ne donne par elle-même que l'idée du son. Comment acquérons-nous la connaissance des choses matérielles? est-ce par la parole ou par l'exercice des facultés naturelles, c'est-à-dire des sens extérieurs? La parole peut-elle donner l'idée de la couleur aux aveugles, celle de la saveur ou de l'odeur aux hommes qui n'ont point le goût ou l'odorat, celle de l'étendue tangible et résistante à ceux qui ne veulent ni toucher ni se mouvoir? Les objets de l'intuition extérieure de l'esprit nous fourniront les mêmes observations. Si je ne suis pas capable de percevoir par moi-même qu'il y a un espace infini, un temps absolu, une substance active, première et dernière, les mots qui expriment ces choses ne me feront connaître que les syllabes dont ils se composent. Il en est ainsi des objets de la conception idéale qui nous occupe en ce moment. De même que si le jeune enfant ne se représente pas ce qu'il a connu autrefois, jamais il n'attachera de sens aux mots de *réminiscence*, de *représentation mentale*, par lesquels vous exprimez les peintures intérieures de votre esprit, de même, s'il ne conçoit pas spontanément une règle, un modèle de conduite qui commande l'obéissance, la franchise, la probité, il ne comprendra pas qu'il est *bien* d'obéir, qu'il est *mal* de mentir, de dérober, etc. S'il n'a pour sources de connaissances que les sens extérieurs et la parole d'autrui, *bien*, *mal* seront pour lui des mots qui n'exprimeront que les sensations physiques, ou des termes vides de sens qu'il ne répétera jamais, faute de les comprendre.

On a dit que les vérités qui ne sont pas de l'ordre sensible ne peuvent être connues qu'à l'aide du langage et de la parole ; que le développement de l'idée est contemporain et même identique au développement de la parole ; que si l'homme ne parle que parce qu'il pense, il ne pense que parce qu'il parle ; qu'en même temps qu'il pense sa parole, il parle intérieurement sa pensée ; que Dieu ne lui a fourni les idées des objets qui ne tombent point sous les sens, qu'en lui fournissant en même temps les mots qui expriment ces objets [1]. Sans entrer dans l'examen détaillé de cette doctrine, nous ferons remarquer qu'elle admet que Dieu procure à la fois le mot et l'idée ; de sorte que l'idée ne vient pas du mot, mais vient en même temps de Dieu lui-même : ce n'est donc pas, dans cette hypothèse, le mot qui crée ou révèle l'idée.

Pour montrer que l'idée n'est pas issue de l'articulation qui l'exprime, nous citerons quelques passages d'une intéressante lettre, écrite par de pieux instituteurs, qui se dévouent à l'éducation des sourds-muets. « J'ai lu avec peine, dit M. du Puget, directeur de l'institution des sourds-muets d'Edgbaston, que M. l'abbé Montaigne, par un zèle pardonnable peut-être, a publié un ouvrage où il cherche à prouver que le sourd-muet, sans instruction, est privé du sentiment moral ; qu'il est incapable de distinguer le bien du mal, le juste de l'injuste. L'histoire que je vais rapporter ne me laisse point douter que la thèse du savant abbé ne soit contraire aux lois de la nature.... Un dimanche tâchant d'expliquer aux élèves de mes deux premières classes quelques versets du troisième chapitre de l'Évangile de saint Jean, j'avais beaucoup de peine à leur faire comprendre le dix-neuvième ainsi conçu : « La cause de la condamnation « est que la lumière est venue dans le monde et que les « hommes ont mieux aimé les ténèbres que la lumière, « parce que leurs œuvres étaient mauvaises. » Il me vint à l'esprit d'appeler Georges Collier, qui n'était que de-

---

1. De Bonald, *Traité de législation primitive.*

puis trois ou quatre jours parmi nous. Je fis devant lui des signes qui exprimaient des vertus et des vices, tels que l'obéissance, la désobéissance, etc.; je remarquai que mon nouvel élève faisait invariablement des signes d'approbation pour les vertus et de désapprobation pour les vices, tellement que ses camarades, déjà instruits, étaient surpris de la justesse de ses réponses. Là-dessus je parus aussi surpris qu'eux-mêmes, et leur demandai s'ils lui avaient suggéré ses réponses : ils le nièrent. Je leur demandai de nouveau à quelle source il avait puisé cette connaissance, et ceux d'entre eux dont l'intelligence était le plus développée, conclurent qu'il l'avait reçue de Dieu avec la vie.... J'avais atteint mon but et je leur dis que c'était là la vraie lumière qui éclaire tout homme venant en ce monde. Il suffit, pour faire taire tant de préventions injustes, d'observer attentivement le sourd-muet : on verra qu'il est loin d'être étranger aux sentiments moraux ; il a la conscience du bien et du mal, il se cache des mauvaises actions et jouit de celles qui sont louables; il a le sentiment de la véracité et rougit du mensonge ; il a celui de la justice : toute punition injuste l'excite à la révolte ; il sait qu'il est bien de secourir son semblable, qu'il est mal de lui nuire. A ces notions morales, le sourd-muet joint même quelquefois celle d'une puissance inconnue, dont il ne saurait se rendre compte, mais qu'il ne peut se refuser d'admettre. M. Reitter, autrefois directeur de l'institution des sourds-muets de Lintz, dit, dans son ouvrage envoyé au concours de Vienne en 1823, que beaucoup de sourds-muets ont, *avant leur instruction*, un sentiment très-vif du bien et du mal, et que ceux qui en sont privés doivent ce défaut *à l'isolement dans lequel ils ont végété au sein de leur famille*[1]. »

1. *Troisième circulaire de l'Institut royal des sourds-muets*, septembre 1832, p. 48.

On dira que si la parole n'a pas révélé les notions morales aux sourds-muets, le geste a tenu, à leur égard, la place de la parole. Mais le geste ne peut porter une idée à l'intelligence du sourd-muet, que si ce dernier s'est déjà formé cette idée par un autre moyen que le geste. Le geste ne donne par lui-même que la notion d'un corps en mouvement. Pour que nous y attachions une autre idée, il faut que nous la prenions en notre âme et que nous croyions par interprétation qu'elle est aussi dans l'esprit de celui qui nous adresse le geste. Nous verrons plus loin que la faculté d'interprétation ne nous crée aucune idée nouvelle, mais nous fait seulement croire que nos semblables ont, dans tel moment, telle idée conforme à celle que nous avons déjà observée dans notre âme [1].

La moralité d'un enfant n'est pas toujours en raison de l'éducation qu'il a reçue. Souvent des parents légers ou coupables sont blâmés par de jeunes enfants, auxquels ils n'ont donné pourtant que de mauvais exemples ; et pour commettre une mauvaise action, ils se cachent de leurs fils, comme de juges incorruptibles, devant lesquels ils auraient à rougir.

Voulons-nous dire que tout enseignement soit inutile ; qu'il faille fermer les écoles et brûler les livres ? Telle n'est pas notre pensée. Nous faisons à l'enseignement et à la tradition une grande part dans la propagation des connaissances, et voici comment nous l'entendons. Les vérités sont de deux ordres : elles sont immédiates ou médiates. Celles-ci sont tirées ou formées des premières par décomposition ou composition ; celles-là sont acquises directement. Pour les vérités immédiates, le maître nous place dans la condition où nous pouvons les acquérir de nous-mêmes. Le naturaliste nous introduit

---

1. Voy. plus loin, livre VIII, chap. II.

dans son cabinet ; il nous met sous les yeux les objets qu'il a rassemblés, et nous en donne les noms en même temps qu'il nous les montre. Le physicien nous fait assister à ses expériences ; le moraliste nous place en présence des événements où naissent les sentiments et les idées qu'il veut nous faire découvrir en nous-mêmes, et il nomme ces sentiments et ces idées. Une fois que les noms sont imposés aux vérités immédiates, le maître n'a plus besoin de montrer les objets, il se contente d'employer les mots. En comparant et en distinguant les mots, il compare et distingue les idées ; c'est ainsi qu'il compose et décompose les connaissances de ses auditeurs, en apparence par le seul secours de la parole, mais au fond par le souvenir toujours présent des vérités primitives, qu'il les a mis en mesure d'acquérir d'eux-mêmes, au moyen de leurs facultés naturelles.

Il s'en faut donc de beaucoup que nous méconnaissions l'efficacité de l'enseignement, et particulièrement de l'éducation morale ; nous pensons même que celle-ci pourrait recevoir plus de développement. De ce que nous avons naturellement la faculté de voir et d'entendre, il n'en résulte pas que l'attention et l'exercice ne perfectionnent pas chez nous l'ouïe et la vue ; de ce que la mémoire est une faculté naturelle, il ne s'ensuit pas qu'elle puisse se passer de culture. La conception morale se fortifie et s'étend, comme toutes les facultés intellectuelles, par l'exercice et l'attention. Il faut nous exercer, dit Cicéron, à devenir bons raisonneurs en morale [1], et pour cela réfléchir non sur l'assassinat, l'empoisonnement, le faux, le vol, le péculat, qui sont plutôt l'objet des fers et des cachots que de la discussion et de la philosophie, mais sur ces actions délicates où le vulgaire n'aperçoit point le mal, et que se permettent des gens

---

1. *Boni ratiocinatores.*

qui passent pour honnêtes[1]. Ces actions donnent lieu à des questions épineuses dont le philosophe romain remplit tout le troisième livre de son *Traité des devoirs*. Il faut surtout joindre la pratique à la théorie, accoutumer les enfants à respecter dans leur conduite les moindres intérêts d'autrui, à prendre de l'empire sur eux-mêmes et à pratiquer la bienfaisance ; les fortifier dans cette conduite par la lecture des histoires qui contiennent des actes de vertu, et principalement par le spectacle des bons exemples. Pythagore nous enseigne l'art de travailler toute notre vie à notre amélioration morale, par une revue journalière de notre conscience, et Franklin joint au conseil de Pythagore celui de consacrer successivement un jour à chacun des défauts que nous voulons combattre en nous, afin de ne pas diminuer nos forces en les divisant contre plusieurs ennemis à la fois.

Nous reconnaissons donc et nous proclamons à haute voix le pouvoir de l'enseignement, de l'instruction et de l'éducation, pour toutes les sciences et en particulier pour la morale, mais nous persistons à dire que la parole ne peut transmettre, par elle-même, aucune vérité immédiate ; que l'éducation ne peut rien créer ; qu'elle a besoin de s'appuyer sur certains principes qu'elle ne fait pas et qu'elle trouve tout faits dans l'esprit ; qu'elle n'invente pas plus les axiomes de la morale que ceux de la géométrie ; que, si elle les inventait, elle pourrait en donner d'autres à son gré ; que, de même qu'elle ne parviendrait pas à propager une fausse géométrie, elle ne parviendrait pas non plus à fausser les principes de la morale. Chez certains brigands de l'Inde[2], les pères, pour dresser les enfants au vol et à l'assassinat, s'ap-

---

1. *De Officiis*, liv. III, chap. XVIII.
2. *Les Phanségars.*

puient sur le droit de la légitime défense, sur le devoir envers les membres de la même tribu ; ils ne trompent leurs fils que sur les intentions des membres de la grande société en dehors de laquelle ils vivent, mais non sur les principes de la morale [1]. Les vérités morales sont donc comme toutes les vérités primitives : la parole ne peut les transmettre. « A proprement parler, dit Bossuet, d'après saint Augustin, un homme ne peut rien apprendre à un autre homme, mais il peut seulement lui faire trouver la vérité qu'il a déjà en lui-même, en le rendant attentif aux idées qui la lui découvrent intérieurement, à peu près comme on indique un objet sensible à un homme qui ne le voit pas, en le lui montrant du doigt et en lui faisant tourner ses regards de ce côté-là [2].

Aussi le pieux Nicole n'a-t-il pas fait difficulté de dire : « Mais la révélation *extérieure* ne sert de rien, si Dieu n'éclaire *intérieurement* nos esprits, s'il ne luit en eux comme vérité et comme lumière, et s'il ne leur découvre la beauté de la justice. Et c'est pourquoi il est dit qu'il y a une véritable lumière qui éclaire tout homme venant en ce monde [3]. »

§ 8. Universalité des principes de la morale.

Ceux qui considèrent le christianisme comme la révélation d'une morale nouvelle, ne comprennent pas le véritable caractère du christianisme. Ils sont, à leur insu, de l'avis de Bentham, qui ne regardait la religion chrétienne que comme un moyen de police, et les prêtres

1. *Tableau pittoresque de l'Inde*, traduit de l'anglais du révér H. Caunter, par Urbain.
2. *Logique*, liv. I, chap. XXXVII, édit. de Lens, p. 318.
3. « Erat lux vera quæ illuminat omnem hominem venientem in hunc mundum. » *Essais de morale*, édit. de 1755, t. I, p. 80.

que comme des professeurs de morale. Le christianisme remplit une autre mission : il a pour but de répondre, d'une manière positive et par une révélation expresse, aux questions que l'homme s'adresse sur son origine et sur sa fin, sur la nature et sur les attributs de Dieu, sur les rapports de la créature et du créateur. Les chrétiens reprochent aux philosophes anciens, à Socrate, à Platon, à Sénèque, à Épictète, de n'avoir fait qu'entrevoir l'immortalité de l'âme, d'avoir hésité dans leurs démonstrations, et ils promettent la vie éternelle comme le digne prix de la mort d'un Dieu [1]. Ils se distinguent des philosophes en ce que ceux-ci ne marchent qu'à la clarté des lumières naturelles, tandis que ceux-là s'appuient sur une révélation explicite, en faveur de laquelle ils invoquent les miracles, les prophéties et la doctrine [2]. Mais les chrétiens ne viennent point prêcher une morale nouvelle, ils donnent seulement de nouveaux motifs de la mettre en pratique. Ils annoncent la proximité du dernier jugement et la nécessité de faire immédiatement pénitence. « Tous les commandements, disent-ils, sont compris en abrégé dans cette parole : Vous aimerez le prochain comme vous-même... Acquittons-nous donc de cet amour, et d'autant plus que nous savons que le temps presse et que l'heure est déjà venue de nous réveiller de notre assoupissement... La nuit est déjà fort avancée et le jour s'approche. Quittons donc les œuvres de ténèbres et revêtons-nous des armes de lumière. Marchons avec bienséance et honnêteté comme on marche durant le jour. Ne vous laissez point aller aux débauches ni aux ivrogneries, aux impudicités ni aux dissolutions, aux querelles ni aux envies, etc. [3]. »

---

1. Pascal, *Pensées*, édit. Faugère, t. I, p. 364 au bas; t. II, p. 91, 93. Nicole, *Essais de morale*, édit. 1355, t. I, p. 63 et 67.
2. Pascal, *Pensées*, édit. Faugère, t. II, p. 234.
3. Saint Paul, *Épitre aux Romains*, XIII, 9-13.

« La raison et la révélation, dit une autorité presque sainte [1] ne sont pas deux sources opposées, desquelles s'écoulent des pensées et des opinions contraires. Ce sont deux sources d'où nous viennent *les mêmes vérités morales* et religieuses. Ce sont deux émanations du même père de lumière, duquel émane tout don parfait; deux paroles prononcées par le même Dieu de vérité, qui ne peut mentir ni se démentir. Sauf les mystères... Dieu n'a rien révélé à l'homme que sa raison ne puisse justifier. Il possédait déjà, dit saint Augustin, la vérité dans son cœur, mais il ne la lisait plus dans cette partie intime de lui-même : Dieu l'a écrite en caractères matériels. Il n'entendait plus la voix de Dieu dans sa conscience ; Dieu lui a parlé extérieurement, afin de le frapper par le concert de ces deux voix. Il fuyait une vérité importune : Dieu l'a environnée d'un plus grand éclat, afin de la lui faire admirer. Dieu a incliné son cœur à l'aimer, a rendu sa volonté plus forte pour l'y attacher et la lui faire réaliser dans sa vie. Saint Paul ne dit pas aux philosophes païens : Vous n'avez pu connaître Dieu : il leur dit au contraire : Vous avez connu Dieu et vous ne l'avez pas glorifié. Il ne leur dit pas : Vous avez ignoré sa loi, et vous étiez à ce sujet dans une ignorance invincible, mais il leur dit : Les païens, qui n'ont point de loi révélée, font naturellement ce que cette loi prescrit; *ils en trouvent les règles au dedans d'eux-mêmes;* elle est gravée dans leur cœur ; elle reçoit le témoignage de leur conscience. Dieu sera juste quand il en vengera la violation [2]. »

Le précepte de la charité était déjà dans la loi de Moïse, et dans les maximes des sages de la Grèce. « Tu

---

1. Mgr Affre, archevêque de Paris, dont la mort est un des titres de gloire du clergé français.
2. *Introduction philosophique à l'étude du christianisme,* par Mgr. l'archevêque de Paris, 1845, p. 23-25.

n'exerceras pas de vengeance, disait Moïse, tu ne garderas pas de ressentiment contre les enfants de ton peuple, mais tu aimeras ton prochain comme toi-même [1]. — Quand tu verras le bœuf, la brebis, ou la chèvre de ton frère égarés, tu les ramèneras, et si ton frère demeure loin, tu retireras ces animaux chez toi jusqu'à ce qu'il les réclame [2]. — A la septième année tu feras remise de toute dette, et si l'on te demande à emprunter dans la sixième, tu ne refuseras pas, sous prétexte que la septième est prochaine. Au septième jour, tu te reposeras, pour que tes serviteurs, l'étrangère et son fils, le bœuf et l'âne, aient aussi leur repos. Tu ne moissonneras pas ton champ jusqu'au bout, et tu ne le glaneras pas toi-même, pour ne pas prendre la nourriture du pauvre et de l'étranger. Tu mettras des parapets autour du toit de ta maison, dans la crainte que quelqu'un n'en tombe et ne se tue. Tu protégeras le forain et l'étranger, car tu as été étranger au pays d'Égypte. Enfin tu aimeras l'étranger comme toi-même [3]. »

Les sages prescrivaient de rechercher la concorde, de dissiper la haine, d'adoucir la rudesse naturelle de tout caractère pour inspirer le respect et non la crainte ; de compatir au malheur, d'accueillir les suppliants, de ne pas poursuivre celui qui cède et de ne pas ensanglanter la victoire. Le pardon est meilleur que la vengeance, disait Pittacus, en renvoyant un ennemi, peut-être même le meurtrier de son fils. Bias racheta de jeunes Messéniennes qui avaient été réduites en esclavage ; il les éleva comme ses filles, les dota et les renvoya auprès de leurs parents. Enfin, les sages exhortaient à la bienfaisance par ces maximes générales : Si tu as quelque chose, sois charitable χαρίζου ; efforce-toi de rendre des

---

1. *Lévit.*, xix, 18.
2. *Deut.*, xxii, 1.
3. *Lévit.*, xix, 33-34.

services. Honore la bienfaisance, sois bienveillant pour tous [1].

Socrate, qui, suivant Xénophon, aimait mieux montrer dans ses actions que de définir dans ses discours ce qu'il entendait par la vertu, Socrate ne se contenta pas de résister, non sans danger pour sa vie, au peuple qui voulait lui faire prononcer un jugement inique, aux trente tyrans qui lui ordonnaient d'arrêter un citoyen innocent; mais il sauva, au péril de ses jours, deux de ses compagnons d'armes sur le champ de bataille; il dédaigna de tirer vengeance d'un soufflet; il passa le jour de sa mort à consoler ses amis, et à les entretenir des espérances d'une autre vie. Par la douceur de ses paroles et de ses manières, il fit couler les larmes de son geôlier, et portant jusqu'au delà du tombeau une prévoyance délicate et une charité digne des temps modernes, il voulut, vers la fin du jour, descendre dans le bain, afin d'épargner, disait-il, aux femmes de laver un cadavre [2].

Platon met l'hospitalité au nombre des devoirs [3]. Il institue un magistrat chargé de veiller à la sûreté des étrangers [4], et il veut que le voyageur puisse cueillir, dans le verger où il passe, assez de figues et de raisins pour étancher sa soif et celle de son serviteur [5]. Aristote, dans une admirable page où il décrit toutes les vertus, s'exprime en ces termes sur quelques-unes d'entre elles : « La justice est de rendre à chacun ce qui lui appartient, de respecter les coutumes de la patrie, l'équité et les lois écrites, de dire la vérité dans toutes

---

1. *Mémoire sur les sages,* par Adolphe Garnier, dans le *compte rendu des travaux de l'Académie des sciences morales,* 25°, XXIX, p. 138.
2. Xénophon, *Mémoires sur Socrate,* liv. I ; Platon, *Phédon.*
3. *Ménon;* édit. H. E., t. II, p. 91 *a.*
4. *Les Lois.*
5. *Ibid.*

les circonstances où il importe de la dire, et de garder ses promesses. La justice doit s'accomplir d'abord envers les dieux, puis envers les divinités inférieures; ensuite envers la patrie, les parents, enfin envers les morts. Elle comprend donc la piété comme une de ses parties ou de ses conséquences; elle est accompagnée de la sainteté, de la vérité, de la bonne foi, de la haine pour toute méchanceté. La libéralité est de faire spontanément les dépenses de générosité, et magnifiquement les dépenses de devoir; d'être secourable quand il le faut... La libéralité a pour cortége la douceur des mœurs, la mansuétude, l'amour des hommes, la compassion, l'amitié, l'hospitalité, l'amour du beau. La grandeur d'âme consiste à bien porter la bonne et la mauvaise fortune, les honneurs et les outrages; à n'admirer ni le luxe, ni le nombre des serviteurs, ni la puissance, ni les victoires des jeux publics; mais à étendre de toutes parts le domaine de l'âme. L'homme magnanime est celui qui n'a pour la vie ni beaucoup d'estime, ni beaucoup d'amour. Il est simple de cœur, généreux; il souffre l'injure et il pardonne... En résumé, le propre de la vertu est de faire du bien à ceux qui le méritent, d'aimer les honnêtes gens, de s'abstenir du ressentiment et de la vengeance, et d'ouvrir son cœur à la pitié, à l'indulgence et au pardon [1]. »

Nous avons déjà cité les maximes d'humanité proclamées par Cicéron [2] : Les anciens ont conçu même l'humilité : « Souffre, dit Platon, qu'on te méprise comme un insensé, qu'on t'insulte si l'on veut; et même, par Jupiter, laisse-toi frapper volontiers de cette manière qui te paraît si outrageante, car il ne t'en arrivera aucun mal, si tu es solidement homme de bien et dévoué au culte

---

1. *Des vices et des vertus. OEuvres complètes d'Aristote*, édit. Tauch., t. XV, p. 275 et 278.
2. Voy. plus haut, même chap., § 6.

de la vertu¹. » Bias et Platon, anticipant sur la doctrine de la grâce, disent, le premier, que nous devons remercier les dieux même de nos bonnes actions², le second, que la vertu ne nous arrive que par un don du ciel³.

Les anciens n'ont pas oublié non plus, quoiqu'on en ait dit, le précepte de la pudeur et de la chasteté. Elle est recommandée par Périandre⁴. Platon ordonne que les jeunes gens et les jeunes filles ne soient découverts que jusqu'à la limite permise par la pudeur⁵. Il veut qu'à l'âge de treize ans les jeunes filles ne paraissent dans la lice que vêtues d'un habit décent⁶, et il dit que la pudeur est une crainte divine⁷. Cicéron prescrit la décence dans les gestes et les paroles ; il recommande de laisser caché ce que la nature elle-même a soustrait aux regards, de ne pas écouter les cyniques, selon lesquels il n'y aurait point de honte à dire ce qu'il n'est pas honteux de faire. Il observe que le vol et l'adultère sont des choses déshonnêtes dont le nom est honnête, tandis qu'il y a des choses honnêtes que la nature destine au secret et dont le nom est déshonnête ; et il exige que nos discours ne décèlent, dans nos mœurs, ni relâchement, ni effronterie⁸. Aussi Bossuet, en écrivant un livre sur *la politique tirée de l'Écriture sainte*, ne dédaigne-t-il pas de citer les philosophes de l'antiquité à côté de

---

1. *Gorgias*, à la fin.
2. *Compte rendu*, etc., t. XXIX, p. 144.
3. Θεία μοίρᾳ ἡμῖν φαίνεται παραγιγνομένη ἡ ἀρετὴ οἷς παραγίγνεται. *Ménon*, édit. H. E., t. II, p. 100-106 ; édit. Tauch., t. III, p. 274.
4. *Compte rendu*, etc., t. XXIX, p. 126.
5. Μέχριπερ αἰδοῦς σώφρονος. *Les Lois*, édit. H. E., t. II, p. 772 ; édit. Tauch., t. VI, p. 202.
6. *Les Lois*, édit. H. E., t. II, p. 833 *e* ; édit. Tauch., t. VI, p. 285.
7. Αἰδῶ τε καὶ αἰσχύνην θεῖον φόβον. — *Les Lois*, édit. H. E., t. II, p. 671 *e*, édit. Tauch., t. VI, p. 67.
8. *De Offic.*, liv. I, chap. XXXV.

Moïse, des prophètes, des évangélistes et des apôtres. Pascal lui-même, qui voulait détruire la raison au profit de la foi, établit cependant la morale sur les mêmes fondements que les philosophes anciens. Il pose le devoir de l'empire de soi, en des termes qui rappellent ceux de Platon. Ce philosophe avait dit que la partie de l'âme qui éprouve les passions est placée dans les intestins; qu'elle y est enchaînée comme une bête sauvage, afin qu'occupée à se repaître dans sa crèche, elle soit reléguée le plus loin possible de la partie raisonnable, et ne la trouble point de son tumulte [1]. Pascal dit à son tour : « Il faut se servir des passions comme d'esclaves, et, leur laissant leur aliment, empêcher que l'âme n'y en prenne, car, quand les passions sont les maîtresses, elles sont vices, et alors elles donnent à l'âme de leur aliment, et l'âme s'en nourrit et s'en empoisonne [2]. » Ailleurs il donne un guerrier païen comme le modèle de la vertu. « Je n'admire point, dit-il, l'excès d'une vertu, comme de la valeur, si je ne vois, en même temps, l'excès de la vertu opposée; comme en Épaminondas, qui avait l'extrême valeur et l'extrême bénignité; car autrement ce n'est pas monter, c'est tomber. On ne montre pas sa grandeur pour être à une extrémité, mais bien en touchant les deux à la fois et remplissant tout l'entre-deux [3]. »

Dans la morale religieuse, Pascal reproduit les sentiments de Platon et d'Épictète. « C'est, dit-il, la mort seule qui peut délivrer l'âme de la concupiscence des membres, sans laquelle les saints ne vivent point dans ce monde [4]. » Et il rappelle par là une pensée du Phédon. « Le corps est un obstacle pour la connaissance de la vérité... C'est quand l'âme est abandonnée à elle-même

---

1. *Timée*, édit. H. E., t. III, p. 70, *e*; édit. Tauch., t. VII, p. 74.
2. *Pensées*, édit. Faugère, t. II, p. 376.
3. *Ibid*, t. I, p. 192.
4. *Ibid.*, t. I, p. 20.

qu'elle aperçoit le juste, le beau et le bon. Le vrai philosophe ne doit donc pas craindre la mort, car seul il possède les vertus, qui sont des purifications. Comme on le dit dans les mystères, les purifiés habiteront seuls avec les dieux [1]. »

« Faites, mon Dieu, dit Pascal, que dans une uniformité d'esprit toujours égale, je reçoive toutes sortes d'événements, puisque nous ne savons ce que nous devons demander, et que je ne puis souhaiter l'un plutôt que l'autre, sans présomption et sans me rendre juge et responsable des suites que votre sagesse a voulu justement me cacher. Seigneur, je sais que je ne sais qu'une chose, c'est qu'il est bon de vous suivre, et qu'il est mauvais de vous offenser. Après cela, je ne sais lequel est le meilleur ou le pire en toutes choses. Je ne sais lequel m'est profitable, de la santé ou de la maladie, des biens ou de la pauvreté, ni de toutes les choses du monde. C'est un discernement qui passe la force des hommes et des anges, et qui est caché dans les secrets de votre providence, que j'adore et que je ne veux pas approfondir [2]. » Dans cette magnifique prière, Pascal ne fait cependant encore que reproduire les leçons de Socrate. Le philosophe grec voulait qu'on se bornât à demander au ciel les biens τὰ ἀγαθὰ sans autre désignation, en laissant aux dieux le soin de juger quels étaient les biens véritables [3].

« Tu vas prier, Alcibiade, disait-il, mais prends garde de demander aux dieux des maux en place des biens. A combien de rois la puissance n'a-t-elle pas été funeste! Combien de nos concitoyens ont souhaité d'être généraux, qui ont été exilés ou mis à mort! Combien avons-nous vu de gens qui, après avoir demandé aux dieux des enfants, et en avoir obtenu, se sont attiré par là de grands

---

1. Phédon, édit., H. E., t. I, p. 65 et 68.
2. *Pensées*, édit. Faug., t. I, p. 76.
3. Xénophon, *Mémoires*, liv. I, chap. III, § 2.

chagrins ! Les hommes se plaignent à tort des dieux. Voici la prière qu'il faudrait faire : Jupiter donne-nous les vrais biens, quand même nous ne les demanderions pas ; et écarte de nous les maux, quand même nous te les demanderions. Les Lacédémoniens ne souhaitent pas autre chose des dieux, que le beau ajouté au bon, et l'oracle d'Ammon a répondu que le Dieu préfère le vœu des Lacédémoniens à toutes les cérémonies de la Grèce. La divinité ne se laisse pas corrompre par des présents, comme un méchant usurier. Les dieux ne regardent pas à nos dons et à nos sacrifices, qui peuvent être offerts par des coupables, mais à notre âme, pour s'enquérir si elle est sainte et juste[1]. »

Enfin Pascal a pris soin de récapituler lui-même en ces termes les préceptes d'Épictète. « Je trouve dans Épictète un art incomparable pour troubler le repos de ceux qui le cherchent dans les choses extérieures, et pour les forcer à connaître qu'ils sont de véritables esclaves et de misérables aveugles ; qu'il est impossible qu'ils trouvent autre chose que l'erreur et la douleur qu'ils fuient, s'ils ne se donnent sans réserve à Dieu seul... Épictète est un des philosophes du monde qui ont le mieux connu les devoirs de l'homme. Il veut, avant toutes choses, que les hommes regardent Dieu comme leur principal objet, et soient persuadés que Dieu fait tout avec justice : qu'ils se soumettent à lui de bon cœur, et qu'ils le suivent volontairement en tout, comme ne faisant rien qu'avec une

---

1. Voy. le *Second Alcibiade*. On a élevé quelque doute sur l'authenticité de ce dialogue. Si l'auteur n'est pas Platon, c'est toujours un auteur ancien. Mais les digressions qu'il renferme sur l'ignorance, la connaissance et la folie sont tout à fait conformes aux théories sur le même sujet du *Théétète*, du *Sophiste* et du *Parménide*, et les préceptes qu'il donne sur la prière sont semblables à ceux de Socrate et à la manière dont Platon envisage les biens de ce monde dans sa *République*. Voy. notamment édit. H. E., t. II, p. 604, c.

très-grande sagesse; qu'ainsi cette disposition arrêtera toutes les plaintes et tous les murmures, et préparera leur cœur à souffrir paisiblement les événements les plus fâcheux. Ne dites jamais : j'ai perdu cela : dites plutôt : je l'ai rendu; mon fils est mort : je l'ai rendu; ainsi des biens et de tout le reste... Pendant que Dieu vous en permet l'usage, ayez-en soin comme d'un bien qui appartient à autrui, comme un homme qui fait voyage se regarde dans une hôtellerie. Vous ne devez pas, dit-il encore, désirer que les choses qui se font, se fassent comme vous le voulez; mais vous devez vouloir qu'elles se fassent, comme elles se font... Ayez tous les jours devant les yeux la mort et les maux qui semblent les plus insupportables, et jamais vous ne penserez rien de bas, et ne désirerez rien avec excès. Il montre aussi en mille manières ce que doit faire l'homme : il veut qu'il soit humble; qu'il cache ses bonnes résolutions, et qu'il les accomplisse en secret... Il ne se lasse point de répéter que toute l'étude et le désir de l'homme doivent être de reconnaître la volonté de Dieu et de la suivre[1]. »

§ 9. Des dissentiments sur les applications des principes de la morale.

Mais, dira-t-on, si nous avons une conception idéale de la vertu, d'où viennent nos dissentiments et nos hésitations sur la conduite que nous avons à tenir? Pourquoi la morale diffère-t-elle suivant les temps et suivant les pays? Comment ce même Pascal a-t-il été en droit d'écrire ces lignes éloquentes : « On ne voit presque rien de juste ou d'injuste qui ne change de qualité en changeant de climat. Trois degrés d'élévation du pôle ren-

---

1. *Pensées,* édit. Faug., t. I, p. 350 et 365.

versent toute la jurisprudence; un méridien décide de la vérité, ou peu d'années de possession. Les lois fondamentales changent. Le droit a ses époques... Plaisante justice qu'une rivière borne! Vérité en deçà des Pyrénées, erreur au delà!... Le larcin, l'inceste, le meurtre des enfants et des pères, tout a eu sa place entre les actions vertueuses. Se peut-il rien de plus plaisant qu'un homme ait droit de me tuer parce qu'il demeure au delà de l'eau, et que son prince a querelle contre le mien, quoique je n'en aie aucune avec lui [1]. »

Nous répondrons d'abord que les lois écrites, et même les lois révélées, n'ont point porté remède à ces incertitudes; on ne peut donc en rien inférer contre l'existence d'une loi naturelle. Les hommes ont de tout temps laissé un grand intervalle entre la manière dont ils ont conçu la vertu, et celle dont ils l'ont pratiquée. La devise, *je vois le bien, je l'approuve, et c'est le mal que je fais*, est la devise de tous les âges [2]. Si les mœurs de l'antiquité sont plus éloignées qu'il ne le faudrait de l'idée de la vertu, les nôtres n'y sont pas aussi conformes que la raison le demanderait.

Parmi les vertus les plus importantes sont la justice et la bienfaisance, qui ordonnent de ne pas nuire à notre prochain, et de servir ses intérêts. Mais quel est notre prochain? et en quoi consistent ses intérêts? Le prochain change pour nous suivant les temps; et ses intérêts sont modifiés par les circonstances. Ce sont là deux grandes causes de la variation des mœurs.

Le sauvage ne peut pas prendre pour son prochain ou pour son semblable l'homme de la tribu ennemie, qui conjure sa ruine. Le devoir envers le prochain doit se concilier avec le droit de la défense personnelle. On re-

---

1. *Pensées*, t. II, p. 126 et 127.
2. Ovide, *Métamorphose*, liv. VII, v. 21. Saint Paul, *Épître aux Romains*, chap. VII, vers. 15.

proche aux Romains d'avoir écrit cette maxime dans les douze tables ; *adversus hostem æterna auctoritas*[1] : mais c'est à peine si aujourd'hui nous commençons à entrevoir que tous les hommes sont frères, et que les intérêts des peuples peuvent se concilier, comme ceux des individus. Il y a encore beaucoup d'oreilles auxquelles le nom d'*étranger* sonne comme le nom d'*ennemi*.

Représentons-nous deux sauvages de tribus différentes se rencontrant pour la première fois : ils ont des costumes dissemblables ; la couleur de la peau est quelquefois différente, et ils ne parlent pas la même langue : ils éprouvent un sentiment naturel à l'enfant et aux barbares, la peur de l'inconnu[2]. Comment l'un prendrait-il l'autre pour son prochain ou pour son semblable? Ils ne ressentiront que la défiance et la haine, et la guerre s'allumera de tribu à tribu.

La guerre de tribu à tribu, c'est la guerre sur toutes les parties du territoire. Ces peuplades malheureuses endurent toutes les souffrances du corps, le froid, le chaud, la faim, la fatigue, la maladie; dans leurs chasses contre les animaux féroces, elles reçoivent des blessures qui sont aggravées par l'incurie et l'ignorance; elles souffrent les tortures de la peste et de la famine, et elles ont sous les yeux le spectacle continuel de la mort. Au milieu de tant de maux, la guerre ne peut être qu'impitoyable et atroce. C'est d'ailleurs une lutte corps à corps et comme une multitude de combats singuliers où chacun reçoit et porte directement les coups les plus cruels[3]. Les adolescents sont préparés aux combats et aux supplices qui les attendent chez l'ennemi, par une discipline qui est elle-même une sorte de supplice. Souvent il faut sacrifier les nouveau-nés pour les préserver des dou-

---

1. Ciceron, *De Officiis*, liv. I, chap. XII.
2. Voy. plus haut, t. I, liv. IV, ch. II, § 10.
3. Voy. la *Morale sociale*, par Ad. Garnier, p. 323.

leurs de la faim, et souvent aussi à l'approche d'une tribu puissante et victorieuse, les vieillards et les infirmes de la tribu vaincue ne peuvent être défendus contre les tourments réservés aux prisonniers de guerre, que par une mort volontairement donnée. Ce massacre des vieillards qu'on reprochait aux Massagètes, cet abandon des nouveau-nés, ces supplices infligés aux adolescents, dont on accusait les Spartiates, tous ces maux se retrouvent de nos jours chez les habitants de l'Araucanie, chez les Indiens des Pampas, et chez la plupart des Indiens de l'Amérique septentrionale; ils sont amenés par les mêmes causes.

Mais l'abandon des enfants, va-t-on dire, peut être reproché aux Athéniens et aux Romains, jusque dans les plus beaux jours de leurs républiques; Tacite est le premier qui ait jeté le blâme sur l'exposition des enfants. Nous pourrions répondre que l'exposition est moins fréquente à mesure que la condition des peuples devient meilleure; mais, si nous accordons que la dureté du cœur a pu causer un grand nombre d'expositions dans l'antiquité, prétendra-t-on que les temps modernes ont été purs de cette tache? N'a-t-il pas fallu même au XVIIe siècle qu'un saint prêtre ramassât sur la neige les nouveau-nés qu'on y laissait périr, et encore aujourd'hui ne faut-il pas que l'État recueille les enfants abandonnés de la misère et de la débauche?

Les barbares regardent leurs ennemis comme les ennemis de leurs dieux, ils croient que ces dieux partagent la soif sanguinaire dont ils sont eux-mêmes altérés, et ils leur sacrifient des victimes humaines. Mais les modernes n'ont-ils pas allumé des bûchers pour les impies, et prenant mal à propos exemple sur les temps barbares, n'ont-ils pas, au XVIe, au XVIIe et jusqu'au milieu du XVIIIe siècle, frappé de mort les prétendus ennemis de leur Dieu?

Quelques peuplades sauvages de l'Amérique ou de l'Afrique commettent des vols sur les vaisseaux des Européens qu'ils sont admis à visiter. Mais l'étranger est l'ennemi, comme nous l'avons dit tout à l'heure. Ce n'est pas encore le prochain ou le semblable. Moïse lui-même permet de faire l'usure avec l'étranger[1] et de dérober les vases d'or et d'argent des Égyptiens[2]. Il n'y a pas longtemps que le droit d'aubaine dépouillait l'étranger qui mourait dans notre pays ou faisait naufrage sur nos côtes. La piraterie, dit-on, n'était pas odieuse chez les Grecs : nous répondons que la piraterie ne s'exerçait pas contre les citoyens, mais contre l'étranger; et il n'y a pas encore longtemps, lorsque la guerre éclatait entre deux nations policées, chacune d'elles délivrait, sous le nom de *lettres de marque,* la permission de piller chez l'autre les paisibles navires des marchands.

L'ardeur de la vengeance, ajoute-t-on, est le trait distinctif des populations antiques, et particulièrement des anciennes populations arabes; elle se transmet de générations en générations et entretient l'émulation du crime. Dans tous les temps, dirons-nous, et dans tous les lieux où le cours de la justice publique n'est pas assuré, les citoyens sont obligés de se faire une justice privée. Les fils de Jacob vengent leur sœur eux-mêmes contre les habitants de la ville de Sichem[3]; et aujourd'hui, chez les populations chrétiennes de l'Italie et de la Corse, les vengeances sanguinaires prévalent encore sur l'autorité mal affermie du jury et des tribunaux.

On reproche à quelques populations sauvages d'imposer aux femmes les travaux du labourage, dont les hommes sont dispensés; mais quand la guerre est continuelle, les hommes en prennent la tâche et laissent aux

---

1. *Deutéronome*, XXIII, 20.
2. *Exode*, XII, 35-36.
3. *Genèse*, XXXIV, 25-29.

femmes le travail moins rude de la culture des champs. D'ailleurs, les femmes en sont-elles entièrement exemptes de nos jours ? La vertu qui est la plus prisée dans les temps barbares est la vertu guerrière, et les femmes, qui en sont dépourvues, se trouvent dans un état d'infériorité voisin de l'esclavage. On se rit du barbare qui, pendant la route, monte sur le cheval et laisse la femme à pied et chargée du bagage : ne saurait-on trouver, de nos jours, un maître qui aille les bras libres et laisse porter les fardeaux à sa servante ?

« Mais, se récrie-t-on, dans l'antiquité, les femmes, presque esclaves, n'ont d'autre destination que de donner des héritiers à leurs maris, et elles sont soumises à l'humiliation de la polygamie. Indépendamment de la pluralité des femmes légitimes, l'antiquité autorise encore l'existence des concubines. On en voit l'exemple dans l'histoire des patriarches et des rois David et Salomon. Le nom par lequel les Athéniens désignaient la courtisane ἑταίρα n'était pas flétrissant. »

Platon, dans *les Lois*, défend tout commerce avec une autre femme que l'épouse légitime ; et s'il n'a pas été obéi, sa voix est-elle mieux écoutée de nos jours ? Les peuples chrétiens ont-ils chassé de leurs murs les courtisanes ? Les législateurs modernes les ont-ils au moins flétries ? Leur interdit-on, comme à Athènes, l'entrée des temples, l'accès de la place publique, l'usage de certains vêtements ? La loi civile française défend la pluralité des mariages, mais elle ne défend pas la pluralité des unions. L'homme ne peut prendre devant la loi qu'une seule femme et la femme qu'un seul mari ; mais la loi ne sévit contre les unions illégitimes qu'en diminuant l'héritage des enfants que donnent ces unions, c'est-à-dire en punissant l'innocence. Elle ne s'informe même pas si les enfants naturels qu'un homme reconnaît, lui viennent d'une ou de plusieurs unions illégitimes. Et que fait-elle pour garder la sainteté du mariage? L'adultère de l'épouse est puni, et il l'était dans l'antiquité, même avec excès, mais celui de l'époux, commis hors de la maison conjugale, demeure sans punition [1].

On s'élève contre les mariages incestueux des frères et des sœurs, en usage chez les Hébreux, les Grecs et toutes les populations primitives. Mais il faut remarquer que ces mariages ne se faisaient qu'entre les frères et sœurs de mères différentes : Sarah n'était que la sœur consanguine d'Abraham. Le Grec pouvait épouser sa sœur de père et non sa sœur de mère. Cette différence venait de ce que le Grec n'entrait pas dans l'appartement des femmes et que sa belle-mère et les filles de celle-ci lui étaient aussi étrangères que les femmes d'une autre famille. La possibilité du mariage entre le fils du premier lit et la fille du second, ne courait pas risque d'amener le relâchement des mœurs domestiques. Pour la même raison, l'oncle pouvait épouser la nièce. A Rome, où le commerce des deux sexes était plus libre, les mariages des oncles et des nièces, des frères et des sœurs consanguins n'étaient pas permis [2]. A ces raisons on peut ajouter que si une famille vit seule au milieu de ses esclaves, comme la famille d'un patriarche, ou au milieu de ses sujets, comme la famille d'un roi de l'Orient ou de l'Égypte, les mariages ne peuvent guère s'établir qu'entre les membres de la même famille, à moins de renverser l'ordre et la hiérarchie de l'État.

L'esclavage est le sujet d'une des plus graves accusations contre l'antiquité. En effet, la servitude, jugée de l'état de civilisation où nous sommes, est un fléau et un crime; mais, jugée du point de vue de la société primitive, l'esclavage est l'adoucissement d'une condition plus

---

1. Voy. la *Morale sociale*, par Ad. Garnier, p. 111.
2. Hume, *OEuvres philosophiques*, trad. franç., t. V, p. 88.

malheureuse encore. Il remplace le massacre des prisonniers. A l'époque où il s'établit, plusieurs tribus se sont fondues en une seule; les plus faibles ont été soumises; la guerre n'existe plus de tribu à tribu, c'est-à-dire d'homme à homme; une nation s'est formée. La guerre est reportée aux frontières du pays; les hommes libres seuls la supportent; tous les esclaves en sont dispensés : la plus grande partie du territoire est donc soustraite à la dévastation et au pillage; et le plus grand nombre des hommes peut se livrer aux travaux de la paix. C'est une cause d'amélioration pour la vie matérielle et pour les mœurs.

Y a-t-il des peuplades auxquelles il soit avantageux de se soumettre à d'autres? Qui peut douter qu'il en ait été ainsi à l'origine de la servitude[1]? Aujourd'hui encore les tribus sauvages de l'Amérique du Nord disparaissent rapidement sous les ravages des maladies contagieuses, des famines, des débauches, que favorisent les peuples policés qui les entourent, et des guerres d'extermination qu'elles continuent de se livrer entre elles, comme tous les peuples barbares. Si les Américains des États-Unis, au lieu de chasser au désert ces malheureuses peuplades, et d'ajouter ainsi à leurs maux, leur eussent imposé la paix, même avec la servitude, il est probable que ce joug eût été un bienfait, que cette règle eût assuré l'existence et le perfectionnement de ces races maintenant destinées à périr. Nous accordons que les maîtres antiques ont abusé de leur pouvoir, qu'ils ont prolongé leur empire au delà du temps où l'obéissance était, comme le dit Aristote, avantageuse aux esclaves; qu'ils ont cru, à tort, que la différence entre les races était essentielle et non accidentelle, et qu'ils n'ont pris aucun soin pour la faire disparaître; qu'ils n'ont pas compris les révoltes de

---

1. Voy. la *Morale sociale*, par Ad. Garnier, p. 168.

Spartacus et des esclaves de la Sicile, qu'ils n'ont pas vu que le temps de l'égalité était venu ; mais les maîtres modernes, les maîtres chrétiens ont-ils été plus sages? Ont-ils entendu l'avertissement que leur donnaient les révoltes de Saint-Domingue? Ont-ils accueilli volontiers les lois qui cherchaient à élever la condition des esclaves, et à opérer peu à peu l'affranchissement[1] ; enfin un pieux évêque n'est-il pas allé jusqu'à dire que l'esclavage considéré en soi était une chose licite[2]?

Ainsi que nous l'avons dit, la maxime qui préside à la morale sociale est de ne pas nuire et de rendre le plus de services qu'il est possible ; mais les intérêts qu'il faut ménager et servir varient selon les circonstances; et la connaissance que les hommes ont de leurs véritables intérêts change aussi suivant le progrès des sciences. Quand on consulte l'histoire, on reconnaît que les législateurs, dans les plans divers qu'ils ont imaginés, se sont toujours réglés sur ce qui paraissait alors l'utilité générale, et qu'ils ont ainsi rempli leur devoir.

Une forme de société qui a le plus attiré l'attention des philosophes est celle que Lycurgue appropria aux nécessités de son temps. Lycurgue, au neuvième siècle avant Jésus-Christ, dans une époque barbare, ayant à régler la société des Spartiates, au moment où elle se défend contre ses voisins et où les ilotes sont encore mal soumis, reconnaît que tous les ressorts de l'État doivent être tendus vers la guerre. Il constitue son peuple comme une armée sur le champ de bataille ou dans une ville assiégée. Il se délivre des bouches inutiles et fait périr les enfants mal conformés. Celui qui se rend coupable de lâcheté dans le combat n'est pas admis dans la

---

1. *Morale sociale*, p. 166-180.
2. *Institutiones philosophicæ*, ad usum collegiorum et seminariorum auctore J. B. Bouvier, episcopo Cenomanensi. Paris, 1841, t. III, p. 244.

société des autres citoyens; il occupe la dernière place dans les spectacles; il est obligé de se lever devant de plus jeunes que lui. Les guerriers portent un vêtement rouge, dont la couleur dérobe la vue du sang; ils n'ont qu'un bouclier d'airain, qui ne se rouille pas et se nettoie facilement; ils laissent leurs cheveux longs et en désordre, pour se rendre plus effroyables à l'ennemi. Afin de mieux associer tous les citoyens à la défense de l'État, le législateur détruit la famille; il ne protége pas le mariage; il laisse l'adultère impuni; il fait asseoir les hommes à des tables publiques, pour qu'ils ne puissent enfreindre la tempérance ni se faire une vie à part. Il veut que les enfants ne connaissent pas d'autres parents que la patrie. Dès leur septième année, ils sont ravis à leur mère, élevés en commun, nourris d'un aliment grossier. On les voit vêtus du même habit en toute saison, marchant pieds nus, formés, par une rude discipline, aux privations de la guerre. Les plus adroits et les plus braves d'entre les jeunes gens sont chargés de veiller, la nuit, à l'exécution de la loi qui, pour empêcher les complots des ilotes, leur défend, sous peine de mort, de sortir pendant les ténèbres [1]. Les femmes sont fortifiées par les exercices du corps, et les hommes ne peuvent s'unir à elles qu'à trente ans, afin que ces mariages produisent des rejetons plus vigoureux; les terres sont partagées par égales portions entre tous les citoyens. On peut se servir des esclaves, des chevaux, des chiens et des provisions d'autrui. Les citoyens ne peuvent exercer ni le labourage, ni les arts mécaniques qui sont abandonnés aux esclaves; ils ne s'emploient qu'à la chasse et à la guerre. Le commerce n'est pas favorisé, parce qu'on y voit la source des fortunes individuelles et des intérêts

---

1. Voy. un *Mémoire sur la Cryptie*, lu par M. Henri Wallon, à l'Académie des inscriptions et belles-lettres.

privés. Les échanges se font en nature ou par le moyen d'une monnaie de fer si lourde, qu'il faut un chariot pour transporter une faible somme. C'est une richesse qui ne peut commodément s'entasser ni former des trésors particuliers. Ceux qui ont de l'or ou de l'argent sont punis d'une forte amende. La propriété n'est d'ailleurs pas plus encouragée que le mariage, et, de même que l'adultère est impuni, le vol des objets propres à la subsistance demeure sans châtiment, à condition qu'il ne soit pas exécuté avec violence, ce qui troublerait la paix, mais avec ruse et adresse, ce qui est une préparation à l'art de la guerre; celui qui se laisse surprendre reçoit la peine du fouet[1].

Cette forme d'État convenait si bien à la fin que se proposait Lycurgue, c'est-à-dire à la guerre, que Platon l'a prise pour le modèle du régime des guerriers dans sa *République*, et qu'elle a servi de règle à l'organisation de nos armées. On a reproché à Platon d'avoir établi dans son État la communauté des biens et la communauté des femmes. Mais dans la *République* de Platon, les magistrats, les laboureurs et les artisans ont leur propriété et leur famille, comme dans le dialogue des *Lois*[2]. Les guerriers seuls n'ont pas de propriété, pour n'être pas détournés de la défense du pays par des intérêts particuliers. Ils sont nourris par les autres classes de citoyens. Cela ressemble à la solde que nous donnons à nos armées et nullement à la communauté des biens. De même, dans la République de Platon les guerriers seuls n'ont pas de famille, pour la même raison qui leur fait interdire la propriété. Ils choisissent, non parmi les femmes engagées dans les liens du mariage avec les citoyens des trois autres classes, mais parmi les femmes libres, les

---

1. Xénophon, le *Gouvernement des Lacédémoniens*.
2. Voy. la *Morale sociale*, déjà citée, p. 24.

objets d'unions passagères d'où résultent des enfants qui ne connaissent pas leur père et n'appartiennent qu'à l'État. Nous demandons si dans nos grandes armées permanentes on encourage beaucoup le mariage des soldats et même des officiers, et s'ils ne tombent pas forcément dans une condition très-semblable à celle des guerriers dans la République de Platon. Ce philosophe, voulant donner à son État le rempart d'une force nombreuse et toujours armée, lui appliquait une constitution militaire dont il voyait une ébauche dans la République de Sparte, et qui se retrouve dans nos armées. Seulement il mettait dans les règlements ce qui, chez nous, n'est que dans l'usage et dans la force des choses.

Mais la faute de Lycurgue a été de croire que la guerre était l'état permanent d'une société ; il ne pouvait prévoir que les peuples soumis s'accoutumeraient au joug et finiraient par s'associer et s'assimiler complétement au peuple vainqueur, lorsque celui-ci se relâcherait de ses priviléges. Lycurgue pensait qu'il avait fondé pour toujours une république guerrière, pauvre et sans ambition ; mais, dit Xénophon, si c'était un crime autrefois à Sparte de posséder de l'or et de l'argent, aujourd'hui l'on s'en fait gloire ; et ces Lacédémoniens qui jadis, peu soucieux de commander aux autres hommes, se contentaient de s'en rendre dignes, et à qui les autres peuples allaient sans défiance demander des généraux, cherchent maintenant à établir leur domination au dehors et sont odieux à toute la Grèce [1].

En des temps meilleurs, Solon eut à régler le gouvernement des Athéniens, et, trouvant une république depuis longtemps en paix avec les États voisins, il ne fut pas obligé de lui donner la forme belliqueuse de Lacédémone. Il ordonna qu'une délibération publique pré-

---

1. Xénophon, le *Gouvernement des Lacédémoniens*, chap. XIV.

cédât toujours la déclaration de guerre; il respecta les sentiments de la nature, laissa se former librement la famille et la propriété. Le mariage fut honoré et l'adultère puni; il accorda le droit de tuer la femme coupable de ce crime. Les unions illégitimes furent entravées par la défaveur jetée sur les rejetons de ces unions et sur ceux qui s'y abandonnaient. On obligea les pères de pourvoir à l'avenir de leurs enfants et de leur assurer un état; les enfants qui avaient été instruits dans un métier par les soins de leurs parents eurent l'obligation de nourrir ceux-ci lorsqu'ils tombaient dans le besoin. La propriété reçut la protection de la loi; le vol encourut un sévère châtiment; l'agriculture et les arts mécaniques furent exercés par les hommes libres; on interdit l'oisiveté; chacun dut rendre compte de ses moyens d'existence; on encouragea l'industrie, les échanges et la richesse privée par une monnaie d'argent et d'or; l'accès à la propriété fut ouvert à chacun par la liberté de vendre et de donner et par le droit illimité de tester, accordé à ceux qui n'avaient pas d'enfants. Mais, pour empêcher que l'intérêt particulier ne détournât les Athéniens de l'intérêt public, Solon obligea chaque citoyen de prendre parti dans les dissensions politiques, persuadé que les honnêtes gens sont toujours les plus nombreux, et qu'en les forçant de descendre dans l'arène, on ferait triompher la justice. Les neutres furent infâmes et bannis, et l'on prononça la peine de mort contre tout citoyen qui, à l'armée, livrerait ses armes à l'ennemi, quitterait son rang, jetterait son bouclier ou s'endormirait à son poste [1].

Il n'est pas de notre objet d'examiner si les lois civiles des Athéniens furent copiées par les Romains du temps

---

1. Plutarque, *Vie de Solon*; Diogène de Laërte, *Vie de Solon*; Meursius, *Thémis attique*, Utrecht, 1685; Samuel Petit. *La jurisprudence romaine et attique*, etc. Leyde, 1741, t. III

des décemvirs, ou si, comme le pense Vico, et comme il est plus vraisemblable, les mêmes circonstances produisirent les mêmes lois chez les deux peuples, sans communication de l'un à l'autre. Dans les trois premiers siècles de Rome, l'établissement romain ressemble plus à celui de Sparte qu'à celui d'Athènes, parce que Rome se trouve dans les mêmes conditions que Lacédémone. Elle soutient contre ses voisins une guerre continuelle. En conséquence, les hommes libres n'exercent point d'autre métier que celui des armes; la loi ne s'occupe pas de la famille; le père a le droit de vie et de mort sur ses fils; il les expose ou les fait périr s'ils sont mal conformés ou s'il ne peut les nourrir; les enfants sont durement préparés aux travaux militaires par les exercices du champ de Mars. Brutus et Manlius condamnent à mort leurs propres fils; un consul voyant venir son père monté sur un cheval, lui ordonne de mettre pied à terre devant les faisceaux consulaires.

Lorsque le pouvoir de Rome sur les peuples voisins s'est affermi, sa constitution change peu à peu et se rapproche de celle d'Athènes. La famille s'établit; la loi demande au père compte de ses enfants; la femme, qui autrefois n'était pas dotée, qui était achetée de son père, comme nous le voyons au temps de Rachel et de Lia et dans tous les temps barbares, qui pouvait être répudiée par le mari sans motif, reçoit une dot et par là de l'indépendance; elle ne peut plus être répudiée que pour des causes alléguées devant le magistrat; plus tard elle est admise à solliciter le divorce et échappe ainsi à la tyrannie d'un indigne époux. Elle arrive peu à peu à l'indépendance et à la dignité que nous lui voyons dans les temps modernes. Enfin, le droit romain parvient, avec le temps, à protéger si bien tous les intérêts et tous les droits, qu'il mérite le nom de *raison écrite*, et qu'il sert de fondement à la législation de tous les peuples modernes.

Mais comment défendre les Romains de deux accusations qui tombent sur les plus beaux temps de leur gloire et sur les plus grands hommes de leur république ? Brutus, Cassius, et avec eux les plus illustres citoyens se sont rendus coupables d'un assassinat et ont été loués par Cicéron et par ce qu'il y avait de plus honnête dans Rome. De plus, Caton, Brutus et Cassius se sont donné ou fait donner la mort, et ont reçu les louanges de Lucain et d'autres personnages considérés comme irréprochables. De quelle façon concilier la connaissance si profonde du bien et du mal qui distingue les Romains, avec la pratique et l'éloge de l'assassinat et du suicide ?

Les révolutions sont des changements opérés au grand jour par la majorité des nations ; elles sont utiles et durables, mais les conspirations sont tentées dans l'ombre par une poignée de citoyens, qui n'ont pas le peuple avec eux ; les ténèbres dont ils sont obligés de s'entourer en sont la preuve. Les conspirations et les meurtres des tyrans ne changent jamais la constitution d'un empire, et ils ont, dit David Hume[1], l'inconvénient de rendre les successeurs du prince assassiné plus défiants, plus oppresseurs et plus cruels. Brutus et Cassius n'avaient pas vu qu'à leur époque l'empire romain était trop vaste pour être gouverné par une assemblée ; qu'il fallait que le pouvoir fût concentré en une seule main. S'ils avaient connu les inconvénients des conspirations, et s'ils avaient su qu'ils ne faisaient que changer le nom du maître de Rome, ils auraient abandonné leur sentiment ; mais ils manquaient des lumières de l'histoire et ils ont cru servir la patrie.

Quant au suicide par lequel Caton et les vaincus de Philippes ont terminé leurs jours, nous dirons que l'obligation de ne pas s'arracher la vie, quand cette vie n'est

---

1. Hume, *OEuvres philosophiques*, trad. franç., t. V, p. 37 et 300.

utile à personne, est un devoir religieux, et que la différence du jugement des stoïciens et du nôtre à ce sujet tient à la différence des croyances religieuses. Nous regardons la vie comme un combat que Dieu nous impose et dont il se réserve de décerner le prix ; nous croyons avec Socrate et Platon, que nous sommes sous la main de Dieu et que nous ne devons pas chercher à nous y soustraire [1] ; mais les stoïciens pensaient que les dieux se plaisent à voir le courage et la lutte de l'homme de bien contre l'adversité, et que si le fardeau excède ses forces, ils lui permettent de le rejeter. Il ne faut donc pas imputer à un vice de la morale une faute de raisonnement sur les rapports de l'homme avec la divinité.

Les temps de l'empire romain sont séparés des nôtres par le moyen âge, dont les mœurs et les coutumes ont aussi encouru quelques reproches. Aux derniers jours de l'empire, les peuples barbares, dont les uns avaient été les auxiliaires des légions, et dont les autres n'étaient plus contenus par les armes romaines, s'emparent des pays qu'on les employait à garder ou qu'on ne défendait plus contre leurs entreprises. La peuplade victorieuse sent le besoin de rester fortement unie ; elle partage entre ses membres la plus grande partie des terres. Le roi donne à ses principaux chefs les domaines les plus importants à titre de dépôts ou de fiefs, et à la condition qu'ils s'acquitteront envers lui du service militaire avec les hommes qui seront sur leur territoire. Peu à peu les fiefs deviennent héréditaires ; mais, pour ne pas laisser diviser et affaiblir le pouvoir du vainqueur, les fiefs ne peuvent tomber entre les mains des filles, ni se partager entre tous les fils. L'aîné seul recueille l'héritage ; le reste de la famille est sacrifié à la nécessité de ne pas diminuer les forces des conquérants. Telles sont les origines du

---

1. *Phédon*, édit. H. E., t. I, p. 62, *b*.

droit d'aînesse et de la prérogative des fils sur les filles ; mais bientôt à la nécessité guerrière succèdent le pouvoir de la coutume et du préjugé et le pur orgueil du rang, qui maintiennent ces priviléges plus longtemps qu'il n'est nécessaire, au milieu même d'une société où les peuples soumis ont, depuis longtemps, déposé les armes, dépouillé tout sentiment d'hostilité et gagné, par les progrès de l'industrie, du travail et de l'intelligence, le droit à l'égalité. Ce préjugé et cet orgueil sont les obstacles contre lesquels le dix-huitième siècle travaille et combat, qui ne cèdent qu'à peine aux violentes secousses de notre révolution, et qui sont encore debout dans toute l'Angleterre. Mais si celui qui est sans tache a seul le droit de jeter la pierre aux coupables, nous n'avons pas de condamnation à prononcer. Parmi nous, les restes de l'ancienne société sont encore visibles. Les tronçons de ce corps coupé en mille morceaux se rejoignent ; les anciennes familles nobles s'efforcent de ne s'allier qu'entre elles. Si les brèches de leur fortune les contraignent de rechercher l'héritière d'une famille riche, mais sans nom, quelle que soit la pureté de cette jeune fille, l'élévation de ses sentiments, la culture de son esprit, ils appellent une mésalliance l'union qu'ils contractent avec elle. Leurs pères se séparaient de la nation par le besoin de se défendre ; ceux-ci s'en éloignent par une aveugle estime d'eux-mêmes et un aveugle mépris des autres. La classe des parvenus n'est-elle pas aujourd'hui tout aussi fière vis-à-vis de la classe qui travaille encore, que les nobles l'étaient autrefois vis-à-vis des parvenus ? Le bourgeois pourvu des places dont l'État dispose trouve juste qu'on les transmette à ses enfants de préférence à tous les autres. Étant ainsi disposés nous-mêmes, pouvons-nous reprocher aux temps anciens et au moyen âge les sentiments des patriciens envers les plébéiens, des seigneurs envers les serfs, de la noblesse envers la roture ?

Nous ne disons pas toutefois qu'il n'y ait pas eu quelque progrès dans les mœurs. Certains préceptes de la morale sont plus généralement observés dans les temps modernes que dans le moyen âge et surtout dans l'antiquité. Nous respectons plus la vie et la liberté de nos semblables. Le pouvoir paternel qui était dur et despotique s'est adouci et attendri. La condition des femmes s'est élevée, leur présence dans la société des hommes a peu à peu rendu plus retenus les actes et ensuite les discours. Mais ces progrès ne doivent pas nous empêcher de reconnaitre les vertus des temps anciens, même celles de la tribu sauvage. La tribu nous présente le spectacle du courage guerrier, du respect de la vieillesse, de la piété envers les dieux, du dévouement à la patrie et à l'amitié, et de l'inaltérable fidélité de l'épouse. Les nations antiques nous offrent les mêmes vertus et elles nous en font admirer d'autres encore, telles que le désintéressement et le mépris des richesses dans Bias et Fabricius; la résignation et l'humilité dans Anaxagore et Épictète; la justice dans Aristide et Publicola; la clémence et la magnanimité dans Thémistocle et Fabius; la bienveillance et la douceur dans Épaminondas et Titus.

Quant aux dissentiments des hommes de la même époque, ils ne portent pas sur les maximes de la conception morale, mais sur l'application de ces maximes aux circonstances matérielles de cette vie. Il y a, par exemple, trois questions de morale qui sont aujourd'hui controversées : l'aumône, le divorce et la peine de mort. Voici les raisons de cette controverse. Le secours accordé à un pauvre diable est une chose louable en elle-même, mais si l'on découvre que par là on encourage la paresse, l'aumône devient une faiblesse plutôt qu'une vertu[1]. La discussion

---

1. Hume, *OEuvres philosophiques*, trad. franç., t. V, p. 36.

ne porte donc pas sur cette question de droit : est-il bien de soulager son semblable ? mais sur cette question de fait : dans la forme actuelle de la société, le pauvre trouve-t-il toujours des moyens de se procurer du travail ? Les principes de la morale n'ont rien à nous apprendre sur ce sujet, et l'on ne peut les accuser ici de notre ignorance. Touchant le divorce, les maximes de la morale nous apprennent que le père et la mère doivent protection à leurs enfants, que la femme doit être défendue contre l'inconstance et la tyrannie de l'époux et aussi contre sa propre humeur et sa propre inconstance ; mais elles ne nous enseignent pas si ces fins sont mieux atteintes par le mariage indissoluble ou par le divorce. Suivant les uns, l'espoir de rompre le mariage peut encourager le désir du changement et l'humeur despotique ; suivant les autres, la crainte de le voir rompu empêche les infidélités, les injures et les mauvais traitements. Selon les premiers, le sort des enfants est à plaindre, lorsque les parents sont séparés et engagés de part et d'autre dans de nouveaux liens ; selon les seconds, il est plus insupportable encore, lorsque le père et la mère restent malgré eux dans une chaîne qui leur est odieuse, et qui est rompue de fait sinon de droit. De part et d'autre on est d'accord sur les maximes de la morale ; on ne se partage que sur les vérités de fait que l'expérience et l'histoire peuvent seules nous enseigner [1]. Quant à la peine capitale, nous savons que celui qui viole la loi doit être puni, c'est-à-dire qu'il doit souffrir plus que celui qui ne la viole pas : voilà tout ce que nous apprend la conception morale ; elle n'indique pas le degré du mal qu'il faut infliger au coupable. Dans une société heureuse, la justice sera satisfaite par une plus faible peine que dans une société malheureuse. La condition générale

---

1. Voy. la *Morale sociale*, p. 113-120.

est-elle arrivée ajourd'hui à un tel état de douceur et de prospérité que le châtiment qui est immédiatement au-dessous de la peine capitale, paraisse assez sévère même contre l'assassinat? La conception morale n'a rien à nous apprendre sur ce sujet: c'est encore une question que l'expérience seule peut décider[1].

Nous ajouterons que la passion offusque souvent la clarté de la conception morale, et que par là, sur une même question, l'homme intéressé n'est pas du même avis que l'homme dégagé de tout intérêt. Les causes de nos dissentiments avec autrui nous mettent aussi en désaccord avec nous-même. Nous n'hésitons pas sur la maxime, mais sur les moyens qui doivent en procurer l'exécution. La plupart du temps, nous sommes retenus par nos intérêts. Le doute, a dit Cicéron, prouve l'empire de la passion, car l'équité brille d'elle-même[2]. Cependant, il peut arriver que deux devoirs se trouvent en concurrence l'un avec l'autre, et la science morale doit régler la prééminence des devoirs en les rattachant aux maximes générales que nous avons posées. Cicéron a consacré presque tout le troisième livre de son traité *de Officiis* à résoudre les questions qui naissent de la lutte entre les devoirs. Il suppose, par exemple, qu'un fils, instruit du crime caché de son père, se trouve entre son devoir filial, qui lui ordonne de sauver l'auteur de ses jours, et son devoir de citoyen, qui lui commande d'avertir l'État. Il répond justement que l'intérêt de l'État est que le fils soit pieux envers le père, et que, en gardant le silence, il accomplira en même temps son devoir envers son père et son devoir envers sa patrie. Nous renvoyons à cet ouvrage, où le philosophe romain a montré la sagacité d'un esprit habitué à réfléchir sur la règle de

---

1. *Morale sociale*, p. 320-359.
2. *Æquitas enim lucet ipsa per se; dubitatio cogitationem significat injuriæ.* (*De Officiis*, l. Ier, chap. xxx.)

nos actions. Nous nous bornerons à dire ici qu'il y a plusieurs sortes de devoirs ; que les devoirs peuvent se limiter les uns les autres, et qu'il faut éviter d'en suivre un à l'exclusion de tout le reste. On a souvent répété, de nos jours, qu'il n'est pas bon de suivre un principe jusqu'à ses dernières conséquences : c'est un langage inexact ; on devait dire qu'il ne faut pas suivre un principe jusqu'à violer les autres avec lesquels on doit savoir le concilier. Par exemple, il faut respecter la liberté des citoyens et assurer l'ordre de l'État : nous ne devons pas nous arrêter au hasard dans l'exécution de l'un ou de l'autre principe, uniquement pour ne pas le pousser à ses dernières conséquences, car la logique condamne ces caprices, mais seulement lorsqu'en appliquant le premier, nous arriverions à violer le second. « Il y a, dit Pascal, un grand nombre de vérités, et de foi et de morale, qui semblent répugnantes et qui subsistent toutes dans un ordre admirable [1]. » Il dit ailleurs, en parlant de ceux qui suivent un seul principe, au mépris de tous les autres, qu'ils errent d'autant plus dangereusement, qu'ils prennent une vérité pour principe de leur erreur, et que leur faute n'est pas de suivre une fausseté, mais de suivre une vérité à l'exclusion d'une autre [2].

Le soin le plus important qu'on ait à prendre est de bien s'assurer que la passion ne se cache pas sous le masque de la vérité. En effet, jamais les hommes ne sont plus enclins au mal que lorsqu'ils peuvent mettre leur intérêt sous la protection d'un devoir. Telle est la cause de la fureur des guerres civiles et des guerres religieuses. Chaque parti doit trouver dans la victoire non-seulement un intérêt moral, mais aussi un intérêt matériel, car les biens et les emplois appartiennent à celui

---

1. *Pensées*, édit. F. ; t. I, p. 322.
2. *Ibid.*, p. 324.

des deux qui triomphe; mais comme en même temps on croit servir la patrie et le ciel lui-même, on lâche toutes les rênes à son emportement. On voit dans son adversaire non-seulement un rival, mais un mauvais citoyen ou un impie; on prend sur soi le droit de punir; on s'érige en juge et quelquefois même en bourreau; et le mal, que l'on fait souvent avec cruauté, on se le représente à soi-même comme l'accomplissement d'un devoir.

On a demandé si la morale pouvait atteindre à la même certitude que les mathématiques. Pour répondre à cette question, il faut considérer les principes, les conséquences et les applications de ces deux sciences. Les principes sont également certains de part et d'autre. Ils sont les traits d'un certain idéal conçu de la même manière par l'esprit de tous les hommes. Lorsque le raisonnement est bien conduit, dans les deux sciences on peut parvenir sûrement à des conséquences très-éloignées du point de départ. Pour les applications des conceptions mentales aux objets matériels ou aux êtres animés, le raisonnement n'est plus purement mathématique ou moral, il agit sur des données fournies par d'autres facultés de l'esprit. Pascal, dans un de ces moments où le bon sens l'emporte en lui sur l'esprit de système, écrit : « Toutes les bonnes maximes sont dans le monde; on ne manque qu'à les appliquer [1]. » Le géomètre qui applique sa science sort de la conception mentale, et emploie l'observation qui laisse échapper souvent les détails et l'induction qui peut le tromper [2]. De son côté, le moraliste outre-passe la conception purement idéale, lorsqu'il applique les axiomes de la morale aux actions humaines, soit pour régler sa conduite à l'égard des au-

---

1. *Pensées*, t. I, édit. F., p. 205.
2. Voy. plus loin, sect. III, chap. 1 et liv. VII, chap. II.

tres, soit pour juger de leur conduite envers lui. Il est obligé de démêler ses sentiments et ceux d'autrui; il connaît les premiers par la conscience; il devine les seconds par l'induction et l'interprétation, dont nous parlerons bientôt, et l'une et l'autre peuvent conduire à l'erreur. Le géomètre, dans ses opérations pratiques, doit se défendre contre l'inattention et les inductions erronées; le moraliste a une ennemie de plus à craindre : c'est la passion. Le premier n'a point d'intérêt à changer la hauteur de la montagne qu'il mesure, le second en a souvent beaucoup à dénaturer les motifs qui ont guidé sa conduite ou celle d'autrui. L'opération pratique du géomètre ne blesse ordinairement personne, et personne ne réclame contre sa décision. Le jugement du moraliste condamne toujours quelqu'un, car s'il approuve ceux-ci, il désapprouve ceux-là, et il excite leur mécontentement et leurs réclamations. Il y aura donc, dans la pratique, un peu moins d'accord sur les jugements moraux que sur les opérations géométriques. Le juge de paix du village fera plus de mécontents que l'arpenteur, et peut-être même se trompera-t-il plus souvent, parce que les objets qu'il doit apprécier, c'est-à-dire les sentiments et les motifs de nos actions, sont plus difficiles à démêler et à bien connaître que les objets mesurés par le géomètre, et laissent plus de place aux inductions et interprétations erronées. Mais ces erreurs ne touchent en rien à la nature et à la certitude de la conception morale; elles ne sont pour nous qu'un motif de redoubler d'attention et de désintéressement, lorsqu'au lieu de raisonner sur les pures conceptions idéales, nous avons à porter nos jugements sur notre conduite et sur celle de notre prochain.

§ 10. La double acception du mot de conscience.

Il nous reste à expliquer pourquoi la conception morale a été appelée *conscience*, nom qui sert déjà à désigner la connaissance de soi-même [1]. Nous avons vu, par ce qui précède, que les actes matériels ou extérieurs empruntent leur moralité de l'intention qui les dirige; le meurtre d'un vieillard peut être un acte abominable ou une précaution salutaire [2]. Or la faculté qui nous fait connaître nos intentions, c'est la conscience. Nous ne pouvons que conjecturer les intentions de notre prochain. Jusqu'à quel point a-t-il connu son devoir? comment a-t-il apprécié les circonstances matérielles dans lesquelles il devait agir? quels motifs l'ont décidé? Lui seul peut juger toutes ces questions, parce que lui seul a la conscience des actes de son esprit. De plus, on goûte un vif plaisir intérieur lorsqu'on a réalisé, selon ses forces, l'idéal de la vertu, et si l'on n'y a pas conformé sa conduite, on ressent un vif déplaisir. Cette satisfaction et ce repentir nous sont attestés par notre conscience. Voilà pourquoi nous renvoyons le coupable non-seulement à sa conception morale, mais encore à sa conscience; voilà comment la conscience fournit les principaux éléments du jugement que nous avons à porter, non sur les principes de la morale, mais sur l'application de ces principes, c'est-à-dire sur les actions de chaque jour et de chaque heure, et comment enfin le nom de la conscience a fini par effacer et remplacer celui de la conception morale. On distingue donc dans le langage deux sortes de consciences : l'une, qui désigne généralement la connaissance de tout ce qui se passe en nous; l'autre, par

---

1. Voy. plus haut, liv. VI, sect. I, chap. II.
2. Voy. § précédent.

laquelle on entend l'appréciation des motifs de notre conduite et les sentiments de satisfaction ou de repentir que cette conduite nous fait éprouver : on appelle celle-ci la conscience morale pour la distinguer de la conscience générale.

On s'étonnera peut-être que nous ne donnions pas à la géométrie et à la morale d'autre fondement que l'universalité de la conception humaine, et que nous ne cherchions pas à ces sciences un point d'appui hors de l'homme. Nous remettons l'examen de cette question au temps où nous traiterons, d'une manière générale, des rapports de la connaissance et de la vérité. Nous montrerons qu'entre la doctrine qui regarde toutes les vérités comme existant en dehors de l'esprit et celle qui les considère comme n'ayant d'existence que dans la pensée, il y a un milieu à prendre ; mais qu'une conception interne, lorsqu'elle est universelle, peut servir de guide et de règle tout aussi bien qu'un objet extérieur comme une loi gravée sur la pierre, ou la pensée de Dieu même.

§ 11. La doctrine de l'intérêt : Hobbes, Locke et Bentham.

Quelques philosophes ont rejeté la conception idéale qui règle notre conduite, et ont proposé d'autres principes de conduite. Nous devons les passer en revue.

Nous parlerons d'abord de ceux qui regardent l'intérêt comme l'unique principe de nos actions. Les partisans de cette doctrine sont, dans l'antiquité, Protagoras, Aristippe et Épicure, et, dans les temps modernes, Hobbes, Locke et Bentham. Protagoras, en professant que la sensation est notre unique instrument de science, rejetait toute connaissance dont l'objet n'est pas matériel, et toute conception purement idéale[1]. Aristippe,

---

1. Platon, *Théétète*, édit. H. E., t. I, p. 151 et suiv.

partant du principe de Protagoras, n'admettait pour motif d'action chez les hommes que le plaisir et la peine causés par les choses sensibles. Épicure substitua au plaisir sensitif le plaisir intellectuel [1]. Mais la doctrine qui ramène à l'intérêt tous les motifs de la conduite humaine, a été développée avec plus d'étendue et de méthode par les philosophes modernes que nous avons nommés ; c'est dans leurs écrits que nous allons l'examiner.

Nous commençons par Thomas Hobbes. « La loi naturelle, dit-il, est le précepte de la droite raison touchant les actes que nous devons faire ou omettre, pour conserver aussi longtemps que possible nos membres et notre vie [2]. Si nous considérons combien il est facile au plus faible de tuer le plus fort, nous verrons que personne ne peut se fier assez dans ses forces pour se regarder comme supérieur aux autres par droit de nature ; ceux qui ont un pouvoir aussi grand les uns que les autres sont égaux [3]. J'ai le droit d'user de tous les moyens nécessaires à ma conservation [4]. Dans l'état purement naturel, c'est-à-dire avant que les hommes se fussent liés les uns aux autres par aucune convention, il était permis à chacun de faire toute action envers toute personne, de posséder, d'user, de jouir à son gré et dans toute l'étendue de son pouvoir. C'est là ce qu'on exprime par cet adage vulgaire : La nature a donné tout à tous ; d'où l'on comprend que dans l'état de nature la mesure du droit est l'utilité [5]. Chacun ayant le droit d'attaquer et le droit de se défendre, l'état naturel des

---

1. Diogène de Laërte, *Vie d'Aristippe* et *Vie d'Épicure*.
2. *Elementa philosophica; sectio tertia : de Cive, Libertas.* cap. 1, § 1er.
3. *Ibid.*, § 3.
4. *Ibid.*, § 8.
5. *Mensuram juris esse utilitatem. Ibid.*, § 10.

hommes, avant toute convention, c'est la guerre, mais une guerre de tous contre tous [1]. Quiconque est d'avis qu'il faut demeurer dans une condition où tout est permis à tous, se met en contradiction avec lui-même; car chacun, par une nécessité naturelle, désire son bien, et personne ne peut le trouver dans une guerre de tous contre tous. Il faut donc que le droit de tous sur tout ne soit pas conservé, mais que certains droits soient transférés ou abandonnés. C'est agir contre les moyens d'établir la paix, et, par conséquent, contre la loi de la nature, que de ne pas se démettre de son droit sur toute chose [2]. Mais il ne suffit pas à la sûreté publique que chacun de ceux qui vont former un État s'engage, par parole ou par écrit, à ne pas tuer, à ne pas voler et à observer d'autres lois semblables; l'expérience prouve que, sans le secours du châtiment, la conscience de la promesse ne retient pas les hommes dans le devoir. La sécurité demande donc non des conventions, mais des punitions. On prend une précaution suffisante, lorsque les peines instituées sont assez graves pour qu'il y ait clairement un plus grand mal à commettre le délit qu'à l'éviter; car tous les hommes, par une nécessité de leur nature, choisissent le moindre des maux [3]. J'appellerai le droit d'infliger les peines, le glaive de justice [4]. C'est en vain qu'on observe la paix entre soi, si l'on ne peut se défendre contre les étrangers, et cette défense n'est possible que si l'on unit ses forces; il est donc nécessaire au salut de tous qu'il y ait une assemblée ou un homme revêtu du droit d'armer, de réunir, en tout péril, autant de citoyens qu'il en sera besoin, suivant le nombre et la force variables de l'ennemi, et de conclure la paix toutes

---

1. *Sed bellum omnium in omnes. De cive, Libertas,* cap. I, § 10.
2. *Ibid.,* cap. II, § 3.
3. *De cive, Imperium,* cap. VI, § 4.
4. *Vocabo autem jus hoc gladium justitiæ, ibid.,* § 5.

les fois qu'il conviendra ; et ce droit, que nous pouvons appeler le glaive de la guerre, appartient au même homme ou au même conseil que le glaive de justice [1]. Le droit du glaive n'est rien autre chose que le pouvoir d'user des armes à son gré : il suit de là que le jugement sur le bon usage du glaive appartient à celui qui le porte. . Si, en effet, le pouvoir de juger et celui d'exécuter se trouvaient en des mains différentes, on n'arriverait à aucun effet. C'est en vain que vous prononcerez un jugement; si vous ne pouvez le faire exécuter, ou si c'est un autre qui l'exécute : vous n'avez plus le droit du glaive, il est dévolu à cet autre dont vous êtes seulement le ministre. Le droit de juger appartient donc à celui qui porte les deux glaives, c'est-à-dire à celui qui possède le souverain pouvoir [2]. Comme il importe plus à la paix de prévenir les rixes que de les réprimer, et qu'elles naissent du dissentiment des hommes sur le tien et le mien, le juste et l'injuste, l'utile et le nuisible, le bien et le mal, l'honnête et le déshonnête et autres choses semblables que chacun estime à son gré, le souverain pouvoir doit établir des règles communes à tous et les promulguer, pour que chacun connaisse ce qui est à lui et aux autres, ce qui est juste et injuste, honnête et déshonnête, bon et mauvais, c'est-à-dire, en un mot, ce qu'il faut faire et éviter dans la vie commune. Ces règles ou ces prescriptions sont appelées les lois civiles ou les lois de la cité, parce qu'elles sont les ordres de celui qui possède, dans la cité, le souverain pouvoir [3]. Maintenant, il est manifeste que la volonté de faire ou de ne pas faire dépend de l'opinion sur le bien ou le mal, sur la récompense ou le châtiment qui doit suivre l'action ou l'omission, de telle sorte que les actions de chacun

---

1. *De cive, Imperium,* cap. VI, § 7.
2. *Ibid.,* § 8.
3. *Ibid.,* § 9.

sont régies par ses opinions. Ainsi, par une déduction nécessaire et évidente, il importe beaucoup à la paix commune que nulle opinion, nulle doctrine ne soit publiée, qui fasse croire aux citoyens qu'il ne leur est pas permis d'obéir ou qu'il est licite de résister aux lois de la cité, c'est-à-dire aux ordres de l'homme ou du conseil qui possède le souverain pouvoir. Si, par exemple, un chef commande une action sous peine de mort temporelle et qu'un autre la défende sous peine de mort éternelle, et chacun à bon droit, il s'ensuivra non-seulement que les citoyens pourront être punis quoique innocents, mais que la cité sera dissoute, car nul ne peut servir deux maîtres; et celui auquel nous croyons devoir obéir par crainte de la damnation, est plus maître que celui auquel on obéit par crainte de mort temporelle; il s'ensuit donc que l'homme ou le conseil qui possède le souverain pouvoir a seul le droit de juger quelles sont les opinions et les doctrines ennemies de la paix et d'en défendre l'enseignement [1]. »

Telle est la doctrine de Hobbes. Si vous accordez à ce philosophe le principe qu'il pose, vous ne pouvez lui refuser aucune des conséquences qu'il en fait sortir. Si l'homme n'a pas une autre règle de conduite que son intérêt, qu'il se hâte d'accepter le despotisme, car la tyrannie maintient la paix, et la paix vaut mieux que le désordre et la guerre. Hobbes s'est forgé un faux état de nature, et il en a déduit un faux état social. Il n'est pas vrai que, dans l'état de nature, l'homme se reconnaisse le droit de faire tout ce qu'il peut. Il se conçoit naturellement des devoirs, et si l'on veut prendre pour l'état le plus voisin de la nature celui des peuples barbares où il n'y a pas encore de loi écrite, on verra qu'ils admettent comme des devoirs, le courage, l'hospitalité, l'a-

---

1. *De cive, Imperium,* cap. VI, § 11.

mitié, le respect envers les parents et les dieux[1]. Si l'homme se conçoit des devoirs, il n'a pas besoin d'être plié sous le joug brutal de la force que ce philosophe lui impose. Le pouvoir civil doit seulement poursuivre les infractions de la loi morale, et non prévenir et enchaîner d'avance les actions, les paroles, les secrètes pensées. C'est ce qui a lieu dans les sociétés les plus florissantes. Le plan de Hobbes est la copie de la tyrannie et de l'inquisition. Mais, dans les états les plus despotiques, l'homme a encore un immense pouvoir pour faire le mal. Muni d'un fer et d'une torche, que de forfaits ne peut-il pas commettre avant d'être empêché, et cependant il ne les accomplit pas; il obéit donc à un autre maître qu'à ce pouvoir physique, à ce monstre brutal appelé par Hobbes lui-même, dans son énergique langage, le Léviathan. Dans les sociétés les plus libres, le nombre des innocents est indéfiniment plus considérable que celui des criminels : il faut chercher la cause de ce bon ordre non-seulement dans les inclinations qui attachent les hommes les uns aux autres, mais encore dans cette conception morale qui combat les passions et donne la paix de la conscience.

Nous avons vu que cette conception a pour conséquence le devoir et le dévouement, le mérite et le démérite, l'estime et le mépris, la louange et le blâme, l'honneur et le déshonneur, les récompenses et les châtiments. Si l'on supprime la conception du bien moral, on en supprime toutes les suites. Hobbes pense que la loi est un compromis entre les intérêts; mais sur le fondement des intérêts comment établir le devoir et le dévouement? Ai-je le devoir de travailler à mon intérêt, est-ce à mon intérêt que je me dévoue? Ces expressions sont risibles. Si j'ai consenti à la loi en vue de mon avan-

---

1. Voy. plus haut, § précédent.

tage, d'où viennent alors le mérite, l'estime, la louange, l'honneur et la récompense? Mon mérite sera donc d'avoir bien servi mes intérêts; c'est en cela que consistera mon honneur et pour cela qu'on me décernera des récompenses. Tel est le langage contradictoire auquel on se condamne pour avoir méconnu un principe. La langue est dépositaire des vérités aperçues par le sens commun : elle a des mots consacrés à l'expression de notre égoïsme et des mots qui expriment la pratique de la vertu. Celui qui prend bien ses mesures pour la conduite de ses affaires est dit *habile*, et non pas *honnête*. La fortune distribue au hasard des *présents* et non pas des *récompenses*. Si elle nous donne la richesse, le plaisir que nous en éprouvons n'est pas la *satisfaction morale*. Nous pouvons, en ce cas, exciter l'*envie*, mais non l'*admiration* et la *reconnaissance*. Celui qui se trompe dans ses calculs fait une *erreur* ou un *mécompte*, et non un *délit* ou un *crime*. Il éprouve pour sa maladresse du *regret* et non du *repentir*; sa ruine s'appelle un *malheur* et non pas un *châtiment*. On le *plaint*, mais l'on n'éprouve pour lui ni *indignation* ni *ressentiment*. Le langage est précis, il faut que Hobbes le change ou qu'il change sa théorie.

Hobbes est d'ailleurs en contradiction avec l'histoire sur l'origine de la loi. On n'aperçoit dans aucune tradition historique cette guerre de tous contre tous, à laquelle la convention et la loi seraient venues mettre un terme. On voit, au contraire, que les législations sont faites au milieu de sociétés déjà anciennes et civilisées. Les citoyens ne conviennent pas d'obéir à la force brutale et de remettre le pouvoir au plus robuste; mais ils choisissent le plus honnête et le plus équitable, un Lycurgue, un Solon, et ils le prient d'écrire les principes de la justice dont ils ont tous la conception, mais dont ils ne savent pas faire l'application aux détails variés de la vie sociale.

Nous avons vu que Sabinus plaçait la règle de nos actions dans la loi positive [1], et Hobbes dans l'intérêt; Locke la place dans les peines et les récompenses. Il réunit ainsi les erreurs des deux théories précédentes. « Le bien et le mal, dit-il, ne sont que le plaisir et la peine ou l'occasion de l'un et de l'autre. Le bien et le mal moral consistent dans la fidélité ou l'infidélité de notre conduite à une loi qui peut nous causer le plaisir ou la peine par la puissance du législateur, c'est-à-dire nous attirer la récompense ou le châtiment. Il existe trois lois ou trois genres de peines et de récompenses, car il n'y a de loi qu'à la condition qu'il y ait une sanction. Ces trois lois sont : 1° la loi divine; 2° la loi civile; 3° la loi de l'opinion. La première détermine les vices et les vertus; la seconde, les délits, les crimes et les services; la troisième, les défauts et les qualités. La loi divine est promulguée, soit par la nature, soit par la révélation. La loi de l'opinion varie selon les pays; elle punit les défauts par le blâme et le déshonneur, elle récompense les qualités par l'éloge et l'honneur. Il n'est pas étonnant que les hommes appellent qualités ce qu'ils louent et défauts ce qu'ils blâment. La qualité et l'éloge sont tellement une même chose qu'elles sont souvent désignées par le même nom : *l'honneur* [2]. Le duel, relativement à la loi de Dieu qui le punit, est le résultat d'un vice; relativement à l'opinion qui l'approuve, il est l'effet d'une qualité; par rapport à la loi civile qui en certains pays le punit de mort, il est un crime [3]. »

Ainsi, selon le philosophe anglais, ce n'est pas parce

---

1. Voy. plus haut.
2. *Sunt hic etiam sua præmia laudi*, Virgile, *Énéide*, I, 461. *Nihil habet natura præstantius quam honestatem, quam laudem, quam dignitatem, quam decus.* Cicéron, *De Officiis*.
3. Locke. *Essai sur l'entendement humain*, liv. II, chap. XXVIII.

qu'une action est mauvaise ou bonne qu'on la punit ou la récompense, mais c'est parce qu'on la récompense ou la punit qu'elle est bonne ou mauvaise. En faisant le bien et en évitant le mal nous ne suivons que notre intérêt. La bonne action n'est pas pour nous le but, mais le moyen. Locke retombe donc ici dans la doctrine de Hobbes. De plus, il prend les peines et les récompenses de la loi divine, de la loi civile et de l'opinion comme des faits premiers, comme des principes, il n'en recherche pas l'origine et il reproduit ainsi la théorie de Sabinus. Locke ne s'informe pas de la valeur de la loi civile; elle est quelquefois erronée et injuste, elle punit de mort celui qui ne veut pas abjurer sa religion, elle récompense le délateur, peu importe; le philosophe anglais reste sourd; la loi a prononcé, elle institue le délit ou le crime. Les rédacteurs du code pénal français ont malheureusement adopté en quelques points le langage de Locke. Le délit, disent-ils, est l'acte que la loi punit de telle peine; le crime est l'acte qu'elle punit de telle autre[1]. Il aurait fallu définir le délit et le crime par le mal qu'ils font l'un et l'autre, et l'on aurait par là fait comprendre pourquoi la loi les punit diversement. En les définissant par la peine, on a semblé dire que c'est la gravité du châtiment qui fait la gravité de la mauvaise action. Locke ne recherche pas l'origine de l'opinion, et, pour mieux montrer que le bien moral et la récompense s'identifient l'un avec l'autre, il essaye de faire croire que l'honneur se prend dans le même sens que la vertu. Mais on a lieu de s'étonner qu'un philosophe si clairvoyant se soit mépris à une figure de rhétorique, par laquelle on emploie le nom du conséquent pour celui de l'antécédent, et le nom de l'effet pour celui de la cause. Lorsque le poëte dit : « Le Pélion n'avait plus d'ombra-

---

1. *Code pénal.* Article 1er.

ges ¹, » il veut dire que le Pélion n'avait plus d'arbres, et il prend le nom de l'effet pour le nom de la cause, comme quand il dit l'honneur rendu à la vertu pour la vertu elle-même. La vertu n'est pas l'honneur qui lui est rendu, car c'est une maxime morale qu'il vaut mieux être que paraître. L'honnête homme est celui qui garderait son honnêteté, quand il serait dans la solitude ou quand il aurait l'anneau de Gygès, qui rend invisible à tous les yeux ². Cicéron, auquel Locke emprunte un exemple sur la prétendue confusion de l'honneur et de la vertu, a bien montré qu'il n'était pas dupe de cette figure quand il a dit : L'honnête est ce qui est louable, quand même il ne serait loué par personne ³.

Il eût été digne d'un penseur aussi éminent que Locke de rechercher les causes de la diversité des coutumes et des opinions, les motifs de la louange et du blâme, de l'honneur et du déshonneur, plutôt que de triompher, comme il le fait, de la contradiction qui paraît exister entre la loi divine, la loi de l'opinion et la loi civile. Si Locke eût entrepris cette recherche, il aurait certainement découvert qu'il y a un fond commun sous la diversité apparente des maximes et des coutumes, et que, par exemple, pour le duel, ce qu'estime l'opinion dans ce combat, c'est le courage et le soin de notre dignité, et ce que condamnent la loi divine et la loi civile, c'est l'orgueil, l'amour de la vengeance, la violation de la paix publique et l'effusion du sang pour une offense souvent légère ⁴.

Au reste Locke renverse lui-même sa doctrine lorsqu'il avance que nous connaissons la loi divine par la ré-

---

1. *Nec habebat Pelion umbras.* Ovide, *Mét.* XII, 513.
2. Cicéron, *De Officiis*, liv. III, chap. IX.
3. *Honestum est quod vere dicimus, etiamsi a nullo laudetur, natura esse laudabile.* (*De Officiis*, liv. I, chap. IV.)
4. Voyez la *Morale sociale*, p. 291 et suiv.

vélation et par la nature. Il met ainsi la loi naturelle, c'est-à-dire la conception morale, à côté de la loi révélée.

Le système qui propose l'intérêt comme la seule règle de conduite a reçu sa dernière forme des mains de Bentham. Ce philosophe emprunte son point de départ à la doctrine de Locke. « Le mal, dit-il, est une peine ou la cause d'une peine; le bien est un plaisir ou la cause d'un plaisir. Le bien moral est ce qui peut produire un bien physique; le mal moral est ce qui peut produire un mal physique. La vertu est un bien à cause des plaisirs qui en dérivent; le vice est un mal à cause des peines qui en sont le fruit[1]. »

On reconnaît ici les expressions mêmes de Locke. Selon Bentham, toutes les règles de conduite qui ont été données jusqu'ici n'ont fait que déguiser plus ou moins bien l'intérêt ou l'utilité qui est le principe de toute action humaine. Nos seuls motifs sont les peines et les plaisirs. Bentham classe ces motifs selon la tendance qu'ils ont à se concilier avec l'intérêt d'autrui; et sur ce pied il reconnaît quatre genres de motifs ou quatre genres de peines et de plaisirs : 1° le motif social, ou les peines et les plaisirs de la bienveillance; 2° les motifs demi-sociaux, ou l'amour de la réputation, l'amitié et la religion; 3° les motifs anti-sociaux : l'antipathie et toutes ses branches; 4° les motifs personnels : les plaisirs des sens, l'amour du pouvoir, la soif des richesses, le désir de sa propre conservation[2].

Lorsque Bentham dit que le bien moral est ce qui peut produire un bien physique, il entend par bien physique non un plaisir matériel, mais un plaisir naturel comme celui de la bienveillance. En nous accordant pour

1. *Traités de législation*. Paris, 1802, t. I, p. 3.
2. *Ibid.*, t. II, p. 264.

motif le plaisir de la bienveillance[1] il se sépare de Locke, qui n'avait mis au nombre des principes de nos actions que les peines et les récompenses de la loi divine, de la loi positive et de la loi de l'opinion ; mais il ne fait encore que nous proposer notre intérêt. La recherche de notre plaisir ne peut être l'objet ni de l'obligation morale, ni de la contrainte physique, ni de l'estime, ni de l'éloge, ni de la récompense, et l'on sait que telles sont les conséquences de la pratique de la vraie morale, c'est-à-dire d'une conduite désintéressée, et conforme à la conception du bien idéal.

Nous avons déjà opposé à la doctrine de l'intérêt l'usage de certains mots qui supposent le désintéressement et qui sont employés dans toutes les langues. Les partisans de cette doctrine les emploient dans le même sens que tout le monde, et par là ils se frappent à leur insu de contradiction. Entre mille exemples que nous en pourrions trouver dans les ouvrages de Bentham, nous choisirons le suivant : « Un Anglais, dit-il, ne saurait venir en France sans observer combien le sentiment de l'*honneur* et le mépris de l'argent descendent dans les rangs inférieurs du peuple, beaucoup plus en ce pays qu'en Angleterre. Cette différence est surtout remarquable entre les deux armées. Dans l'armée française, le sentiment de la gloire, l'orgueil du *désintéressement*, se retrouvent partout dans les simples soldats, et ils croiraient ternir une belle action en la mettant à *prix*. Un *sabre d'honneur* est pour eux la première des *récompenses* [2]. »

Si nous considérons que, par la vertu, l'homme se procure la joie de la conscience, l'estime et l'affection de ses semblables, l'avantage de leurs bons offices et l'espoir des récompenses à venir ; que ces biens sont soustraits au pouvoir d'autrui, que l'homme les tient tou-

---

1. *Traités de législation*, t. 1, p. 45.
2. *Ibid.*, t. III, p. 43.

jours entre ses mains, ou qu'il peut à chaque instant en rouvrir la source, nous serons obligés d'accorder aux partisans de la doctrine de l'intérêt que la vertu est le chemin du bonheur. Mais tous ces biens doivent être l'effet et non la cause de la vertu. L'homme vertueux les rencontre, il ne les cherche pas ; et loin de détruire l'existence de la conception pure et désintéressée du bien, ils la confirment et la démontrent puisqu'ils en sont le résultat. Socrate, dans l'antiquité, enseigna le premier cette relation du bonheur et de la vertu. Il disait que le beau et le bon sont une seule et même chose; que la tempérance est une sagesse, parce qu'elle nous fait préférer l'utile à l'agréable ; que si elle paraît contraire au plaisir, au fond elle lui est favorable par la privation même ; que le débauché se perd et perd les autres avec lui ; que l'intempérance nous ravit les vrais plaisirs qui sont de pratiquer le beau et le bon, d'augmenter la force et la santé du corps, de bien conduire notre maison, de servir nos amis et notre patrie et de soumettre nos ennemis; que le courage nous fait voir que les plus grands maux apparents contiennent véritablement peu de mal; que la justice est à la fois belle et bonne, c'est-à-dire honnête et utile à tout le monde, et quand on lui objectait que beaucoup de gens savaient tout cela et cependant ne pratiquaient ni la tempérance, ni le courage, ni la justice, il répondait qu'ils ne le savaient pas bien, et que, s'ils le savaient bien, ils ne préféreraient aucune chose à la vertu. Enfin il appelait la vertu le *bien-vivre*, εὐπραξία, mot qui signifie en même temps le bonheur et la vertu, et en conséquence il pensait que toutes les vertus pouvaient se ramener à une seule, qui était la science de la vertu et du bonheur, ou le *savoir-vivre*, σοφία[1]. Cicéron, embras-

---

1. Xénophon, *Mémoires*, liv. I, chap. v, liv. III, chap. ix, liv. IV, chap. v, vi.

sant la doctrine de Socrate, déplorait qu'on eût séparé l'utile et l'honnête, et il consacrait le troisième livre de son célèbre traité de *Officiis* à prouver l'identité de la véritable utilité et de la vertu. Il disait que tout ce qui est honnête est utile, et qu'il n'y a de véritablement utile que ce qui est honnête ; que le souverain bien est de vivre conformément à la nature, et que la nature de l'homme est de servir ses semblables ; que si quelqu'un pense qu'il n'est pas contre la nature humaine de nuire il ôte l'humanité de la nature humaine[1] ; que toutes les fois qu'on balance entre l'utile et l'honnête, on est trompé par une fausse apparence d'utilité, parce que la vraie utilité est l'honnêteté même ; que Romulus en tuant son frère, les Romains en détruisant Corinthe, les Athéniens en mutilant les mains des Égynètes, ont cru à tort servir leurs intérêts et qu'ils ont été punis de leur cruauté par la honte, l'infamie et le remords ; que le vendeur qui cache les défauts de ce qu'il veut vendre, Pythius qui fait accroire à Canius que la maison qu'il lui cède est le centre de la pêche du pays, encourt le reproche de ruse, de fourberie, de malice, et qu'il ne peut être utile de recevoir de pareils noms ; qu'il ne faut pas se laisser éblouir par la grandeur apparente du bénéfice, comme Marius lorsqu'il supplante Métellus, parce qu'il n'y a rien d'assez précieux pour y sacrifier l'éclat du nom d'honnête homme. Cependant Cicéron veut que l'on pratique la vertu pour elle-même, et non à cause de son utilité. Il démontre l'identité de l'honnête et de l'utile, comme une vérité philosophique et non comme une exhortation à la vertu. Ce n'est pas l'utilité, dit-il, qui est la source de l'honnête, c'est l'honnête qui est la source de l'utilité. Lorsque Régulus voulut retourner à Carthage pour ne pas violer

---

1. *Omnino hominem ex homine tollit.* (*De Officiis*, liv. III, chap. v.)

son serment, il n'était pas poussé par la crainte de Jupiter, gardien de la foi jurée, car Jupiter pouvait-il lui infliger des supplices plus cruels que ceux dont il était menacé? mais par la *laideur morale*[1] qui s'attache à la violation du serment. Il faut donc, conclut-il, pratiquer l'honnête pour lui-même, et par là il se met à une grande distance d'Épicure. Que deviennent, dit-il, les vertus chez Épicure? Il donne pour but à la culture de l'esprit la jouissance des plus exquises délices; il conseille le courage comme un moyen d'éviter la douleur, et la tempérance comme un art de ménager le plaisir, de sorte que le sage d'Épicure est courageux par lâcheté et tempérant par intempérance, comme Platon l'avait déjà dit de certains philosophes de son temps[2]. La justice et la bienfaisance n'existent plus, si on les pratique non pour elles-mêmes, mais pour la volupté qu'elles procurent[3]. Cette conclusion du philosophe romain contient la solution du problème qu'on agite sur les rapports de l'utile et de l'honnête, de l'intérêt et du devoir, du bonheur et de la vertu. Le désintéressement mérite et obtient seul la récompense : pour la mériter et l'obtenir, il ne faut pas d'avance y songer. L'homme vertueux, dit Sénèque, ne cherche pas le bonheur, mais il le rencontre[4]. Il faut pratiquer l'honnête non comme utile, mais comme honnête, bien que l'honnête soit utile, et qu'à proprement parler, l'honnêteté soit la véritable et la seule utilité. Toutefois, dans le langage ordinaire, les hommes attachent surtout le nom d'utile et d'intérêt à ce qui satisfait leurs besoins les plus impérieux et leurs passions les plus véhémentes, comme les besoins des sens et ceux de l'amour-propre; peut-être donc parlerait-on une langue

---

1. *Turpitudo, depravatio, fœditas*, liv. III, chap. XXIX.
2. *Phédon*, édit. H. E., t. I, p. 68; édit. Tauchn., t. I, p. 118.
3. *De Officiis*, liv. III, chap. XXXIII.
4. *De vita beata*, chap. IX.

plus claire, si l'on disait, avec les premiers académiciens et avec les péripatéticiens, que l'homme de bien préfère l'honnête à l'utile, et que dans sa conduite il n'a d'autre but que de réaliser la beauté de la conception morale et d'éviter la laideur et la difformité du vice.

§ 12. La doctrine de la bienveillance : Hutcheson et David Hume.

Bentham, en nous donnant comme le meilleur motif de nos actions le plaisir de la bienveillance, semble se rapprocher de deux philosophes de l'Écosse, Hutcheson et David Hume, qui font aussi de la bienveillance l'essence même de la vertu. Il y a cependant une grave différence entre les théories de ces philosophes. Bentham considère surtout le côté intéressé de la bienveillance, c'est-à-dire le bonheur qu'elle nous procure à nous-mêmes, soit par le plaisir de l'exercer, soit par le retour des bons offices qu'elle provoque. Hutcheson et Hume envisagent la bienveillance comme une qualité naturelle dont nous produisons les effets sans calcul, sans aucune vue intéressée, et qui obtient justement à ce titre l'approbation de nos semblables. Examinons si cette théorie donne une base suffisante à la morale.

« Toute action, dit Hutcheson, que nous regardons comme bonne ou mauvaise moralement, provient de quelque affection envers des êtres animés, et tout ce que nous appelons vertu ou vice est une affection de ce genre. Les actions regardées comme religieuses sont déterminées par une affection pour la divinité, et les vertus sociales par une affection envers nos semblables. Quelques-uns ne voudront pas convenir que la vertu puisse naître de passions, d'instincts ou d'affections d'aucune sorte. Ils disent que la vertu doit sortir seulement de la raison, comme si la raison pouvait nous pousser à une action sans but, et sans désir ou affection pour ce but. S'ils admettent un amour instinctif pour notre intérêt particulier, pourquoi n'admettraient-ils pas un amour instinctif pour l'intérêt de tous[1]?

Selon nous, une affection naturelle ne peut être l'objet de l'approbation morale ; celle-ci ne s'adresse qu'à l'action de la liberté. On n'est point maître de se donner telle ou telle affection : comment pourrait-on être approuvé ou désapprouvé pour les sentiments naturels de son cœur? Nous sommes donc de ceux qui pensent « que la vertu ne peut naître de passions, d'instincts ou d'affections d'aucune sorte ; » mais qu'elle consiste dans l'exécution libre d'un plan conçu par l'intelligence. Loin que la vertu naisse de la bienveillance, il est possible de tracer le portrait d'un homme bienveillant qui soit tout le contraire de l'homme vertueux. Il y a une bienveillance qui coule comme l'eau, sans discernement et sans mesure ; qui se répand sur le mérite comme sur le démérite, qui ne fait acception de personne, qui flatte tout le monde. Tel homme bienveillant, non-seulement ne prend pas d'empire sur lui-même et se laisse aller au vent de toutes les passions sensuelles, mais il oublie ses devoirs envers ceux qui lui sont unis par les liens du sang, envers ses enfants, sa femme, pour verser sa banale bienveillance sur le premier qui se rencontre et particulièrement sur les compagnons de ses plaisirs. A côté de lui, un homme austère, dont le cœur naturellement ferme et encore endurci, soit par la vue des souffrances physiques, soit par celle des laideurs morales de l'humanité, un médecin ou un juge, ignore les épanchements de la sympathie et les pleurs de la compassion, mais il est sévère pour lui-même comme pour les autres ;

---

1. *Recherches sur l'origine de nos idées de beauté et de vertu*, traité II, sect. II, § 1er ; sect. III, § 15.

il n'a ni faiblesse, ni mollesse; il ne nuit à personne et maintient les droits de tous; il élève austèrement ses enfants, mais il leur donne une conscience sévère et délicate, un esprit juste et éclairé, et en tout il se laisse moins conduire par le cœur que par la raison. La bienveillance n'est donc pas la vertu, ni la vertu la bienveillance.

La conception morale nous donne des règles qui ne sont pas toujours d'accord avec nos affections. Si elle nous impose des services envers nos proches, elle nous apprend que les services rendus à un étranger ont encore plus de mérite, pourvu qu'ils ne fassent pas négliger les premiers, mais qu'ils viennent par surcroît. Hutcheson a dit lui-même : « Le bien accordé à ceux qui nous sont unis par les liens du sang est moins vertueux que le même bien fait à des étrangers[1]. » Si le mérite naissait de l'affection, comment ne lui serait-il pas proportionné? Comment les actes accomplis en vertu de l'affection la plus vive ne seraient-ils pas les plus méritoires? Lorsque notre action peut s'étendre à des sociétés tout entières, la conception morale nous commande de préférer la société la plus étendue, c'est-à-dire l'humanité à la patrie, la patrie à la famille[2]. Ici encore la conception morale est en lutte contre l'affection. L'amour se concentre avec plus de force sur une seule tête que sur la foule. Lorsque le poëte veut peindre un grand désastre, une inondation, une peste, une famine, et exciter notre pitié pour les victimes de ce fléau, il ne promène pas notre imagination sur des multitudes; mais il choisit une famille, un couple ou un seul personnage sur lequel il étend ses couleurs les plus vives, et qu'il propose particulièrement à notre compassion. Et cependant si ce

---

1. *Recherches*, etc., traité II, sect. III, § 9.
2. Voy. chap. précédent, § 4.

malheur n'est pas une fiction et qu'il nous soit possible d'y donner quelque remède, ce n'est pas un seul homme, c'est au plus grand nombre que nous devons consacrer nos soins. Un dépositaire des deniers publics a violé son dépôt. Le juge devant lequel il est mené voit son repentir, ses larmes, sa ruine; il est bien plus touché par ce spectacle que par l'idée de la multitude de citoyens auxquels la faute de cet homme ne cause qu'une perte insensible pour chacun ; et cependant le juge doit apaiser sa compassion et défendre le public qu'il ne voit pas, qui est une abstraction de son esprit, contre l'homme dont il entend les gémissements. Pour résister ainsi à nos affections les plus vives, nous avons besoin d'un autre principe que de nos affections elles-mêmes, c'est-à-dire d'une conception de l'intelligence, qui commande à notre volonté de réprimer nos affections.

Le philosophe écossais n'a pas pu méconnaître entièrement que l'action de la liberté est nécessaire pour provoquer l'approbation morale. Il a dit en propres termes : « Les actions utiles qui ne procèdent pas d'*intentions* bienveillantes, manquent de beauté morale, tandis qu'une *intention* bienveillante qui n'a pas réussi suffit à la vertu.... Ce qui fait le mérite d'un caractère, ce n'est pas quelque saillie de bienfaisance, c'est un système, arrêté, *ferme et persévérant* qui recherche les meilleurs moyens de faire le bien.... Nous ne sommes responsables que de nos actes volontaires.... Les animaux ne sont pas capables de ce que je regarde comme le plus haut degré de vertu : les calmes mouvements de la volonté vers le bien de l'humanité[1]. »

---

1. *The calm motions of the will toward the good of others.* Recherche, etc., traité II, sect. III, § 1; section III, § 14; sect. VII, § 3. — *Philosophiæ moralis institutio compendaria*, lib. II, cap. III, § 2.

Ce sont là des aveux qui échappent à l'auteur, mais qui ne peuvent effacer ces propositions qui sont le fond de sa thèse : « Ce que nous appelons vertu est une *affection* de bienveillance ou une action conforme à cette affection [1]. La véritable source de la vertu est une impulsion de notre nature à travailler au bonheur d'autrui, ou un *instinct* antérieur à toute vue d'intérêt qui nous excite à l'amour d'autrui [2]. Je ne vois pas pourquoi on refuserait à la brute quelque degré de vertu, dont elle serait récompensée ou par le plaisir de l'action elle-même ou par le bon traitement des hommes [3]. » Hutcheson paraît n'établir qu'une différence de degré entre la moralité de l'action volontaire et celle de l'action involontaire. « Les bonnes actions délibérées sont préférables aux bonnes actions irréfléchies [4]. » Or, la différence qui existe ici n'est pas de degré, mais de nature. L'acte involontaire n'est ni moral ni immoral, il est indifférent. La volonté libre de l'agent est indispensable pour que son acte soit l'objet de l'approbation ou de la désapprobation.

Hume, encore plus inconséquent que Hutcheson, commence par adopter la thèse qui fait consister la vertu dans une affection et finit par l'abandonner d'une manière expresse. « Les anciens, dit-il d'abord, dans leurs raisonnements sur la morale, ont tenu peu de compte de l'intervention de la volonté. Ils regardaient comme fort douteuse la question de savoir si la vertu peut être enseignée, et ils considéraient comme ridicules, méprisables et odieuses, la lâcheté, la bassesse, la légèreté, l'impatience, l'inquiétude, l'extravagance et une infinité d'autres défauts, qui sont tout à fait indépendants de la

---

1. Voy. plus haut, p. 245.
2. *Recherche*, etc., traité II, sect. II, § 10.
3. *Ibid.*, traité II, sect. VII, § 3.
4. *Philos. mor. inst. compend.*, lib. II, cap. III, § 5.

volonté. Il n'est pas plus au pouvoir de l'homme de se procurer la beauté de l'âme que celle du corps[1]. » Il a de plus agrandi le champ du bien moral : il a regardé comme vertu non-seulement l'affection de la bienveillance, mais toute qualité utile ou seulement agréable soit aux autres, soit même à celui qui la possède[2]. Si, en effet, l'affection bienveillante est une vertu, comme cette affection est involontaire, on ne voit pas pourquoi toute qualité utile, ou seulement agréable aux autres ou à nous-mêmes, ne serait pas aussi une vertu. Hume essaye de montrer que la même approbation s'attache à la tempérance, au courage, à *la capacité*, à *l'habileté*, au *bon sens*, à *l'esprit*, aux *connaissances*, à la *présence d'esprit*, à *l'adresse*, à *l'art de s'insinuer*, parce que ces qualités nous sont utiles à nous-mêmes[3], et il met au nombre des vices, et sur le même rang, la prodigalité, la vanité, les plaisirs déréglés, les projets chimériques, la précipitation, la légèreté, la crédulité, le défaut d'esprit ou le défaut de jugement[4]. « Chez les stoïciens, dit-il, comme chez Salomon et les autres moralistes orientaux, *sagesse* et *folie* sont synonymes de *vertu* et *vice*. Les hommes vous loueront, dit le prophète David, si vous travaillez à votre bonheur[5]. »

Hume comprend que, d'après ce système, on lui objectera que les biens de la fortune et les qualités du corps doivent exciter notre approbation morale, et il accepte cette conséquence : « La beauté d'une chose est le plus souvent, dit-il, le signe de son utilité : les membres bien pris sont les plus propres à remplir leurs fonctions. Nous sommes naturellement portés à estimer l'homme riche,

---

1. *OEuvres philosophiques*, trad. franç., t. V, p. 145.
2. *Ibid.*, t. V. p. 218.
3. *Ibid.*, t. V, p. 133, 154, 165.
4. *Ibid.*, t. V, p. 141, 146, 148, 154.
5. *Ibid.*, t. V, p. 145.

avant même de savoir s'il a de bonnes dispositions pour nous, ce qui prouve le désintéressement de cette estime. L'estime que nous avons pour la noblesse est l'estime pour le descendant d'une longue suite d'aïeux puissants et riches. C'est notre sympathie pour le bonheur d'autrui qui est la cause de notre estime pour l'homme riche. Si le philosophe ne mesure pas son estime sur les richesses, mais sur le caractère, c'est qu'il sait que les premières ont moins que le second d'influence sur le bonheur....

Après les qualités utiles à celui qui les possède, viennent les qualités qui lui sont purement agréables, et qui sont aussi à ce titre l'objet de l'approbation morale. Ces qualités sont : la gaieté, la grandeur d'âme, la dignité de caractère, l'indépendance, l'amitié, l'amour, le talent poétique, qui fait que la renommée de Virgile est de beaucoup supérieure à celle d'Auguste [1]. » Enfin, Hume termine sa liste des vertus par les qualités qui sont purement agréables au spectateur, comme les égards, les attentions, la politesse, la bienséance, l'esprit, l'éloquence, le génie et le bon sens [2]. »

Nous n'avons pas besoin d'insister longtemps sur une doctrine qui place parmi les vertus la présence d'esprit, l'adresse, l'art de s'insinuer, la beauté, la richesse, la noblesse, la gaieté, la poésie et l'éloquence, et qui met au nombre des vices la crédulité et le défaut d'esprit. Quant à cette proposition que les anciens doutaient que la vertu pût être enseignée, nous dirons, qu'en effet, Platon, dans *le Ménon*, a semblé conclure que la vertu ne peut ni se transmettre ni s'enseigner, mais il s'est réfuté lui-même dans *le premier Alcibiade*, où il donne au fils du roi de Perse quatre précepteurs dont chacun est

---

1. *OEuvres philosophiques*, t. V, p. 168, 178, 182, 192, 195.
2. *Ibid.*, t. V, p. 200 et suiv.

chargé de lui enseigner une des quatre vertus. Socrate a toujours professé que la vertu était une science et que le courage lui-même pouvait s'enseigner. « Les meilleurs naturels, disait-il, ont le plus besoin d'éducation, car leurs qualités poussées à l'excès peuvent dégénérer en défauts [1]. »

Dans la question des principes de la morale, comme dans celle de la perception des sens, il semble que l'habile David Hume se soit imposé la tâche de tirer les conséquences de certaines théories philosophiques pour en montrer la futilité. Il a fait voir que les systèmes admis sur les sens extérieurs conduisaient à l'idéalisme le plus absolu ; il montre ici que la doctrine de la bienveillance aboutit à mettre au nombre des vertus la gaieté et le talent poétique : aussi est-il lui-même choqué par ses conclusions et finit-il par se ranger du côté du bon sens pour la connaissance du bien moral, comme il l'a fait pour la connaissance des corps [2]. « De ce qu'un objet inanimé peut être utile, il ne s'ensuit pas, dit-il, que cet objet soit vertueux.... Nous sommes heureux quand les circonstances sont conformes à notre tempérament, mais il y a plus de *mérite* à accommoder notre tempérament aux circonstances.... Le courage, indépendamment de son utilité, qui est le fondement de l'estime qu'on en fait, *tire encore plus de lustre* de lui-même et de l'idée de grandeur qui s'y attache. Chaque trait de courage, représenté par le peintre ou par le poëte, offre quelque chose de sublime, qui frappe le spectateur, qui excite son amour et qui lui inspire un semblable courage par une sorte de sympathie.... Le courage indomptable et l'opiniâtre fermeté de Charles XII ruinèrent son pays et lui-même : ces qualités ont pourtant un éclat et une grandeur

1. Xénophon, *Mémoires*, liv. II, chap. VI, § 39 ; liv. III, chap. IX ; liv. IV, chap. I. *Banquet*, chap. II.
2. Voy. plus haut, liv. VI, sect. I, chap. IV, § 9.

que nous admirons.... La tranquillité philosophique, que rien ne peut troubler, qui se met au-dessus de la douleur et des coups de la fortune, peut être mise, ainsi que le courage guerrier, au nombre des vertus. Le sage, avec la conscience de sa vertu, se retire dans le temple de la sagesse, du haut duquel il jette les yeux sur les mortels qui s'agitent à ses pieds, pour courir après les richesses, les honneurs, la renommée et d'autres biens aussi frivoles. Cette conduite fait naître une idée de grandeur qui nous saisit d'admiration[1]. » Lorsque le philosophe remarque qu'un objet inanimé peut être utile sans être vertueux, il abandonne la théorie qui fait une vertu de la bienfaisance involontaire. Lorsqu'il dit qu'il y a plus de mérite à accommoder son tempérament aux circonstances que les circonstances à son tempérament, il reconnaît le pouvoir et le mérite de la volonté; lorsqu'il parle de la grandeur et de l'éclat que nous admirons dans le courage même funeste à celui qui le déploie, que veut-il dire, s'il ne fait pas consister cette grandeur et cet éclat dans la conformité de notre action avec le type moral qui est conçu par l'intelligence?

§ 13. La doctrine de la sympathie : Adam Smith.

On a cru que la doctrine qui renferme la morale dans la bienveillance avait été professée par Adam Smith. Ce qui a pu causer ici la confusion, c'est le mot de *sympathie*; mais Adam Smith donne à ce terme un sens plus rapproché de l'étymologie et plus éloigné de l'usage ordinaire. Il entend par sympathie le partage de la passion d'autrui, quelle qu'elle soit. Suivant lui, il y a des passions que nous gagnons par une contagion qu'il appelle

---

1. *OEuvres philosophiques*, t. V, p. 96, 186, 190, 195.

sympathie, et d'autres qui ne se gagnent pas. « Nous ne gagnons pas, dit-il, les passions qui viennent du corps, telles que la gourmandise, la débauche, ni les passions insociables, comme la haine, la colère, etc. Nous partageons au contraire les passions sociales, comme la bienveillance, l'amour paternel, l'amour filial. Les passions qui se rapportent à l'imagination, comme l'amour de la musique et de la peinture, et celles qui font partie de l'amour-propre, comme l'ambition, l'amour de la louange, tiennent le milieu entre les passions sympathiques et celles qui ne le sont pas. Lorsqu'un homme agit par suite d'une passion sympathique, c'est-à-dire d'une passion que nous pouvons partager, nous disons que son action est bonne ; lorsqu'il agit sous l'influence d'une passion qui ne se gagne pas, nous disons que son action est mauvaise. L'effort que nous faisons pour sympathiser avec celui qui ressent une passion forme les vertus aimables : l'indulgence, la clémence, la politesse ; l'effort que fait celui qui ressent la passion pour se mettre au niveau de l'indifférence du spectateur, forme les vertus respectables : le courage, l'austérité, le dévouement. Nous sympathisons plus avec les sentiments agréables qu'avec les sentiments désagréables : de là notre empressement pour les gens riches et d'un rang élevé, et la *corruption de nos sentiments moraux* à l'égard des pauvres. Lorsque nous voyons un homme accorder un bienfait à un autre, si nous sympathisons avec les motifs du bienfaiteur et avec la reconnaissance de l'obligé, nous disons que le bienfait est méritoire ; si un homme en offense un autre, et que nous sympathisions moins avec les passions de l'offenseur qu'avec celles de l'offensé, nous jugeons que l'acte est déméritoire. Pour juger notre propre conduite, nous nous mettons à la place du spectateur impartial, et nous essayons de voir s'il nous accorde ou non sa sympathie. La voix intérieure qui nous avertit de cette sympathie est la conscience. Comme cette voix pourrait être étouffée par le bruit de la passion présente, les philosophes, dans les moments de calme, étudient les effets de la sympathie et les tracent dans des lois qui peuvent être appelées des lois divines, puisqu'elles sont fondées sur la nature que Dieu nous a donnée [1]. »

Tel est le système très-artificiel et très-compliqué de l'ingénieux Adam Smith : nous n'avons pas en nous la règle de nos actions ; nous sommes obligés de nous regarder dans le jugement d'autrui, comme dans un miroir ; nous ne pouvons pas nous juger par nous-mêmes, et si nous étions seuls au monde, notre conscience serait muette, ou plutôt nous n'aurions pas de conscience. La conscience de notre premier père ne s'est formée qu'avec la compagne qui a été prise de son sein. Mais pour deviner si nous obtiendrions la sympathie de nos semblables, il faut que nous sachions si nous leur accorderions la nôtre dans les mêmes circonstances. Quand vous croyez que je me mets à la place du spectateur, je ne me mets véritablement qu'à la mienne. Tout se réduit donc à savoir si, dans un moment de calme pour moi, je suis disposé à partager telle ou telle passion que je vois chez un de mes semblables. Or, il est clair que je me sentirai disposé à partager les passions auxquelles je suis moi-même enclin, de sorte que je n'approuverai que mes propres inclinations. Nous accordons que trop souvent les choses se passent ainsi, et qu'on approuve ce qu'on aurait fait à la place de celui qu'on juge. Mais c'est là le fait ; ce n'est pas le droit. L'homme a une règle d'après laquelle il doit juger ses passions d'abord, et par là celles d'autrui. Adam Smith affirme que les passions qui viennent du corps ne sont pas sympathiques : que nous ne les partageons pas et que par cette raison nous les désapprouvons.

1. *Théorie des sentiments moraux*, 1759.

Mais, quoi? les écrits licencieux n'ont-ils pas de lecteurs? Celui qui ne songe à servir que son estomac est-il réduit à s'asseoir seul à sa table ? Personne ne veut-il devenir son convive ? Nous sympathisons avec les passions du corps, comme avec toutes les autres, et si nous les désapprouvons davantage, nous avons pour cela une autre règle que la sympathie. Le philosophe avance d'une autre part que nous sympathisons avec les passions sociables : avec la bienveillance, l'amour paternel, etc., et que, pour ce motif, nous approuvons les actes inspirés par ces passions. Mais si un ministre commet un passe-droit en faveur de son fils, quoique nous soyons plus disposés, suivant Adam Smith, à sympathiser avec l'amour paternel du ministre qu'avec la colère de ceux qu'il a injustement traités, cependant notre jugement moral condamne le ministre et condamne aussi la sympathie que nous ressentons pour lui.

Il y a dans la théorie d'Adam Smith, comme dans toutes les fausses théories, des propositions contradictoires, et c'est surtout par là que ces systèmes périssent. Il prétend que nous sympathisons plus avec les sentiments agréables qu'avec les sentiments désagréables, et que de là vient notre empressement pour les gens favorisés de la fortune et *la corruption de nos sentiments moraux* à l'égard des pauvres ; il reconnaît donc, qu'en ce cas, la sympathie corrompt notre jugement moral, et que c'est d'après une autre règle qu'on en reconnaît la pureté. L'auteur dit encore que, pendant que le spectateur fait effort pour partager la passion de l'agent et qu'il pratique ainsi les vertus aimables de la politesse et de la clémence, celui-ci s'efforce de se dépouiller de ses passions et atteint par là aux vertus respectables du courage, de l'austérité et du dévouement. Mais que devient alors la contagion des passions qui semblait être le seul principe? Quand on s'efforce d'étouffer son émotion pour se mettre au niveau de l'indifférence du spectateur, quelle est la passion qu'on cherche à partager? aucune. Et cependant on s'estime soi-même, on recueille la satisfaction de la conscience, on s'accorde l'approbation morale. Celle-ci ne s'attache donc pas à la passion que l'on partage, puisqu'elle devient le prix de l'apaisement de la passion.

En conclusion, Adam Smith a pris le fait pour le droit. Il est trop vrai que nos passions nous égarent dans le jugement que nous portons sur nous-mêmes et sur autrui. Nous sommes disposés à excuser chez les autres les mouvements que nous sentons en nous-mêmes. Mais, comme le dit Adam Smith lui-même, c'est là *une corruption de notre jugement moral*. Ce jugement, quand il est pur, condamne nos propres passions et celles des autres, et par conséquent la sympathie que nous éprouvons. La règle des actions est donc en dehors des passions et de la sympathie.

§ 14. Des théories qui renferment toutes les prescriptions de la morale en une seule.

Nous avons fait passer sous les yeux du lecteur toutes les doctrines qui donnent à nos actions une autre règle que la conception idéale de la vertu. Il est d'autres théories qui, en admettant cette conception, cherchent à l'exprimer en une seule maxime. On croit appuyer ainsi la morale sur une base plus uniforme, plus simple et plus solide. Nous pensons avec Pascal que « ce précepte unique est inutile si on ne l'explique, et que dès qu'on vient à l'expliquer, dès qu'on ouvre ce précepte qui comprend tous les autres, ils en sortent en leur première multitude, qu'ainsi tant qu'ils sont tous contenus en un seul, ils y sont cachés, comme en un coffre, mais que la nature les a établis chacun a part sans les renfermer l'un dans l'autre[1]. »

« L'âme bien réglée, dit Platon, est tempérante; l'homme tempérant accomplit tous ses devoirs envers les dieux et les hommes, il est donc juste et saint. Il est courageux aussi, car un homme tempérant ne saurait rechercher ou fuir ce qu'il ne conviendrait pas de fuir ou de rechercher; il est donc parfaitement bon[2]. » Voilà toutes les vertus ramenées à la tempérance. Mais, dans un autre passage, Platon signale lui-même la différence de la tempérance et du courage. « Le courage, dit-il, est une partie de la vertu et la modération en est une autre. Il faut oser dire sur ces deux vertus quelque chose d'étonnant, c'est qu'en beaucoup de circonstances elles sont comme divisées et ennemies l'une de l'autre. C'est là un discours inusité; car on dit d'ordinaire que toutes les parties de la vertu sont unies entre elles.... Cependant il faut voir si elles ne présentent pas quelque différence.... Ceux qui sont trop amoureux de l'ordre, trop disposés à mener une vie tranquille, solitairement occupés de leurs propres affaires, ne s'aperçoivent pas qu'ils perdent l'habitude de la guerre. D'un autre côté, ceux qui sont trop enclins au courage ne poussent-ils pas sans cesse l'État vers la guerre, à cause de leur passion excessive pour ce genre de vie? Il y a donc des parties de la vertu qui diffèrent beaucoup les unes des autres[3]. » La modération et le courage sont donc deux vertus qui ne se ramènent pas l'une à l'autre; et la conception morale nous commande de les pratiquer toutes les deux.

Antisthène renferma toute la morale dans ce précepte : « Vivez conformément à la nature[4]. » Mais les Cyniques

---

1. *Pensées*, édit. Faug., t. II, p. 388.
2. *Gorgias*, édit. H. E., t. I, p. 507.
3. *Le Politique*, édit. H. E., t. II, p. 306.
4. Diogène de Laërte. *Vie d'Antisthène.*

ont fait sortir de cette maxime la satisfaction publique et effrontée des besoins les plus grossiers. Il y a des parties de notre nature que nous devons préférer aux autres. Descartes a distingué ce qu'il appelle la lumière naturelle de ce qu'il nomme les inclinaisons de la nature, et il nous conseille de nous tenir en garde contre les secondes et de nous abandonner entièrement à la première[1]. C'est déjà un progrès sur la maxime d'Antisthène, mais cela ne suffit pas encore ; ce qu'on demande au moraliste, ce n'est pas qu'il nous donne seulement le conseil général et vague d'écouter la voix de la conscience morale, c'est qu'il démêle et qu'il explique clairement aux autres les paroles de cette voix intérieure.

La maxime d'Antisthène avait été éclaircie par Épictète qui la préservait de toute interprétation, l'entendait en ce sens : qu'il faut faire prévaloir l'âme sur le corps, l'esprit sur la chair. Mais de cet empire de l'âme sur le corps comment faire sortir la justice et la bienfaisance ? On répondra que l'homme pieux, tempérant et courageux n'a pas de motifs pour nuire à personne ; cela est vrai ; mais il n'en a pas non plus pour servir ses semblables. Aussi Épictète renferma-t-il toute la morale dans ces deux mots : supporte et abstiens-toi[2], et son sage fut-il le modèle de ces pieux cénobites qui ne pensant qu'à se discipliner eux-mêmes et à mettre leur âme en sûreté, vécurent inutiles au monde et crurent qu'on pouvait servir Dieu sans servir les hommes.

Épictète développant le précepte de résignation, d'humilité et de piété qui était contenu dans la morale stoïcienne, voulait que les hommes fussent persuadés que Dieu gouverne tout avec sagesse et il leur recommandait de respecter la destinée, la fin de chaque chose ou, en d'au-

---

1. *OEuvres philosophiques*, édit. Ad. G., intr. p. cxi.
2. *Sustine et abstine*. Ἀνέχου καὶ ἀπέχου. Voy. le *Manuel* d'Épictète.

tres termes, l'ordre universel. On a dit depuis que le respect de l'ordre universel renferme toutes les autres prescriptions. Mais nous trouvons à cette maxime plusieurs inconvénients. Premièrement, le consentement du sage aux arrêts de la Providence est vertueux, lorsque ces arrêts le dépouillent et le frappent ; mais ce n'est plus une vertu lorsqu'ils lui apportent des biens et des plaisirs. Secondement, cette maxime court le risque de rouvrir la porte au cynisme, qui met les inclinations du corps au niveau de toutes les autres. Fait-elle un choix entre les diverses facultés de l'homme ? alors elle va sortir de sa généralité, et, comme dit Pascal, toutes les maximes particulières vont reparaître. Troisièmement, la recommandation de laisser chaque chose aller à sa fin, et même de favoriser cette fin, est un précepte embarrassant. Comment, d'après cette loi, prendrons-nous l'assurance de couper un arbre, de donner la mort à un oiseau ? La fin de l'arbre et de l'oiseau est-elle de tomber sous le tranchant de notre fer ? Vous nous imposez le devoir de concourir en ce qui nous concerne à l'ordre universel, d'aider pour ainsi dire à l'œuvre de Dieu. Eh quoi ? faut-il que pour agir j'attende d'avoir connu l'ensemble de cet ordre universel ? Mais la destinée de cet arbre n'est-elle pas de se revêtir et de se dépouiller annuellement de ses feuilles et de ses fruits, jusqu'à ce qu'il plaise à Dieu d'en corrompre la tige ? La fin de l'oiseau n'est-elle pas d'élever sa jeune famille, de voler et de chanter, jusqu'à ce que Dieu interrompe son vol et ses chants ? Que vous allez me gêner par cette obligation de respecter l'ordre universel et de favoriser la destinée de toute chose ! Je ne connais pas cet ordre, j'ignore cette destinée. Suivez vos instincts, direz-vous, allez à votre fin en respectant celle des autres. Mais c'est justement cette fin des autres que j'ignore. Quant à mes instincts, si vous me dites que je ne dois pas les satisfaire jusqu'à l'excès du plaisir ou de la douleur, qu'il y en a que je dois préférer, soit en moi-même, soit en autrui, et si vous m'indiquez ceux qui doivent être l'objet de cette préférence, vous aurez reproduit les préceptes particuliers de la tempérance, du courage, de la culture de l'esprit, de la piété, de la justice, de la bienfaisance, et vous serez sortis des termes généraux et vagues du respect de l'ordre universel.

On insiste et l'on dit que l'homme est porté par ses inclinations à la tempérance, à la piété, à la bienfaisance, etc.; mais qu'il ne reconnaît ces vertus pour telles, que s'il aperçoit qu'elles sont d'accord avec l'ordre universel. On ne se refuse pas à donner le détail des vertus; seulement on veut indiquer le caractère commun qui les fait des vertus. Nous ne pensons pas que l'homme, pour savoir qu'il fait mal de calomnier son semblable, ait besoin de découvrir que la calomnie est contre l'ordre universel. Dieu a mis la règle plus près de nous. En réfléchissant profondément sur l'ordre universel, on arriverait à découvrir que le mal est aussi contenu dans cet ordre, et le calomniateur pourrait s'absoudre lui-même. Nous croyons donc que le précepte de respecter l'ordre universel ne comprend que la résignation et la piété, c'est-à-dire une vertu passive, une contemplation presque inerte, mais qu'il ne peut ni porter ni agir, ni surtout indiquer les actions que nous devons exécuter.

Si les maximes stoïciennes bornent la morale aux vertus solitaires ou individuelles, d'autres préceptes veulent la renfermer dans les vertus sociales. Grotius, Hutcheson, et dans ces derniers temps, Bentham, ont pensé que toutes les vertus peuvent se ramener à la bienveillance envers autrui[1]. Nous avons montré que si l'on voulait parler d'une bienveillance involontaire, cette qualité ne pou-

---

1. Voy. § précédent.

vait fonder aucune vertu ; que l'idée de la vertu implique une action librement consentie et non fatalement entraînée par l'inclination. Si l'on entend par bienveillance la détermination libre de faire le bien, la bienveillance est la première des vertus, mais elle n'est pas la seule. Hutcheson pense qu'on peut réduire les vertus à l'amour des hommes et de Dieu, ou au précepte : Aimez votre prochain comme vous-même et Dieu par-dessus toute chose. « Les quatre vertus cardinales, dit-il, la tempérance, le courage, la recherche de la vérité et la justice se ramènent à l'affection pour Dieu ou pour les hommes. La tempérance, par exemple, nous rend plus propres à la dévotion et au service de l'humanité[1].

Mais le malade qui lutte au lit de la mort contre la douleur nous paraît déployer une vertu, bien que la société ne retire aucune utilité de ce courage. Lorsque nous considérons que le courage et la tempérance peuvent avoir quelque efficacité pour le service des hommes, elles prennent plus d'importance ; mais envisagées en elles-mêmes, elles sont déjà des vertus. Elles peuvent être aussi pratiquées dans la vue de plaire à Dieu, mais il faut qu'elles soient méritoires par elles-mêmes, pour que la piété les exige et que Dieu se plaise à leur spectacle. Elles sont des vertus au même titre que la bienfaisance et la piété, en tant qu'elles sont les traits de la figure morale que conçoit notre intelligence.

Aristote disait que le courage est à une égale distance de la témérité et de la lâcheté ; que la tempérance est un milieu entre l'abstinence et la gourmandise. Le philosophe écossais ne veut pas qu'aucune vertu soit regardée comme un juste milieu entre deux extrêmes, et il affirme qu'il ne peut y avoir d'excès dans la piété et dans l'a-

---

1. *Recherche sur l'origine de nos idées de beauté et de vertu.* Traité II, sect. 1, § 3.

mour des hommes. Il reconnaît cependant lui-même que les affections de la famille peuvent être trop vives et qu'elles ont besoin d'être soumises à la religion et à l'amour de l'humanité[1]. D'un autre côté, l'amour du genre humain n'est-il pas excessif lorsqu'il nous fait oublier des devoirs plus restreints et plus impérieux? Que dire du bienfaiteur qui fonde un hospice et néglige de payer ses dettes, du père ouvrant sa bourse au premier qui la lui demande, et laissant sa femme et ses enfants manquer du nécessaire? Enfin la superstition, l'intolérance, le fanatisme ne sont-ils pas les excès de la piété?

En résumé, les vertus ne peuvent se réduire toutes à la piété et à la bienfaisance. La tempérance et le courage offrent sans doute le degré le plus sûr pour s'élever à l'accomplissement de la piété et des vertus sociales : on n'oublie ses devoirs envers Dieu, on ne blesse l'intérêt d'autrui que par quelque passion de l'amour de soi; la tempérance et le courage modèrent cette passion, et nous laissent en meilleure disposition d'accomplir nos devoirs envers la société et envers Dieu ; mais quoi qu'il en soit, la tempérance et le courage sont aussi estimés pour leur propre compte.

Nous avons vu que Bentham est au nombre de ceux qui réduisent nos motifs d'action au plaisir de la bienveillance. Pour goûter ce plaisir nous devions, disait-il, procurer le plus grand bonheur au plus grand nombre des hommes, suivant une formule qu'il empruntait à Priestley[2]; mais Bentham s'aperçoit que cette maxime n'est pas suffisante ; il y fait lui-même cette objection : supposons qu'une société soit composée de quatre mille

1. *Philos. mor. inst. compend.*, liv. I, chap. v.
2. Priestley. *Essai sur le Gouvernement*, 1768. — Bentham. *Projet de codification*, 1822. — *Déontologie*, trad. franç., t. I, p. 343 et 378.

et un citoyens, si vous en réduisez deux mille en esclavage, au profit des deux mille et un qui restent, vous aurez travaillé à l'intérêt du plus grand nombre ; et cependant il y aura une diminution de bien-être dans la totalité, parce que le bonheur des maîtres ne sera pas augmenté en proportion du malheur des esclaves. Il faut donc, dit Bentham, nous proposer pour but, non pas le bonheur du plus grand nombre, mais le plus grand bonheur en considérant toute la masse des citoyens, c'est-à-dire le *maximum* du bonheur [1].

Si la Providence ne nous avait pas donné d'autre lumière que celle-là, nous serions en de grandes ténèbres. Est-il possible que Dieu ait imposé à chacun de nous de résoudre une question aussi compliquée? N'y a-t-il pas de règle plus simple ? L'indigent qui se trouve à portée d'un bien qu'il peut saisir, a-t-il besoin, pour savoir qu'il ne doit pas le prendre, d'avoir calculé s'il procure ainsi à l'ensemble de la famille humaine la plus grande quantité possible de bonheur? Si le pauvre dérobe au riche une faible somme d'argent, le premier ne pourra-t-il pas considérer qu'il gagne beaucoup plus que ne perd le second, et qu'il procure ainsi le maximum du bonheur? Le précepte de procurer le maximum du bonheur fait sans doute partie de la morale ; mais il n'est imposé qu'à ceux qui par leurs lumières et leur situation peuvent remplir ce devoir, c'est-à-dire au père dans la famille et aux chefs dans l'État; enfin ce précepte ne comprend pas toute la morale, il ne fonde ni la morale individuelle, ni la morale religieuse.

Nous ne pouvons donc regarder comme l'expression complète de la conception morale, ni les maximes qui ne contiennent que la morale individuelle, ni celles qui ne renferment que la morale sociale. Le philosophe

---

[1]. *Déontologie*, trad. franç., t. I, p. 378 et 390.

Kant, qui a particulièrement porté son attention sur l'idée du devoir, a proposé une sorte de criterium à l'aide duquel chacun peut distinguer si l'action qu'il se propose est bonne ou mauvaise. « Agis, dit-il, d'après une maxime qui puisse devenir une maxime générale pour tous les hommes[1]. » Examiner, au moment d'agir, si notre action pourrait être imposée à tous les hommes, érigée en loi et écrite dans les codes, c'est à coup sûr le moyen de juger impartialement de notre conduite. Reid avait déjà donné un conseil semblable, lorsque, pour nous faire mieux juger de notre conduite envers le prochain, il nous recommandait de changer en pensée de rôle avec lui, de le supposer à notre place et nous à la sienne, et de nous dégager ainsi fictivement de tous les liens de l'intérêt. Mais ces maximes générales qui marquent le caractère des devoirs ne nous disent pas en quoi ils consistent. Si à l'aide de cette lumière, on se met à chercher quels sont les actes qui peuvent servir de modèles à tous les hommes, on trouvera que ces actes se rangent sous les titres de tempérance, courage, justice, etc., et l'on verra, comme dit Pascal, reparaître cette diversité que l'on voulait éviter.

Réussira-t-on mieux en ramenant toute la morale au respect de la liberté, en soi-même et en autrui? L'usage le plus prochain, dit-on, que l'homme fasse de sa liberté s'applique à son intelligence ; il développe et dirige sa pensée ; nous devons donc lui laisser ce gouvernement intérieur et respecter la liberté de la pensée ou de la conscience. Mais il ne veut pas seulement penser; il veut aussi transmettre sa pensée au dehors : il a donc droit à la liberté de la parole et à ce qu'on appelle de nos jours la liberté de l'enseignement. La volonté qui s'applique à la parole s'applique aussi à l'emploi des mem-

---

[1]. Voy. *Critique de la raison pratique.*

bres de notre corps ; par ces membres nous nous emparons d'une certaine partie des choses inanimées, nous les plions, nous les façonnons à notre usage, nous y mettons notre attache et notre cachet : nous réclamons donc la liberté de la personne, la liberté de la propriété, de l'industrie, des échanges et du commerce. Ce n'est pas tout : l'homme se choisit volontairement une compagne : il fonde, ainsi, dit-on, le droit du mariage et de la famille ; il s'associe à ses semblables pour les intérêts communs de la cité, et par là prennent naissance les droits de la liberté municipale et de l'indépendance réciproque des nations.

Cette doctrine paraît embrasser toute la morale ; elle en laisse cependant une grande partie. Comment du respect de la liberté faire sortir le devoir qui est imposé au fils d'honorer son père et sa mère ; au père, de cultiver ou de faire cultiver l'intelligence de ses enfants ; au chef de l'État, de procurer non pas seulement la liberté du peuple, mais son bien-être, et pour cela d'en améliorer la condition matérielle, de répandre l'instruction et de propager les bonnes mœurs.

Quant aux parties de la morale que comprend cette théorie et qui paraissent si bien enchaînées, le premier anneau de la chaîne est fragile, et il ne peut porter le poids de tout le reste. C'est la volonté qu'on nous impose l'obligation de ne violer ni en nous-mêmes ni en autrui. Mais il se trouve que ce pouvoir est de fait inviolable ; qu'il est au-dessus de toutes nos atteintes. Nous ne le violons jamais en nous-mêmes, car nous ne pouvons nous empêcher de vouloir librement, et si nous étions assez fous pour en tenter l'entreprise, ce serait librement encore que nous essayerions d'étouffer notre liberté. On nous recommande d'écarter les passions qui asserviraient, dit-on, notre volonté. Mais, lorsque nous cédons à la passion, nous y cédons librement ; sans cela que deviendrait la responsabilité morale? nous sommes donc libres au milieu des passions. Il ne faut pas dire que les passions enchaînent la volonté, ni que la raison la délivre ; ce serait dire que la raison rend la volonté libre, ou constitue la liberté.

Nous ne pouvons pas davantage violer la volonté en autrui. Que nous comprimions les membres d'un de nos semblables, que nous les chargions de fers, que nous l'enfermions dans la solitude et l'obscurité d'un cachot, avons-nous pour cela plus de puissance sur son âme? l'empêcherons-nous de vouloir librement? Qu'il décide soit de lutter contre notre tyrannie, soit de s'y soumettre, son âme n'est-elle pas libre sous nos chaînes? Si nous excitons ses passions, allons-nous pour cela lui ravir sa liberté? Nous lui enlèverions donc la responsabilité morale. La liberté ne se montre jamais mieux que dans la lutte contre les désirs. Si nous faisons le mal en déchaînant les passions de nos semblables, ce n'est pas que nous portions atteinte à leur liberté. La liberté de l'homme, la vraie liberté, celle qui constitue sa dignité et sa responsabilité, qui en fait une créature morale, celle qu'il faut distinguer de l'indépendance extérieure et de la raison qui est involontaire, cette liberté n'est en prise ni à nous-mêmes, ni aux autres; nous ne pouvons donc nous reconnaître aucuns devoirs envers elle. Quand on nous dit : Restez une liberté, on nous donne un conseil qu'il nous est impossible de ne pas suivre. Nous pouvons séparer notre âme de son corps, mais nous ne pouvons la séparer de sa liberté.

Mais supposons que nous ayons quelque pouvoir sur notre liberté, que nous puissions la conserver ou la perdre, la liberté peut-elle être pour nous un but moral! Vous voulez que je sois libre? Pourquoi? pour être libre. Mais je ne puis m'arrêter là ; je sens que ma liberté ne doit être qu'un moyen et non une fin. Je concevrais que je dusse rester libre, pour obéir à la raison, à la conception morale, pour pratiquer la justice et surtout la bienfaisance ; mais je ne comprends pas que je ne doive conserver ma liberté pour ma liberté elle-même. Ainsi la liberté ne peut être un but, et de plus elle n'est pas même un instrument sur lequel je puisse agir ; je ne puis contribuer ni à sa conservation ni à sa perte. C'est cependant du devoir de ne pas violer cette liberté inviolable qu'on essaye de faire découler tous nos devoirs et tous nos droits.

Mais si l'on entend ici par liberté, non le pouvoir de vouloir, mais le pouvoir d'agir, c'est-à-dire, la liberté physique, pourra-t-on établir sur ce fondement le système entier de la morale? Le goût de notre indépendance est un goût naturel [1], mais ce n'est qu'une de nos inclinations, et il serait singulier de vouloir confondre toutes les autres dans celle-là. Si l'on nous prend notre dernier morceau de pain et qu'on nous expose à la mort, ce qu'on blesse en nous ce n'est pas l'amour de l'indépendance, c'est l'amour de la vie. Si vous brisez les statues, si vous déchirez les tableaux, si vous chassez les poëtes, ce n'est pas liberté des citoyens que vous froissez, c'est le goût du beau que vous opprimez. Une inclination du cœur m'attache à ma femme et à mes enfants; si vous me les ravissez, il est ridicule de dire que vous attentiez à mon indépendance. Ce n'est pas pour flatter ce goût que je me suis associé une compagne et que je me suis attaché à mes enfants: c'est en vertu de deux amours qui sont beaucoup plus avant dans le cœur de l'homme que celui de la liberté. Il n'est point de mère qui ne consente à passer sa vie dans une étroite prison, pour sauver les jours de son enfant. Les inclinations du cœur sont plus respectables que celles de l'amour-propre dont

---

1. Voy. t. I, p. 157.

fait partie le goût de l'indépendance ; c'est en respectant les premières et en les servant avec zèle dans nos semblables qu'il faut commencer à s'acquitter des devoirs de la justice et de la bienfaisance. Il est donc impossible de fonder la morale sur le respect de l'indépendance ou de la liberté physique. Ce devoir ne comprend pas même toute la justice négative, puisque celle-ci consiste à épargner toutes les inclinations légitimes et que l'amour de la liberté physique n'est que l'une de ces inclinations ; à plus forte raison ne peut-il pas comprendre la justice active qui nous oblige à certains services[1], la bienfaisance ou les services qui ne sont pas obligatoires, et enfin la tempérance, le courage et la piété, qui n'ont rien de commun avec le respect de la liberté matérielle.

On a proposé dans ces derniers temps une nouvelle maxime que l'on a crue capable de renfermer tous les devoirs : c'est le précepte de se perfectionner soi-même et de perfectionner les autres. Qu'est-ce que le perfectionnement de nous-mêmes ? Est-ce le développement de toutes nos facultés ? les facultés physiques sont-elles au même niveau que les facultés intellectuelles ? Non, il faut faire prédominer l'intelligence sur le corps. Faut-il nous abandonner à nos inclinations sans mesure ? Non ; nous prisons la modération et la force d'âme pour elles-mêmes. Ce perfectionnement de soi-même ne sera donc entendu que de celui qui aura reconnu pour des vertus la culture de l'esprit, la tempérance et le courage. Ce sera un nom général qui conviendra à ces qualités particulières et qui les exprimera pour qui les connaîtra d'avance, mais qui ne pourrait suffire à en suggérer l'idée. Quant au précepte du perfectionnement des autres, il a besoin aussi d'être éclairé par une connaissance antérieure des différentes vertus. De plus, il ne distingue

---

1. Voy. même chap., § 1.

pas entre ce qui est d'obligation et ce qui est de dévouement. Le père est obligé de travailler au perfectionnement de ses enfants, les chefs de l'État, au perfectionnement du peuple ; mais le simple citoyen n'a pas le devoir de s'appliquer au perfectionnement de tous les enfants ni à celui de tous ses concitoyens ; s'il entreprend cette tâche à l'égard de quelques-uns d'entre eux, il sort de la limite du devoir et s'élève jusqu'à la bienfaisance et au dévouement. Il faut faire toutes ces distinctions, si l'on veut contenter l'esprit, éclairer la conscience, donner des préceptes qui s'accordent avec les législations et les règles suivies dans les tribunaux.

Si l'on ne fournit ces indications précises, on pose un précepte trop large, dont il est impossible de faire sortir un seul devoir pratique, comme le respect de l'ordre universel, ou une règle trop étroite qui, ne comprenant que la moitié de la morale, comme la maxime stoïcienne, ou les maximes purement sociales ; on propose un but impossible, tel que de respecter la liberté métaphysique de nos semblables, ou un but insuffisant, tel que d'épargner leur liberté physique, ou un but trop élevé, comme le perfectionnement des autres auquel très-peu d'hommes sont obligés.

Le philosophe doit chercher les propositions générales, personne n'en doute ; mais si ce qui est trop divisé est confus, ce qui n'est pas distinct est la confusion elle-même. Comme nous l'avons dit au commencement de ce chapitre, le nombre des vertus n'est pas arbitraire ; il dépend de notre nature même. Quel bon emploi pouvons-nous faire de notre volonté à l'égard de notre intelligence si ce n'est de l'éclairer et de pratiquer aussi la culture de l'esprit ; à l'égard de nos inclinations et passions si ce n'est de les refréner et d'exercer ainsi la tempérance et le courage ; à l'égard de notre faculté motrice, si ce n'est de l'empêcher de nuire et de l'employer à servir, ce qui donne lieu à la justice négative, à la justice active et par conséquent à la piété envers nos parents et envers Dieu, et enfin à la bienfaisance et au dévouement? Si l'on veut réduire la morale à une seule maxime, il faut en trouver une qui exprime toutes ces vertus.

Nous avons comparé la conception idéale de la vertu à la conception idéale de la forme géométrique. Vouloir réduire toutes les vertus à une seule, c'est vouloir ramener à un seul tous les principes de la géométrie. De même que la ligne ne vient pas du point, que la surface ne vient pas de la ligne, et que le solide ne vient pas de la superposition des surfaces, de même la bienfaisance ne vient pas de la justice, ni la justice du courage, ni le courage de la tempérance. Ce sont chacun des principes séparés, et, comme dit Pascal, la nature les établit chacun à part sans les renfermer l'un dans l'autre.

Nous avons fait voir qu'il y a dans l'intelligence de l'homme une conception idéale de la vertu, que cette conception est la règle de notre conduite, que cette règle n'est placée ni dans l'intérêt ni dans une qualité involontaire, fût-ce même la bienveillance, ni dans le partage sympathique de l'émotion d'autrui; que dans tous les temps, les principes de la morale sont les mêmes, et la conduite de l'homme plus ou moins infidèle à ces principes. Nous ne voulons cependant pas nier le progrès des mœurs : ce progrès tient surtout à la diminution de la guerre, à l'adoucissement de la vie matérielle des peuples qui permet aux penchants de l'esprit et du cœur de prévaloir peu à peu sur ceux du corps et de l'amour-propre. Quant aux dissentiments des hommes du même temps, nous avons montré qu'ils portent non sur le point de droit, mais sur le point de fait, qui est apprécié par des interprétations et des inductions souvent trompeuses mais dont l'erreur n'altère en rien la netteté, la certitude, l'universalité de la conception idéale de la vertu.

La description de la conception morale, la distinction de cette conception d'avec les autres principes d'action qu'on a confondus avec elle compose ce qu'on appelle la morale générale. L'application de la conception morale à toutes les circonstances de la vie humaine est l'objet de la morale spéciale, qui dépasse les limites d'un traité des facultés de l'âme.

CHAPITRE IV.

SUITE DES CONCEPTIONS IDÉALES. — LA CONCEPTION DE LA BEAUTÉ SENSIBLE.

§ 1ᵉʳ. Caractère de la beauté sensible.

Nous avons dit, en traitant des inclinations, qu'on distingue trois genres de beauté : la beauté morale, la beauté intellectuelle et la beauté sensible, et que leur caractère commun était de résider dans une sphère supérieure au corps, de ne contenir que des actes de l'esprit, et de nous élever au-dessus des plaisirs grossiers et égoïstes.

La beauté morale comprend la conception idéale de la vertu, dont nous venons de nous occuper. La beauté intellectuelle consistant dans l'emploi supérieur des facultés de l'esprit, renferme l'action de toute l'intelligence et au premier rang les conceptions idéales ou mathématiques. Nous devons rechercher si la beauté sensible contient quelque conception idéale. Occupons-nous d'abord de bien marquer le caractère de ce genre de beauté.

Nous avons dit que les éléments de la beauté sensible sont la grandeur, la forme, la couleur, le mouvement et le son.

La grandeur sensible nous paraît belle comme signe de la puissance intellectuelle ou morale. Les hommes comprennent si bien l'expression de la grandeur sensible, que les rois et les magistrats s'enveloppent d'amples costumes, se font suivre de longs cortéges, se placent sur des siéges élevés. Une vaste campagne, une montagne inaccessible, un océan sans limites, l'étendue infinie des cieux nous remplissent d'admiration ; les barbares mêmes ressentent avec transport la beauté de ces spectacles. Un voyageur européen conduisait sur l'un des fleuves de l'Afrique une flottille montée par des nègres : il débouche tout à coup dans un lac immense ; les nègres se lèvent à cet aspect, poussent des cris d'admiration et manifestent leur joie par les détonations de leurs armes à feu [1]. La voûte céleste paraît à nos yeux comme le signe extérieur de la grandeur divine. Un illustre écrivain de nos jours montre éloquemment que l'idée d'une divinité unique donne à l'étendue des bois et des mers une signification plus auguste que ne pouvaient le faire les croyances de l'antiquité. « Libres de ce troupeau de dieux ridicules qui les bornaient de toutes parts, les bois se sont remplis d'une divinité immense. Le don de prophétie et de sagesse, le mystère et la religion semblent résider éternellement dans leurs profondeurs sacrées. Le voyageur s'assied sur le tronc d'un chêne pour attendre le jour ; il regarde tour à tour l'astre des nuits, les ténèbres, le fleuve ; il se sent inquiet, agité, et dans l'attente de quelque chose d'inconnu ; un plaisir inouï, un plaisir extraordinaire fait palpiter son sein, comme s'il allait être admis à quelque secret de la divinité... Il faut plaindre les anciens qui n'avaient trouvé dans l'Océan que le palais de Neptune et la grotte de Protée ; il était dur de ne voir que les aventures des Tritons et des Néréides dans cette immensité des mers, qui fait naître en nous un vague désir de quitter la vie, et de nous confondre avec son auteur [2]. »

1. Caillé, *Voyage en Afrique*.
2. *Génie du christianisme*, édit. 1823, t. II, p. 241.

Les formes symétriques sont évidemment des marques d'une intelligence qui conçoit et qui cherche l'unité. Suivant l'ingénieuse remarque d'Hutcheson, que nous avons déjà citée, entre plusieurs figures, nous aimons le mieux celle qui, avec la même symétrie, contient un plus grand nombre de côtés, ou celle qui, avec le même nombre de côtés, présente le plus de symétrie. Ainsi, dans la forme que nous donnons aux salles de nos édifices, nous préférons le carré au triangle, l'hexagone au carré, l'octogone à l'hexagone et le cercle à l'octogone. La symétrie est la même dans ces figures, mais le nombre des parties est plus riche dans celles qui sont préférées. D'un autre côté, le triangle scalène nous plaît moins que l'isocèle, et l'isocèle moins que l'équilatéral. Ici le nombre des parties est égal ; mais la symétrie n'existe pas dans la première figure et elle est moindre dans la seconde que dans la troisième[1]. Si de deux formes régulières la plus riche nous paraît la plus belle, c'est qu'elle est une des plus grandes manifestations de l'intelligence qui soumet la variété à l'unité.

Chaque figure régulière a d'ailleurs une expression propre qu'on aperçoit dans les monuments de l'architecture. Le cube et le prisme offrent plus de symétrie que la pyramide ou l'obélisque, et cependant on élève un obélisque ou une pyramide sur un tombeau, parce que leur forme, qui s'amincit à mesure qu'elle s'élève, semble percer les cieux et y emporter avec elle nos regards et nos pensées.

On a remarqué depuis longtemps que le caractère propre de l'architecture égyptienne est l'expression de la stabilité et de l'éternité. Les palais et les temples de l'Égypte présentent des lignes obliques, qui s'écartent

---

1. *Recherches sur l'origine de nos idées de beauté et de vertu*, raité Ier, section II, § 3.

vers leur base, pour prendre sur le sol une plus ferme assiette. Les piliers sont larges, courts, placés à peu de distance les uns des autres, chargés de signes et d'inscriptions qui en augmentent la masse; d'amples chapiteaux supportent de lourds entablements. Le sphinx, couché non loin de la pyramide, soulève à peine sa tête colossale, et est en proportion avec la masse de la montagne de pierre dont il semble être le gardien. D'autres colosses sont assis dans l'attitude de l'immobilité; le voyageur, qui les contemple, atteint à peine à la hauteur de leurs pieds; et il faut tout un peuple pour traîner sur le sable la tête écroulée de la statue de Memnon.

Sans quitter la terre d'Égypte, on peut apercevoir le contraste des monuments du style grec avec les édifices du style égyptien : le portique du théâtre d'Antinoé et la colonne de Pompée, dans Alexandrie, nous présentent des formes plus élégantes, plus légères, moins fortement implantés sur le sol que les piliers égyptiens. Les temples de la Grèce sont bâtis sur les monts. « Il faut, dit Socrate, aux temples et aux autels des lieux élevés et solitaires; il est doux, en priant, d'étendre au loin ses regards, et de goûter le calme et le silence, en s'approchant de l'autel [1]. »

Dans l'architecture des Grecs, l'œuvre de l'intelligence se dégage de plus en plus des entraves de la matière brute. Entre leurs mains, le pilier égyptien reçoit des cannelures régulières, qui diminuent l'ampleur de sa masse et il se débarrasse de son lourd chapiteau. Bientôt les cannelures, qui n'étaient séparées que par une arête presque imperceptible, laissent entre elles une surface plate, qui, plus saisissable à l'œil et répétée symétriquement, donne au fût de la colonne plus d'élégance et de richesse; le chapiteau se décore d'oves, de

---

1. Xénophon, *Mémoires*, livre III, ch. VIII.

perles et de volutes; et la colonne, qui posait autrefois sur le pavé de l'édifice, en est séparée par une base circulaire formée de moulures plates et arrondies. L'art fait un nouveau progrès : le chapiteau grandit sans rien perdre de sa légèreté ; il prend la forme d'un vase ou d'une corbeille, il s'enveloppe d'un triple rang de feuilles d'acanthe et augmente le nombre de ses volutes. A la base de la colonne s'ajoute un piédestal qui l'éloigne encore du sol, et dont les moulures représentent des trèfles et des feuillages. L'entablement suit les métamorphoses de la colonne. Il était composé, en Égypte, d'une architrave et d'une corniche, pesantes et massives. En Grèce, ces deux parties allégées et décorées, sont séparées par une frise, qui reçoit d'abord l'ornement des triglyphes, et plus tard de riches bas-reliefs. Des personnages représentés en action font briller sur le front de l'édifice l'intelligence et le sentiment.

L'architecture du moyen âge offre les mêmes révolutions. Du cinquième au onzième siècle, elle exprime la stabilité comme en Égypte. Les pleins cintres s'appuient sur des pieds-droits ou sur des piliers larges et bas; le temple est nu, austère, de petite dimension, et quelquefois sous son pavé est cachée une crypte ou église souterraine. C'est le symbole d'une religion longtemps combattue et encore souffrante. Au siècle de Grégoire VII, la religion chrétienne augmente ses conquêtes et le temple s'agrandit avec elle : le chœur s'élargit, s'élève et s'entoure de galeries latérales. Les bras de l'église s'étendent en croix ; les piliers s'allongent, se divisent en sveltes colonnes ; à l'intérieur, les corniches sont ornées d'étoiles, de chevrons, de torsades, de losanges, de méandres et de figures humaines, dont les traits divers expriment les vices et les vertus. Au douzième et au treizième siècle, le temple s'élève de plus en plus au-dessus des demeures humaines et même du palais des rois ;

l'arcade se termine en pointe pour monter avec plus de légèreté et de grâce jusqu'au sommet de l'édifice. Le plein cintre demandait à s'appuyer sur des piliers dont la hauteur restât dans une certaine proportion avec la largeur de l'arcade; plus hardi, l'arc ogival accouple élégamment les colonnes les plus allongées. Les chapiteaux imitent les feuilles d'acanthe et les formes employées dans les plus beaux temps de la Grèce; une tribune découpée à jour sépare le chœur d'avec la nef; au dehors, la façade se divise symboliquement en trois parties, comme une image de la Trinité sainte, et au-dessus des portes se dessinent des frontons triangulaires, dont les côtés sont semés de fleurons, et dont les sommets aigus montent au pied des tours. Celles-ci forment un édifice sur un édifice, et pénètrent dans les cieux. Les fenêtres, qui s'ouvraient déjà depuis le pavé jusqu'à la voûte, s'associent deux à deux, reçoivent entre leurs ogives une rosace transparente et s'enveloppent dans une troisième et plus vaste ogive. Les murs disparaissent et font place à un édifice de verre, auquel des arcs-boutants évidés et hardis semblent moins apporter un soutien qu'un ornement de plus et une grâce nouvelle. Des chapelles latérales se groupent autour de la nef, et, faisant saillie au dehors, représentent comme autant de petits temples qui viennent s'appuyer sur le premier. Bientôt le soin et même la recherche se font sentir dans tous les détails de l'édifice : les clefs de voûte sont ciselées ou pendent en panaches renversés. Le côté de l'arcade ogivale, au lieu de se former d'un seul arc de cercle, en comprend deux en sens opposé; les meneaux des fenêtres, les rayons des rosaces, les supports des balustrades affectent les sinuosités et les pointes de la flamme. Les statues sont semées avec profusion et se pressent comme une foule à la porte des temples. Partout éclate l'expression, le symbole, l'intelligence; on cache la matière sous la forme, et, suivant la doctrine enseignée dans le temple, on anéantit le corps pour ne laisser resplendir que l'esprit.

Si la forme exprime dans la nature inanimée et immobile la vie et l'intelligence, elle est encore plus expressive dans la plante, qui est en partie animée, qui naît, se nourrit, s'accroît, se développe et meurt. La fleur dispose ses pétales en coupe, en vase, en croix, en grappe ou en couronne; quelquefois elle les ouvre et elle les ferme à l'arrivée et au départ du soleil; elle se tourne vers l'astre du jour, elle écarte sa tête de celle de ses voisines pour recevoir plus d'air, et se faire bercer par le vent. Les poëtes ont senti la ressemblance de la fleur et de la jeunesse. « Euryale s'affaisse sous le coup mortel; le sang coule sur sa blanche poitrine, sa tête se penche sur ses épaules : c'est ainsi que la fleur de pourpre tranchée par la charrue languit et meurt, ou que les pavots chargés de pluie inclinent leur tête sur leur tige fatiguée [1]. » Quand on parle de la majesté du chêne, il semble qu'on veuille exprimer plutôt une qualité morale, que l'élévation ou la vaste étendue de ses rameaux. Qui ne comprend la signification différente du peuplier et du saule? Qui ne s'aperçoit que si on les remplace l'un par l'autre dans un paysage, le caractère moral du site en est changé? Les Grecs voyaient dans le frais vallon de Tempé un séjour aimé des dieux, et ils plaçaient l'entrée des enfers dans une contrée stérile où les rochers et les monts étaient comme déchirés et tordus par un pouvoir malfaisant.

L'animal emprunte aussi sa beauté des sentiments et des pensées que sa figure exprime. « L'extérieur du lion ne dément point ses grandes qualités intérieures; il a la figure imposante, le regard assuré, la démarche fière, la

---

1. *Énéide*, IX, 433 et suiv.

voix terrible.... Le cheval semble vouloir se mettre au-dessus de son état de quadrupède en élevant la tête ; dans cette noble attitude, il regarde l'homme face à face.... Sa crinière accompagne bien sa tête, orne son cou et lui donne un air de force et de fierté.... Les grâces de la figure, la beauté de la forme répondent, dans le cygne, à la douceur du naturel ; il plaît à tous les yeux, il décore, embellit tous les lieux qu'il fréquente ; on l'aime, on l'applaudit, on l'admire ; nulle espèce ne le mérite mieux ; la nature, en effet, n'a répandu sur aucune autant de ses grâces nobles et douces qui nous rappellent l'idée de ses plus charmants ouvrages : coupe de corps élégante, formes arrondies, gracieux contours, blancheur éclatante et pure, mouvements flexibles et ressentis, attitudes tantôt animées, tantôt laissées dans un mol abandon.... Tout le peint comme l'oiseau de l'amour, tout justifie la spirituelle et riante mythologie d'avoir donné ce charmant oiseau pour père à la plus belle des mortelles [1]. »

Mais c'est la figure de l'homme qui présente la plus claire et la plus vive expression. « Tout marque dans l'homme, même à l'extérieur, sa supériorité sur tous les êtres vivants : il se soutient droit et élevé ; son attitude est celle du commandement. Sa tête regarde le ciel et présente une face auguste sur laquelle est imprimé le caractère de sa dignité ; l'image de l'âme y est peinte par la physionomie ; l'excellence de sa nature perce à travers les organes matériels et anime d'un feu divin les traits de son visage. Son port majestueux, sa démarche ferme et hardie annoncent sa noblesse et son rang ; il ne touche à la terre que par les extrémités les plus éloignées, il ne la voit que de loin et semble la dédaigner [2]. »

[1]. Buffon, édit. 1804, t. IV, p. 28 ; t. V, p. 244-5 ; t. IX, p. 142.
[2]. Buffon, *De la jeunesse et de l'âge viril*, édit. 1804, t. III, p. 134.

C'est surtout dans les chefs-d'œuvre du ciseau antique qu'éclate la beauté de la forme humaine. La sculpture de la Grèce ne s'attache pas à exprimer la stabilité et l'éternité comme celle de l'Égypte, mais le mouvement, la vie, les actions de l'âme, comme disait Socrate [1]. Dédale, qui, le premier, introduisit les beaux-arts en Grèce, débarrassa les figures des bandelettes qui les pressaient et les captivaient en Égypte ; il ne les représenta pas assises, mais debout et dans l'attitude du mouvement ; d'où s'est répandue cette fable que Dédale faisait des statues qui marchaient. Il a, sans doute, donné les premiers modèles de cette Amazone qui tend son arc et s'apprête à frapper l'ennemi, et surtout de cette Diane fière et agile, marchant d'un pas aussi rapide que la biche merveilleuse qui s'élance à ses pieds. On n'aperçoit en Grèce que deux figures de grandeur colossale : le Jupiter olympien et le lion de Chéronée. Toutes les autres sont à peu près conformes aux proportions de la taille humaine ; l'artiste emploie le moins de matière qu'il peut : une trop grande étendue rendrait la forme moins sensible, et c'est surtout dans la forme que résident l'harmonie et l'expression. La finesse de l'esprit se peint dans cette statue de Mercure, qui, le doigt levé, semble indiquer la route ; l'attention est fortement empreinte dans l'attitude de ce guerrier, que l'histoire de l'art appelle Jason, et qui écoute tout en rattachant sa sandale. Les Muses sont complétement vêtues et ne laissent voir que la figure, c'est-à-dire la principale expression de la pensée ; elles sont plongées dans une méditation profonde : l'artiste nous enseigne par là que l'inspiration n'est rien sans le travail, et nous rappelle que l'une des trois Muses primitives s'appelait la Réflexion μελέτη. Vénus est représentée tantôt à demi vêtue,

---

[1]. Τὰ τῆς ψυχῆς ἔργα, Xénophon, *Mémoires*, liv. III, ch. x, § 6.

tantôt voilée seulement de sa pudeur. Des lignes onduleuses dessinent les contours du corps de la déesse; ses membres arrondis sont délicatement attachés, ils semblent légers et mobiles; elle pose à peine sur le sol et se balance mollement sur elle-même. Ce qui nous charme le plus en elle, c'est la douceur et la grâce répandues dans toute sa personne et dans les traits de son visage. Aucune passion mauvaise, aucun sentiment de colère ou d'envie n'a jamais plissé ce front si pur, fermé ces lèvres souriantes, contracté ces membres moelleux et tranquilles. Ce n'est pas la Vénus vulgaire [1], ce n'est pas cette mère de l'amour corporel, dont l'esprit et le cœur sont corrompus, qu'on aime et qu'on déteste à la fois, c'est la Vénus céleste de Socrate [2], la mère de l'amour intellectuel, celle qui est plus belle encore par l'âme que par le corps, et chez qui la beauté extérieure n'est qu'une enveloppe et une expression de la beauté interne. L'artiste lui a conservé, dans l'âge adulte, les formes de l'enfance et de la virginité; elle aime les belles actions, la tempérance, le courage, la justice; elle enseigne à bien dire et à bien faire, et ce n'est qu'en demeurant irréprochable que l'on conserve son amour [3].

Les tendres regrets de l'amitié se peignent dans le groupe appelé faussement Castor et Pollux : deux jeunes hommes, la tête penchée, semblent rêver près d'un tombeau; l'un renverse une torche et l'éteint sur un autel; l'autre, doucement appuyé sur le premier, paraît contempler un gage laissé par un être chéri. Une douce étreinte unit ces trois Grâces qui ont été imitées, mais non surpassées par le ciseau moderne, et qui, les bras entrelacés, confondent leurs âmes dans un long regard

---

1. Πάνδημος, Xénophon, *Banquet*, VIII.
2. Ὀυρανία, Xénophon, *Banquet*, VIII.
3. Xénophon, *Banquet*, VIII; Platon, *Banquet*, édit. H. E., t. III, p. 180.

mutuel. Le désespoir se montre dans ce guerrier qui lève les yeux au ciel : il soutient le corps inanimé de son ami, dont la tête et les bras pendent vers la terre. D'autres œuvres de la sculpture antique représentent la grandeur d'âme et le dévouement. Tel est le caractère des statues d'Hercule, surtout de celle où ce dompteur de monstres, si puissant et si redouté, tient sur son bras un petit enfant qui lui sourit et le caresse. Le courage luttant pour la justice brille dans cette Minerve qui, le casque en tête, le bouclier au bras, la lance au poing, s'avance avec fierté et douceur, et promet la modération dans le combat et la clémence après la victoire. Nous laissons de côté d'autres chefs-d'œuvre tout aussi éclatants qu'il est inutile de décrire après Winckelmann [1].

La couleur présente une expression moins claire et surtout moins variée que la forme. Il serait puéril de rechercher le sens particulier de chacune des nuances de l'arc-en-ciel, et de vouloir indiquer dans un tableau de Rubens la signification des couleurs dont il peint les vêtements de ses personnages. La couleur est le plus souvent simplement agréable ; elle ne nous paraît vraiment belle que quand elle contribue à l'expression. Le deuil et la vieillesse recherchent les couleurs sombres ; les teintes éclatantes s'assortissent à la jeunesse et à la gaieté. Les couleurs ont donc aussi leur langage.

Un ciel couvert nous inspire un sentiment de tristesse qu'il semble partager avec nous. Quand il brille d'une couleur vive, il nous ranime et nous réjouit. Le mot de sérénité exprime également l'azur des cieux et la tranquillité de l'âme.

La couleur augmente la beauté de l'architecture : le soleil étend sur les monuments de la Grèce un éclat doré qui en fait ressortir tous les contours et qui donne aux

---

1. Voy. l'*Histoire de l'art.*

temples un air de joie et de fête. Les marbres de diverses couleurs relèvent la magnificence des portiques. Les anciens peignaient de teintes variées l'intérieur et l'extérieur des temples, des palais, et même des plus modestes demeures.

La campagne est moins belle par un jour sombre qui confond toutes les nuances; elle reprend tous ses charmes lorsque le soleil, comme un peintre habile, détache du fond de la verdure quelques arbres qu'il revêt d'or et de pourpre; lorsqu'il répand une couleur d'émeraude sur les prairies, ou qu'il mire un ciel clair dans les eaux et fait ressortir les objets lumineux par l'opposition des ombres épaisses. Il semble que notre pensée prenne un plus libre essor quand nous contemplons les ciels transparents des paysages de Berghem ou de Claude le Lorrain, la profondeur des lointains, la légèreté de l'air dans les tableaux de Ruysdael. C'est par l'habile emploi de la couleur que le Titien a redoublé le secret du désert où saint Jérôme ensevelit sa méditation, et que Rubens a rempli de tant de mélancolie la fuite de la sainte famille, éclairée seulement par le reflet de la lune sur les eaux.

Sans la couleur, la figure humaine n'atteint pas à toute la force de son expression. Il y a une couleur du teint qui dénote le mâle courage, une autre qui exprime la grâce et la pudeur. « La vivacité ou la langueur des yeux, dit Buffon, fait un des principaux caractères de la physionomie, et leur couleur contribue à rendre ce caractère plus marqué.... Les plus beaux yeux sont ceux qui paraissent noirs ou bleus; la vivacité et le feu, qui font le principal caractère des yeux, éclatent plus dans les couleurs foncées que dans les demi-teintes de couleurs; les yeux noirs ont donc plus de force d'expression et plus de vivacité; mais il y a plus de douceur et peut-être plus de finesse dans les yeux bleus.... Après les yeux, les parties du visage qui contribuent le plus à marquer la physionomie sont les sourcils. Comme ils sont d'une nature différente des autres parties, ils sont plus apparents par ce contraste et frappent plus qu'aucun autre trait : les sourcils sont une ombre dans le tableau, qui en relève les couleurs et les formes. Les cils des paupières font aussi leur effet : lorsqu'ils sont longs et garnis, les yeux en paraissent plus beaux et le regard plus doux.... La couleur vermeille des lèvres, la blancheur de l'émail des dents tranchent avec tant d'avantage sur les autres couleurs du visage, qu'elles paraissent en faire le point de vue principal.... Les joues sont des parties uniformes, qui n'ont par elles-mêmes aucun mouvement, aucune expression, si ce n'est par la rougeur ou la pâleur, qui les couvre involontairement dans les passions différentes.... On rougit dans la honte, la colère, l'orgueil, la joie ; on pâlit dans la crainte, l'effroi et la tristesse [1]. » Retracez-vous la tête de Van Dyck, due à son propre pinceau : la vive couleur des yeux, l'ivoire éclatant d'un front élevé, la teinte d'or de la chevelure à demi soulevée, qui couronne le front comme d'une auréole, tout cela fait resplendir sur la figure la flamme intérieure du génie. Par l'opposition des ombres et de la lumière, Rembrandt manifeste sur le front de ses personnages la pensée et la passion. Dans une œuvre d'Annibal Carrache qui retrace la naissance du Christ, les ténèbres sont dissipées par la splendeur de l'enfant divin. La vertu expressive de la couleur est encore manifestée par ces chairs lumineuses, par ces corps transfigurés que Titien et Albane prêtent aux dieux et aux déesses ; par cette vivacité de lumière que Paul Véronèse répand sur ses personnages, qu'on voit vivre et qu'on entend parler ; et enfin par cette allégorie du gouvernement de la France,

---

1. *De la jeunesse et de l'âge viril*, Œuvres complètes, édit. 1804, t. III, p. 136, 138, 139, 143, 146.

où Rubens assemble tous les dieux de l'Olympe, inonde son tableau d'une éblouissante clarté, et montre qu'il aurait atteint le comble de son art si, au lieu de consentir trop souvent à peindre des réalités sans noblesse, il se fût toujours maintenu dans une sphère élevée, où il eût pu joindre l'idéal de la forme à l'idéal du coloris.

Les anciens ne sacrifiaient jamais à la couleur la pureté de la forme, comme le prouvent ces peintures qui représentent la Marchande d'amours, les Noces de Pélée et de Thétis, Silène et la Bacchante amusant Bacchus enfant, etc…. Parmi les peintres modernes, quelques-uns, uniquement occupés de la forme, négligent la couleur, et ressemblent à des sculpteurs fourvoyés parmi les peintres ; quelques autres, recherchant l'éclat et les effets expressifs du coloris, laissent la forme indécise ou incorrecte. Le mérite de la peinture est d'unir la vertu expressive de la couleur à celle de la forme ; sans le coloris, la peinture ressemble à la gravure ; sans le dessin, elle manque de fondement, car la couleur n'est faite que pour orner la forme et ajouter à son expression.

La peinture a de plus que la statuaire la force expressive de la couleur, et c'est une première raison pour qu'elle soit plus belle. Elle a un second avantage, c'est de pouvoir, par l'effet de la perspective aérienne, embrasser un plus vaste espace, grouper un plus grand nombre de personnages, et enfermer sous l'unité une plus riche variété. Dans le tableau de Poussin qui représente le miracle de la manne au désert, Moïse, la main levée vers le ciel, fait sentir au peuple la bonté de Dieu ; son frère se tient dans l'attitude de la piété et de l'adoration. On reconnaît entre les deux personnages la différence du révélateur et du prêtre : l'un qui a reçu directement la mission céleste et qui transmet les ordres de Dieu au peuple, l'autre qui est chargé d'entretenir la piété et de faire parvenir les vœux du peuple à Dieu. Devant Moïse viennent s'incliner les hommes qui murmuraient tout à l'heure et qui maintenant reconnaissent la vérité de sa parole, et, abjurant leur rébellion, déposent à ses pieds des vases remplis de la nourriture céleste. Derrière le groupe des deux chefs, les anciens tournent leurs regards en haut et remercient l'Éternel. Plus bas, sur le premier plan, une jeune femme, joyeuse de sentir le lait revenir dans sa mamelle, la présente à sa vieille mère et de la main repousse doucement son fils, en lui promettant par un sourire que son tour va venir bientôt. Vers la droite du tableau, des jeunes gens luttent entre eux pour ramasser l'aliment si longtemps attendu ; plus loin, des hommes et des femmes en remplissent des vases et des bassins ; enfin tout à fait à l'extrémité, au lieu qui convient à un épisode, un homme porte cette manne à ses lèvres avec l'expression d'un doute qui déjà s'évanouit et fait place à la joie. Tous ces groupes se relient au principal personnage par le regard ou l'intention ; toutes les actions convergent vers l'action centrale ; l'expression se varie sans détruire l'unité.

Nous n'entreprendrons pas de décrire des tableaux qui ont été mille fois décrits, et nous nous contenterons de nommer les fresques où Raphaël représente la poésie, la philosophie, l'humanité et la religion. On se rappelle comment, dans la dernière, le peintre représente le mystère de l'eucharistie : le saint miracle occupe les sentiments et les pensées non-seulement de l'assemblée des hommes qui admirent, doutent, discutent, démontrent, confessent, adorent, mais de toute la cour céleste qui, suspendue dans les airs, contemple la merveilleuse transformation.

La beauté sensible est donc un objet perceptible aux sens, qui exprime la beauté intellectuelle ou morale, ou encore, comme le disait Socrate, les actes et les qualités de l'âme. Mais on a contesté que la beauté sensible fût un objet fixe et absolu. Les différentes races humaines, a-t-on dit, ont des couleurs et des traits différents ; les Groënlandais, les Samoyèdes, les Caraïbes, les Papous ont le front plat, les lèvres grosses. Ces peuples sont-ils sensibles à la beauté européenne? ont-ils conscience de leur laideur? et dans ce cas, comment Dieu les a-t-il privés de la beauté propre à l'espèce humaine? ou bien préfèrent-ils leur figure à celle des Européens, et alors le goût du beau ne manque-t-il pas d'un objet extérieur constant, qui soit le même pour toute la terre, et n'est-il pas le résultat du caprice ou de l'habitude?

Le goût du beau sensible n'est pas plus l'effet d'un caprice qu'aucune autre inclination ; il ne dépend pas de nous d'aimer ou de haïr à notre fantaisie. Nous appelons caprice une émotion dont nous ne démêlons pas la cause, mais qui a cependant son principe dans notre nature. Le goût de la nouveauté est la cause la plus féconde de ces changements, qu'on appelle des caprices ; mais encore faut-il que la chose nouvelle plaise par elle-même, car la nouveauté ne peut lui servir que d'assaisonnement ; une laideur nouvelle, par exemple, ne nous plairait pas malgré sa nouveauté.

Quant à l'habitude, elle nous crée sans doute des affections pour des objets qui nous étaient d'abord indifférents ou désagréables ; mais elle ne les revêt pas pour cela du caractère de la beauté. On peut à la longue être moins choqué d'un laid visage, parce que toute émotion se calme par sa durée, mais l'habitude qui émousse pour nous la laideur nous rend aussi moins sensible à la beauté, bien loin de la faire naître. Il y a d'ailleurs une grande différence entre l'affection pour les objets de nos habitudes et l'affection pour la beauté : la première est vulgaire et égoïste ; elle ne partage pas avec autrui les objets auxquels elle s'attache ; la seconde est délicate et désintéressée : elle ne s'approprie pas les objets qu'elle admire, et son admiration s'augmente même au contact de l'admiration d'autrui.

Ainsi le goût du beau n'est pas l'effet du caprice ou de l'habitude. Il nous reste à montrer que son objet a quelque chose d'absolu, et qu'il n'est déformé que par des causes accidentelles.

Les traits du visage humain sont défigurés par les rudes travaux, les souffrances physiques et les influences du climat. « La chaleur, dit Buffon, est la principale cause de la couleur noire : lorsque cette chaleur est excessive, comme au Sénégal et en Guinée, les hommes sont tout à fait noirs ; lorsqu'elle est un peu moins forte, comme sur les côtes orientales de l'Afrique, les hommes sont moins noirs ; lorsqu'elle commence à devenir un peu plus tempérée, comme en Barbarie, au Mogol, en Arabie, les hommes ne sont que bruns, et enfin lorsqu'elle est tout à fait tempérée, comme en Europe et en Asie, les hommes sont blancs. On y remarque seulement quelques variétés qui ne viennent que de la manière de vivre. Par exemple, tous les Tartares sont basanés, tandis que les peuples d'Europe, qui sont sous la même latitude, sont blancs. On doit, ce me semble, attribuer cette différence à ce que les Tartares sont toujours exposés à l'air, qu'ils n'ont ni villes ni demeures fixes, qu'ils couchent sur la terre, qu'ils vivent d'une manière dure et sauvage. Cela seul suffit pour qu'ils soient moins blancs que les peuples de l'Europe, auxquels il ne manque rien de tout ce qui peut rendre la vie douce. Pourquoi les Chinois sont-ils plus blancs que les Tartares, auxquels ils ressemblent d'ailleurs par tous les traits du visage ; c'est parce qu'ils habitent dans des villes, parce qu'ils sont policés, parce qu'ils ont tous les moyens de se garantir des injures de l'air et de la terre, et que les Tartares y sont perpétuellement exposés. Mais lorsque le froid devient extrême, il produit quelques effets semblables à ceux de la chaleur excessive : les Samoyèdes, les Lapons, les Groënlandais sont fort basanés. On assure même qu'il se trouve parmi les Groënlandais des hommes aussi noirs que ceux de l'Afrique. Les deux extrêmes, comme l'on voit, se rapprochent encore ici : un froid très-vif et une chaleur brûlante produisent le même effet sur la peau, parce que l'une et l'autre de ces deux causes agissent par une qualité qui leur est commune : cette qualité est la sécheresse, qui, dans un air très-froid, peut être aussi grande que dans un air très-chaud. Le froid comme le chaud, doit dessécher la peau, l'altérer et lui donner cette couleur basanée que l'on trouve dans les Lapons.... Le climat le plus tempéré est depuis le quarantième degré jusqu'au cinquantième ; c'est aussi sous cette zone que se trouvent les hommes les plus beaux et les mieux faits. C'est sous ce climat qu'on doit prendre l'idée de la vraie couleur naturelle de l'homme ; c'est là que l'on doit prendre le modèle ou l'unité à laquelle il faut rapporter toutes les autres nuances de couleur et de beauté. Les deux extrêmes sont également éloignés du vrai et du beau. Les pays policés situés sous cette zone sont la Géorgie, la Circassie, l'Ukraine, la Turquie d'Europe, la Hongrie, l'Allemagne méridionale, l'Italie, la Suisse, la France et la partie septentrionale de l'Espagne. Tous ces peuples sont aussi les plus beaux et les mieux faits de toute la terre. On peut donc regarder le climat comme la cause première et presque unique de la couleur des hommes. Mais la nourriture, qui fait à la couleur beaucoup moins que le climat, fait beaucoup à la forme. Des nourritures grossières, malsaines ou mal préparées peuvent faire dégénérer l'espèce humaine. Tous les peuples qui vivent misérablement sont laids et mal faits. Chez nous-mêmes, les gens de la campagne sont plus laids que ceux des villes, et j'ai souvent remarqué que, dans les villages où la pauvreté est moins grande que dans les autres villages voisins, les hommes sont mieux faits et les visages moins laids. L'air et la terre influent beaucoup sur la forme des hommes, des animaux et des plantes. Qu'on examine dans le même canton les hommes qui habitent les terres élevées, comme les coteaux ou le dessus des collines, et qu'on les compare avec ceux qui occupent le milieu des vallées voisines, on trouvera que les premiers sont agiles, dispos, bien faits, spirituels, et que les femmes y sont communément jolies; au lieu que dans le plat pays, où la terre est grasse, l'air épais et l'eau moins pure, les paysans sont grossiers, pesants, mal faits, stupides et les paysannes presque toutes laides.... Ainsi tout concourt à prouver que le genre humain n'est pas composé d'espèces essentiellement différentes entre elles; qu'au contraire, il n'y a eu originairement qu'une seule espèce d'hommes qui, s'étant multipliée et répandue sur toute la surface de la terre, a subi différents changements par l'influence du climat, par la différence de la nourriture, par celle de la manière de vivre, par les maladies épidémiques et aussi par le mélange varié à l'infini des individus plus ou moins ressemblants: que d'abord ces altérations n'étaient pas si marquées et ne produisaient que des variétés individuelles; qu'elles sont ensuite devenues variétés de l'espèce, parce qu'elles sont devenues plus générales, plus sensibles et plus constantes par l'action continuée des mêmes causes; qu'elles se sont perpétuées et qu'elles se perpétuent de génération en génération, comme les difformités ou les maladies des pères et mères passent à leurs enfants, et qu'enfin, comme elles n'ont été produites originairement que par le concours de causes extérieures et accidentelles, qu'elles n'ont été confirmées et rendues constantes que par le temps et l'action continuée de ces mêmes causes, il est très-probable qu'elles disparaîtraient aussi peu à peu avec le temps, ou même qu'elles deviendraient différentes de ce qu'elles sont aujourd'hui, si ces mêmes causes ne subsistaient plus, ou si elles venaient à varier dans d'autres circonstances et par d'autres combinaisons[1]. »

La laideur des tribus barbares et sauvages tient donc à des causes extérieures, comme celle des hommes qui, chez nous, sont condamnés depuis une longue suite de générations à la misère et à la souffrance. Dans le moyen âge, le vilain était astreint à de rudes travaux, et son nom avait fini par signifier la laideur; le noble menait une vie plus facile et plus douce, et son nom exprimait une des qualités les plus précieuses de l'attitude du corps et des traits du visage.

Le goût de la beauté sensible s'altère chez les peuples sauvages par le spectacle habituel des formes qu'ils ont sous les yeux; mais un changement de mœurs, une vie plus heureuse, en faisant peu à peu disparaître la difformité de leurs traits, amènerait chez eux la pureté du goût. On remarque déjà que, chez les peuplades noires où l'existence est plus douce, le caractère du visage se rapproche du type européen. Les Yolofs, qui sont les plus civilisés des peuples du Sénégal, sont, au rapport de Buffon, bien proportionnés et d'une taille assez élevée; les traits de leurs visages sont moins durs que ceux des autres nègres; les femmes, surtout, ont les traits réguliers. Ils ont les mêmes idées que nous à l'égard de la beauté; car ils veulent de grands yeux, une petite bouche, des lèvres proportionnées et un nez bien fait[2]. Tout le monde connaît la douceur du climat de Taïti et la facilité de la vie dans cette île féconde; aussi, dit Samuel Wallis, les insulaires de Taïti sont-ils grands, bien faits, agiles et

---

1. *Variétés dans l'espèce humaine*, OEuvres complètes de Buffon, édit. 1804, t. III, p. 338-342.
2. *Ibid.*, p. 289.

d'une figure agréable. Toutes les femmes sont jolies et quelques-unes d'une grande beauté[1].

Ajoutez à cela que les plus horribles difformités des sauvages ne leur viennent pas de la nature : Buffon nous apprend encore, d'après le père Du Tertre, que s'il y a chez les Caraïbes des hommes qui ont le front plat et le nez aplati, cette forme ne leur est pas naturelle : ce sont les pères et les mères qui aplatissent ainsi la tête de l'enfant quelque temps après qu'il est né. Cette espèce de caprice qu'ont les sauvages d'altérer la figure naturelle de la tête est assez générale [2], et Buffon, cherchant la cause de cet usage, la trouve dans le désir qu'ils ont de se rendre plus redoutables à l'ennemi. « Un voyageur, dit-il, parle d'une nation d'Indiens qui ont le cou si court et les épaules si élevées, que leurs yeux paraissent être sur leurs épaules et leur bouche dans leur poitrine. Cette difformité si monstrueuse n'est sûrement pas naturelle, et il y a grande apparence que ces sauvages qui se plaisent tant à défigurer la nature en aplatissant, en arrondissant, en allongeant la tête de leurs enfants, auront aussi imaginé de leur faire rentrer le cou dans les épaules : il ne faut pour donner naissance à toutes ces bizarreries, que l'idée de se rendre, par difformités, plus effroyables et plus terribles à leurs ennemis. Les Scythes, autrefois, aussi sauvages que le sont aujourd'hui les Américains, avaient apparemment les mêmes idées, qu'ils réalisaient de la même façon, et c'est ce qui a sans doute donné lieu à ce que les anciens ont écrit au sujet des hommes acéphales ou cynocéphales[3]. »

Tous les peuples aiment les couleurs vives et les formes régulières ; ils se couvrent et même se surchargent

---

1. *Variétés dans l'espèce humaine*, *OEuvres complètes de Buffon*, édit. 1804, t. III, p. 245.
2. *Ibid.*, p. 320.
3. *Ibid.*, p. 326, 327.

d'ornements. Il ne faut pas croire que le goût de la parure soit le fruit de la civilisation ou, comme on le dit, l'effet de la corruption des mœurs. Les barbares et les sauvages s'abandonnent à cette inclination. Les Madianites portaient des bagues d'or et des colliers, leurs rois étaient revêtus de robes d'écarlate, et des chaînes ornaient le cou de leurs chameaux[1]. Les Abyssins lustrent leurs cheveux noirs, décorent leurs boucliers de queues de cheval, portent une tunique de toile bleue, à laquelle les plus riches font coudre une bordure de soie. Dans les cérémonies, les chefs étalent sur leurs chevaux des peaux de lions, de tigres ou de rhinocéros; ils marchent sous un dais, avec des armes ciselées et des étoffes à fleur d'or[2]. Les femmes kalmouques tressent leurs cheveux et y attachent de petites plaques de cuivre[3]. Les habitants de la Nouvelle-Guinée suspendent des anneaux à leurs oreilles[4]. Dans l'île d'Haïti, l'habillement des hommes et des femmes est fait d'une espèce d'étoffe blanche, fabriquée avec l'écorce intérieure des arbres; les plumes, les fleurs, les coquillages et les perles font partie de leurs ornements[5].

Mais le défaut d'industrie des peuples barbares les rend incapables de tisser des étoffes, ils exécutent sur leurs corps les ornements qui plaisent à leurs yeux. Les femmes mogoles peignent sur elles-mêmes des fleurs de couleurs diverses avec le suc des racines, de manière que leur peau paraît comme une étoffe à fleurs[6]. Les nègres de Kivri ont pour vêtement une peau de tigre ou de léopard serrée autour de la taille; leurs cheveux nat-

---

1. *Juges*, VIII, 26.
2. *Lettres édifiantes*, édit. 1786, t. III, p. 304.
3. Buffon, *Variétés dans l'espèce humaine*, édit. 1804, t. III, p. 256.
4. *Ibid*, p. 265.
5. *Ibid.*, p. 266.
6. *Ibid.*, p. 273.

tés sont enduits de terre rouge, et leur visage est sillonné ou tatoué de petites coupures teintes d'indigo. Le tatouage des noirs d'Éboé est imprimé à la tempe et représente une flèche dont la pointe est tournée vers l'œil [1].

D'un autre côté, la vanité ou le désir de briller engendre la profusion des ornements et détruit le bon goût chez les peuples sauvages comme chez les peuples civilisés. On aperçoit chez les barbares des costumes qui rappellent les coiffures et les vêtements qu'on portait en France au dix-huitième siècle. « Les naturels de Fernando-Po ont un genre d'ajustement qu'ils regardent comme une parure. Leurs longs cheveux horriblement mêlés se distinguent à peine sous un enduit de terre rouge et d'huile de palmier; quoique cette coiffure impénétrable soit un abri suffisant contre toutes les intempéries de l'air, ils se parent encore d'une sorte de bonnet fait avec des herbes sèches, bordé de plumes de coq et de coquillages artistement placés à distance les uns des autres. Quelques-uns y ajoutent, sur le devant, des cornes de bélier. Pour fixer cet attirail sur la tête, on se sert d'un morceau de bois ou d'un os affilé, qui traverse la chevelure de part en part. Le visage est aussi enduit d'argile rouge et d'huile de palmier, ainsi que toutes les autres parties du corps, de telle sorte qu'il est presque impossible de deviner la couleur de la peau. Ils ont une ceinture faite de feuilles ou d'herbes sèches. Enfin, ils ornent leur cou, leurs bras et leurs jambes avec des chapelets de vertèbres, d'os, de coquillages, de verroteries ou de morceaux de noix de coco; ils font de ces ornements de petits paquets qu'ils suspendent en profusion autour de leurs reins [2]. » On retrouve dans cette sur-

---

[1]. *Voyages des frères Lander aux bords du Niger*, ch. IX.
[2]. *Ibid.*, ch. XXI.

charge d'ornements les extravagantes parures des femmes de la cour de Louis XV, la poudre dans la chevelure, le fard et les mouches sur le visage et ces monstrueux attirails, que le duc de Saint-Simon appelait *des édifices de fil d'archal, et d'énormes rondaches de paniers.* Mais même à travers les erreurs de ce goût, gâté par la vanité, on aperçoit toujours un amour naturel de l'ornement ou de la parure, dont les éléments sont les couleurs vives et les formes régulières.

Il résulte de ce que nous venons de dire, que la laideur des tribus barbares et l'altération de leur goût ne compromettent pas le caractère fixe et absolu de la beauté. Dans tous les lieux où la condition s'améliore, où le climat s'adoucit, le caractère de la figure se rapproche du type européen. Nous tirerons de là une autre conclusion : c'est que la beauté de la figure et de la couleur est un signe de progrès, que toutes les variétés de l'espèce humaine sont destinées à l'acquérir, et que l'amour du beau sensible est une inclination naturelle, et l'un des penchants les plus conformes aux desseins d'une sage providence.

Le mouvement augmente la beauté de la grandeur, de la forme et de la couleur. « Le jeune homme se mit à danser : voyez, dit Socrate, comme il est encore plus beau dans le mouvement que dans le repos [1]. » Nous aimons à suivre de l'œil le nuage qui flotte dans les airs, le cygne qui vogue sur les eaux, le cheval qui fournit sa course dans la campagne, les bataillons dont la masse s'ébranle tout entière, les flottes qui, les voiles déployées, s'avancent sur la surface des eaux et ressemblent à des villes en mouvement. Nous avons vu comment la grandeur, la figure et la couleur doivent leur beauté à leur vertu expressive : il en est de même du

---

1. Xénophon, *Banquet*, chap. II, § 15.

mouvement. Un mouvement régulier est le signe d'une intelligence qui le dirige; cette régularité fait le charme de la danse; il s'y joint l'expression des poses, des attitudes et des évolutions formées par les danseurs. Si la peinture est une statuaire avec la couleur de plus, la danse est une peinture à laquelle s'ajoute le mouvement. Rien n'est plus charmant que ces danses entrelacées des Heures, des Muses ou des Bacchantes qu'on voit sculptées sur les vases ou dans les bas-reliefs antiques. L'œil glisse le long de la ligne sinueuse qui descend des épaules aux mains unies des danseuses et il contemple avec délices ces pas qui touchent à peine la terre. « Le festin serait plus agréable, dit encore Socrate, si ces jeunes danseurs représentaient ces chœurs de danse formés par les Grâces, les Saisons et les Nymphes [1]. »

Le geste et l'action prennent, dans le drame, un caractère plus expressif encore que dans la danse : ils le doivent à la plus claire des expressions, c'est-à-dire à la parole. La peinture ajoutait à la statuaire le développement dans l'espace; le drame ajoute à la peinture le développement dans le temps. La sculpture nous représentait Iphigénie au pied de l'autel de Diane; le bas-relief d'un vase antique plaçait auprès de la victime Calchas, Agamemnon, Achille; la peinture y joignait toute l'armée des Grecs pressant le sacrifice; mais le drame remonte dans le passé et se prolonge dans l'avenir. Il nous montre la jeune fille arrivant dans le camp fatal avec la joie d'une fiancée, et de la fiancée d'Achille, surprise de la froideur et du trouble d'Agamemnon, inquiète sur les desseins de son amant, rassurée de ce côté et bientôt frappée par l'arrêt cruel de son père, suppliant son amant d'épargner l'auteur de ses jours, promettant à celui-ci, par un effort héroïque, de se soumettre, et,

---

1. *Id.* Xénophon, *Banquet,* chap. VII.

par un retour de la nature, lui montrant le regret des honneurs qui environnaient sa vie et de cette fin marquée si près de sa naissance; sauvée un instant, puis bientôt livrée par la trahison d'une rivale; rappelant son courage et ne songeant plus qu'au devoir envers son père; marchant d'un pas ferme à l'autel, et, quand la jalouse Ériphyle est prise pour victime à sa place, s'affligeant dans la commune allégresse et pleurant la coupable qui voulait lui ravir le jour. Tels sont les riches développements qui font du drame une expression plus claire et plus complète de la beauté que la statuaire et la peinture; mais la richesse ne doit pas briser l'unité, et nous voulons retrouver, dans la diversité des scènes, cette Iphigénie, constante à elle-même, toujours combattue entre le regret de la vie et le respect pour son père, telle qu'elle devait déjà nous apparaître dans la statue, sur un seul point de l'espace et du temps.

L'expression du drame est plus riche lorsque la musique s'y ajoute. Il y a dans le drame la parole, c'est-à-dire le timbre de la voix et l'articulation. Chacun de ces éléments a son expression indépendante du sens des mots. Il y a des voix humaines dont le timbre résonne comme l'accent de la pitié, de la bienveillance, de l'enthousiasme. Notre accent varie suivant la passion qui nous anime, suivant la personne à qui nous adressons la parole. Rien n'est plus doux à entendre que la voix de deux amis qui s'entretiennent paisiblement de choses graves et touchantes. Les amants trouvent dans leurs entretiens des sons de voix qu'ils n'ont que pour eux seuls. Une articulation molle et indistincte dénote une intelligence faible et des sentiments confus; une articulation nette et claire met le cœur en évidence et la pensée en relief.

Au timbre et à l'articulation la versification antique ajoutait le rhythme, et la versification moderne joint le retour régulier de l'accent ou de la rime. Cette régularité mêlée de diversité est naturellement agréable à l'oreille, sans réflexion ; et par réflexion, elle paraît belle, si on l'envisage comme une marque de l'intelligence qui établit l'unité dans la variété.

Le timbre, l'articulation et le rhythme sont embellis dans la musique par l'intonation, c'est-à-dire par la mélodie et l'harmonie. Comme le coloris, la musique a deux expressions bien tranchées et bien claires : celle de la joie et celle de la tristesse. Pour exprimer les autres sentiments et les autres pensées elle a besoin du drame, c'est-à-dire du geste ou de la parole, comme la couleur a besoin de la forme. La musique sans le drame ne peut fournir une longue carrière; le plaisir s'en émousse bientôt. Il y a autant de puérilité à vouloir mettre une image et une idée sous chaque phrase d'une symphonie sans parole, qu'à donner un sens intellectuel à toutes les nuances du prisme. Nous dirons de la musique, ce que nous avons dit plus haut de la couleur : il faut distinguer dans l'une et dans l'autre l'agréable et le beau. Il y a des couleurs et des mélodies qui nous plaisent, sans que nous puissions en indiquer la signification; mais la mélodie comme la couleur ne devient vraiment belle, que lorsqu'elle exprime les actes de l'âme, selon la parole de Socrate.

Ajoutée au drame, la musique accroît la valeur du geste et de la parole, de même que le coloris augmente l'expression du dessin. Les prodigieux effets que les anciens nous racontent de la musique doivent s'entendre du geste ou de la parole accompagnée des accents de la flûte ou de la lyre. Héraclite, cité par Plutarque, rapporte qu'Amphion inventa l'art de la cithare, en même temps que le genre de poésie qu'on chantait sur cet instrument. Il ajoute que les anciens poëtes, après avoir composé des vers, y adaptaient de la musique; que

Clonos composa pour la flûte des *Nomes* qui étaient des cantiques en l'honneur des dieux, ou des poëmes épiques, que Terpandre notait des mélodies d'après les vers des *Nomes* qu'il avait composés pour la cithare, ainsi que d'après les vers d'Homère et qu'il les chantait dans les jeux publics. Dans les premiers temps, les musiciens accompagnaient de la flûte le récit des élégies, comme on le voit par le registre des Panathénées, où l'on mentionne les prix de musique distribués dans ces fêtes [1].

Il y avait un tel accord entre le sens des paroles et le caractère du chant et de l'accompagnement, que les anciens, par le mot de musique, entendaient à la fois l'air et les paroles, et que proscrire la musique molle et efféminée, c'était, pour eux, proscrire les paroles licencieuses. Lorsque leurs lois recommandaient la musique grave et austère, elles prescrivaient ainsi les chants dont les paroles excitent à la pitié, à la justice et au courage. Platon, au troisième livre de sa *République*, condamne la mélodie lydienne, parce qu'elle n'est propre qu'aux lamentations, et il préfère la mélodie dorienne comme convenant mieux par sa noblesse et sa gravité, à des hommes tempérants et courageux, et comme plus appropriée aux hymnes en l'honneur de Mars et de Minerve [2]. Tyrtée, André de Corinthe, Thrasylle de Phliunte, se sont abstenus d'employer le genre chromatique et d'ajouter des cordes à la lyre, parce qu'ils se gardaient de certaines paroles [3].

C'était à cause de cette alliance étroite de la parole et de la musique que les anciens donnaient tant de soin à

---

1. Plutarque, *De la musique*, trad. de Ricard, édit. 1783-1795, t. XV, p. 205 et suiv.
2. Édit. H. E., t. II, p. 398.
3. Plutarque, *De la musique*, trad. Ricard, édit. 1783-95, t. XV, p. 225, 230 et 234.

cette dernière, qu'ils la croyaient propre à former le cœur des jeunes hommes, à les porter, par le sentiment de l'harmonie, à tout ce qui est honnête, et principalement à l'intrépidité dans les périls de la guerre. C'est ainsi qu'on voit encore aujourd'hui, dans quelques îles de la mer du Sud, le chant présider aux principales actions de la vie. Les habitants d'Eimo, l'une des îles de l'archipel de la Société, ont des ballades historiques et mythologiques, où se trouvent retracés les actes les plus importants qu'ils doivent accomplir. Il y a un chant pour la pêche, un autre pour la construction d'un canot ou pour lancer une pirogue à la mer, ou pour abattre un arbre de la forêt. Ce sont des harmonies imitatives, des récits superstitieux, pleins de passion et d'images. On enseigne de bonne heure aux enfants à les réciter et, pour ainsi dire, à les représenter, car ces poëmes ont souvent le caractère du drame[1].

Chez les nations de l'antiquité, les unes, comme les Lacédémoniens, joignaient le son des flûtes au cantique de Castor, lorsqu'ils marchaient à l'ennemi; les autres allaient au combat aux accords de la lyre, et les Crétois ont longtemps conservé cet usage[2]. Ce Timothée qui fut invité aux noces d'Alexandre, qui charmait l'âme du conquérant, la pétrissait comme la cire et la faisait passer tour à tour par toutes les émotions[3], était sans doute un poëte musicien dont les chants étaient accompagnés de la flûte. Au rapport de Plutarque, ce fut Crexus, contemporain de ce Timothée, qui le premier imagina de faire entendre le son des instruments sans paroles; avant lui, le jeu des instruments accompagnait la voix, son pour son. Anciennement, les joueurs de flûte recevaient des poëtes leur salaire et étaient regardés comme des servi-

---

1. *Revue encyclopédique*, 1830, septembre, p. 759.
2. Plutarque, *De la musique*, trad. citée, t. XV, p. 243, 244.
3. *Athénée*, livre XII, chap. ix.

teurs que la poésie avait à ses ordres. La musique se divise en trois genres, dit encore Plutarque[1], et celui qui s'applique à cet art doit connaître le genre de poésie qui correspond à chaque espèce de musique. De même, les différents genres de rhythme doivent dépendre du caractère des paroles.

Si la musique languit sans le geste ou la parole, à son tour une danse ou une pantomime sans musique lasserait bientôt le spectateur. « Les harpes, les lyres, les flûtes et les autres instruments ont été inventés pour rendre par leurs accords les mouvements des passions humaines. Quoique privés de sentiment, ils partagent notre joie, notre tristesse, et expriment avec énergie les affections et les mœurs de ceux qui les font parler. Zénon mena un jour ses disciples au théâtre pour y entendre le musicien Amébée : « Allons, dit-il, apprendre de quelle « âme sont capables le bois, les os et les entrailles même « des animaux, lorsque l'art les dispose dans une juste « proportion[2]. »

Dans les pompeuses cérémonies du culte chrétien, les sons de l'orgue règlent les pas des prêtres qui gravissent ou descendent les degrés de l'autel, lancent les encensoirs ou se prosternent pour offrir le sacrifice mystérieux. Si toutes ces actions s'accomplissaient dans le silence, quelle froideur, quelle sécheresse ! La voix de l'orgue donne un sens à tous ces mouvements ; elle explique les sentiment du prêtre, elle supplie quand il se courbe, elle gémit quand il se frappe la poitrine, elle éclate et elle triomphe quand il donne à l'assemblée la divine bénédiction.

Sans la musique, la parole elle-même produit une impression moins profonde. La douleur, dit Théo-

---

[1]. Plutarque, *De la musique*, trad. Ricard, édit. 1783-1795, t. XV, p. 247 et suiv.
[2]. Plutarque, *De la vertu morale*, trad. citée, t. VI, p. 36.

phraste, suggère des plaintes, qui aisément se tournent en mélodie. Aussi voyons-nous que les orateurs dans leurs péroraisons, comme les tragédiens dans l'expression des regrets, renforcent insensiblement leurs voix et prennent le ton du chant. Dans les joies extraordinaires de l'âme, les gens les plus raisonnables donnent l'essor à leurs voix et se mettent à chanter [1]. Voilà pourquoi la comédie plaît davantage, si l'on y ajoute la musique ; et pourquoi la tragédie chantée est plus belle que la tragédie parlée. L'*Iphigénie* de Gluck est encore plus touchante, s'il est possible, que celle de Racine. Homère nous montre Achille insensible aux exhortations des Grecs, et ne pouvant se consoler que par le chant et la lyre : « Ils le trouvèrent qui calmait son cœur par sa lyre mélodieuse, cette lyre, richement sculptée, dont les branches étaient jointes par un joug d'argent, et qu'il avait reçue pour sa part des dépouilles, quand il avait ruiné la ville d'Éétion. Il calmait son cœur par cette lyre en chantant les grandes actions des héros. Patrocle seul était assis devant lui et l'écoutait sans se lasser, jusqu'à ce qu'il eût fini de chanter [2].... » — « Telle était l'ancienne musique, dit Plutarque, en terminant son excellent traité sur l'art musical ; tels étaient ses effets ; car nous savons qu'Hercule en a fait usage comme Achille et plusieurs autres héros, qui ont eu pour maître le sage Chiron. Nul homme de bon sens n'imputera aux arts l'abus qu'on en fait ; il n'en accusera que ceux qui les corrompent. Celui donc qui dès sa jeunesse aura été instruit dans cet art, avec tout le soin convenable, saura, dans la suite, approuver ce qu'il y a de bon, et condamner ce qu'il y a de mauvais dans la musique et dans les autres arts. Il ne souillera pas sa vie par des actions in-

1. Plutarque, *Symposiaques*, trad. de Ricard, 1783-1795, t. VIII, p. 178.
2. *Iliade*, IX, 186.

dignes d'un honnête homme ; il deviendra utile à lui-même et à sa patrie, en ne blessant jamais l'harmonie ni dans sa conduite ni dans ses discours, en observant toujours et partout les lois de la décence, de la modestie et de l'honnêteté.... La principale et la plus noble fonction de la musique est de témoigner aux dieux notre reconnaissance ; la seconde, qui sort naturellement de la première, est de purifier notre âme et d'y établir une sorte de consonnance et d'harmonie [1]. »

Plutarque semble se souvenir ici d'une phrase de Cicéron, où ce grand écrivain établit aussi que l'amour de l'ordre dans les choses sensibles nous conduit à l'amour de l'ordre dans les mœurs et dans les choses de l'esprit : « Ce n'est pas le moindre privilége de la nature et de la raison humaine, que l'homme seul de tous les animaux comprenne ce que c'est que l'ordre, la convenance, la mesure dans les actions et dans les paroles. Aucun autre animal ne sent la beauté, la grâce, l'accord des parties dans les choses visibles ; c'est un modèle que l'homme transporte des objets de la vue à ceux de l'intelligence, et la nature humaine pensant que la beauté, l'accord et l'ordre sont encore plus précieux dans les desseins et les actes, évite les mœurs inconvenantes et efféminées, et se garde de toute action et de toute pensée contre la règle [2]. »

§ 2. Conception idéale de la couleur.

Nous venons de voir quel est le caractère de la beauté sensible : elle exprime par la grandeur, la forme, la couleur, le mouvement et le ton, les qualités intellectuelles et surnaturelles. Y a-t-il quelques-uns de ces éléments qui soient les objets d'une conception idéale ?

---

1. Plutarque, traduction citée, t. XV, p. 271-273.
2. *De Officiis*, lib. I, cap. IV, § 14.

Rappelons-nous l'exemple cité par David Hume. Il suppose qu'un homme eût perçu toutes les nuances du bleu excepté une seule, et il admet que cet homme apercevra une lacune à l'endroit où manquera cette nuance, et qu'il sera capable de la concevoir idéalement, bien que les sens extérieurs ne lui en aient pas fourni le modèle. Cette conjecture est confirmée chaque jour par l'expérience des ouvriers en mosaïque. Entre deux pierres qui paraissent, aux yeux du vulgaire, présenter les tons les plus voisins, ces ouvriers conçoivent un ton intermédiaire; ils cherchent une pierre qui réalise cette conception, et lorsqu'ils la trouvent, on est obligé de reconnaître que leur conception a devancé l'expérience, comme l'a dit David Hume.

Nous avons vu que Descartes n'admettait pas que les sens extérieurs nous donnassent de véritables perceptions. Il supposait qu'à propos des mouvements excités dans nos organes, l'âme concevait des idées, et entre autres celle de la couleur. Il n'était pas éloigné de croire que l'esprit pût concevoir ces idées sans aucune impression extérieure, et que l'aveugle de naissance pût avoir l'idée intérieure de la couleur[1]. Nous n'irons pas aussi loin que ce philosophe; nous pensons que la conception de la couleur idéale a besoin d'être excitée, soit par la perception d'autres couleurs, soit par la réminiscence des couleurs perçues, mais nous dirons hardiment avec Leibniz: « Puisqu'une connaissance acquise peut être cachée dans l'âme par la mémoire, pourquoi la nature ne pourrait-elle pas y avoir aussi caché quelque connaissance originale[2]? » Nous croyons que c'est la conception idéale de la couleur qui, parmi les peintres, fait les grands coloristes. Celui qui se distingue par ce qu'on appelle le *sentiment des*

---

1. *OEuvres philosoph.*, édit. Ad. Garnier. Introd. p. CXII.
2. *Nouveaux essais*, liv. I, chap. I, § 5.

couleurs ne cherche pas sur sa palette les nuances qu'il doit assortir. Une couleur étant donnée, il conçoit *a priori*, c'est-à-dire avant l'expérience, les couleurs qui doivent s'associer à la première. Ce n'est pas par des tâtonnements ou des essais matériels que les Paul Véronèse, les Rubens, les Van Dyck découvrent ces tons éclatants et harmonieux qui brillent dans leurs tableaux; c'est par une conception anticipée sur l'expérience et pour ainsi dire par une sorte d'inspiration.

Celui qui juge qu'une couleur est fausse n'éprouve pas seulement un sentiment désagréable, il compare cette couleur à une autre qu'il conçoit, et d'après laquelle il juge la première; et il pourra indiquer cette vraie couleur, s'il trouve les moyens matériels de réaliser sa conception. A parler rigoureusement, le grand peintre invente des couleurs, et plus d'une fois il a le regret de ne rencontrer, ni dans les productions de la nature, ni dans les combinaisons de l'art, la couleur qu'il a conçue, et dont il aurait voulu parer son ouvrage.

Le peintre est conduit encore à l'invention des couleurs par l'expression qu'il veut donner à son œuvre. Une certaine faculté dont nous parlerons plus loin, nous fait interpréter les phénomènes matériels et trouver une signification à la couleur, à la forme, à la voix, au geste. Le peintre doit se distinguer entre tous par l'excellence de cette faculté d'interprétation; mais s'il devine dans une couleur le sentiment ou la pensée qu'elle exprime, le sentiment ou la pensée que l'artiste veut exprimer le conduit aussi à concevoir la couleur qui convient à cette expression. Le Sueur ne donne pas aux corps mortels des habitants de la terre cette lumière transparente dont il peint la tête divine du Christ et des anges. Le sentiment de l'expression fait donc concevoir au peintre un coloris que l'expérience ne lui a pas encore donné, et qu'elle ne lui donnera peut-être jamais.

Quelle que soit l'hypothèse à laquelle on s'arrête sur les rapports de la réminiscence de la couleur avec les organes du corps, il sera facile d'étendre cette hypothèse jusqu'à la conception idéale de la couleur. Si l'on pense avec Platon que la réminiscence fait partie de l'intelligence pure, et n'a rien de commun avec les organes, on admettra facilement que la conception idéale soit aussi un acte de l'entendement pur. Si l'on croit avec Aristote et Descartes que la réminiscence tient à un certain mouvement du cerveau, on n'éprouvera pas d'embarras à supposer qu'un autre mouvement fournisse à l'âme la conception idéale de la couleur. En conséquence, on voit par le raisonnement que la conception idéale de la couleur est possible, et par l'expérience on reconnaît qu'elle existe.

Nous pensons donc qu'à propos des perceptions ou des réminiscences de la couleur, il est donné aux hommes, et à quelques-uns plus qu'aux autres, de concevoir des couleurs que l'expérience ne leur a pas encore montrées, et que cette conception est modifiée et aidée par la faculté qui nous fait interpréter et découvrir les signes des sentiments et des pensées.

§ 3. La conception idéale de la forme.

Le coloris n'est que le second élément des arts du dessin; le premier c'est la forme ou la figure. Si l'on compare la figure des objets naturels avec celle des objets façonnés par la main des hommes, on s'aperçoit qu'elles sont différentes.

Pour construire sa demeure, l'homme ne se contente pas de l'arbre tel qu'il le trouve. Le tronc brut ferait un pilier aussi solide que l'arbre équarri. Cependant l'ouvrier prend la hache, et il essaye de donner à la solive une forme régulière; il abat les nœuds, il enlève ou il ajoute ce qu'il faut pour lui donner la figure du prisme quadrangulaire ou du cylindre régulier. Comment dans ce tronc grossier l'homme a-t-il trouvé la figure du cylindre ou du prisme? Lorsqu'il dispose les charpentes pour former les parois de sa maison, il prend soin de les dresser en lignes droites et parallèles; et les poutres qui forment le toit en s'appuyant obliquement les unes sur les autres, doivent, pour le satisfaire, former un triangle tel que la ligne droite menée du sommet tombe sur le milieu de la base. L'homme a-t-il pris dans la nature le modèle de la ligne droite, des lignes parallèles et du triangle isocèle? Tous les objets naturels lui présentent des lignes irrégulières: la tige des plantes, la surface du sol, la mobile superficie des eaux, les courbes de son corps et les traits de son visage, toutes ces lignes manquent de rectitude et de véritable symétrie. Aucune de ces choses ne présente la figure régulière du triangle équilatéral, du carré, du cercle parfait. Le grossier Samoyède ramasse sur le rivage les blocs de glace qui doivent former sa maison, et il essaye de les disposer en un cône aussi régulier qu'il peut le faire, quoiqu'il n'ait vu nulle part l'original de cette figure. Les habitants des rives du Niger décrivent sur leurs corps des figures semblables à celles de notre géométrie[1], et les barbares de tous les temps et de toutes les parties du globe se sont imprimé sur la peau des courbes symétriques, dont ils n'ont pris l'idée que dans leur imagination.

On dira peut-être qu'un phénomène naturel a pu offrir par hasard une ligne droite ou une courbe régulière; que les premiers hommes l'ont remarquée et en ont transmis la tradition à leur postérité; que souvent lorsque le soleil est à demi voilé par les nuages, il tombe de cet astre des rayons qui décrivent des lignes droites; que sur le bord de l'horizon le soleil, dépourvu de ses feux, pré-

---

1. *Voyage des frères Lander sur les bords du Niger*, chap. xx.

sente l'aspect d'un cercle ; que les fleurs offrent les figures les plus gracieuses et les plus symétriques, et l'on rappellera la prétendue histoire de la découverte du chapiteau corinthien. Mais interrogez les barbares : demandez-leur comment ils sont conduits à exécuter et le plus souvent à tenter d'exécuter, sans y réussir, les plans réguliers de leurs constructions ; vous verrez qu'ils ne sont pas des copistes, mais des inventeurs ; qu'ils n'auraient pas assez de réflexion pour observer et reproduire les formes de la nature extérieure, et qu'ils obéissent presque sans le savoir à une inspiration. Quant au chapiteau corinthien, il n'est pas impossible en effet que le détail d'un ornement particulier soit dû à l'imitation de quelque objet réel. Mais écoutons ce récit. Une corbeille, dit-on, recouverte d'une tuile, est posée précisément sur une touffe d'acanthe ; les feuilles qui ne se recourbent pas sous la corbeille et l'embrassent de tous côtés, se recourbent cependant sous le poids léger de la tuile, au lieu de la soulever et de l'emporter avec elles. Quoi de plus invraisemblable que cette histoire ? N'a-t-elle pas été composée sur le modèle du chapiteau, plutôt que le chapiteau sur les données de cette histoire ? L'antiquité abonde en fables faites exprès, pour expliquer les phénomènes de la nature physique ou de la nature intellectuelle.

L'homme n'a pas seul le privilége de la conception idéale de la forme. L'abeille, après avoir recueilli la cire dans le *pollen* des fleurs, la taille en plaques régulières, qu'elle incline les unes sur les autres, de manière à former une alvéole dont l'ouverture est hexagonale. Le castor pétrit l'argile ; il la façonne en murailles, en voûtes, en rotondes. Un vil insecte, l'araignée des jardins, étend ses fils au travers des allées ; il dispose les uns comme les rayons d'un cercle, et les autres en circonférences concentriques. On suppose que l'abeille, le castor, l'araignée n'exercent qu'une action mécanique; qu'ils ne se rendent pas compte de ce qu'ils font; que, loin de concevoir d'avance l'idée de leur construction, ils n'ont pas même cette idée après l'exécution de leur travail. Mais on se trompe. Lorsqu'une partie de leur œuvre est détruite, ces animaux la réparent à l'endroit même où elle est gâtée, et non pas en recommençant de nouveau tout le travail, comme ils devraient le faire, s'ils obéissaient à une impulsion mécanique. Ils ne retouchent que ce qu'il faut retoucher[1]. Ils ont donc l'intelligence de ce qu'ils ont exécuté, et comme ils n'empruntent pas au dehors le modèle de leur ouvrage, ils en avaient donc d'avance conçu l'idée.

Chacun des animaux constructeurs ne conçoit qu'une seule figure, et il reproduit toujours la même. L'homme conçoit des formes plus variées, et il les combine les unes avec les autres. Il est de plus guidé dans la conception et surtout dans la combinaison des figures par cette intelligence naturelle des signes, qui influe, comme nous l'avons déjà vu, sur la conception de la couleur. La ligne droite n'a pas la même expression qu'une ligne sinueuse. Tout le monde reconnaît que celle-ci exprime la grâce, et l'autre, une qualité plus sévère. La colonne droite représente la stabilité et la simplicité; la colonne torse, le mouvement et la magnificence. Nous avons vu que le pylone égyptien formé par des masses carrées et pesantes n'a pas la signification du portique d'Athènes, décoré de colonnes espacées, autour desquelles jouent l'air et la lumière; que la voûte romaine surpasse en hardiesse l'architrave athénienne; que l'ogive du moyen âge, plus élancée, se prête mieux à la construction des étroites galeries, des hautes tours où se suspendent les cloches, et

---

1. Reimarus, *Observations physiques et morales sur l'instinct des animaux*, traduct. franç., 1770, t. I, p. 259; Flourens, *Résumé des observations de F. Cuvier*, 2ᵉ édit., p. 194.

qui semblent emporter dans les cieux nos aspirations et nos prières. L'homme modifie donc les figures qu'il conçoit suivant les pensées qu'il veut rendre. Allonger ou raccourcir une colonne, élargir ou rétrécir une voûte, relever ou rabaisser un fronton, augmenter ou diminuer l'ouverture d'un angle, c'est transmettre à nos semblables le sentiment qui nous anime, c'est écrire sa pensée avec la pierre. Ainsi l'interprétation des signes naturels modifie et féconde la conception de la forme idéale.

Gessner, à la fois peintre et poëte, dont on a dit que les idylles étaient des tableaux et les tableaux des idylles, nous a laissé sur l'art de peindre le paysage une lettre instructive, qui nous révèle le secret de l'artiste. Il montre comment l'imitation de la nature, et celle des grands modèles sont insuffisantes pour nous faire atteindre à la perfection. La première nous pousse à la représentation des détails les plus minutieux, la seconde refroidit l'ardeur de la conception idéale. « J'appris bientôt, dit-il, que la nature, ce grand et sublime maître, ne s'explique clairement qu'à ceux qui ont appris à l'entendre. Mon exactitude à la suivre en tout m'égara ; je me perdais en de minutieux détails qui détruisaient l'effet de l'ensemble. Je ne saisissais pas cette manière de rendre qui, sans être servile ni léchée, exprime le véritable caractère des objets.... J'ignorais cette adresse qui *ajoute* ou *retranche* ; mon premier progrès fut donc de m'apercevoir que je n'en faisais pas ; le second d'avoir recours aux grands maîtres et aux principes qu'ils ont établis.... Cependant, lorsque je m'étais attaché trop longtemps à penser d'après les maîtres, j'éprouvais une grande timidité. S'agissait-il d'inventer ? surchargé, pour ainsi dire, des grandes idées des célèbres artistes, je sentais combien il était difficile de les atteindre ; j'étais humilié de ma faiblesse ; je remarquais combien une imitation trop continue arrête l'essor de l'imagination. L'exemple du célèbre Frey et de la plupart des autres graveurs confirme cette observation. Les ouvrages de leur composition sont ce qu'ils ont fait de plus médiocre. Occupés sans cesse à rendre les idées des autres, astreints à les copier avec la plus scrupuleuse exactitude, ils voient s'affaiblir et se perdre cette hardiesse, cette fougue d'imagination sans laquelle on n'invente point. Effrayé par ces réflexions, j'abandonnai mes originaux, je quittai mes guides, et, me livrant à mes propres idées, je me prescrivis des sujets, je me donnai des problèmes à résoudre.... Passant ainsi de l'imitation des divers modèles à l'observation de la nature, je sentis enfin que mes efforts étaient moins pénibles. Les masses et les formes principales se développaient à mes yeux ; des effets que je n'aurais point vus me frappaient ; j'allai jusqu'à rendre d'un seul trait ce que l'art ne saurait détailler sans se nuire ; ma manière devenait *expressive*.... Une pierre isolée me donnait l'idée d'un rocher ; je l'exposais au soleil sous le côté qui convenait le mieux *à ma pensée*, et donnant dans mon esprit plus d'étendue aux proportions, j'y découvrais les plus brillants effets du clair-obscur, des demi-teintes et des reflets[1]. »

Ainsi l'artiste ne copie pas servilement la réalité ; il n'imite pas non plus les grands maîtres, ce qui serait d'ailleurs copier la nature de seconde main, si les grands maîtres n'étaient que les imitateurs de la nature. Il y a un art de voir la réalité, de prendre ce qu'elle a de bien, de laisser ce qu'elle a de mal, et cet art c'est de la respecter dans les choses compatibles avec la conception idéale de la couleur, de la forme et de l'expression. La nature est l'occasion qui met en jeu la conception idéale ; sans la nature, l'imagination resterait inactive ; sans l'imagination, l'œuvre de l'art n'aurait qu'une beauté incomplète.

[1]. *OEuvres de Gessner*, trad. franç., édit. Dufort, t. II, p. 422, 427, 433.

La conception d'une figure régulière, dont les parties sont symétriques, est déjà une première modification de la forme humaine ; car dans la nature, aucun homme n'a les traits et les membres d'une parfaite symétrie. Le peintre et le statuaire corrigent cette irrégularité ; ils y substituent la compléte symétrie qu'ils conçoivent idéalement, et ils font un plus grand nombre de changements encore, conduits par la conception idéale de l'expression.

On n'a pas manqué de dire que le peintre recueille par l'observation les traits qui lui offrent le plus de beauté, et qu'il en compose un tout plus parfait que chacun de ses modèles. On a raconté que Zeuxis peignit une Hélène, en choisissant les perfections des six plus belles jeunes filles de Tarente. Mais si le peintre avait copié chacune de ces perfections, sans y rien changer : le front de l'une, les yeux de l'autre, etc., il aurait fait un monstre au lieu d'un chef-d'œuvre. Il a donc été obligé de modifier chaque trait, suivant la symétrie et surtout suivant l'expression qu'il voulait donner à son Hélène. Quelle que soit la beauté de l'expression naturelle, un grand peintre conçoit toujours une expression plus belle et plus pure ; il ne suit donc pas entièrement les leçons de l'expérience, et sa conception de la forme est en partie idéale.

On a dit aussi que l'œuvre du peintre représentait une sorte de milieu entre les traits exagérés que peut offrir la nature. Par exemple, dans une tête sortie des mains de l'art, le front n'est ni le plus grand, ni le plus petit de ceux que présente l'expérience ; il en est de même des yeux, du nez, de la bouche, etc. Si cette théorie était véritable, le peintre ne pourrait faire qu'une seule figure, car il n'y a qu'un seul milieu ; il peindrait l'homme général, tel que le décrit l'histoire naturelle. La variété des travaux de la statuaire et de la peinture ne permet pas d'admettre que leur œuvre soit une sorte de moyenne entre toutes les œuvres de la nature. Le front du Jupiter

Olympien n'est pas le même que celui du Gladiateur ; l'ampleur extraordinaire du premier exprime l'immensité de la pensée divine ; la petitesse et la dépression du second représente la bassesse des passions serviles.

« Mais, poursuit-on, les plus grands peintres portent le joug de l'imitation ; les Vierges sorties du pinceau de Raphaël sont de jeunes filles romaines. » Écoutons donc ce maître reconter l'histoire de ses travaux au comte Balthazar Castiglione : « Seigneur comte.... quant à la Galatée, je me tiendrais pour un grand maître, si elle avait la moitié du mérite que vous lui attribuez ; mais je reconnais dans vos paroles l'amitié que vous me portez, et je dis que, pour peindre la beauté, il me faudrait voir plusieurs modèles, à la condition que vous fussiez à mes côtés pour aider mon choix ; mais dans la disette des bons juges et des beaux modèles, je me sers d'une certaine idée qui me vient à l'esprit[1]. »

Cette certaine idée, c'est la conception idéale, conception qui vient à propos de la perception, mais qui est autre que la perception, soit que l'artiste donne de la symétrie et de la proportion aux figures naturelles, soit qu'il les modifie d'après l'expression qu'il conçoit. La conception idéale varie suivant le génie particulier de l'artiste, et se diversifie dans l'imagination du même auteur, suivant le genre d'expression qu'il veut donner à son œuvre. Ce n'est pas seulement le trait de la figure, c'est le geste que l'artiste corrige et ramène au type intérieur qu'il conçoit. Le grand peintre n'a pas besoin d'aller recueillir sur les visages et dans les mouvements de tous les hommes l'expression des passions diverses ; il conçoit intérieurement le signe de l'amour, de la haine, de la joie, de la tristesse, etc. Si quelques peintres re-

---

1. *Io mi servo di certa ida che mi viene alla mente. Histoire de la vie et des ouvrages de Raphaël*, par M. Quatremère de Quincy, appendice vi.

produisent dans leurs tableaux les figures qui les entourent ; si les vierges de Murillo rappellent les femmes brunes et vives de l'Espagne, si celles des peintres flamands retracent la réalité sensible et la fleur de santé des jeunes filles de leur pays, c'est qu'ils n'ont pas su se dégager du joug de l'imitation, c'est que la réminiscence a étouffé en eux la conception idéale ; c'est qu'ils n'ont pas saisi ce trait pur qu'on appellerait abstrait, s'il était emprunté aux objets réels, mais qui est conçu et non perçu, et qui, loin d'être fourni par le monde sensible, nous sert à le corriger.

§ 4. La conception idéale de la mélodie, du rhythme et de l'harmonie.

A la conception idéale de la couleur et de la forme, il faut ajouter celle de la mélodie. C'est une vérité de fait que l'homme produit des suites d'intonations mesurées, c'est-à-dire des mélodies. C'est également une vérité d'expérience qu'avant d'émettre par la voix une intonation, nous la concevons dans notre esprit. Nous accordons que la plupart des hommes se bornent à répéter le chant des autres ; la conception de l'intonation n'est chez ceux-là qu'une réminiscence ; mais quelques-uns produisent et conçoivent des chants originaux. On dira que la seule chose originale dans un chant, c'est l'arrangement des sons, et que chaque son pris à part a été déjà entendu. Cela peut être vrai pour un homme de notre génération ; mais il faut arriver à une génération première qui a produit et conçu les intonations sans les avoir d'abord perçues.

On a prétendu que l'homme, en produisant les intonations, avait imité le bruit du vent dans les arbres, le murmure des ondes, et enfin le chant des oiseaux. Mais que l'on écoute les mélodies des peuples barbares, on verra qu'elles ont leur caractère spécial dans chaque tribu, et qu'elles ne ressemblent au chant d'aucun oiseau, au bruit d'aucun phénomène de la nature.

Chaque espèce d'oiseau a son chant particulier : pourquoi l'homme n'aurait-il pas aussi le sien, plus varié, plus riche, plus expressif que celui de l'oiseau ? « Mais, répliquera-t-on, le chant de l'oiseau est purement mécanique ; l'oiseau ne conçoit pas d'avance l'intonation qu'il produit. » Nous demanderons si l'on trouve plus clair de faire produire le chant de l'oiseau à sa faculté motrice qu'à son imagination ? L'oiseau a la réminiscence des sons, puisqu'il répète ceux qu'on lui a fait apprendre ; la réminiscence est une conception : il conçoit donc certains chants avant de les exécuter ; rien ne s'oppose à ce qu'il conçoive d'avance les chants qu'il exécute de lui-même, et qu'il n'a pas encore entendus. On objecte que le petit du rossignol ne fait que répéter le chant de son père. Mais, premièrement, cette explication recule la question sans la résoudre. Il faut toujours que le premier rossignol ait inventé son chant. Secondement, le rossignol cesse de chanter, quand il s'occupe de l'éducation de ses petits[1] ; ce n'est donc pas de son père que le jeune rossignol prend des leçons. S'il est élevé par un oiseau qui ne chante pas ou par les soins de l'homme, il fait entendre le chant propre de sa race, lorsque l'heure en est venue. On insiste et l'on dit que : « si l'on fait couver l'œuf d'un rossignol par un autre oiseau chanteur, l'adopté imitera le chant du père adoptif. » Dans ce cas, la réminiscence prendra la place de la conception originale ; ce n'est pas seulement chez cet oiseau que la réminiscence étouffe l'invention. Nous en avons vu plus haut des exemples pour la conception des peintres. Remarquons de plus que si le chant du musicien ailé était le résultat

---

1. Duméril, *Éléments d'histoire naturelle*, 4ᵉ édit., t. II, p. 272.

d'un mouvement purement mécanique, l'audition d'un second chant ne pourrait pas plus empêcher la production du premier, qu'elle ne trouble les autres mouvements mécaniques ou physiologiques de l'oiseau, la croissance de son corps, ou le mouvement de ses ailes. Ni le chant original de l'homme, ni le chant original de l'oiseau, ne sont donc les simples produits de la faculté motrice, ni les résultats de l'imitation : ils sont l'un et l'autre précédés d'une conception idéale.

Comment s'aperçoit-on que parmi les hommes les uns chantent faux et les autres juste? A quel modèle nous en référons-nous pour apprécier leur chant? Au modèle intérieur de la conception idéale. Celui qui juge qu'une intonation est fausse, ne la juge pas telle en vertu seulement d'un sentiment désagréable, mais en vertu de la comparaison qu'il fait entre l'intonation qu'il entend et celle qu'il conçoit. S'il exécute cette dernière, il fait reconnaître l'erreur même à celui qui l'a commise, et qui, quelquefois, s'en était déjà aperçu ; car souvent notre voix ne répond pas à la justesse de notre conception.

Le chant naturel de l'homme diffère du chant naturel de l'oiseau par le rhythme qui règle le premier et qui manque au second. Les suites d'intonations que l'homme fait entendre, sont périodiquement divisées par des accents et subdivisées par des accents moins marqués. Ces subdivisions produisent des suites symétriques de longues et de brèves. Avant d'exécuter le rhythme par la voix, l'homme a dû le concevoir, et s'il ne l'a pas copié dans la nature, il l'a conçu par une conception originale ou idéale. On est allé jusqu'à dire que l'homme avait imité, dans le rhythme de son chant, le mouvement rhythmique du flot sur le rivage, le mouvement régulier de la respiration ou même le choc réglé du sang contre la veine. Nous répondons que prendre des modèles dans les phénomènes de la nature, et entremêler ces différents modèles pour varier les rhythmes du chant, est une œuvre compliquée qui demande du loisir et de la réflexion ; que les peuples barbares, qui ont peu de réflexion et de loisir, ont cependant des chants remarquables par la précision, la vivacité et la richesse du rhythme. L'invention du rhythme est donc un acte spontané. Si l'homme veut examiner comment il arrive à entremêler les rhythmes de son chant, il reconnaîtra qu'après avoir produit spontanément un certain rhythme, et l'avoir prolongé pendant quelque temps, il sent le besoin de le changer et de lui en substituer un autre qu'il conçoit non moins spontanément que le premier ; qu'en conséquence, il ne copie pas en cela de modèle extérieur, mais obéit à son inspiration.

Les chants de l'homme se distinguent encore des chants de l'oiseau par l'accord ou l'harmonie que nous établissons entre plusieurs mélodies. Quelque bien inspiré que soit un rossignol, il n'imagine jamais d'accorder son chant avec celui d'un rossignol voisin. Il exécute le sien sans écouter celui des autres. L'homme, lorsqu'il entend une intonation, en conçoit une autre qui s'accorde avec la première, absolument comme à la vue d'une couleur, il en conçoit une seconde qui s'assortit avec celle-là. Ce n'est pas dans ses réminiscences qu'il choisit les intonations qui peuvent s'accorder entre elles ; c'est dans sa conception idéale. Un pâtre grossier d'Italie, qui n'a jamais entendu que le bêlement de ses chèvres, conçoit non-seulement un chant qui ne ressemble en rien aux sons qu'il a pu entendre ; mais, à propos du premier, il en conçoit un second qui peut se chanter avec l'autre, en doublant le plaisir de l'oreille qui les entend. Au contraire, tel habitant de nos villes qui passe sa vie au milieu des concerts, est incapable d'inventer un chant nouveau et de trouver, en entendant une intonation, d'autres tons qui s'accordent avec le premier. L'imagination musicale n'est pas en proportion de la perception, ni même de la mémoire des intonations. Les musiciens les plus érudits, ceux qui ont meublé leur mémoire des œuvres de tous les maîtres, ne sont pas ceux qui se font remarquer par la fécondité de leur invention.

Nous avons dit que l'intelligence des signes naturels fait imaginer au peintre des couleurs appropriées au sentiment qu'il veut exprimer; cette intelligence fait aussi concevoir au musicien des intonations et des harmonies particulières. Celui qui veut faire passer la joie dans l'âme de ses auditeurs, entend, dans son imagination, des mélodies, des rhythmes et des accords très-différents de ceux qu'il conçoit, lorsqu'il veut produire la tristesse. S'il est soutenu par un sentiment noble et élevé, il n'imagine pas de la même manière, que s'il est sous le joug de quelque passion égoïste et basse. Le caractère particulier du musicien se fait comprendre dans ses œuvres; les airs et les chants nationaux expriment jusqu'à un certain point les sentiments et la tournure d'esprit des peuples qui les chantent.

Ainsi la production de la mélodie chez l'homme est le fruit naturel d'une conception idéale, et il en est de même de la production du rhythme et de l'harmonie. Les pères peuvent transmettre aux enfants les chants des premières générations, mais, à toutes les époques, quelques hommes produisent des chants qu'ils n'ont pas entendus. Ils font comme les générations premières et comme les oiseaux chanteurs, qui conçoivent leur chant avant de l'exécuter, et qui le conçoivent sans modèle du dehors. Enfin, indépendamment du rhythme et de l'harmonie qui distinguent l'imagination musicale de l'homme d'avec celle de l'oiseau, la première a encore une modification de plus qu'elle doit à l'intelligence des signes naturels.

§ 5. La conception *a priori* de l'articulation.

Parmi les objets qui sont perçus par l'oreille, ce n'est pas seulement l'intonation et le rhythme, c'est aussi l'articulation qui peut être l'objet d'une conception *a priori*. Chez les générations actuelles, la réminiscence suffit pour rendre compte du langage articulé. Nous parlons comme parlaient nos pères ou comme on parle dans le pays où nous sommes élevés. Nous subissons, dans ce dernier cas, le sort du jeune rossignol qui, détourné de son nid, imite le langage qu'il entend au lieu de parler le sien. Si l'on élevait plusieurs enfants ensemble au milieu du silence, il est extrêmement probable qu'ils produiraient spontanément des articulations et qu'ils arriveraient à s'en former un langage, comme a dû faire la première génération des hommes. Avant de les produire, ils les concevraient, comme ils conçoivent ou se retracent mentalement les articulations qu'ils répètent. On ne dira pas ici que l'homme n'est que le copiste de la nature inanimée, car elle ne fait pas entendre de parole. On ne dira même pas sans doute que les premiers hommes produisirent des articulations en imitant quelques oiseaux qui ont la vertu de proférer des sons semblables à ceux de notre voix ; car ces oiseaux ne les profèrent pas d'eux-mêmes ; ils reproduisirent seulement les articulations humaines qu'ils entendent et ils les reproduisent très-imparfaitement. L'expérience nous prouve d'ailleurs que l'homme conçoit et produit des articulations sans modèle extérieur. Les sourds-muets, qui n'ont entendu aucun son, prononcent spontanément des syllabes. L'intelligence des signes naturels doit avoir une plus grande influence encore sur la conception idéale de l'articulation que sur celle de l'intonation et du coloris ; car l'articulation, comme nous le verrons plus loin, est évidemment destinée à servir d'instrument de communication entre les hommes.

La combinaison de la mélodie et de l'articulation produit l'hymne ou la versification chantée. Cette combinaison n'est guère moins spontanée ni moins primitive que l'articulation ou la mélodie seule. Chez toutes les nations, le chant précède la versification parlée, et celle-ci précède la prose, non pas sans doute dans les entretiens familiers, mais dans les harangues publiques, et dans les récits que l'on veut retenir et transmettre.

Solon, pour engager ses concitoyens à combattre les habitants de Salamine, paraît sur la place publique une lyre à la main et chante un hymne guerrier. Pythagore, Phocylide, Xénophane, Parménide, Empédocle écrivent leurs leçons en vers. La philosophie et l'histoire sont d'abord confondues avec la poésie et la musique. Platon, pour régler l'éducation morale de la jeunesse, s'adresse au poëte et au musicien[1].

Ainsi la mélodie, le rhythme, l'harmonie et l'articulation ne sont pas les résultats de l'expérience, ni les combinaisons du raisonnement, puisqu'ils se trouvent chez les barbares et dans le berceau du monde. Nous en avons dit autant de la conception du coloris et de la forme, qui constitue les arts du dessin. Loin de se fortifier et de se perfectionner, les arts s'affaiblissent par le cours du temps, et à mesure que l'expérience, le raisonnement, l'induction élèvent de plus en plus l'édifice de la science. La mélodie et l'articulation, autrefois unies, se séparent l'une de l'autre; la versification se parle au lieu de se chanter; le discours se dépouille de la mesure et du rhythme, et la prose prend naissance. Le chant et la versification ne sont plus des moyens de communication entre les hommes, des instruments efficaces

---

1. *Les Lois,* édit. H. E., t. II, p. 660.

de persuasion, dans les occasions importantes ; on ne les emploie plus à échauffer la multitude et à la pousser au combat, ou à calmer ses passions, et à lui faire conclure la paix ; ce ne sont plus que des objets d'amusement. Il n'y a plus de Tyrtée à la tête des armées, mais des chanteurs sur le théâtre. Le chant languit, le vers est dédaigné, l'articulation elle-même s'énerve : les syllabes sonores et pleines des peuples anciens s'affaiblissent dans des bouches qui s'ouvrent à peine ; la parole enfin se retire devant l'écriture, cette chose abstraite, silencieuse, presque imperceptible, plus propre aux sciences qu'aux beaux-arts. La forme des édifices s'approprie à l'utilité ; elle ne présente plus que de grands murs percés d'autant d'ouvertures qu'il en faut pour laisser passer l'air et le jour. On demande à quoi sert un fronton au-dessus d'une fenêtre ; on prétend que pour soutenir l'architrave du Louvre, il était inutile d'accoupler les colonnes deux à deux. Le raisonnement chasse le goût. Le peuple américain commence à prendre rang dans les sciences : il ajoute des noms à la liste des savants, mais on ne citerait pas chez lui de statuaire, de peintre, de compositeur de musique. Nous cachons sous d'épais vêtements la forme du corps humain si admirée des Grecs. Les couleurs tranchées et éclatantes, que tous les peuples primitifs étalent sur leurs habits et sur leur demeure, choqueraient pour ainsi dire nos regards. L'intérieur de nos temples est nu comme l'extérieur, et nos vêtements répondent par leur teinte sombre et uniforme à la sévérité de notre esprit scientifique et à la sobriété de notre imagination. Il ne faut donc pas attribuer à l'expérience ou à l'observation la conception des œuvres de l'art, puisque ces œuvres sont en raison inverse de l'expérience et de l'instruction. Les conceptions des beaux-arts sont spontanées, irréfléchies, et c'est pour cela que la beauté n'est pas démontrable. On ne peut la prouver à celui qui ne la reconnaît pas, quiconque raisonne pour admirer une mélodie, une figure, un paysage, tend à faire de l'œuvre d'art une œuvre de science et fait voir qu'il n'a pas la conception spontanée de la beauté sensible.

§ 6. Résumé sur les conceptions idéales.

L'homme est doué de conceptions idéales auxquelles il cherche à conformer les objets sensibles et ses propres actions. Il n'est donc pas un simple spectateur de ce monde, un témoin passif du drame qui s'y joue ; il y est acteur et poëte. Il ne voit pas seulement les couleurs que déploie la nature, il en conçoit d'autres qu'il n'a point vues, et à l'aide desquelles il peut corriger les premières ; car il appelle couleurs vraies celles qui sont conformes au modèle idéal que lui fournit son imagination. Il n'entend pas seulement les sons extérieurs, il en conçoit de plus purs, à l'aide desquels il distingue les tons vrais et les tons faux ; il enchaîne et assortit ces tons intérieurs pour former des mélodies ; il unit les mélodies pour produire l'harmonie, et il les soumet à un rhythme dont son esprit lui fournit le modèle. Il conçoit aussi des articulations, une langue qu'il ne copie pas au dehors. Enfin il impose aux figures irrégulières de la nature physique les formes pures de sa conception, et aux actions égoïstes de la nature morale, les modèles réguliers fournis par la conception idéale de la vertu. L'antiquité avait senti le souffle de ces inspirations, et elle en racontait l'histoire, sous une forme à demi voilée, dans les fables poétiques de son Amphion et de son Orphée ; l'un qui rangeait les pierres en ordre par les seuls accents de sa lyre, l'autre dont la parole rythmée et chantée domptait les lions et les tigres. Toute l'humanité est un Amphion et un Orphée ; elle porte dans son génie la règle qui façonne les pierres, la lyre qui dompte les passions. Dieu a créé le monde et il y a fait briller les couleurs, résonner les sons, paraître mille formes diverses ; il avait conçu ces couleurs, ces sons et ces formes avant de les réaliser. Il a donné aux mortels la faculté de concevoir aussi des teintes, des sons, un ordre, une harmonie, et le besoin de les produire au dehors. L'homme qui taille le rocher et lui donne une forme nouvelle et régulière, qui épure les couleurs, qui rectifie les sons, qui fait entendre des mélodies et des harmonies que la nature ne connaîtrait pas sans lui, qui surtout impose à son égoïsme personnel et à la société telle que la feraient les passions, la règle de la modération, de la justice et de la générosité, l'homme crée dans la mesure où il lui est donné de le faire, et c'est surtout par ce côté qu'il est une image de Dieu.

LIVRE VIII.

SUITE DES FACULTÉS INTELLECTUELLES.

LES CROYANCES.

CHAPITRE I.

L'INDUCTION.

§ 1ᵉʳ. Croyance à la stabilité de la nature. Formule générale du jugement d'induction.

Nous avons plusieurs fois marqué les caractères qui distinguent les connaissances, ou les perceptions et les conceptions d'avec les croyances[1]. Nous nous bornons ici à rappeler que la perception saisit une réalité indépendante de la pensée qui s'y applique, que l'objet de la conception n'a d'existence que dans l'intelligence, que l'objet de la croyance peut n'exister que dans la pensée, mais peut aussi avoir une existence extérieure.

Il y a trois sortes de croyances : 1° La croyance à la constance de la nature ou l'induction ; 2° l'interprétation des signes naturels ; 3° la foi naturelle. Nous traitons d'abord de l'induction.

Toute croyance part d'une perception actuelle et dépasse l'objet de la perception. Les sens extérieurs et le sens intime me montrent les corps et mon âme, dans le

---

1. Voy. plus haut, t. I, liv. II, ch. II, § 3, et liv. VI, sect. I, ch. I, § 1.

temps présent, doués de telle ou telle qualité, ou manifestant tel ou tel phénomène ; mais l'induction me fait croire que ces qualités et ces phénomènes ont été les mêmes dans le temps qui a précédé, et seront les mêmes dans le temps qui suivra. Par exemple, les sens me font voir que les corps tombent : l'induction me fait croire que les corps ont toujours tombé et qu'ils tomberont toujours. La conscience m'atteste qu'un acte d'attention éclaircit la perception : l'induction me porte à croire que la perception et l'attention ont toujours été et seront toujours dans le même rapport. Nous croyons donc à la constance des qualités et des phénomènes de la nature physique et intellectuelle pour tout le temps où elle existe, quoique nous ne saisissions par la perception et par nos propres souvenirs qu'un très-petit intervalle de sa durée.

Ce n'est pas seulement dans le temps, c'est dans l'espace que l'induction agrandit pour nous le théâtre des événements. L'observation ne nous montre les phénomènes qu'en une certaine place : l'induction nous fait croire qu'ils se passent de même dans tous les lieux. Ce n'est pas l'induction qui nous donne l'idée du temps absolu, de l'espace pur, ni d'une substance active, éternelle et universelle : ces derniers objets sont connus par l'intuition extérieure de l'esprit ; l'induction ne saisit et n'affirme rien de nécessaire ; elle s'applique aux qualités et aux phénomènes contingents, et elle fait croire que ces objets contingents ont été et seront en tout temps et en tout lieu ce qu'ils sont en tel point du temps et de l'espace. Le jugement de l'induction peut se mettre sous cette formule : le contingent est toujours et partout semblable à lui-même, quoique le contraire ne soit pas impossible. En effet, cette constance n'est pas nécessaire, mais on y croit naturellement, sans qu'on en puisse donner la raison ; en d'autres termes, la croyance est ici le produit d'une faculté naturelle.

§ 2. Les diverses formes du jugement d'induction.

La forme la plus simple du jugement d'induction est la suivante : cette qualité ou ce phénomène que je vois, a été et sera toujours et partout ce qu'il est : ce corps qui tombe a tombé et tombera partout et toujours. Voici une seconde forme du même jugement : non-seulement ce corps que je vois a tombé et tombera, mais tous les corps que je ne vois pas ont fait et feront de même. Dans ce second exemple, nous n'induisons pas de l'existence actuelle d'une chose à son existence passée et future, mais de cette chose aux choses semblables. Je laisse ici l'objet de mon expérience, pour passer à des objets sur lesquels elle ne s'est point exercée, mais j'agis toujours en vertu de ma croyance à la constance de la nature ; on peut appeler la première forme de l'induction : la croyance à la stabilité des phénomènes, et la seconde : la croyance à leur généralité.

Pour bien comprendre cette dernière, il faut distinguer dans les objets les qualités patentes et les qualités secrètes. Celles-là se découvrent à première vue, telles que l'étendue, la figure, la solidité, la liquidité. C'est par elles que les objets nous paraissent d'abord semblables, et de cette ressemblance des qualités patentes, nous induisons la ressemblance des qualités cachées, c'est-à-dire de celles qui ne se montrent pas au premier abord, comme, par exemple, de la gravitation. La seconde forme de l'induction est le jugement le plus ordinaire dans la vie commune ; celui que nous faisons, quand nous prenons avec sécurité des aliments semblables à ceux qui nous ont nourris la veille, quand nous bâtissons nos maisons avec les mêmes pierres, et que nous préparons d'avance des vêtements semblables à ceux qui nous ont servi dans les différentes saisons.

La croyance à la généralité des phénomènes est aussi le fondement de notre croyance au témoignage des hommes, lorsque nous ne sommes pas entraînés par une foi naturelle dont nous parlerons plus loin. Notre expérience personnelle nous a appris que si aucun intérêt ne nous pousse à déguiser la vérité, nous aimons naturellement à la dire [1]. Nous avons cependant rencontré quelques hommes qui sont portés à la diminuer ou à l'enfler par un certain goût naturel de dissimulation ou d'enflure [2]. En conséquence, lorsque nous recevons un témoignage, nous examinons si le témoin est intéressé à déguiser la vérité, et si en dehors de tout intérêt, par son caractère, il n'a pas quelque tendance à cacher ou à exagérer ce qu'il a vu. Nous jugeons ainsi que tous les hommes agissent comme nous agissons nous-mêmes, ou comme nous avons vu agir ceux que nous avons observés.

La croyance à la généralité des phénomènes de la nature, qui est le soutien de la vie ordinaire, est aussi la base de nos jugements dans les sciences, c'est elle qui nous fait admettre ce qu'on appelle *les lois de la nature*. Ces lois dépassent de beaucoup les limites de notre expérience personnelle et de l'expérience de tous les hommes. La loi de l'attraction conçue par Newton excède de toutes parts les observations que ce grand homme avait faites sur les astres. S'il avait voulu s'en tenir à l'expérience, il aurait dit seulement : les astres que j'ai observés pendant ma vie s'attiraient en raison directe de leur masse et en raison inverse du carré de leur distance. Il aurait, non pas établi une science, mais seulement raconté une histoire.

La croyance à la généralité des phénomènes est si profondément implantée dans notre esprit, que nous

---

1. Voy. t. I, liv. IV, ch. III, § 2.
2. Voy. t. I, *Ibid.*, ch. II, § 11.

cherchons sans cesse à vérifier cette généralité par l'expérience, et que, si elle se vérifie, nous la tenons pour une explication. Les anciens voyaient les vapeurs monter vers les cieux et les corps solides descendre vers la terre; ils en concluaient qu'il y avait deux espèces de corps, dont l'une tendait naturellement en haut et l'autre en bas. Les modernes ont découvert que les corps légers ne s'élèvent pas d'eux-mêmes, mais parce que des corps plus lourds prennent la place des premiers et les portent en haut, de sorte qu'il n'y a pas deux espèces de corps, mais une seule dont la tendance uniforme est de tomber, c'est-à-dire de tendre vers d'autres corps en raison directe des masses, et inverse du carré des distances. Ainsi, de nos jours, une seule loi explique un grand nombre de mouvements divers : la chute des corps graves, l'ascension des vapeurs, des gaz et des ballons dans l'atmosphère, de l'eau et du mercure dans le vide des pompes ou des tubes; le flottage des bois et des navires sur la surface de l'eau; la courbe décrite par le mouvement du volant, du boulet ou de la bombe, la révolution des planètes autour du soleil, etc. Cette uniformité plaît beaucoup mieux à l'esprit que la diversité conçue par la physique ancienne, parce qu'elle est d'accord avec notre croyance à la généralité des phénomènes naturels. « Si l'on demande, dit Reid, pourquoi tel corps gravite vers la terre, toute la réponse qu'on peut donner, c'est que tous les corps gravitent vers la terre : c'est résoudre un phénomène particulier dans un phénomène général. Si l'on va plus loin et qu'on demande pourquoi tous les corps gravitent vers la terre, il faut encore répondre que c'est parce que tous les corps, quels qu'ils soient, gravitent les uns vers les autres : c'est résoudre un phénomène général dans un autre plus général. Mais si l'on poursuivait et qu'on demandât pourquoi tous les corps gravitent les uns vers les autres, alors il n'y aurait plus de réponse ; car on ne pourrait en donner une, qu'en résolvant ce phénomène de la gravitation universelle des corps dans quelque autre encore plus général dont cette gravitation ne serait qu'un exemple particulier : c'est à quoi l'on n'est pas encore parvenu [1]. »

Ainsi un phénomène nous paraît expliqué quand il ressemble à un grand nombre d'autres phénomènes : la ressemblance est prise pour une explication et elle s'appelle *loi de la nature*. Quand un fait ne ressemble à aucun autre, il nous étonne, il nous paraît inintelligible, et nous cherchons des faits qui lui soient semblables, comme s'il devait, par cela même, devenir plus clair à notre esprit. Il nous arrive souvent, pour exprimer que nous ne comprenons pas un phénomène physique ou un acte moral, de dire qu'il ne ressemble à rien. Par exemple, l'expérience montre que la chaleur fond les solides et vaporise les liquides ; quand un corps est liquéfié par la chaleur, si la chaleur augmente, nous nous attendons à le voir se vaporiser et non retourner à l'état solide : mais le soufre liquéfié, s'il subit une augmentation de chaleur, se solidifie de nouveau, avant de passer à l'état de vapeur. Nous nous étonnons de cette marche rebelle à la loi que suivent les autres corps ; nous disons que nous ne la comprenons pas, et cependant, si elle était générale, elle ne nous paraîtrait pas plus obscure que l'autre. Pour durcir l'acier, on le fait rougir et on le trempe ainsi rougi dans l'eau froide ; si l'on fait subir la même opération à l'alliage métallique qui forme les cymbales, on l'amollit au lieu de le durcir. Ces deux phénomènes contraires blessent notre induction ; nous expliquons le premier en le rangeant sous cette loi générale que le froid condense les corps ; le second, ne pouvant être rapporté à aucun autre phénomène que lui, est

---

[1]. *OEuvres complètes*, traduct. de M. Jouffroy, t. II, p. 240.

considéré jusqu'à présent comme inexplicable. Mais nous attendons fermement que quelque jour on trouvera des phénomènes semblables à celui-ci et qu'il rentrera dans quelque loi générale.

En effet, nous devons admirer comme une harmonie manifeste de cet univers, que la nature trompe bien rarement cette divination de notre esprit. Plusieurs découvertes importantes ont été dues à ce pressentiment de la constance de la nature. On voit dans la vie de Linnée que ce grand homme fit plusieurs fois appel à cette vertu de la nature et qu'elle répondit toujours à ses vœux. Avant lui, par exemple, on se contentait d'entretenir les plantes tropicales dans les serres chaudes, avec une température toujours égale et un arrosement régulier. Linnée pensa qu'il fallait placer ces plantes dans les circonstances qui les entourent sur leur sol natal, et reproduire pour elles les longues sécheresses et les longues pluies qui marquent les saisons des régions tropicales. C'est ainsi qu'il fit fleurir le bananier et plusieurs autres plantes, qui n'avaient jamais fourni leur entier développement en Europe [1].

Kepler avait eu un pressentiment plus étonnant encore. Il pensait que les distances des planètes à leur astre central doivent suivre une certaine loi; mais il trouvait que cette loi éprouvait une lacune entre Mars et Jupiter; il osa donc prédire qu'on découvrirait quelque jour entre ces deux astres un ou plusieurs corps célestes qui combleraient la lacune, et cette prédiction s'est vérifiée dès le commencement de ce siècle par la découverte des planètes télescopiques, dont le nombre a été augmenté de nos jours. Avant que cette prophétie fût accomplie, Kant, dans les dernières années du dix-huitième siècle, en avait fait une autre aussi hardie. Considérant

---

1. *Vie de Linnée*, par A. L. Fée.

que la loi de Kepler sur les distances des planètes souffrait une exception entre Saturne et la comète la plus voisine, il annonça qu'on découvrirait dans cet intervalle un nouveau corps céleste, comète ou planète, et quelques années après, Uranus, aperçu par Herschell, venait se ranger docilement à la place qu'avait marquée le philosophe. Herschell, dont le nom est quelquefois, par honneur pour lui, donné à la planète Uranus, pensait qu'on devait encore plus honorer celui qui avait prophétisé la découverte et il proposa d'appeler la nouvelle planète l'astre de Kant.

§ 3. Le jugement par analogie et le doute.

Nous avons déjà fait connaître deux applications de la croyance inductive, l'une, à la stabilité, l'autre, à la généralité des phénomènes naturels ; la première, qui conclut de l'objet présent au même dans le passé et l'avenir ; la seconde, qui induit de cet objet à toutes les choses semblables : une troisième application conclut d'un objet aux choses qui lui sont seulement analogues ; c'est ce qu'on appelle le jugement par analogie. On entend par analogie une ressemblance incomplète. Dans cette troisième application. l'écart est pour ainsi dire plus grand, mais nous suivons toujours la croyance à la constance de la nature ; en effet, si nous pensons que les choses qui présentent une partie des qualités patentes observées dans un premier objet, pourraient bien manifester la même qualité secrète, nous pensons aussi que comme elles ont d'autres qualités visibles, elles pourraient bien ne pas posséder la même qualité latente. En conséquence, nous concevons un doute que nous n'avions pas conçu dans les deux premières applications de l'induction, et ce doute n'est que le combat de deux croyances inductives. Expliquons ceci par des exemples. Voici une plante vénéneuse : j'en aperçois une autre qui a la même fleur et le même fruit : je suis porté à croire qu'elle recèle du poison ; mais elle a une feuille différente, je puis supposer aussi qu'elle n'est pas vénéneuse. Je porte donc ici ces deux jugements qui ne sont l'un et l'autre que l'expression de ma croyance à la stabilité de la nature : 1° les objets qui ont les mêmes qualités visibles ont les mêmes qualités secrètes, 2° les objets qui ont des qualités patentes dissemblables n'ont pas les mêmes qualités intimes ; et lorsqu'une chose comparée à une autre que je connais, présente à première vue des qualités semblables et des qualités différentes, elle peut avoir ou ne pas avoir les mêmes qualités cachées.

On voit ici la véritable nature du doute. La perception n'admet pas le doute : elle affirme que son objet est indépendant de l'acte intellectuel ; si elle supposait que cet objet n'existât pas, elle se frapperait de contradiction. Une seule croyance inductive n'admet pas le doute non plus, bien qu'elle conçoive la possibilité que son objet n'existe pas ; mais tout en concevant cette possibilité, elle n'y croit pas. Il n'y a que le jugement par analogie qui admette le doute parce qu'il contient deux croyances inductives qui se balancent. Aucun de nous ne doute qu'il ne mourra, quoique nous concevions qu'il n'y aurait aucune impossibilité à ce que nous fussions immortels ; mais, comme jusqu'à présent aucun homme n'a échappé à la mort, nous croyons fermement que tous les hommes obéiront à la même loi. Il n'y a là qu'une seule **croyance inductive fondée sur des expériences toutes** semblables. S'il y avait des expériences contraires, il se formerait une seconde croyance qui combattrait la première ; par conséquent le doute prendrait naissance, et la balance du doute pencherait du côté où seraient le plus grand nombre d'expériences conformes les unes aux autres.

§ 4. Le calcul des probabilités.

C'est sur la balance des cas semblables et des cas dissemblables que repose le calcul des probabilités. Si, sur le nombre des vaisseaux qui mettent à la voile chaque année, il s'en perdait la moitié, nous serions également disposés à conjecturer la perte ou le salut de tout vaisseau qui lève l'ancre ; mais si l'expérience apprend qu'il s'en perd cinq sur cent, la conjecture favorable l'emportera sur la conjecture défavorable dans la proportion de quatre-vingt-quinze contre cinq, et l'on dira qu'il y a quatre-vingt-quinze à parier contre cinq que le vaisseau ne se perdra pas. Sur les trente-cinq millions d'habitants qui peuplent la France, combien entend-on dire qu'il y en ait chaque année qui soient frappés de la foudre ? Tout au plus un ou deux. Il y a donc, chaque année, trente-cinq millions moins deux unités simples à parier contre ces deux unités que nous ne serons pas touchés de la foudre ; et si l'on divise le nombre des cas défavorables par le nombre des orages de chaque année, on arrivera, pour chaque orage, à une bien petite probabilité de cas malheureux. La probabilité, disent les mathématiciens, se mesure par une fraction dont le numérateur exprime les cas favorables ou défavorables à nos vœux et le dénominateur tous les cas possibles. Ainsi la probabilité que nous soyons touchés du tonnerre est pour chacun de nous, par chaque année, de deux trente-cinq millionièmes, et si l'on suppose seulement dix orages par année, elle est par chaque orage de deux trois-cent-cinquante millionièmes, et enfin à supposer dix coups de tonnerre par orage, il y a par chaque coup de tonnerre trois milliards cinq cents millions à parier contre deux que nous ne serons pas touchés. Ce simple calcul doit être bien propre à rassurer ceux qui s'effrayent du tonnerre.

Si la seconde forme de la croyance inductive a produit des prédictions et des découvertes importantes, la troisième forme ou le jugement par analogie en a causé de plus étonnantes encore, parce qu'elles étaient moins attendues. On a déjà fondé sur le calcul des probabilités un grand nombre d'institutions civiles et commerciales d'une incontestable utilité, telles que les assurances contre la perte des vaisseaux, contre l'incendie, la grêle, etc. Voici le principe de ces assurances : si la perte des vaisseaux est de un sur mille, on peut, en demandant à chaque vaisseau une contribution d'un millième de sa valeur, promettre de payer la valeur entière de ceux qui viendront à se perdre. C'est sur des calculs du même genre que reposent les rentes viagères, les tontines, les caisses de secours et de prévoyance, les caisses de retraite, etc. En étudiant la mortalité qui frappe chaque âge de l'homme, on découvre les chances de mort pour toutes les époques de la vie. Sur mille personnes, il y en a la moitié qui meurent avant soixante-trois ans : si chacune dépose cent francs par année depuis l'âge de vingt ans, on peut lui assurer à l'âge de soixante-trois ans une somme composée de ce qui aura été payé, non-seulement par elle, mais par tous les déposants qui n'existeront plus à cette époque. Cette somme sera d'autant plus considérable qu'on reculera le moment de la toucher, parce qu'au delà de soixante-trois ans la mortalité augmente, et que le nombre des survivants ou des copartageants devient de plus en plus petit.

Dans le calcul des probabilités, plus les nombres sur lesquels on agit sont considérables, plus la marche de la nature paraît constante : c'est ce que les mathématiciens appellent la loi des grands nombres. Si l'on prend, suivant la remarque d'un illustre géomètre [1], la moyenne

1. M. Poisson.

d'un grand nombre de marées observées dans le même lieu, on trouve qu'elle est, à très-peu de chose près, conforme aux lois du flux et du reflux résultant des attractions de la lune et du soleil, et la même que si les vents n'eussent eu aucune influence sur les marées. Ainsi, à considérer un très-grand nombre d'expériences, on arrive à voir se fixer l'inconstance des vents eux-mêmes et leurs caprices deviennent réguliers.

Mais ce qui nous étonne bien davantage c'est que les actions dépendantes de la liberté humaine, quand on les envisage dans des expériences très-multipliées, suivent aussi un cours régulier et constant, et subissent la loi des grands nombres, comme les événements de la nature physique. Si l'on considère le nombre des personnes qui passent sur un pont, pendant plusieurs périodes très-longues, on trouve que la moyenne est à peu près la même pour chaque année et pour chaque jour. Il en est de même pour la moyenne des lettres jetées à la poste, et, chose plus singulière encore, pour la moyenne des lettres mises au rebut, par suite d'une erreur ou d'un défaut d'indication des noms ou des pays. Dans ce dernier exemple, les oublis et les méprises qui viennent de tant de causes différentes, soit de la diversité des esprits, soit d'un moment de hâte, soit d'un tumulte extérieur, soit d'un trouble moral, soit d'un défaut d'attention, se règlent, se subordonnent à une loi fixe et deviennent des phénomènes presque aussi constants que le retour périodique des jours et des saisons. Le mathématicien célèbre, dont nous parlions tout à l'heure, en examinant le compte rendu de la justice criminelle en France, pendant une certaine période, où la condamnation pouvait avoir lieu dans les cours d'assises, à la majorité de sept voix contre cinq, a trouvé que, sur cent accusés il y avait eu sept condamnés à la majorité simple, et cinquante-quatre à la majorité de plus de sept voix, et qu'en l'année 1831, pendant laquelle la condamnation n'eut plus lieu qu'à la majorité de huit voix contre quatre, le nombre des condamnés ne fut diminué que du chiffre des condamnations qui avaient eu lieu à la majorité simple dans la période précédente. Telle est la constance de la nature, même dans les délibérations humaines.

§ 5. Importance du jugement par analogie dans les sciences.

Les sciences physiques doivent au jugement par analogie plus d'un important progrès. Franklin trouve le paratonnerre en observant l'analogie du nuage chargé de la foudre avec la machine électrique. La chimie a vu par la puissance de l'analogie s'augmenter le nombre des métaux. Lavoisier avait jugé au poids de la baryte que cette terre devait être l'oxyde d'un métal : Humphrey Davy porta le même jugement sur la potasse et la soude, et, à l'aide de la pile de Volta, il obtint les métaux que recélaient ces deux corps. De là il jugea qu'il trouverait aussi des métaux dans toutes les autres terres, telles que la chaux, la strontiane, l'alumine et la magnésie. Il raconte ainsi lui-même une autre de ses découvertes : « Ayant remarqué, dit-il, à l'époque où je faisais un cours à l'institution pneumatique de Bristol, que les enfants de mon hôte produisaient une faible clarté en frottant ensemble deux cannes d'une espèce de jonc ou roseau qu'on tresse pour faire des chapeaux communs, je fus frappé de la nouveauté de ce phénomène et je résolus de l'examiner. Je parvins en frottant les deux joncs à en tirer des étincelles aussi brillantes que les étincelles produites par le choc du silex et de l'acier. Je m'aperçus qu'une fois que l'épiderme était enlevé on n'obtenait plus de lumière. Soumis à l'analyse chimique, cet épiderme présenta toutes les propriétés de la silice. La ressemblance extérieure de l'épiderme des roseaux et de celui des graminées me conduisit à supposer que celles-ci contenaient aussi de la silice : en les brûlant avec soin et en analysant les cendres, je trouvai qu'elles en contenaient dans une proportion même beaucoup plus grande que les joncs[1]. »

Si l'analogie fait avancer les sciences physiques, elle n'est pas moins utile aux sciences morales, et en particulier à la science politique ; c'est elle qui nous apprend à profiter des leçons de l'histoire. Mais, dans toutes les sciences, le jugement par analogie doit être tenu pour une simple conjecture, jusqu'à ce qu'il ait été justifié par l'expérience. Cette précaution est indispensable pour retirer de l'analogie tout le bien qu'elle peut produire sans en éprouver aucun mal. Les plus belles théories ont été d'abord des hypothèses. Le système de Newton sur la loi du mouvement des corps célestes fut d'abord une conjecture ; elle ne devint une théorie scientifique qu'après avoir été entièrement vérifiée par l'observation et le calcul. Il ne faut donc pas avoir peur des hypothèses, mais seulement les tenir pour des suppositions tant qu'elles n'ont pas la confirmation de l'expérience. La théorie de Newton contient une partie que l'observation et le calcul ont démontrée : c'est que les corps marchent les uns vers les autres avec une vitesse qui est en raison directe de leur masse, et inverse du carré des distances ; mais elle renferme une autre partie qui reste toujours à l'état de conjecture : c'est que cette marche des corps résulte d'une force attractive qui leur est inhérente et non d'une force impulsive qui agisse sur eux de l'extérieur. Newton, en se servant du mot *attraction*, n'a voulu, dit-il, exprimer que le fait et la loi du mouvement des corps et non pas la cause de ce mouvement ; mais les succes-

---

1. *Memoirs of the life of sir Humphrey Davy*, by J. A. Paris, London, Colburn, in-4.

seurs de ce grand homme ont quelquefois entendu par le mot d'attraction la cause du mouvement; il est donc important de remarquer que cette cause est tout à fait conjecturale. Bien que la force attractive soit une hypothèse plus simple et, par conséquent plus vraisemblable, d'après la marche ordinaire de la nature, que la supposition d'une force impulsive extérieure, cependant elle n'est toujours qu'une hypothèse, que l'expérience ne pourra peut-être jamais vérifier. Nous devons en dire autant de la plupart des explications que la physique imagine, pour rendre compte des phénomènes qui frappent nos yeux. La chaleur a été longtemps attribuée à un fluide appelé calorique caché dans les corps, que certaines actions en faisaient sortir. On la rapporte plus communément aujourd'hui aux vibrations d'un fluide appelé éther et répandu dans l'espace; la lumière à un autre fluide émané des corps lumineux ou à d'autres vibrations du même éther. Certains mouvements particuliers des corps, comme celui de la balle de sureau vers la machine électrique, du fer vers l'aimant, de l'aiguille aimantée vers le pôle, sont attribués à deux fluides différents qui se cherchent, ou à deux fluides semblables qui se repoussent. Ces explications ingénieuses ne sont pourtant que des hypothèses fournies par la croyance inductive. L'attraction et la répulsion réciproque des corps sont imaginées sur le modèle de la force motrice dont notre âme est douée et par laquelle nous attirons à nous ce qui nous agrée et repoussons ce qui nous déplaît. Les fluides qu'on appelle calorique, lumière, éther, électricité, etc., sont conçus à l'image des liquides, dont nous voyons et sentons les ondes et dont nous percevons la force mécanique dans les courants et les chutes d'eau. Il faut donc distinguer avec soin toutes ces hypothèses d'avec les vérités démontrées que nous présente la physique, telles, par exemple, que la direction et la vitesse du mouvement, la propagation et la distribution de la chaleur dans les différents corps, etc., c'est-à-dire le mode et la mesure précise des différents phénomènes. Faute de cette distinction, on prend l'incertain pour le certain, et l'on se fait une théorie qui ressemble plutôt à une fiction qu'à une science.

§ 6. Le jugement par analogie principe de la fiction.

Le jugement par analogie est en effet la source de la poésie. La naïveté des temps antiques attribuait tous les phénomènes vrais ou apparents de la nature, la marche du soleil ou de la lune, les mouvements des nuages et des vents, les éclats de la foudre, les soulèvements de la mer, le cours des fleuves et des ruisseaux, le développement des plantes à des puissances invisibles douées de force motrice, d'inclinations, de volonté et d'intelligence, et revêtues d'un corps semblable au nôtre. C'était un jugement par analogie.

Ce jugement est la source des métaphores, des comparaisons, des allégories. Nous désignons certains objets par les noms d'autres choses qui leur ressemblent. La terre, suivant la remarque de Vico, est assimilée au corps humain. Nous distinguons la tête, le col, la gorge, les côtes et le pied d'une montagne ; la bouche et le bras d'un fleuve ; les entrailles de la terre, le cœur d'un pays, les veines d'un rocher. Nous comparons les instruments matériels aux membres de notre corps ; nous disons le bras d'un levier, la dent de la charrue. Nous exprimons nos sentiments par des mots qui les assimilent à des objets matériels : la haine a son poison, l'envie a ses serpents. Les comparaisons qui abondent dans le langage le plus simple, sous une forme très-abrégée, n'ont besoin que d'être développées pour former le style poétique. Homère compare les deux Ajax à deux taureaux attelés au même joug, le bel Euphorbe à un jeune olivier paré de bandelettes, un bataillon en repos sur une colline à un nuage immobile qui recèle l'orage.

Ce langage figuré qu'on a quelquefois appelé le style oriental est aussi le style de l'occident; c'est la langue de tous les peuples qui n'ont pas encore fait un grand usage de l'abstraction et chez lesquels la mémoire *physique* et le jugement par analogie l'emportent sur la mémoire *métaphysique*[1], sur l'observation et sur la distinction des phénomènes. Nous en trouvons un brillant exemple dans le discours suivant, prononcé au nom des cinq nations du Canada, lorsque la paix fut conclue entre ces peuples et les Anglais. » Nous nous félicitons d'avoir enfoui sous la terre la hache rouge qui a si souvent été teinte du sang de nos frères. Aujourd'hui, dans ce fort, nous enterrons la hache et nous plantons l'arbre de la paix, dont le sommet atteindra jusqu'au soleil. Ses branches seront vues de loin. Puisse sa croissance n'être point arrêtée ni étouffée ! Puisse-t-il ombrager à la fois votre pays et le nôtre de son feuillage ! Affermissons ses rameaux et étendons-les jusqu'aux extrémités de vos colonies. Si les Français venaient pour ébranler cet arbre, nous en serions avertis par le mouvement de ses racines qui touchent à notre pays. Puisse le Grand-Esprit nous permettre de rester en repos sur nos nattes et de ne jamais déterrer la hache pour abattre l'arbre de la paix ! Que la terre soit battue et durcie à l'endroit où la hache est enfouie. Qu'une source vive et rapide lave le mal et l'entraîne loin de notre vue et de notre souvenir ! Le feu qui brûla longtemps dans Albany est éteint, le lit sanglant est purifié, et les larmes sont essuyées de nos yeux. Nous rattachons aujourd'hui la chaîne d'alliance et d'amitié : qu'elle brille comme l'argent et ne

---

1. Voy. plus haut, liv. VII, ch. I, § 2, 3.

se rouille jamais ; et qu'aucun de nous ne cherche à en détacher son bras. »

Les usages et les cérémonies des peuples ne sont souvent que des comparaisons et des analogies mises en action. Chez les nations anciennes, la rupture d'une convention s'exprimait par une paille rompue, l'acquisition d'un fonds de terre, par une branche d'arbre que coupait l'acquéreur en qualité de nouveau maître. Les rites des funérailles et du mariage étaient des allusions à la condition supposée du mort, ou à l'état futur des époux ; et ces coutumes se retrouvent chez les peuples de nos jours où l'imagination poétique l'emporte encore sur la connaissance positive des hommes et des choses. La manière dont le mariage est célébré dans la Samogitie, sur les bords de la mer Baltique, rappelle la plupart des cérémonies du mariage chez les Romains. La future épouse est arrachée de force de la maison paternelle par les parents de l'époux. Le jour des noces, on frotte ses lèvres de miel, pour l'avertir de ne laisser sortir de sa bouche que de douces paroles. On la conduit devant toutes les portes de la maison du mari : elle s'arrête sur le seuil de chacune, y frappe légèrement du pied, et l'on répand autour d'elle du froment, du seigle, de l'avoine, des pois, des fèves et des pavots. Celui qui verse devant elle ces emblèmes de l'abondance et du repos, lui dit en même temps : « Si tu restes pieuse et fidèle et que tu gouvernes bien ta maison, tu vivras honorée et tu ne manqueras de rien. »

Dans toutes les religions anciennes, les cérémonies allégoriques sont mêlées au culte et aux prières, et il y a une étroite alliance entre la poésie et la religion. La différence entre l'une et l'autre, c'est que le poëte ne croit pas à ses analogies, tandis que l'homme religieux croit aux siennes.

La science ne doit pas tomber dans la poésie. Il lui

suffit pour cela de distinguer ce qu'elle sait de ce qu'elle croit. Notre croyance à la stabilité et à la généralité des actes de la nature nous entraîne à chercher partout l'uniformité, et à la supposer quand nous ne l'avons pas encore rencontrée. La philosophie de la Grèce essaya de réduire le monde matériel à un seul élément, et la morale à une seule maxime. L'alchimie du moyen âge ne voyait dans tous les métaux que la transformation d'un seul; la médecine du même temps apercevait, dans les parties intérieures du corps humain, la représentation des corps célestes; la philosophie du dix-huitième siècle tentait d'expliquer par la sensation tous les phénomènes de la pensée. L'histoire naturelle de nos jours veut retrouver dans tous les animaux un seul et même animal. L'analogie est le fil qui nous conduit dans le labyrinthe de la science, c'est un pressentiment qui nous fait deviner bien des secrets, mais, nous le répétons, elle ne doit jamais prévaloir sur l'expérience. Dans les sciences de classification, comme l'histoire naturelle, si la différence de deux objets est plus importante que la ressemblance, maintenons la distinction des genres et des espèces; dans les sciences d'explication qui recherchent les causes, comme la physique et la psychologie, suivons le précepte de Bacon, qui nous apprend à régler notre induction, et à reconnaître autant de facultés ou de propriétés qu'il y a de phénomènes indépendants les uns des autres.

§ 7. Le double sens du mot induction.

Lorsque nous avons présenté la division générale des actes intellectuels, nous avons dit que les sens extérieurs, la conscience et la mémoire nous donnent des connaissances, *a posteriori*, dont les objets sont contingents, et que l'intuition externe de l'esprit nous fournit des connaissances *à priori*, dont les objets sont nécessaires ; l'induction est une croyance et non une connaissance ; cette croyance s'applique à des objets contingents, mais elle est *à priori* comme la connaissance des choses nécessaires. En effet, elle nous suggère l'idée d'un objet, soit avant qu'il existe, comme quand nous pressentons un orage, soit avant qu'il se présente à notre perception, comme quand nous supposons qu'une terre contient un métal.

Le nom d'induction s'oppose au nom de déduction, et nous devons expliquer cette opposition. La déduction est un raisonnement par lequel d'une proposition générale on fait sortir les propositions particulières qu'elle renferme[1] ; comme dans cet exemple : tout homme qui a en main la puissance publique doit réprimer les violences ; le prince a en main la puissance publique, donc le prince doit réprimer les violences[2]. Quand l'esprit va de la proposition générale à la proposition particulière, il fait sortir, il *déduit* la seconde de la première. L'induction suit une marche contraire. Aristote entend par induction un raisonnement qui parcourt toutes les propositions particulières avant d'arriver à la proposition générale. Il n'appellerait pas induction ce jugement : tel animal a une bouche et le sens du toucher, donc tous les animaux ont une bouche et le sens du toucher ; il voudrait qu'avant d'arriver à la conclusion générale on eût fait des observations sur tous les animaux en particulier, et alors toutes les propositions particulières seraient renfermées ou induites dans la proposition générale qui ne serait que le résumé, la somme ou le total des propositions particulières. Voilà ce qu'Aristote appelait l'induction, Ἐπαγωγή, ou l'argument *épagogique*.

---

1. Voy. plus loin le *Raisonnement*.
2. Bossuet, *Logique*, liv. III, chap. II, édit. de Lens, p. 394.

Nous avons aujourd'hui étendu le sens du mot induction, comme on l'a vu dans les explications précédentes. Nous donnons le nom d'induction à une proposition générale, conclue même d'une seule proposition particulière comme dans cet exemple si souvent cité de Newton : Telle pomme détachée de sa branche tombe vers la terre, donc tous les corps tendent les uns vers les autres.

Cette nouvelle signification du mot induction n'est pas d'ailleurs si éloignée de l'ancienne qu'elle le paraît au premier coup d'œil. L'induction ne se présente jamais sous la forme décrite par Aristote. Il est impossible de faire toutes les expériences particulières qui justifieraient complétement la proposition générale. « L'induction, dit Bossuet, est un argument par lequel, en parcourant toutes les choses particulières, on établit une proposition universelle. Par exemple, en parcourant les hommes particuliers, on les trouve tous capables de rire. Mais, dira-t-on, avez-vous tous les particuliers pour tirer cette conséquence? Non, sans doute; aussi n'est-il pas nécessaire !... comme on sait d'ailleurs que *la nature va toujours au même train*, etc.[1]. » On admet l'induction quoiqu'elle ne soit pas appuyée sur des expériences complètes. Il n'y a donc entre l'induction d'Aristote et l'induction telle qu'on l'entend aujourd'hui qu'une différence de degré et non une différence de nature, puisqu'il était impossible à Aristote lui-même d'avoir vérifié tous les cas particuliers.

§ 8. Opinions des principaux philosophes sur l'induction.

Examinons maintenant ce que les principaux philosophes ont pensé de cette croyance. Platon a bien vu que la croyance n'est pas le savoir ou la connaissance vé-

---

1. *Logique*, liv. III, chap. XXI, édit. de Lens, p. 425.

ritable. « Il est, dit-il, impossible de prétendre que toute croyance soit un savoir, puisqu'il y a une fausse croyance[1]. Le savoir est-il donc toute croyance vraie?... Mais lorsque les juges ont été persuadés de l'existence d'un événement que le témoin seul a pu savoir, et qu'ils prononcent sur ouï-dire, ils ont une croyance vraie, et pourtant ils ne savent pas la vérité par eux-mêmes[2]. Il y a de la différence entre savoir et croire. La croyance, πίστις, peut être fausse ou vraie; mais le savoir, μάθησις, ne peut être que vrai. Ceux qui savent et ceux qui croient sont également persuadés : il y a donc deux sortes de persuasion, δύο εἴδη πειθοῦς, l'une produisant la croyance sans savoir, et l'autre le savoir[3]. La connaissance est la plus puissante des facultés; la croyance est une autre faculté, car comment confondre ce qui est infaillible, ἀναμάρτητον, avec ce qui est faillible? La connaissance s'applique à ce qui est et le connaît; la croyance s'applique-t-elle au même objet? La même chose est-elle à la fois connue et crue γνωστόντε καὶ δοξαστόν? cela est impossible[4]. Celui qui aura une croyance vraie, ὀρθήν δόξαν, touchant une chose sur laquelle un autre aura une connaissance, ἐπιστήμην, ne sera pas un plus mauvais guide que ce dernier. Mais alors pourquoi la connaissance est-elle plus estimée que la juste croyance? pourquoi la première paraît-elle différer de la seconde? C'est que la croyance vraie peut se retirer de l'esprit, tandis que la connaissance y est retenue par un lien invincible. Ce n'est pas par une science, c'est par de justes conjectures que les hommes politiques gouvernent les États. Ils ressemblent en cela aux devins

---

1. Δόξαν μὲν πᾶσαν ἀδύνατον (ἐπιστήμην εἶναι), ἐπειδὴ καὶ ψευδής ἐστι δόξα. *Théétète.* OEuvres complètes de Platon, édit. H. E.. t. I, p. 187, *b*.

2. *Théétète*, édit. H. E., t. I, p. 201, *a*.

3. *Gorgias*, édit. H. E., t. I, p. 454, *d*, *e*.

4. *Rép.*, édit. H. E.. t. II, p. 478.

sacrés et à ceux qui rendent les oracles ; car ceux-ci disent beaucoup de choses vraies, mais sans le savoir[1]. Les opinions sont comme des discours écrits dans notre esprit par un écrivain intérieur. Avec ces discours se forment des peintures en rapport avec les sujets de ces discours. Ces discours et ces peintures regardent l'avenir comme le présent et le passé.... Nos opinions peuvent avoir pour objet des choses qui ne sont pas, qui n'ont jamais été et qui ne seront jamais ; c'est ce qu'on appelle des opinions mensongères[2]. Dirons-nous donc que la croyance soit quelque chose ? Dirons-nous que c'est la même faculté que la connaissance ou une autre ? Nous dirons que c'est une autre faculté[3]. »

Platon n'a donc pas seulement marqué la différence de la connaissance et de la croyance, il les a rapportées à des facultés différentes ; seulement il a eu le tort de croire que les sens extérieurs ne nous donnent pas de connaissances, mais des croyances[4]. Aristote n'a pas moins bien caractérisé le fait de la croyance ; il l'a très-fermement et très-clairement séparé d'avec la simple conception et d'avec la connaissance. « La simple conception ἡ φαντασία, dit-il, d'un côté, n'est pas la croyance, la supposition, la conjecture ἡ ὑπόληψις. Il nous est libre de nous donner une simple conception, comme dans l'action de la mémoire ou de l'imagination, mais non une croyance ; nous sommes forcés d'admettre une opinion vraie ou fausse. De plus, lorsque nous croyons à l'existence de quelque chose de terrible, nous sommes émus, et de même, si nous croyons à l'existence de quelque chose qui nous rassure. Si l'on se représente seulement des causes de danger ou de sécurité, sans y croire, on est

---

1. *Ménon*, édit. H. E., t. II, p. 97.
2. *Philèbe*, édit. H. E., t. II, p. 39, 40.
3. Ἄλλην δύναμιν. *Rép.*, édit. H. E., t. II, p. 477.
4. *Rép.*, édit. H. E., t. II, p. 510.

à leur égard dans la position de ceux qui les regardent sur une peinture[1]. »

« Le savoir, ἐπιστήμη, dit de l'autre côté Aristote[2], diffère de la croyance, parce que le savoir s'applique au nécessaire, c'est-à-dire à ce qui ne peut pas être autrement qu'il n'est. Or, il y a des choses qui, étant vraies, sont admises comme pouvant être autrement qu'elles ne sont. Il n'y a pas de science de ces choses-là. La croyance s'applique, soit au vrai, soit au faux, mais toujours à ce qui peut être autrement qu'il n'est. Son objet est une vérité immédiate non nécessaire. La croyance est incertaine. Quand quelqu'un pense qu'une chose est nécessaire, il sait qu'il a un savoir et non une croyance; c'est seulement quand il pense que la chose est de telle façon, mais qu'elle pourrait être autrement, qu'il a une croyance δόξα. »

Au premier abord, les expressions d'Aristote paraissent excéder la vérité. Dire que la science ne s'applique qu'à ce qui est nécessaire, c'est rejeter la connaissance des choses contingentes, connaissance que nous donnent les sens extérieurs et la conscience; c'est effacer de la liste des sciences l'histoire naturelle, dont Aristote est le fondateur, et la psychologie pour laquelle il a réuni de précieux matériaux. Mais si l'on considère que la perception qui seule nous donne des connaissances, affirme que son objet existe et qu'il ne peut ne pas être au moment où elle le perçoit, qu'elle se distingue par là de la croyance qui conçoit la possibilité que son objet ne soit pas; si l'on ajoute que les sens extérieurs et la conscience nous donnent des perceptions comme l'intuition pure elle-même, on accordera que, dans cette acception la connaissance ou la science ne s'applique qu'aux choses nécessaires,

1. *De l'Ame*, liv. III, chap. III, § 4 et 5.
2. *Dern. Analyt.*, liv. I, chap. XXXIII, § 1 et 3.

c'est-à-dire aux choses qui ne peuvent pas ne pas être au moment où elles sont connues ; on accordera de même qu'il ne peut pas y avoir de science des objets de la croyance, puisqu'on conçoit toujours que ceux-ci pourraient être autrement qu'ils ne sont. Ainsi, pour reprendre un exemple que nous avons déjà cité : le mouvement des corps les uns vers les autres est un objet de connaissance ou de science, car il est impossible que les corps ne se meuvent pas quand nous les voyons se mouvoir et qu'ils ne se meuvent pas de la façon que nous les voyons se mouvoir : nos sens ne nous trompent jamais, comme nous l'avons montré ; mais la cause du mouvement des corps n'est pour l'homme qu'un objet de croyance et non de science, car elle ne tombe pas sous sa perception. Ainsi la connaissance affirme qu'il est impossible que la chose ne soit pas au moment où on la perçoit ; la croyance, tout en nous persuadant de l'existence d'un objet, n'affirme pas que le contraire soit impossible. Dans le passage précédent, Aristote n'entend pas par *nécessaire* ce qui existe de toute éternité, ce qui n'a pas de limite dans le temps et dans l'espace, en un mot l'infini, mais une chose qui ne peut ne pas être au moment où elle est perçue. En ce sens il ne fait pas difficulté d'affirmer que l'objet de la sensation est nécessaire, c'est-à-dire qu'il faut que cet objet existe pour qu'il y ait sensation.

Parmi les philosophes modernes, Bacon, avant tous les autres et plus que tous les autres, porta son étude sur l'induction. Il s'aperçut que la déduction ne servait qu'à développer les propositions générales, qu'à retirer d'une maxime ce qu'on y avait mis ; qu'elle avait sa véritable place dans l'enseignement, que le maître ayant résumé le résultat de toutes ses observations sous une forme générale, le disciple peut en déduire avec profit pour lui toutes les vérités particulières ; mais que le premier en allant de la vérité générale à la vérité particulière, ne fait que retourner à son point de départ, sans avancement pour son esprit; que les découvertes se font par l'induction et l'analogie qui, de la vérité particulière, s'élève à une vérité générale ou à une conjecture qu'il faut vérifier; que l'induction, même telle qu'on l'admettait dans l'école, dépassait l'expérience, ainsi que nous l'avons fait voir tout à l'heure; qu'elle n'était pas la connaissance, mais qu'elle seule pouvait conduire à des connaissances nouvelles et qu'elle avait seulement besoin de s'appuyer sur des expériences dont il traça les règles.

Bacon ne s'est pas occupé de la question de savoir s'il fallait rapporter l'induction à une faculté particulière de l'esprit. Ce n'était pas de son sujet. Il donnait une méthode pour découvrir les lois et les causes des phénomènes tant physiques qu'intellectuels; il n'a pas appliqué cette méthode au problème que nous agitons ici. S'il l'eût fait, il est probable qu'il aurait résolu la question comme Platon et Aristote, qu'il aurait considéré que, puisqu'on connaît souvent sans croire et qu'on croit aussi sans connaître, il faut rapporter ces phénomènes à des causes différentes.

Locke a distingué la croyance d'avec la connaissance. « Nous avons, dit-il, une connaissance *intuitive* de notre existence, *démonstrative* de l'existence de Dieu, *sensitive* des objets qui sont actuellement présents à nos sens. Tout le reste est foi ou opinion et non pas connaissance[1]. » Mais il n'a pas traité de la faculté qui produit la foi ou l'opinion, et, dans le tableau qu'il a dressé des facultés intellectuelles, on n'en trouve aucune qui suffise à cet effet.

Un métaphysicien profond que nous avons souvent cité, Hume, tourna son étude vers la croyance inductive.

---

1. *Essai sur l'entendement humain*, liv. IV, chap. II, § 14; chap. III, § 21.

S'il ne trancha pas entièrement la question psychologique de l'origine de cette croyance, il approcha bien près du terme et prépara la solution qui fut donnée par Thomas Reid. Hume commence par décrire le phénomène dont il recherche la cause. « Nonobstant, dit-il, l'ignorance où nous sommes des propriétés secrètes des corps, nous ne laissons pas de les croire semblables partout où nous remarquons de la ressemblance entre les qualités sensibles, et nous nous attendons toujours à des effets semblables à ceux que nous a déjà montrés l'expérience. On nous présente un corps qui ressemble au pain qui nous a nourris jusqu'à présent, nous comptons qu'il nous fournira la même nourriture. C'est de cette opération de l'esprit que je voudrais bien savoir le fondement. On n'aperçoit aucune liaison entre ces qualités sensibles et ces forces secrètes; il n'y a donc rien de connu qui puisse nous porter à conclure qu'elles doivent toujours être jointes ensemble. L'expérience du passé ne comprenant que des objets déterminés et un temps précis dont elle ait pu juger, de quel droit la transportons-nous à d'autres temps et à d'autres objets semblables? Il n'y a pas ici une ombre de nécessité. Cette conséquence, cette suite de pensées, cette induction, sont des choses où nous ne voyons pas clair. Il s'en faut bien que cette proposition : J'ai trouvé jusqu'ici tel objet suivi de tel effet, soit la même que celle-ci : Je prévois que tous les objets dont les apparences sont semblables se ressembleront par leurs effets. Si vous prétendez que cette conclusion tient à une chaîne de raisonnements, je vous somme de la produire[1]. »

Il est impossible de mieux poser la question. Voyons comment le philosophe va essayer de la résoudre: « Toute loi générale des sciences physiques s'appuie sur cette

---

1. *OEuvres philosophiques*, trad. franç. t. I, p. 124 et suiv.

proposition que l'avenir sera conforme au passé. Or, cette proposition ne peut se prouver. Si cette conclusion était l'ouvrage de la raison qui découvre les vérités nécessaires, elle serait aussi parfaite la première fois et dans un seul cas donné, qu'après le cours le plus long d'expériences réitérées. Mais il en est tout autrement; ce n'est qu'après une longue suite d'expériences semblables, que nous acquérons une ferme assurance sur les événements à venir. Je veux que la marche de la nature ait été régulière jusqu'ici, il faudra toujours un autre argument pour démontrer qu'elle continuera de l'être. En vain prétendrez-vous avoir étudié la nature des corps dans le livre de l'expérience : leur nature intérieure pourrait avoir changé, sans qu'il se fût fait aucun changement dans leurs qualités sensibles. Cela arrive dans quelques objets.... Supposons qu'un homme tombât subitement dans ce monde, il verrait les événements se suivre, et rien de plus.... Supposons qu'il eût assez vécu pour observer que les événements se suivent toujours dans le même ordre, à quoi cette expérience le mènerait-elle? A conclure de l'apparition d'un objet la future existence de l'autre..., et la conclusion même que nous venons de lui prêter, ne serait pas le fruit du raisonnement. Il s'y trouverait néanmoins entraîné, et, quand même, il serait convaincu que son raisonnement n'y a point de part, ses pensées iraient toujours le même train. Le principe qui l'entraînerait se nomme *coutume, habitude* [1]. »

La première solution à laquelle Hume s'arrête, est donc qu'après avoir observé la liaison constante de deux phénomènes, de la chaleur, par exemple, et de la flamme, de la solidité et de la pesanteur, nous ne sommes déterminés que par l'*habitude* à conclure de l'existence d'un

---

[1]. *OEuvres philosophiques*, trad. franç., t. I, p. 129 et suiv.

de ces phénomènes, l'existence de l'autre [1]. Mais comment l'habitude peut-elle changer cette proposition : *j'ai trouvé jusqu'ici que tel objet a produit tel effet,* en cette autre : *je prévois que tous les objets dont les apparences sont semblables, produiront les mêmes effets?* Comment l'habitude peut-elle transformer le passé en futur? Comment une perception répétée peut-elle devenir une croyance? Il y a évidemment ici un phénomène nouveau. D'ailleurs, si j'ai entendu une seule fois le tonnerre après avoir vu l'éclair, je m'attendrai au bruit du tonnerre, et cependant je n'aurai pas encore l'habitude de voir la liaison constante de ces deux phénomènes. Aussi l'habile métaphysicien se trouve-t-il bientôt entraîné à substituer au mot d'habitude un autre terme beaucoup plus juste. « Ce sont là, dit-il, des espèces d'*instincts naturels*, qu'aucune suite de pensées, qu'aucun raisonnement ne saurait produire ni réprimer [2]. » Si la croyance à la stabilité de la nature est un *instinct naturel*, elle n'est donc pas une *habitude*. Hume rencontre tout à fait la vérité dans le passage suivant : « A quoi tient donc la différence de la croyance et de la fiction? Ce n'est pas à une simple conception de plus, car si la croyance n'était qu'une simple conception, l'imagination qui est libre pourrait joindre cette conception aux autres. L'âme peut joindre l'idée d'une tête humaine à l'idée du corps d'un cheval, mais elle n'est pas libre de croire à l'existence réelle d'un pareil accouplement. Ce qui distingue la fiction de la croyance, doit être quelque *sentiment* inséparable de la seconde et incommunicable à la première. Ce sentiment ne se produit pas à notre volonté, il vient de la nature comme tous les autres. Je puis avoir deux conceptions contraires sur le mouve-

---

1. *Ibid.*, t. I, p. 145.
2. *OEuvres philosophiques*, trad. franç., t. I, p. 151.

ment d'une bille, mais il en est une que je crois par l'adjonction de ce *sentiment involontaire*. Il serait tout aussi impossible de définir ce sentiment que le froid ou le chaud, ou la colère. Le vrai et propre nom de ce sentiment est *croyance* [1]. »

Hume avait trouvé la solution. Il avait montré que l'attente des événements à venir se distingue des simples conceptions; il avait montré qu'elle était le fruit d'un *sentiment* ou d'une faculté particulière qu'il appelait de son vrai nom, la *croyance*. Comment se fait-il que comparant ensuite cette croyance avec la simple conception, il n'ait vu entre elles qu'une différence de degré et non une différence de nature. « La croyance, dit-il, n'est qu'une conception plus vive, plus animée, plus ferme, plus stable que la conception de la pure imagination. J'entends la voix d'une personne, je crois que cette personne est dans la chambre voisine, cette conception a plus de force sur mon âme que n'en aurait celle d'un palais enchanté. La première est plus énergique, plus capable de me causer du plaisir ou de la peine [2]. » Mais je puis avoir une idée très-vague et très-faible de la personne que je crois dans la chambre voisine, et me faire, au contraire, une idée très-déterminée et très-vive d'un palais enchanté. Ce n'est donc pas par le degré de vivacité que la croyance diffère de la pure conception ou *simple appréhension* des scolastiques. Hume avait mieux dit lui-même, quand il expliquait que de deux conceptions sur le mouvement d'une bille, il en était une qui ne se distinguait pas de l'autre par un degré de vivacité, mais par l'adjonction d'un fait intellectuel particulier qu'il appelait la *croyance*. La contradiction dans laquelle est tombé ici cet habile dialecticien, vient de sa théorie

---

1. *Ibid.*, t. I, p. 153 et suiv.
2. *OEuvres philosophiques*, trad. franç., t. I, p. 156 et suiv.

générale sur les faits de l'intelligence. Il ne voulait voir entre tous ces phénomènes que des différences de degré ou de vivacité. Ce que nous appelons la perception, et ce que Hume nommait l'impression, était l'idée la plus vive ; celle-ci, en s'affaiblissant, devenait la réminiscence, en s'affaiblissant encore, la croyance, jusqu'à ce qu'elle devînt au dernier terme de la faiblesse, la pure conception ou l'imagination. C'est en faisant la critique de cette théorie que Thomas Reid admirait le singulier sort de cette idée, qui, parlant du temps présent, s'enfonçait dans le passé, et rejaillissait tout à coup dans l'avenir, sans repasser par le présent. David Hume, qui avait si peu de chose à faire pour établir définitivement la véritable théorie psychologique de l'induction, a donc laissé ce mérite à Thomas Reid, qui, en effet, y a mis la dernière main [1].

Depuis Reid, on a refusé d'attribuer l'induction à une faculté spéciale et on a voulu la ramener à un autre principe de l'intelligence. « Je rencontre, a-t-on dit, une personne dans un jardin; plus tard, la vue de ce jardin me fait songer à cette personne et me fait croire que je l'y rencontrerai de nouveau. Pour expliquer un phénomène si simple, il n'est pas besoin de recourir à un principe particulier de l'esprit, il suffit de l'association des idées; » Nous avons vu, quand nous nous sommes occupés de l'enchaînement des réminiscences, qu'elles suivent pas à pas l'ordre de nos perceptions. La vue du jardin nous rappelle le souvenir de la personne : rien en cela n'excède la loi de l'association des idées; mais cette loi ne peut enchaîner que les idées qui sont nées et non pas celles qui sont à naître. L'idée de la personne et l'idée du jardin se rapportent toutes deux au passé et

---

1. *OEuvres complètes*. trad. franç., t. II. p. 351 et suiv., et t. V, p. 124.

non à l'avenir. Cette idée, *j'ai vu*, ne peut rappeler celle-ci : *Je verrai*. Si l'on veut entendre par association des idées ce fait que l'idée du passé suggère l'idée de l'avenir, on le peut, car l'imposition des noms est libre ; mais alors on renfermera sous un même titre deux phénomènes fort différents, et qui peuvent se séparer l'un de l'autre ; le souvenir du jardin peut me rappeler le souvenir de la personne, sans me suggérer l'attente de celle-ci au même lieu. On n'aura donc fait que changer le nom, on n'aura pas changé la chose, et il restera toujours vrai que la croyance à la stabilité de la nature est un phénomène distinct du souvenir ; que l'un existe quelquefois sans l'autre, et que d'après la méthode qui règle la recherche des causes, ils doivent se rapporter à deux facultés différentes.

D'autres ont pensé que la croyance à la stabilité de la nature pouvait rentrer dans la croyance à la perfection de Dieu. Ils ont confondu ainsi la raison intrinsèque de cette stabilité avec la manière dont nous en acquérons la croyance. Sans doute la nature n'est stable que parce que Dieu lui donne la stabilité ; mais la question est de savoir si nous commençons par croire à la providence de Dieu ou à la stabilité de la nature. La plus simple observation suffit pour résoudre le problème. L'enfant attend pour l'avenir le retour des phénomènes qu'il a vus dans le passé, avant que sa raison se soit élevée à la conception de la Providence. L'homme, dans les courts moments où il laisse s'obscurcir en lui la notion de Dieu, n'en croit pas moins à la constance de la nature. S'il plaisait à Dieu de changer l'ordre des choses, en croirions-nous moins à la providence divine ? Ce n'est donc pas l'idée de la Providence qui nous conduit à l'idée de la stabilité de la nature. Quels que soient les décrets de Dieu, nous croirons toujours qu'il agit pour le bien. Si nous sommes portés à croire à la constance des phénomènes naturels, c'est que Dieu a voulu nous donner à ce sujet une croyance spéciale, distincte de celle qu'il nous inspire en la divine providence.

D'autres enfin n'ont voulu voir dans l'induction qu'une application du principe nécessaire de causalité. « Lorsque, disent-ils, deux phénomènes se suivent constamment, notre esprit considère le premier comme la cause, et le second comme l'effet. Au retour du premier, nous attendons le second, parce que si l'effet suppose nécessairement une cause, la cause suppose nécessairement son effet. »

Nous répondons d'abord que la croyance à la stabilité d'un phénomène n'est pas toujours mêlée de l'idée de cause et d'effet. J'ai traversé hier un précipice sur une planche, je crois que cette planche me portera encore aujourd'hui. Comment des qualités extérieures et visibles de cette planche puis-je induire sa solidité? Quelle liaison y a-t-il entre son étendue, sa couleur, sa forme, qui seules frappent mes yeux et la solidité que j'y suppose? Comment puis-je dire que l'étendue, la forme et la couleur soient les causes de la solidité? Je ne songe nullement à établir ici un rapport de cause et d'effet, mais je m'attends simplement à retrouver au milieu des autres qualités de la planche une certaine qualité que j'y ai trouvée hier et qui m'a été utile. Dira-t-on que la solidité me paraît résulter d'une certaine force secrète de la planche, et que c'est parce que j'y suppose encore cette cause intérieure que je m'attends à la solidité qui en est l'effet? Mais la question est de savoir pourquoi je suppose encore dans la planche la même cause que j'y ai trouvée hier. J'accorde qu'une cause qui n'est pas libre doit toujours produire son effet et le même effet, mais cela ne suffit pas pour me décider à passer sur la planche; il me faut de plus croire que la même cause y est encore aujourd'hui, et si je suppose qu'elle y est, c'est par la croyance à la stabilité de la nature et non par le principe de causalité. Ce que le principe de causalité nous apprend de nécessaire, c'est que tout changement suppose une cause, mais non pas qu'une cause soit toujours présente dans les circonstances où nous l'avons observée, car cela n'est point nécessaire.

En résumé, les qualités visibles des objets naturels sont accompagnées de qualités latentes qui ne se découvrent pas à première vue. Nous croyons : 1° que les qualités visibles étaient dans l'objet avant notre observation et qu'elles continueront d'y être après ; 2° que les objets qui se ressemblent par les qualités visibles se ressemblent aussi par les qualités secrètes ; 3° que les objets analogues par les qualités visibles peuvent présenter ou ne pas présenter les mêmes qualités intérieures, et c'est alors que se manifeste le doute qui est le combat de deux croyances. La croyance à la stabilité, à la généralité des phénomènes naturels est une grande cause de progrès pour les sciences; mais, jusqu'à ce qu'elle soit justifiée par l'expérience, elle doit être tenue pour une hypothèse, c'est-à-dire pour une opinion, une conjecture et non pas pour une connaissance.

Cette croyance est aussi l'une des sources les plus abondantes de la superstition et de la poésie; la superstition peut être définie : une analogie à laquelle on croit ; et la poésie : une analogie à laquelle on ne croit pas. L'induction donne un démenti de plus à ce fameux axiome que l'esprit de l'homme est une *table rase*, et que toutes les idées lui arrivent par les sens. Les prévisions de l'induction sont confirmées par l'expérience ultérieure. L'induction prévoit que le soleil achèvera sa course, que de nouveaux astres combleront les lacunes des cieux, que le nuage se laissera désarmer de la foudre, que les empires accompliront telles ou telles révolutions, et les événements vérifient ses oracles. L'induction porte seule cette baguette divinatoire à laquelle nos pères supposaient la vertu de découvrir les sources et les trésors cachés dans le sein de la terre. Elle conduit à la vérité par l'hypothèse, car la loi de la gravitation a été une hypothèse avant d'être une théorie. L'induction est donc la faculté scientifique; mais elle est aussi la faculté poétique; elle crée les métaphores, les comparaisons, les allégories; elle enfante les dieux d'Homère et les anges de Milton, elle est comme la fée de l'intelligence, et pour la peindre par une des images qu'elle nous fournit elle-même, on pourrait la représenter debout sur la terre, les yeux levés vers les cieux, tenant d'une main les *Principes de la philosophie* de Newton, et de l'autre l'*Iliade* d'Homère.

CHAPITRE II.

L'INTERPRÉTATION.

§ 1ᵉʳ. L'interprétation ne peut pas se ramener à l'induction.

Nous avons vu dans le chapitre précédent que l'induction est une divination de l'esprit, l'interprétation en est une autre. « Certains traits du visage, dit Thomas Reid, certains sons de la voix, certains gestes, indiquent certaines pensées et certaines dispositions de l'esprit.... la question est de savoir si l'intelligence immédiate de ces signes est un principe de notre constitution, une *sorte* de perception naturelle semblable aux perceptions des sens, ou bien si nous en apprenons la signification de l'expérience, comme nous apprenons d'elle que la fumée est le signe du feu, et la gelée le signe du froid. Quant à moi, la première opinion me semble incontestable. J'avoue qu'ayant beaucoup réfléchi sur cette question, et beaucoup observé l'enfance, il m'est impossible d'admettre que *l'interprétation* de la face, de la voix et du geste soit entièrement le fruit de l'expérience. La voix menaçante de la colère, les cris plaintifs de la douleur effrayent l'enfant qui vient de naître.... Le pouvoir de la musique est connu. Un air exprime la gaieté et invite à la danse ; un autre est triste et solennel ; celui-ci respire la tendresse et l'amour, celui-là la fureur et la rage.... Ni la mémoire ne rappelle à notre esprit, ni l'observation ne nous manifeste dans les autres une époque à laquelle l'intelligence des signes naturels de la physionomie, de la voix et du geste ait commencé à se déduire des *inductions* de l'expérience [1]. »

Quelques personnes cependant ont pensé que l'interprétation peut se ramener à l'induction. « Chacun de nous, a-t-on dit, observe que telles pensées et tels sentiments de son âme sont accompagnés de certains mouvements de son corps ou de son visage, et de certains accents de sa voix ; il juge que les mêmes phénomènes s'accompagnent chez les autres : voilà comment du signe il remonte à la chose signifiée. » Si les choses se passaient ainsi, l'interprétation ne serait pas en effet une faculté distincte de l'induction ; mais il faudrait avoir observé sur nous-mêmes le rapport des actes intérieurs de l'âme avec les actes extérieurs du corps, avant de supposer ce rapport dans nos semblables. Si, au contraire, nous commençons par le supposer en autrui, la supposition ne s'appuie plus sur notre expérience, et par conséquent elle n'est plus une induction. Or, c'est précisément ce qui arrive. L'enfant au berceau n'a pas étudié quel état de son visage correspond à tel sentiment qui l'agite, et cependant il interprète le visage d'autrui. Regardez-le longtemps d'un air dur, vous le faites trembler et pleurer ; il vous suppose des sentiments de malveillance contre lui. Changez l'expression de votre figure ; souriez, vous le voyez sourire ; son cœur se dégonfle, il croit que vous n'avez plus de colère. Bien plus, l'animal lui-même comprend ce que nous appelons les signes naturels : une voix menaçante le fait fuir, une voix caressante le ramène. A-t-il observé d'abord sur lui-même le rapport des sentiments et de la voix?

1. *OEuvres complètes*, trad. franç., t. V, p. 118 et suiv.

Thomas Reid a distingué certaines opérations de l'esprit qu'il appelle les *opérations sociales*, et qui supposent l'idée immédiate que les êtres auxquels on les adresse sont doués d'intelligence. *Demander, prier, promettre, commander, obéir*, sont des actes de ce genre : ils sont accomplis par les enfants au berceau[1]. Peut-on supposer que les enfants ne les accomplissent que par induction, c'est-à-dire qu'après avoir remarqué que leur intelligence est enfermée en un certain corps, qu'il y a au dehors des corps semblables, et que ces corps sont probablement animés d'une intelligence pareille à celle que leur atteste la conscience? Qu'on nous permette d'ajouter que l'animal, le chien, par exemple, nous adresse les mêmes demandes, les mêmes prières, les mêmes menaces que l'enfant; a-t-il besoin pour cela de faire un retour sur son corps et sur son intelligence et de raisonner par induction? L'acte en vertu duquel l'enfant au berceau nous comprend et nous adresse ses demandes inarticulées est plus simple et plus immédiat. Sans doute il ne devine dans nos traits le consentement ou le refus, la bienveillance ou la malveillance, que parce qu'il a une conscience confuse de ces phénomènes en lui-même; mais il n'a pas besoin pour les supposer chez nous de comparer son corps avec le nôtre, d'induire de cette comparaison que la même intelligence les anime tous les deux. Chose admirable, l'enfant qui s'adresse à nous ne regarde que notre visage. Si vous voulez lui prendre son hochet, il ne regarde ni votre main, ni aucune autre partie de votre corps : il tourne instinctivement ses yeux vers les vôtres; il va chercher la signification de votre mouvement à l'endroit où cette signification peut lui être donnée, et il adresse directement sa demande au seul lieu où il puisse s'assurer qu'elle est comprise; et

---

[1]. *Ibid.*, t. III, p. 86.

cependant il n'a pas observé que c'est par les yeux qu'il exprime lui-même ses sentiments, ce n'est donc pas l'induction qui le fait chercher nos sentiments dans nos yeux.

§ 2. Le rapport de signe et de chose signifiée est un rapport spécial.

Le rapport qui unit le geste, le trait du visage et la voix au sentiment et à la pensée est donc un rapport spécial que nous appellerons le rapport de signification ou d'expression. L'objet extérieur est le signe, l'objet intérieur est la chose signifiée. Ce rapport ne doit être confondu avec aucun autre. La logique stoïcienne distinguait les signes commémoratifs et les signes indicatifs, les premiers ayant la vertu de rappeler des objets connus; les seconds, celle de faire connaître des objets jusque-là inconnus [1]. Parmi les premiers ils plaçaient le portrait qui retrace la personne, l'éclair qui rappelle le tonnerre, la fumée qui fait penser au feu ; parmi les seconds, la définition qui fait connaître le défini, les prémisses qui contiennent la conséquence, l'effet qui indique la cause, le corps qui suppose l'espace, le mouvement qui décèle l'âme, l'ordre du monde qui révèle Dieu. Cette division distingue avec raison les signes commémoratifs des signes indicatifs, mais elle confond dans la dernière classe des choses bien différentes. La définition et les prémisses contiennent la chose définie et la conséquence, comme un genre contient une espèce; mais le signe n'est pas un genre qui contienne la chose signifiée comme une espèce. Le corps nous fait penser à l'espace parce que l'un et l'autre sont étendus ; mais il n'y a pas le même rapport entre le geste et la pensée. Ce qui commence nous fait songer à quelque chose qui ne commence pas;

---

1. Σημεῖα ὑπομνηστικά, σημεῖα ἐνδεικτικά.

mais le geste, en nous suggérant l'idée d'un certain sentiment, ne nous donne ce sentiment ni comme infini ni comme nécessaire. D'un autre côté, un effet particulier ne nous conduit à l'idée d'une cause particulière, que si nous avons vu précédemment le même acte procéder de la même cause, et l'ordre du monde ne nous révèle Dieu que parce que nous avons connu précédemment que l'intelligence seule produit l'ordre; il n'y a là qu'un effet de l'induction. Mais lorsque le geste nous fait comprendre une pensée, nous n'avons pas d'abord connu la pensée produisant tel geste, comme nous avons connu l'intelligence produisant l'ordre, et nous n'avons pas seulement à remonter du geste à la pensée par l'induction, comme nous remontons de l'ordre à l'intelligence. A l'aspect de tel geste, nous devinons telle pensée, sans qu'il soit besoin d'avoir observé d'abord que telle pensée produit tel geste. Nous ne descendons pas de la chose signifiée au signe, pour remonter ensuite du second à la première. Nous allons tout droit du signe à la chose signifiée. Lorsque les stoïciens disent que le mouvement du corps décèle l'âme, s'ils veulent dire qu'après avoir connu en nous que notre âme meut notre corps, nous jugeons que le mouvement de nos semblables est déterminé par leur âme, ils n'ont encore noté qu'une simple induction; mais s'ils ont entendu que le geste d'un homme nous déclare sa pensée immédiatement, sans que nous ayons besoin de faire un retour sur nous-mêmes, ils ont enfin compris dans leur liste le véritable signe expressif, celui qui fait croire à la présence de l'objet qu'il exprime, sans qu'on ait besoin de s'appuyer sur une expérience précédente. C'est ainsi que le froncement de notre sourcil fait supposer immédiatement à l'enfant qui nous regarde que nous avons à son égard un sentiment de mécontentement.

§ 3. Ce n'est pas la volonté qui institue le signe.

On a prétendu que le signe ne devient expressif que par l'effet de notre volonté. « Un mouvement, a-t-on dit, n'est qu'un mouvement quand je le produis sans volonté ; c'est quand j'y attache une intention qu'il devient expressif ; c'est donc ma volonté qui le crée signe. » Nous ferons deux réponses à cette théorie : 1° L'expression n'a pas besoin de volonté ; elle est souvent involontaire. Combien de fois ne vous arrive-t-il pas de trahir malgré vous votre pensée. Un mouvement de votre paupière, un imperceptible pli de votre front, un léger frémissement de votre lèvre ont été compris, quelque effort que vous fassiez pour les démentir. Vous vouliez feindre un sentiment, on a deviné que vous éprouviez le sentiment contraire. 2° Votre volonté est incapable de créer un signe. Essayez de changer les signes naturels : qu'il vous plaise d'exprimer le commandement par le geste qui signifie l'obéissance, ou d'exprimer la soumission par les signes du dédain : quand vous commanderez, vous ne serez pas obéi, et quand vous vous soumettrez, vous offenserez. L'enfant peut pousser d'abord un vagissement sans le vouloir et sans y attacher de signification ; il peut recommencer ce cri, volontairement, pour exercer sa voix ; il y a alors volonté sans signe. Mais quand il donne le vagissement comme signe de sa douleur, c'est qu'il a reconnu à ce cri le pouvoir d'exprimer sa pensée, c'est qu'il l'a lui-même *interprété* avant de le donner à interpréter aux autres : sa volonté ne suffirait pas pour l'instituer en qualité de signe.

« Mais on ne veut point parler, dit-on, d'une volonté solitaire ; c'est le concours des volontés qu'on entend. On prétend donc que les hommes se sont assemblés et qu'ils ont institué les signes par un effet de leur volonté. » Nous nous contenterons de remarquer que l'enfant entend les signes quoiqu'il n'ait pas assisté à cette prétendue *convention;* que, comme on l'a dit tant de fois, les hommes, pour s'entendre et convenir d'instituer des signes, devaient avoir déjà des signes naturels, et que pour créer un langage il faut en avoir un. On ne peut vouloir faire que ce qu'on a fait d'abord involontairement. La volonté éclaicit nos idées, elle n'en peut créer une seule. Pour vouloir faire le bien, il faut avoir l'idée du bien ; pour vouloir employer le signe, il faut que l'idée du signe ait précédé la volonté. « L'homme, dit-on, aura montré un objet et il aura fait entendre un son, et les autres auront compris qu'il voulait désigner cet objet. » Mais, montrer un objet, c'est déjà signifier; c'est déjà se faire comprendre. Si nos semblables n'étaient pas disposés par leur nature à interpréter le geste de l'indication, à tourner les yeux vers l'objet qu'on leur désigne, ils ne verraient dans notre geste, qu'un mouvement semblable à celui de la marche ou de la course.

La difficulté aurait été encore plus grande pour convenir des gestes qui auraient dû exprimer notre haine ou notre amour et tous nos sentiments intérieurs. Il n'y a plus ici d'objet extérieur à montrer. En supposant que le geste de l'indication ne soit pas déjà un mot du langage naturel, et qu'on le comprenne par le secours de l'induction, ce geste ne peut montrer les sentiments intérieurs auxquels on voudrait attacher tel ou tel signe, et cependant nos sentiments sont exprimés par le langage naturel et interprétés des autres hommes, quoique aucune convention n'ait pu leur attribuer les signes qui les expriment. Il y a donc des signes expressifs qui ne sont pas l'effet de notre volonté.

§ 4. Description des signes naturels.

L'interprétation est, comme l'induction, une des preuves les plus frappantes des harmonies de ce monde. Par l'une comme par l'autre, nous devinons les choses qui nous sont cachées, et la réalité docile répond à notre prévision. Les signes expressifs sont partout les mêmes. En traitant du beau sensible et de la conception idéale, nous avons déjà eu l'occasion de remarquer que les formes, les sons et les couleurs ont leur signification naturelle. Par les couleurs on exprime la joie ou la tristesse; par les formes, la stabilité, la force ou la grâce; par les sons, la bienveillance, les caresses, la haine et les menaces. La nature extérieure est pour nous comme un livre ouvert où nous lisons des expressions différentes. La verdure est l'emblème de la paix et de la gaieté. « Lors de l'exploration de la Nouvelle-Galle méridionale, les naturels montraient les dispositions les plus amicales; la curiosité l'emportait sur leur frayeur: ils avançaient un à un portant l'*emblème universel de paix, une branche verte;* quelquefois ils se glissaient d'arbre en arbre avec des *gestes suppliants,* et des exclamations plaintives, et finissaient par former un cercle autour des nouveaux venus[1]. » Les couleurs sombres expriment par toute la terre la douleur et le deuil. Si quelques peuples prennent des vêtements de couleur blanche dans les cérémonies funèbres, c'est qu'ils regardent la mort comme une délivrance.

Platon avait bien compris le caractère expressif de la musique. « Lorsque les enfants, dit-il, ont peine à s'endormir, les mères les bercent dans leurs bras et leur chantent quelque mélodie, de même que l'on guérit les

---

1. *Revue encyclopédique,* novembre 1830, p. 503.

frénétiques par le concours de la danse et du chant[1]. »
Nous avons déjà dit que, suivant Platon, les tons élevés et moyens de la musique lydienne peignaient la douleur et les lamentations, et convenaient aux femmes et non aux hommes ; que la musique ionienne était l'expresion de l'ivresse, de la mollesse et de l'oisiveté, et que cette musique lâche ne pouvait servir de rien dans les combats ; mais que la musique dorienne exprimait le courage et la musique phrygienne la tranquillité d'âme ; et que l'une et l'autre imitaient les accents des hommes braves et tempérants[2]. Platon rejette de sa république les instruments qui ont un grand nombre de cordes. Il ne garde que la lyre et la cithare. Comme il a marqué le caractère expressif de la mélodie, il n'oublie pas non plus celui du rhythme ou de la division de la mesure. « Il faut choisir, dit-il, le rhythme qui convient à une vie courageuse et bien ordonnée…. Il y a des rhythmes appropriés à la servitude, à la violence, à la folie. Le dactyle, l'iambe, le trochée ont des expressions différentes.. Le désaccord, le désordre, le défaut de rhythme sont frères de la déraison et de l'inconduite ; au contraire, l'harmonie, le rhythme, l'ordre, sont les compagnons et les indices de la sagesse[3]. »

Ce que Platon a dit de la mélodie, de l'harmonie et du rhythme, il le dit de la forme et de la couleur. « Les remarques que je viens de faire s'appliquent à la forme du corps et aux œuvres de la peinture et de l'architecture. Il faut défendre aux poëtes et aux autres artistes de représenter les mauvaises mœurs, la mollesse, la servilité, le désordre, soit dans les images des animaux, soit dans la forme des édifices, soit dans toute autre œuvre

---

1. *Les Lois*, t. II, édit. H. E., p. 791.
2. *Rép.*, édit. H. E., t. II, p. 398.
3. *Ibid.*, édit. H. E., t. II, p. 400 et 401.

de l'art. Il faut rechercher les artistes bien nés qui savent saisir la nature du beau et de l'honnêteté[1]. »

« Lorsque l'âme est tranquille, dit Buffon, toutes les parties du visage sont dans un état de repos : leur proportion, leur union, leur ensemble marquent encore assez la douce harmonie des pensées et répondent au calme de l'intérieur; mais lorsque l'âme est agitée, la face humaine devient un tableau vivant où les passions sont rendues avec autant de délicatesse que d'énergie; où chaque mouvement de l'âme est exprimé par un trait, chaque action par un caractère, dont l'impression vive et prompte *devance la volonté,* nous décèle et rend au dehors, par des signes pathétiques, les images de nos secrètes agitations. C'est surtout dans les yeux qu'elles se peignent et qu'on peut les reconnaître. L'œil appartient à l'âme plus qu'aucun autre organe; il semble y toucher et participer à tous ses mouvements. Il en exprime les passions les plus vives et les émotions les plus tumultueuses, comme les mouvements les plus doux et les sentiments les plus délicats. Il les rend dans toute leur force, dans toute leur pureté, tels qu'ils viennent de naître. Il les transmet par des traits rapides, qui portent dans une autre âme, le feu, l'action, l'image de celle dont ils partent. L'œil reçoit et réfléchit en même temps la lumière de la pensée et la chaleur du sentiment; c'est le sens de l'esprit et la langue de l'intelligence.... La bouche et les lèvres sont après les yeux les parties du visage qui ont le plus de mouvement et d'expression. Les passions influent sur ces mouvements; la bouche en marque les différends caractères par les différentes formes qu'elle prend.... La tête en entier prend dans les passions des positions et des mouvements différents: elle est abaissée

---

1. Τὴν τοῦ καλοῦ τε καί εὐσχήμονος φύσιν. *Rép.*, édit., H. E., t. II, p. 401.

en avant dans l'humilité, la honte, la tristesse; penchée de côté dans la langueur, la pitié; élevée dans l'arrogance; droite et fixe dans l'opiniâtreté. La tête fait un mouvement en arrière dans l'étonnement et plusieurs mouvements réitérés de côté et d'autre dans le mépris, la moquerie, la colère et l'indignation.... Les bras, les mains et tout le corps entrent aussi dans l'expression des passions; les gestes concourent avec les mouvements du visage pour exprimer les différents mouvements de l'âme. Dans la joie, par exemple, les yeux, la tête, les bras et tout le corps sont agités par des mouvements prompts et variés. Dans la langueur et la tristesse, les yeux sont abaissés, la tête est penchée sur le côté, les bras sont pendants, et tout le corps est immobile; dans l'admiration, la surprise, l'étonnement, tout mouvement est suspendu; on reste dans une même attitude [1]. » Un peintre ne décrirait pas mieux que l'auteur de l'*Histoire naturelle* le caractère expressif du visage, des attitudes et des mouvements du corps humain.

Les mouvements du corps, le jeu de la physionomie, le ton de la voix expriment des nuances de la pensée que la parole est incapable de rendre. « Les personnes, dit Alfieri, qui assistent à une lecture privée qu'un auteur fait de son ouvrage ont un maintien composé d'après les règles de la politesse. Cependant l'ennui et le froid qu'elles éprouvent ne peuvent se cacher, et encore moins remplacer les signes de l'attention, de l'intérêt et de la curiosité. Comme l'auditeur ne peut commander à sa figure ni se clouer sur son siége, son visage et ses mouvements sont pour le lecteur des marques sûres de l'effet qu'il produit [2]. »

1. *De la jeunesse et de l'âge viril*; édit. 1804, t. III, p. 134, 135, 138, 140, 142, 147, 148.
2. *Vie d'Alfieri écrite par lui-même*, trad. de Petitot. Paris, 1809, t. II, p. 100.

Un prisonnier raconte en ces termes les entretiens qu'il formait de loin, à travers les barreaux de sa prison, avec un jeune sourd-muet : « Dans mon malheur, je suis heureux qu'on m'ait donné une prison au niveau du sol, sur une cour, où à quatre pas de moi vient cet enfant avec lequel j'ai tant de plaisir à causer par signes. Merveille de l'intelligence de l'homme ! Que de choses nous nous disons lui et moi avec ces inépuisables expressions des regards et de la physionomie ! comme il règle ses mouvements avec grâce, quand je lui souris ! comme il les corrige, s'il remarque qu'ils me déplaisent ! comme il comprend que je l'aime, quand il caresse ou qu'il traite bien quelques-uns de ses camarades ! Personne ne pourrait se l'imaginer : moi, prisonnier, je puis de ma fenêtre devenir pour cette pauvre petite créature une sorte d'instituteur[1]. »

Quelle liaison nécessaire existe-t-il entre l'assentiment et le mouvement de la tête en avant ? entre le refus et le mouvement de la tête à droite et à gauche ? Cependant sur tous les points du globe les mêmes signes expriment les mêmes pensées. Partout la main ouverte placée sur la poitrine exprime le dévouement et le respect[2]. Pour peindre la vénération, nous plions notre corps, nous baissons la tête vers la terre, nous cherchons à diminuer notre hauteur ; on se met à genoux, on ôte sa coiffure, et dans quelques pays ses chaussures[3]. Partout les larmes expriment le chagrin et le rire signifie la joie. La main tendue en avant offre la paix : un léger attouchement demande et promet l'amitié, un embrassement la confirme. Des voyageurs racontent que les habitants d'une île visitée pour la première fois par les Européens, témoignaient de la crainte et de la défiance, et ne bou-

---

1. Silvio Pellico. *Mes prisons*, 1ʳᵉ trad. franç., p. 31.
2. *Voyage en Afrique* par les frères Lander, chap. I.
3. *Ibid.*, chap. IX.

geaient pas de leur place. « Nous allâmes à leur rencontre, disent ces voyageurs, embrassâmes successivement tous ceux de la première ligne, en les flattant de la main sur leur vêtement ; ils nous rendirent ces signes, en criant, en riant, en gesticulant avec mille et mille contorsions. La confiance et l'amitié étaient établies[1]. »

Le langage des signes naturels est plus étendu, plus varié, plus fécond, plus souple qu'on ne le croit d'ordinaire. Il est, comme toutes les choses humaines, susceptible de se perfectionner par l'usage, comme de s'altérer et de s'abolir par la désuétude. Ceux qui usent de la parole n'ont pas besoin de cultiver le langage des gestes et ils le laissent perdre ; mais les sourds-muets, lorsqu'ils sont réunis, le portent à un très-haut degré de perfection. « C'est chez les sourds-muets réunis en société, disent les directeurs de l'Institut des sourds-muets de Paris, qu'il faut étudier le génie du langage des signes naturels; c'est là qu'il dépasse de bien loin les limites qu'on prétend lui assigner.... Il ne se borne pas à retracer des actions visibles, et à l'égard des personnes qui sont instruites de l'événement ou de l'objet auquel ces gestes se rapportent ; son domaine est plus étendu : l'expression des idées morales et abstraites, de toutes les affections de l'âme est de son ressort.... Les faits qu'il retrace n'ont pas besoin d'être connus d'avance pour être compris.... Le langage *établi par les sourds-muets réunis en société* (il ne s'agit point ici de signes méthodiques institués par un professeur) suffit pleinement aux besoins de l'enseignement ; il offre des signes très-naturels pour exprimer les rapports *de nombre, de temps, de lieu,* etc...., et ces moyens n'exigent pas un grand travail, puisque l'élève les acquiert sans l'aide de son professeur, par ses seuls rapports avec ses camarades. Lorsque M. Morel a visité

---

1. *Découvertes aux régions arctiques,* par le capitaine Ross.

l'institution de Colmar, il a pu, en conversant avec trois élèves, se convaincre que leurs signes sont les mêmes qu'à l'institution de Paris; ce langage, à la vérité, est plus grossier, parce qu'il n'a pas encore été élaboré par une suite de générations; mais il se perfectionnera et deviendra plus elliptique à mesure que l'école s'agrandira et comptera un plus grand nombre d'années d'existence. Aucun professeur de Paris ne se sert des signes méthodiques inventés par l'abbé Sicard, mais bien des gestes naturels, du langage d'action des sourds-muets. Les procédés employés pour l'instruction des sourds-muets sont partout à peu près les mêmes : le premier moyen de communication entre le maître et l'élève est le dessin et les gestes naturels. Ce langage qui est propre au sourd-muet sert partout d'intermédiaire dans la suite de l'éducation pour l'intelligence de la langue écrite [1]. »

§ 5. Les sons articulés font partie des signes naturels.

Tous les exemples que nous venons de recueillir et surtout les derniers prouvent donc que l'homme est doué d'une faculté d'interprétation en vertu de laquelle certains phénomènes physiques lui suggèrent l'idée de certains sentiments et de certaines pensées, et de plus lui font croire que ces sentiments et ces pensées se trouvent actuellement dans l'esprit de ceux qui usent de ces signes avec ou sans le concours de la volonté. On ne met ordinairement au nombre des signes naturels que les sons inarticulés. Nous pensons que les sons articulés doivent y être compris.

Mais occupons-nous d'abord de la théorie qui regarde

---

[1]. *Troisième circulaire de l'Institut royal des sourds-muets.* Septembre 1832. Imprimerie royale, p. 33, 34, 58, 68 et 70.

les sons articulés comme artificiels, c'est-à-dire comme le fruit de l'invention humaine. On voit dans Eschyle que Prométhée se vante d'avoir enseigné la parole aux mortels, mais comme il se fait gloire aussi de leur avoir révélé l'idée de l'avenir et que cette idée est manifestement le fruit d'une faculté que l'homme tient de sa nature et non d'un révélateur, il est permis de croire qu'il en peut être de même pour l'usage de la parole.

L'opinion que le langage articulé est artificiel a été soutenue dans l'antiquité par Démocrite, Hermogène et Aristote.

Voici les raisons de Démocrite :

« Premièrement, les différents peuples donnent différents noms à la même chose. » Nous verrons que ces différences peuvent tenir soit à celles de l'oreille ou de l'organe de la voix, soit aux différentes qualités que les peuples envisagent dans le même objet, soit enfin à la plus ou moins grande fidélité avec laquelle ils suivent l'instinct naturel; car il faut, dans le développement des facultés, faire toujours une part à la liberté et même à l'imperfection de l'homme. Nous accorderons volontiers que la langue parlée présente des défauts. L'intelligence n'en présente-t-elle pas, quoiqu'elle ne soit pas de notre invention ? Nos facultés nous sont données de Dieu, mais il ne nous les a pas accordées parfaites, car la créature ne peut égaler le Créateur. De plus, nous ajoutons à l'imperfection naturelle de nos facultés les fautes qui viennent de notre défaut d'attention, de nos préventions et de nos inductions précipitées.

« Secondement, poursuit Démocrite, une même langue consacre quelquefois le même mot à des choses différentes : c'est ce qu'on appelle un homonyme. » Nous répondrons qu'il y a souvent entre les objets désignés par le même mot des ressemblances ou des analogies qui ont justifié la ressemblance et l'analogie des noms. Quelquefois aussi l'homonymie n'est que dans l'écriture et non dans la prononciation, et en ce cas, la faute retombe sur ceux qui ont écrit la langue et non pas sur ceux qui la parlent. Il faut faire une grande différence entre la prononciation d'une langue et son écriture : la première est l'acte spontané du peuple, la seconde est l'œuvre réfléchie des grammairiens. Celle-ci est le résultat du raisonnement et de l'invention, mais on n'en doit rien conclure contre l'autre. L'écriture n'imite que de loin la variété, la liberté, la richesse de l'articulation ; elle ne représente pas le ton qui change de mille manières le sens du mot ; elle ne reproduit que longtemps après les changements de la prononciation, et elle ne les reproduit pas toujours ; elle marque des différences là où la voix n'en marque pas, des ressemblances là où la voix fait entendre des différences. Chez les Français, par exemple, et sutout chez les Anglais, la langue écrite offre une très-grande différence avec la langue parlée, et il ne faut pas imputer à la seconde les défauts de la première.

La troisième raison de Démocrite, c'est que « les mots changent dans la même langue, que la même chose s'appelle de noms différents à des époques différentes. » Mais les exemples qu'il cite s'appliquent à des noms propres dont la formation et l'attribution sont tout à fait arbitraires. Nous accorderons d'ailleurs que les noms communs peuvent changer, soit par l'introduction d'un nom étranger, qui désigne l'objet par un côté différent, soit par le changement de point de vue sous lequel une même nation peut successivement envisager la même chose.

Enfin Démocrite accuse le défaut d'analogie qu'on trouve dans la formation des mots. Par exemple pourquoi n'y a-t-il pas de verbe qui réponde à δικαιοσύνη, comme φρονεῖν répond à φρόνησις. Mais si les langues sont d'invention humaine, comment le raisonnement a-t-il laissé introduire ce défaut d'analogie ? Démocrite se rejette alors sur le hasard. Mais l'imputation d'un effet au hasard est contraire à toute philosophie : le philosophe recherche les causes des phénomènes; et les attribuer au hasard, c'est déclarer qu'on n'en veut pas chercher la cause. Nous ajouterons que le hasard qui n'explique rien, serait particulièrement impuissant à expliquer la formation des langues. Comment les hommes auraient-ils pu s'entendre, si chacun avait pris des articulations au hasard pour signes de ses pensées? Si l'on suppose qu'ils en ont laissé le choix à l'un d'entre eux, ou qu'ils se sont assemblés pour les choisir, on se jette dans d'autres difficultés que nous montrerons plus loin.

Aux raisons de Démocrite on a récemment ajouté que quelques enfants qui avaient été perdus dans les bois et qui avaient vécu isolés, ne présentaient, lorsqu'on les a retrouvés, aucune tendance au langage, et que l'enfance parle indifféremment la langue du peuple au milieu duquel elle est élevée. On en conclut qu'elle imite les articulations au lieu de les produire spontanément. Nous répondrons d'abord que la faculté du langage est une faculté sociale, et qu'il n'est pas surprenant qu'un enfant qui a vécu dans la solitude n'ait aucun signe d'une faculté qui ne peut se développer que dans la société. L'amour maternel ne se manifeste pas avant la naissance des enfants, et cependant c'est une faculté naturelle. Toute faculté attend pour paraître l'objet qui lui est approprié par la Providence. D'un autre côté, les facultés de l'homme sont diverses et elles se modifient les unes par les autres. Parmi ces facultés on compte le penchant à l'imitation. En toutes choses, l'imitation est plus facile que la création spontanée. Nous avons vu que l'imitation modifie le chant naturel du rossignol, qui, cependant, est un animal solitaire; l'homme, qui était destiné à la vie sociale, devait recevoir de la nature une plus forte tendance à l'imitation, car il ne peut pas y avoir de société sans de nombreuses ressemblances entre ceux qui la forment, et notamment sans la ressemblance du langage. Comme, par les causes que nous essayerons d'indiquer, il y a des langues différentes dans les diverses régions, il fallait que l'enfant pût se former facilement au langage du pays où il est élevé. L'instinct de l'imitation l'emporte chez lui sur l'instinct de l'articulation spontanée. C'est le même instinct d'imitation qui fait que nos enfants adoptent notre langue au point où elle est arrivée quand ils naissent, et ne la reportent pas à son état primitif, comme cela devrait arriver, s'ils parlaient uniquement en vertu de leur inspiration. Cependant il n'est pas impossible de remarquer encore l'influence de cette inspiration primitive. Les enfants changeraient la langue, si on les laissait faire ; ils transposent les syllabes, ils les redoublent, ils forgent de nouveaux mots, dont les analogies sont irréprochables. Leur conjugaison est beaucoup plus régulière que la nôtre ; ils tendent à ramener tous les verbes à un seul ; et, s'ils en avaient la liberté, ils débarrasseraient peut-être nos langues de toutes les irrégularités qu'elles doivent soit à l'imitation réciproque des peuples, soit à l'influence des grammairiens, et surtout des écrivains qui, en consacrant certaines formes par leur autorité, font tomber les autres en désuétude.

Nous ne doutons pas que si plusieurs enfants étaient élevés ensemble, sans avoir entendu prononcer aucun mot, ils n'arrivassent à se former entre eux un langage articulé. Nous ne nous appuierons point sur l'exemple, rapporté par Hérodote, de ces deux enfants nourris au milieu des troupeaux par un berger qui avait ordre de ne pas leur parler. Ils prononcèrent cependant, dit-on, le nom du pain, en langue phrygienne[1] ; mais ces en-

---

1. Βέκκος, *Euterpe*, chap. II.

fants pouvaient simplement imiter par là le bêlement de la chèvre. L'expérience peut d'ailleurs avoir été mal faite, ou mal observée, ou mal racontée, et peut-être aussi, comme le disait Plutarque dans une circonstance semblable, que l'expérience n'a jamais eu lieu. En tous cas, ces enfants n'étaient pas assez nombreux pour que la faculté du langage rencontrât chez eux toutes les occasions de son développement. Mais nous rapporterons ce qui arrive pour le langage des gestes. Quand les sourds-muets vivaient isolés, avant que la charité eût imaginé de les réunir et de les élever en commun, on ignorait qu'ils eussent reçu de la nature le don de se faire comprendre les uns aux autres par un langage naturel de la plus grande variété, de la plus grande richesse, qui peut s'approprier à l'expression des choses immatérielles, tout aussi bien qu'à celle des objets physiques. Cependant, lorsqu'ils furent rassemblés, le langage se développa, sans qu'il fût de l'invention de personne, ni l'objet d'une convention ; et le maître qui croyait devoir munir ces malheureux d'un instrument de communication, qui forgeait péniblement des signes conventionnels, vit à sa grande surprise se former entre ses disciples un langage naturel qu'il ne leur apprenait pas et qu'il fut obligé d'apprendre lui-même, en laissant de côté les signes conventionnels devenus inutiles.

Ce langage naturel se perfectionne par l'usage, comme les actes de toutes les facultés, et devient avec le temps plus elliptique et plus abstrait. Le maître doit se tenir en communication continuelle avec les élèves, s'il veut être au courant de toutes les modifications de leur langage, et n'avoir pas à rapprendre une langue nouvelle. La langue change en vertu des mêmes influences qui l'ont créée. On ne convient pas des changements ; et on ne les invente pas plus qu'on n'a inventé ou qu'on n'est convenu d'adopter les gestes primitifs. Il en serait certainement de même pour le langage articulé, et nous pouvons dire qu'il subit déjà des révolutions semblables. Quoique les langues des peuples civilisés soient fixées par l'écriture et surtout par les grands écrivains, que tout le monde se fait un devoir d'imiter, elles changent cependant. Non-seulement nous ne parlons plus la langue de Villehardouin, de Froissard, de Rabelais et de Montaigne, mais nous trouvons de l'archaïsme même dans Descartes, dans Pascal et dans Bossuet. Si les peuples qui écrivent laissent s'établir ces différences entre les âges de leur langue, les langues qui ne sont pas écrites, telles que celles des barbares de l'Afrique et des deux Amériques, subissent des changements bien plus prompts et bien plus complets. Les anciennes chansons de Taïti contiennent un grand nombre de mots qui ne sont plus en usage dans la langue actuelle[1]. Un voyageur rapporte que la langue d'une partie de l'Amérique centrale, avait été presque totalement changée en dix ans; qu'il ne pouvait se servir en 1833 d'un vocabulaire composé avec beaucoup de soin dix ans auparavant, et que la langue menaçait de changer encore dans dix autres années[2]. Tous ces changements se font de nos jours et pour ainsi dire sous nos yeux, et cependant personne n'en est l'inventeur; on obéit sans le savoir à des causes naturelles. Les lois qui changent les langues, sont les lois qui les créent. Si l'on envisage que les sourds-muets, lorsqu'ils sont ensemble, développent une langue de gestes qu'on ne soupçonnait pas et qu'ils ne soupçonnaient pas eux-mêmes, on ne fera aucune difficulté de croire que les enfants doués de l'ouïe et de la voix, qu'on séparerait de la société, ne parvinssent à développer

1. *Rapport* de M. Ellis, missionnaire protestant, sur Eimo, île de la Polynésie.
2. J. F. Waldeck. *Lettre à M. Jomard*, des environs de Palenqué, Amérique centrale.

entre eux un langage articulé par la seule vertu de la faculté naturelle. La nature intellectuelle tient à notre disposition des ressources toutes prêtes pour le besoin, de même que la nature physique nous garde le type primitif et sauvage de toutes les plantes cultivées, pour le jour où l'homme viendrait à les laisser perdre.

La théorie qui suppose que l'homme a créé sa langue en imitant les bruits extérieurs, ne peut expliquer comment il est arrivé à créer des mots pour exprimer les objets qui n'ont point de son et ne s'adressent pas à l'oreille. De plus elle fait de l'homme une créature pour ainsi dire inférieure à toutes les autres. C'est la même doctrine qui lui refuse la faculté de créer des chants originaux, de concevoir des formes pures, et qui en fait le copiste du castor, de l'abeille, du rossignol et des murmures de la nature extérieure. Toutes les créatures auraient leur imagination et leur fécondité, la nature inanimée elle-même aurait une voix ; l'homme seul, témoin passif, personnage naturellement muet, ne ferait que reproduire, comme un miroir ou un écho, les formes et les sons produits par les autres créatures. Nous ne pensons pas que la Providence lui ait refusé les dons qu'elle a si libéralement répandus sur des êtres d'un ordre inférieur. On a trop supposé que le raisonnement pouvait tenir lieu de tous les instincts intellectuels : le raisonnement dans ses combinaisons, même les plus compliquées, ne peut se mettre à la place des opérations primitives de l'esprit.

Si les langues étaient le fruit de combinaisons raisonnées, elles seraient comme tous les objets que nous voyons chaque jour produits par le raisonnement : elles s'amélioreraient par l'usage. Nous semblons mettre en avant un paradoxe, en disant que les langues ne s'améliorent pas, surtout après que nous avons dit nous-mêmes que la faculté du langage se développe. Mais nous entendons qu'une langue est parfaite, lorsqu'elle est appropriée aussi bien que possible à l'intelligence et aux besoins du peuple qui la parle. Sur ce pied, les langues des peuples barbares valent celles des peuples civilisés ; les langues anciennes sont aussi parfaites que les langues modernes, et celles-ci ne le cèdent en rien aux langues de l'antiquité. On a quelquefois établi un parallèle entre les unes et les autres : on a trouvé que les langues anciennes étaient plus harmonieuses, plus variées, plus concises, parce qu'elles sont plus concrètes ; que, de leur côté, les langues modernes sont plus claires, plus précises, parce qu'elles sont plus abstraites. On aurait pu ajouter que l'esprit complexe des peuples anciens les empêchait de parler d'autres langues que celles qu'ils avaient produites ; que les modernes, avec leur esprit analytique, devaient produire des langues plus abstraites et que sous ce rapport les langues anciennes et les langues modernes sont ce qu'elles doivent être, et expriment parfaitement l'intelligence et les sentiments des peuples qui les emploient. Nous disons que la langue latine a été fixée par les écrivains du siècle d'Auguste, et la langue française par ceux du siècle de Louis XIV, mais il ne faut pas croire qu'avant Auguste et avant Louis XIV le latin et le français fussent sans lois. Les peuples auraient donc été alors inférieurs aux barbares de nos jours, dont les langues sont soumises à des règles souvent admirables. Si nous voulons ne pas prendre les imperfections et les progrès de l'orthographe d'une langue pour les imperfections et les progrès de la langue parlée, nous verrons que le vieux latin et le vieux français avaient leur syntaxe, comme leurs mots particuliers, et si nous disons qu'ils se sont fixés à une certaine époque, ce n'est pas que la langue écrite, et surtout que la langue parlée n'ait pas changé depuis ; c'est que l'excellence des auteurs de cette époque, la grandeur et la solidité des choses qu'ils ont écrites, le talent merveilleux avec lequel ils ont employé la langue de leur temps, nous font désirer de la conserver pour modèle. On a dit qu'il se faisait plus de métaphores à la halle que dans l'Académie française ; nous ajouterons que dans le premier lieu on dit aussi précisément et tout aussi fortement ce que l'on veut dire. La langue diffère sans doute, mais étudiez-la, vous y trouverez des règles, des mots variés et nombreux, et vous vous apercevrez que, comme instrument de la pensée, elle suffit aussi bien que l'autre à sa fin.

Les langues en tant qu'elles expriment les pensées et les sentiments des peuples qui les emploient ne font point de progrès ; tel n'est pas l'état des choses d'invention humaine. Elles sont d'abord insuffisantes, puis elles deviennent un peu moins mauvaises, et elles se perfectionnent d'année en année. Nous avons vu s'accomplir peu à peu tous les progrès de la machine à vapeur. Les premiers essais de cette machine remontent au XVII siècle ; on s'en servait alors pour épuiser l'eau des mines ; ce n'est qu'à la fin du dernier siècle qu'on l'appliqua au mouvement des métiers, et c'est de nos jours qu'on l'a fait servir à mouvoir les vaisseaux et les voitures. Tous ces perfectionnements se sont opérés à des époques que nous pouvons dire, par des hommes que nous pouvons nommer. Pendant tout ce temps, la langue a subi des changements, il est vrai, mais sans qu'on en puisse indiquer l'époque précise, ni en nommer les auteurs, et ces changements ne sont ni un progrès, ni une décadence, mais un reflet du changement des esprits. Les hommes se sont toujours fait une langue suffisante, bien que dans les autres emplois de leur activité ils ne fussent arrivés qu'à produire des instruments insuffisants ; par exemple pour le labourage, la guerre ou l'industrie. Le Grec qui poussait un petit navire avec la rame et la voile, parlait une aussi belle langue que le Français du XVIIe siècle, qui à l'aide de la voile seule, faisait mouvoir d'immenses bâtiments, et celui-ci ne le cédait en rien pour le langage au Français de nos jours, qui se passe de la rame et des voiles, et dont le vaisseau se meut comme de lui-même contre les vents et les flots. De ce que la langue ne suit pas les progrès des choses du raisonnement, nous concluons qu'elle n'est pas elle-même l'effet de l'induction et de la déduction, mais le produit spontané de nos facultés intellectuelles.

Quand on suppose que les hommes ont inventé le langage articulé, on suppose en même temps qu'ils ont commencé par des ébauches informes, qui se sont polies avec le temps ; on affirme que les barbares de nos jours n'ont que des langues rudes et grossières, composées d'un très-petit nombre de mots, de substantifs sans inflexion, et de verbes qui n'ont que l'infinitif. Mais ces suppositions sont erronées. Si l'on prend la peine d'étudier les langues des barbares de notre temps, on trouve qu'elles ont plus de rapport avec les langues anciennes qu'avec les nôtres et que, par conséquent, elles ont sur celles-ci l'avantage d'être plus riches, plus variées, plus harmonieuses et de contenir plus de sens en moins de mots. On sait que les substantifs des langues anciennes n'expriment pas seulement une personne ou une chose, mais encore les rapports qu'elle soutient avec les autres objets. Ces cas qui étaient déjà moins nombreux dans le grec et le latin que dans les langues plus anciennes, puisque l'arménien avait dix cas, et qui ont presque entièrement disparu de nos langues modernes, se retrouvent dans la plupart des langues barbares, et quelques-unes y joignent une inflexion qui exprime le temps, de telle sorte que le mot *fils*, par exemple, n'a pas la même désinence selon qu'il s'agit d'un fils vivant, d'un fils mort, ou d'un fils à venir. Le verbe des langues anciennes exprimait en un seul mot par ses formes diverses : 1° quelle est la nature de l'action ; 2° si elle est faite, soufferte ou réfléchie ; 3° si elle est spontanée ou soumise à une action antécédente; 4° si elle est libre ou restreinte par une condition; 5° si elle est l'objet d'un souhait ou d'un ordre ; 6° quel est le nombre de ceux qui la font ou qui la souffrent; 7° si ces personnes parlent elles-mêmes ou si on leur adresse la parole, ou si l'on parle d'elles. N'est-ce pas une chose digne d'admiration que tant d'idées renfermées en si peu de place ? Les barbares de nos jours ajoutent encore à ce sujet d'étonnement. Chez quelques peuplades, le verbe est plus compréhensif que celui de l'antiquité ; il a par exemple deux temps présents pour les actions qui peuvent être habituelles ou passagères, et un seul temps présent pour les actions qui ne peuvent être qu'habituelles. Le verbe *aimer* exprime une action habituelle et n'a qu'un présent ; le verbe *marcher* peut exprimer une action habituelle ou une action momentanée; il a le présent indéfini [1]. Chez d'autres peuplades, le verbe a non-seulement la voix, le mode, la personne et le nombre, il présente encore des cas, c'est-à-dire qu'il exprime les rapports que le substantif soutient avec lui.

On avait cru que les langues primitives devaient se composer de monosyllabes, et que les mots avaient dû s'allonger à mesure que les idées s'étaient compliquées. C'est tout le contraire qui est arrivé. Les idées qui viennent les premières sont complexes, il faut du temps pour les distinguer, et par conséquent les noms qui viennent les premiers sont composés. Les mots des langues barbares sont très-longs, parce qu'ils sont très-complexes. Les formes du verbe grec sont généralement plus lon-

---

[1]. Le baron Roger. *Observation sur la langue des Wolofs*, peuple du Sénégal.

gues que celles du nôtre. Ce n'est pas, comme on l'a cru, le nom personnel qui s'est mêlé au radical pour former le verbe grec, c'est au contraire le verbe qui peu à peu s'est décomposé comme la pensée elle-même, et a laissé distinguer le radical comme signe de l'action, et la finale comme signe de la personne ; de sorte que, dans l'ordre de la production, les noms personnels sont postérieurs aux verbes[1]. Dans la langue wolofe, le rapport d'attribution se rend par trois cas différents, selon que l'attribution est passée, présente ou future ; les substantifs de cette langue ont donc trois datifs. De plus, le pronom relatif a pour radical la lettre initiale du substantif auquel il se rapporte, et il s'établit ainsi un rapport plus frappant entre le substantif et le relatif qui le représente. Comment ce peuple barbare a-t-il pu inventer par le raisonnement des formes si diverses[2]?

Chaque vocabulaire, suivant le calcul de Vico, comprend environ trente mille mots qu'il faut multiplier par toutes les désinences dont ils sont susceptibles, si l'on

---

1. Ainsi ce n'est point le pronom ἐγώ, qui s'est combiné, par exemple, avec le radical φιλ, pour former φιλέω ; c'est au contraire φιλέω, qui s'est décomposé et a laissé détacher de son radical la finale qui est devenue le pronom personnel.

2. « Dans les langues de l'Amérique du Nord une proposition entière se décline comme un substantif.

« Le groënlandais paraît être la plus complexe des langues. Toutes les parties du discours s'intercalent dans le verbe ; par exemple : Aglek-pok, il écrit ; — Agleg-iartor-pok, il écrit là ; — Agleg-iartor-arnar-pok, il écrit là vite ; Agleg-kig-iartor-arnar-pok, il écrit là vite de nouveau ; — Agleg-kig-iartor-arnar-niar-pok, il tâche d'écrire là vite de nouveau. Les phrases ainsi insérées dans le verbe se conjuguent comme un verbe simple. Il y a autant de synonymes pour exprimer le verbe *pêcher* qu'il y a de poissons, objets de la pêche. »

(Balbi, *Atlas ethnographique*, XXXVIe tableau). Voy. aussi *Mémoire* sur le système grammatical des langues de quelques nations indigènes de l'Amérique du Nord, par M. Duponceau, Paris, 1838.

veut se faire une idée du matériel d'une langue. Quel est celui de ces barbares qui a instruit les autres ? Comment a-t-il pu les surpasser par tant de génie ? Comment ses disciples ont-ils pu retenir tant de mots, si ces mots sont arbitraires et n'ont aucun rapport avec les choses qu'ils expriment[1] ?

S'ils se sont tous mis à travailler à cette merveilleuse invention, combien de jours n'ont-ils pas dû passer dans cette œuvre, et comment, pendant ce temps, ont-ils pourvu aux besoins de leur vie ? Nos académies ne composent point de langues, elles ne font que les enregistrer, et des siècles se passent avant que leur travail s'achève. Si les barbares ont imaginé les merveilles du verbe, ces formes savantes qui expriment l'action, la pas-

---

1.   Et varios linguæ sonitus natura subegit
    Mittere et utilitas expressit nomina rerum,
    Non alia longe ratione atque ipsa videtur
    Protrahere ad gestum pueros infantia linguæ,
    Quum facit ut digito quæ sunt præsentia monstrent;
    Sentit enim vim quisque suam quam possit abuti.
    . . . .
    Proinde putare aliquem tum nomina distribuisse
    Rebus et inde homines didicisse vocabula prima
    Desipere est : nam cur hic posset cuncta notare
    Vocibus et varios sonitus emittere linguæ,
    Tempore eodem alii facere id non quisse putentur?
    Præterea si non alii quoque vocibus usi
    Inter se fuerant, unde insita notities est
    Utilitatis, et unde data est huic prima potestas
    Quid vellet facere ut scirent animoque viderent?
    Cogere item plures unus victosque domare
    Non poterat, rerum ut perdiscere nomina vellent,
    Nec ratione docere ulla, suadereque surdis
    Quid facto esset opus; faciles neque enim paterentur
    Nec ratione ulla sibi ferrent amplius aures
    Vocis inauditos sonitus obtundere frustra.
    Postremo, quid in hac mirabile tantopere est re
    Si genus humanum, cui vox et lingua vigeret
    Pro vario sensu, varias res voce notaret?
            (Lucrèce, *De natura rerum*, liv. V.)

sion, le mode et les conditions de l'une et de l'autre, le nombre des personnes qui agissent ou qui reçoivent l'action, leur rôle d'auteurs du discours ou d'auditeurs, leur présence ou leur absence, et quelquefois leur sexe, ces prépositions qui exprime le lieu, le temps, et le rapport de cause et d'effet, ces relatifs qui, pour rappeler les substantifs, en empruntent la première lettre ; s'ils ont imaginé toutes ces délicatesses du langage, s'ils ont produit ces chefs-d'œuvre d'expression, ils doivent-être de merveilleux ouvriers dans tous les arts. Leur architecture doit être splendide ; ils sont sans doute habiles à tailler le marbre, à composer et à manier les couleurs. La force et la grâce doivent s'allier dans leurs statues et leurs tableaux. Au moins auront-ils déployé toutes les ressources du raisonnement dans les arts nécessaires à la vie : ils se seront instruits à manier le marteau et la lime, à façonner le bois et le fer ; ils auront des maisons bien closes, de bons instruments de labourage ; ils sauront en ressemer quelques-uns, pour ne pas laisser au hasard l'espoir de la prochaine moisson ; s'ils font une chasse abondante, ils ne consommeront pas toute leur proie en un jour et ne s'exposeront pas à sentir le lendemain les angoisses de la faim. Avons-nous besoin de prolonger ce contraste ? Qui ne voit que ces peuples sont barbares en toute chose excepté dans leur langage ? Tous les arts d'invention et de raisonnement sont chez eux dans l'enfance ; la langue y est savante et merveilleuse ; elle n'est donc pas le produit de leur raisonnement, une œuvre de leur invention.

« Mais, dira-t-on, ces peuples sont des débris d'anciennes nations civilisées, dont ils n'ont conservé que la langue. » Comment se fait-il qu'ils n'en aient gardé que l'art le plus compliqué, et qu'ils aient laissé périr non-seulement l'architecture, la peinture, la statuaire, mais qu'ils ne sachent plus labourer un champ, ressemer les grains, tisser une robe ou un manteau ; comment ces héritiers si riches pour le langage sont-ils si pauvres pour le reste ; comment ces hommes qui savent encore manier un instrument si complexe et si délicat, se contentent-ils d'une tente d'écorce pour demeure, d'une peau sanglante pour vêtement, et d'une chair crue pour nourriture ?

Une autre raison qui nous porte à croire que la langue n'est pas d'invention humaine, et que l'homme la parle d'instinct, c'est qu'il ne s'en rend pas un compte exact et qu'il en use, pour ainsi dire, à son insu. Ce que nous inventons, nous le connaissons bien et nous savons l'expliquer ; nous donnerons un détail clair et précis de la machine à vapeur, et si quelqu'un se trompe sur ce sujet, tout les autres le reprendront, et il reconnaîtra son erreur. Mais ce que nous n'avons pas fait, nous ne le connaissons que par conjecture ou par des analyses difficiles ; et sur ce sujet, les opinions restent différentes. C'est ce qui arrive pour les langues. Connaît-on deux grammairiens qui soient d'accord : ne se critiquent-ils pas les uns les autres ? L'homme est à l'égard de son langage ce qu'il est à l'égard de son esprit ; il n'a fait ni l'un ni l'autre ; il se sert de son esprit sans le connaître ; il emploie le langage sans avoir toujours la conscience de ce qu'il fait, et quand il veut se rendre compte de sa langue, il éprouve les mêmes difficultés que quand il veut étudier son intelligence. La pensée a une sorte de répugnance à se replier sur elle-même : elle cède à la pente qui l'entraîne au dehors, elle aime mieux agir à son insu ; et quand elle revient sur ses pas pour contempler sa marche et son action, elle trouve des obscurités que la plus patiente réflexion peut seule percer ; elle met la facile conjecture à la place de la pénible observation, et c'est ainsi que naissent les divers systèmes de philosophie, comme les divers systèmes de grammaire.

Cette ignorance où nous sommes de notre propre langage, cette impossibilité de l'avoir inventé par le raisonnement, a fait croire à un écrivain de nos jours[1] que le langage avait été directement révélé de Dieu à l'homme, ainsi qu'une langue est enseignée par un maître à ses disciples. Le clergé français contemporain a pris sous sa protection cette opinion d'un laïque et l'a presque élevée à la hauteur d'un dogme.

Nous commencerons par faire observer que les textes de l'Écriture sont directement contraires à la supposition qu'il admet. A peine Dieu a-t-il placé le premier homme sur la terre, qu'il lui parle et en est compris sans lui avoir donné de leçons. Bientôt il fait venir les animaux et il le charge de leur imposer les noms suivant son inspiration naturelle et non pas d'après des modèles d'articulations que Dieu lui aurait fournis expressément en les faisant résonner à son oreille[2]. Plus tard, lorsqu'il plaît à Dieu de diviser le genre humain et faire plusieurs races et plusieurs nations, il dit : « Descendons et confondons leur langage, afin qu'ils ne s'entendent plus les uns les autres[3], » et à l'instant les langues se produisent sans que Dieu prenne la peine de les parler expressément pour que les races les copient; mais les nations produisent ces langues différentes par un mouvement de leur nature. De sorte que les textes sacrés sont plus favorables à l'opinion qui admet des familles de langues irréductibles les unes aux autres, qu'à celle qui suppose une seule filiation pour toutes les langues. Si l'on veut dire que Dieu n'a point parlé corporellement pour enseigner les langues soit au premier homme, soit aux diverses nations qu'il a dispersées, mais qu'il leur a donné un modèle intérieur, purement intellectuel, on adopte précisément la doctrine que nous essayons de faire préva-

1. M. de Bonald. *Législation primitive.*
2. *Genèse*, II, 16.
3. *Ibid.*, XI. 7.

loir : c'est que l'homme tient son langage de sa nature, et qu'il tient sa nature de Dieu. Ainsi, il n'y a aucune trace dans l'Écriture d'un langage révélé corporellement, en ce sens que Dieu aurait montré l'objet en même temps qu'il aurait fait entendre le son matériel. La transmission d'un pareil langage, composé au moins de trente mille mots et de formes si riches, si variées, si délicates, serait inexplicable chez des nations barbares ou chez des peuples qui seraient retombés dans la barbarie. Quant à la révélation intellectuelle, entendue en ce sens que Dieu nous inspire d'exprimer tel objet ou telle pensée par tel son, dont il nous fournit intérieurement l'idée, c'est ce que nous entendons par l'institution naturelle du langage humain.

Nous avons donné les raisons qui montrent selon nous que l'homme n'a pas pu inventer le langage articulé. Des motifs puisés dans l'histoire semblent démontrer qu'en effet il ne l'a pas inventé, de sorte que nous avons de cette vérité ce qu'on appelle dans l'école une démonstration *a priori* et *a posteriori*. Les langues que nous parlons aujourd'hui ont remplacé des langues qui ne se parlent plus. L'italien s'est substitué au latin, le grec moderne au grec ancien, et les orientalistes nous apprennent que des révolutions du même genre se sont accomplies en Orient et particulièrement dans l'Inde, où le sanscrit a été remplacé d'abord par le prakrit, le pali, puis par le bengali et une foule d'autres dialectes vulgaires. Les langues modernes diffèrent de celles qu'elles remplacent par un plus grand degré d'abstraction. Les mots sont moins complexes : les rapports des substantifs ne sont plus exprimés par la désinence des mots, mais par des prépositions et par la place que les substantifs occupent relativement au verbe. Dans cette phrase française : Paul aime Pierre, il est impossible de déplacer les deux substantifs sans changer le sens. La place des mots est donc significative, comme la place des chiffres dans le système de numération que nous avons emprunté aux Arabes. La voix, le mode, le temps et même la personne ne sont plus exprimés dans les verbes par un seul mot, mais par plusieurs mots séparés. Si l'on cherche dans l'histoire comment et quel jour se sont opérés ces changements, on ne trouvera pas de réponse à ces deux questions. On ne voit pas que les hommes se soient assemblés et soient convenus de changer leur langage. Le changement s'est opéré sans que personne puisse en revendiquer l'invention. Il ne s'est pas accompli brusquement, mais par des progrès insensibles. On aperçoit déjà dans les anciennes langues des traces d'abstraction. Il y a des prépositions dans la langue latine et dans la langue grecque; mais l'usage en devient beaucoup plus fréquent et beaucoup plus varié dans le grec moderne, ainsi que dans l'italien, le français et l'anglais. Quel est le promoteur de toutes ces révolutions? Qui nous a enseignés à dire : *l'amour de la sagesse* au lieu de : *sapientiæ amor?* Personne n'a été notre maître, et cependant ce changement s'est accompli. Nous pouvons par analogie juger de l'origine. Ni l'anglais, ni le français, ni l'italien n'existaient au temps de César. On parlait alors une langue latine que personne ne parle plus aujourd'hui. Cette substitution s'est faite sans que personne l'ait inventée ou décrétée, sans qu'il y ait eu d'assemblée ou de convention pour l'établir. Elle a eu lieu par l'impulsion naturelle de l'esprit, qui concevant plus d'idées abstraites a produit pour les exprimer plus de mots abstraits. Puisque telle est l'histoire des langues que nous avons vu naître, elle est certainement aussi celle des langues dont l'origine se cache dans la nuit des temps.

Venons maintenant aux raisons directes qui nous paraissent établir que la parole est le résultat d'une faculté naturelle.

Pour distinguer les signes en naturels et artificiels, on allègue ordinairement que les premiers sont les mêmes sur toute la terre, et que les seconds diffèrent suivant les pays. Mais il faut distinguer d'abord l'emploi de l'articulation en général de l'emploi de telle ou telle articulation. La manière de grouper les articulations pour former les mots diffère de pays en pays; mais l'emploi de l'articulation comme signe de la pensée est universel sur la terre. Nous verrons tout à l'heure à quoi se réduit la différence des articulations; insistons d'abord sur ce point que les hommes sont naturellement portés à regarder l'articulation comme une expression de la pensée et du sentiment. On suppose que les peuples voulant augmenter leurs instruments de communication et ajouter aux signes naturels des signes plus variés et plus commodes, ont choisi l'articulation parmi plusieurs autres moyens qu'ils avaient d'abord essayés, tels que les attouchements, les couleurs, les formes, les modulations musicales, les odeurs et les saveurs. Mais, premièrement, nous avons vu que le langage des gestes est aussi riche, aussi souple que le langage de la parole ; ce n'est donc pas la prétendue pénurie du premier langage, mais l'instinct qui a poussé les hommes à joindre la parole au geste. Secondement, s'ils avaient choisi entre plusieurs moyens de communication, l'histoire et les voyages montreraient des traces de leurs premiers essais; les uns s'exprimeraient encore par les attouchements, les autres par les couleurs, etc., comme on voit que les peuples ont différents instruments de musique et différentes armes, et même que les instruments et les armes sont tout à fait inconnus chez quelques-uns. Mais tous les peuples se servent de l'articulation, et, nous le verrons tout à l'heure, les moins avancés dans les arts emploient les articulations les plus riches et les plus compliquées. Les Orientaux ont inventé, il est vrai, le langage des fleurs et les Chinois ont encore aujourd'hui, comme les anciens Égyptiens, des signes écrits qui n'expriment pas les mots, mais les idées, et qui sont par conséquent un véritable langage ; mais on sait que ces langages, loin d'être les restes d'anciens essais qui aient précédé l'emploi de l'articulation, sont postérieurs à l'usage de la parole et qu'ils s'y sont ajoutés ; on sait aussi que ces langages ne se trouvent que chez les peuples d'une civilisation avancée et ne sont qu'à l'usage d'un très-petit nombre de personnes plus cultivées que les autres, tandis que la parole existe chez les peuples les plus sauvages.

On admet que le son inarticulé fait partie du langage naturel, c'est-à-dire que l'intelligence est naturellement portée à l'interpréter comme signe du sentiment et de la pensée ; mais l'articulation n'est qu'une modification du son inarticulé : pourquoi l'intelligence qui considère ce dernier comme la manifestation de la pensée, ne regarderait-elle pas naturellement la modification du son comme un mode de la manifestation, comme l'expression des différences de la pensée? L'âme ne produit le son inarticulé que parce qu'elle l'interprète comme un signe, elle ne produira de même le son articulé que parce qu'elle le regardera comme une modification du signe général. Le son inarticulé fait, pour ainsi dire, partie de la physionomie ; le son articulé ne sera qu'une physionomie plus prononcée.

L'enfant au berceau n'emploie pas seulement les sons inarticulés, il en produit d'articulés, il prononce des syllabes et de véritables interjections. Certains cris sont des articulations très-fermes, et, suivant la remarque de Herder, nous sommes plus émus par le cri que par le geste. L'enfant fait aussi une attention particulière aux articulations qu'il entend. On voit qu'il est disposé à leur prêter une signification et qu'il la cherche. Il est plus enclin à les répéter que tout autre son qui résonne à son oreille. Il entend l'aboiement du chien et le nom qu'on donne à cet animal : quand il le voit passer ou qu'il veut en parler, il ne répète pas l'aboiement mais le nom. Dans un recueil d'excellentes observations sur l'enfance, que nous avons souvent cité, on lit que l'enfant n'appelle pas l'animal par son cri à moins qu'on ne lui en ait donné l'exemple [1].

Lorsque sa mère, pour le consoler du départ de son père, lui dit qu'il *reviendra*, comment lui fait-elle comprendre qu'elle n'exprime pas ainsi la même pensée que par le mot *il vient* ou *il est venu ?* Par quels gestes lui explique-t-elle cette différence ? Comment l'enfant parvient-il à la saisir, s'il n'a pas en lui-même l'instinct d'attacher des sens différents à chaque articulation différente, et d'examiner à laquelle des idées qu'il trouve en sa pensée peut convenir la modification du son employé par sa mère.

On n'a pas assez remarqué la facilité prodigieuse avec laquelle l'enfant comprend et emploie bientôt lui-même le langage articulé. Vers la fin de la seconde année, il construit des phrases où l'on remarque les modifications des substantifs et des verbes. Comparez ce qu'il fait dans cette opération naturelle avec ce qu'il peut faire dans quelque opération artificielle. Si la parole était une institution arbitraire, il n'y serait pas plus avancé à deux ans que dans l'art de la danse, le jeu de la balle ou du volant. Comment se fait-il qu'à cet âge où l'enfant est incapable de manier une raquette, un fouet, une aiguille, il soit si habile à tourner et retourner l'instrument de la parole, à porter la langue tantôt contre le palais, tantôt contre les dents, tantôt vers le fond de la bouche et à faire sentir les finesses les plus délicates de

---

1. Mme Necker de Saussure. *Étude du cours de la vie*, 1ʳᵉ édit., t. I, p. 160.

l'articulation? Qui lui a enseigné cet art merveilleux? Comment n'a-t-on pas reconnu ici l'institution de la nature?

L'admirable propriété de la parole pour exprimer la pensée a fait croire que l'homme avait inventé l'articulalation ; mais il aurait fallu dire aussi que le sourd-muet a inventé le geste et le jeu de la physionomie, car ce langage vaut l'articulation pour ceux qui sont privés de la parole. L'articulation a même souvent besoin d'être éclaircie et complétée par le geste et l'expression du visage. D'ailleurs, l'ajustement délicat et savant des moyens à la fin est plus dans le train ordinaire de la nature que dans celui de l'homme, et ce qu'il y a de merveilleux dans la parole ne doit pas nous détourner d'y reconnaître une institution naturelle. Il serait singulier, en effet, que la Providence nous eût munis d'un organe aussi bien adapté au commerce de la pensée, et qu'elle en eût laissé l'emploi au hasard de nos inventions. Qu'on nous montre parmi les œuvres de l'imagination humaine un instrument aussi prompt et aussi certain, faisant une œuvre aussi complexe, en demeurant aussi simple, et nous consentirons à croire que les hommes ont inventé la parole.

Il faut reconnaître l'ordre de la Providence dans l'interprétation et l'emploi de l'articulation ; car la nature qui, sans doute, n'a pas voulu établir une société complète entre l'homme et les animaux, a séparé chez les derniers l'usage et l'intelligence de la parole. Quelques animaux comprennent certaines de nos articulations, mais ils ne les répètent pas ; quelques autres répètent certains de nos mots, mais ils n'en ont pas l'intelligence. Le cheval et le chien obéissent à la voix de leur maître et à quelques articulations de sa voix ; ils sont donc disposés naturellement à prendre l'articulation pour un signe ; mais ils ne peuvent l'employer eux-mêmes. Au contraire, quelques oiseaux répètent les mots qu'ils entendent mais sans y attacher de signification. Ce corbeau qu'un cordonnier de Rome avait dressé à dire : *je te salue, général victorieux*, et qui, repoussé par le prince, dit à ce propos: *j'ai perdu mon temps et ma peine*, paroles qu'il avait tant de fois entendu répéter à son maître, ne prononçait pas ces mots avec intelligence. On peut apprendre à un oiseau à dire le nom de sa nourriture, mais il n'emploiera jamais ce mot pour la demander. Quand il en sentira le besoin, il poussera le cri par lequel il exprime sa faim. La nature lui a donné d'un côté l'idée du signe, car il pousse son cri sachant ce qu'il veut dire ; elle lui accorde d'un autre côté le pouvoir de prononcer des articulations, mais non la faculté d'employer et d'interpréter l'articulation comme un signe ; en conséquence, il faut croire qu'elle donne une faculté particulière à ceux qui font en même temps cet emploi et cette interprétation.

Nous devons donc ranger l'articulation parmi les signes naturels de l'homme, et de l'homme seul, puisque si les animaux la comprennent ils ne la produisent pas, et que s'ils la produisent ils ne la comprennent pas, et que l'homme est le seul qui la comprenne et l'emploie. Si quelques-uns doutaient encore que l'articulation fût un signe naturel de l'homme, et persistaient à la regarder comme le fruit du raisonnement, nous leur ferions observer qu'elle se montre chez de pauvres créatures humaines qui sont incapables de suivre aucun raisonnement et de faire aucune invention. « Il est des idiots qui, à la manière des enfants, se font un langage d'action *et même un langage articulé*, compris seulement de ceux qui leur donnent des soins. Ce langage exprime les premiers besoins de la vie et les désirs instinctifs auxquels les idiots ne peuvent satisfaire par eux-mêmes [1]. » Ainsi, non-

---

1. Esquirol, *Maladies mentales*, Éd. de 1838, t. II, p. 334.

seulement ces idiots ont la pensée de se servir de l'articulation comme d'un signe, mais ils ont l'inspiration de la varier pour exprimer leurs différents besoins. Ce n'est pas un langage qu'ils imitent, puisque leur langue ne ressemble pas à celle de leurs gardiens et qu'ils n'entendent même pas cette dernière. Ils suivent la loi de la nature et ils parlent.

Une preuve bien plus évidente encore de l'instinct que nous voulons faire reconnaître, c'est que les sourds-muets qui n'entendent pas la parole et qui ne peuvent l'imiter, non-seulement rient à haute voix et poussent des cris, mais prononcent des articulations, de véritables syllabes. Le maître fixe leur attention sur le mouvement de leur bouche, à chaque syllabe qu'ils prononcent, et il leur en fait voir les signes écrits; le sourd-muet s'accoutume à refaire les mêmes mouvements de l'organe vocal, chaque fois qu'il aperçoit les mêmes caractères. En groupant ces derniers, on parvient à lui faire prononcer des suites de syllabes et des mots entiers, quoiqu'il ne les entende pas. On lui montre les objets qui correspondent à ces mots: il reproduit la suite de mouvements qu'il a exécutés à la vue de chaque mot écrit; il nomme ainsi les objets sans le savoir; il parle enfin et se fait entendre, quoiqu'il ne s'entende pas lui-même; car pour lui, la parole n'est qu'une suite de mouvements de la bouche. Mais on n'aurait pas pu obtenir cet effet merveilleux, si le sourd-muet n'eût été poussé par l'instinct à mouvoir l'organe de la voix et à le placer dans les différentes situations qui produisent les syllabes. On lui apprend encore à observer les mouvements des lèvres de ceux qui parlent, et on lui montre les mots écrits qui correspondent à ces mouvements. *Il lit* donc les mots sur les lèvres, comme nous les lisons sur le papier; mais croit-on que le maître ne soit pas aidé encore ici par le secours de la nature? Si l'élève n'était pas porté à donner une attention particulière aux mouvements de la bouche, comment parviendrait-on à lui faire faire des observations assez multipliées et assez diverses pour qu'il remarquât la correspondance des mouvements de nos lèvres avec toutes les syllabes ? Il faut reconnaître encore ici la force de l'instinct, d'autant plus que ce n'est pas avec l'âge que les sourds-muets acquièrent ce talent et que plus ils sont jeunes plus ils y sont habiles[1].

L'articulation est si bien instituée par la nature comme un signe de la pensée, que nous sentons le besoin d'attacher des mots à nos idées, et qu'il nous semble que deux idées ne sont pour nous distinctes que si nous les avons marquées de deux noms différents. Lorsqu'on nous montre deux arbres qui diffèrent peu l'un de l'autre, nous prions qu'on nous en dise les noms, et la distinction des deux mots éclaircit pour nous la distinction des deux choses. Le voyageur a une idée plus claire et surtout un souvenir plus certain des différentes îles d'un groupe qu'il a découvert, après qu'il leur a donné à chacune un nom particulier. Le hasard, dit Mme Necker de Saussure, offre à mes regards une personne que je me rappelle très-bien avoir vue ailleurs ; le son de sa voix ne m'est point nouveau ; elle est là devant moi ; je la vois, je l'entends, et pourtant l'idée en est chez moi si imparfaite, si isolée, que je ne sais absolument rien de ce qui peut la concerner. Tout à coup son *nom* me revient, c'est comme un trait de lumière ; avec le *nom* arrive le temps, le lieu, toutes les circonstances de notre première rencontre : son histoire m'apparaît, j'ai retrouvé la clef d'une chambre de mon esprit, où tout ce qui regarde cette personne était renfermé. Singulière et mystérieuse propriété du langage ! Comment tous les accessoires d'un objet viennent-ils se ranger docilement autour de son

---

1. *Troisième circulaire de l'Institut royal des sourds-muets*; septembre 1832. Imprimerie royale, p. 76.

nom, tandis qu'ils refusent de se rattacher à l'objet même? Le signe obtient ce que la chose n'obtient pas [1]. »

Il y a un instant de la vie de l'enfant où il nous demande continuellement le nom des objets : il éprouve le besoin de nommer. Si vous lui fournissez des noms pour chaque personne et chaque objet, il les appliquera très-exactement ; s'il voit un objet nouveau, il lui donnera le nom de l'objet qui lui ressemble le plus parmi ceux dont il connaît déjà les noms, jusqu'à ce que vous lui ayez donné un mot particulier ; mais il faut qu'il nomme. C'est surtout aux idées des choses abstraites, des phénomènes intérieurs et des objets de l'intuition pure extérieure que nous sentons le besoin d'attacher des noms. Ces idées sont fugitives, elles ne se montrent que pendant de courts instants, et si on ne les revêt pas d'un nom au moment où elles sont présentes à l'esprit, elles s'échappent et ne reviennent qu'à de rares intervalles, pour s'échapper soudainement encore. Mais quand nous les avons, pour ainsi dire, clouées à un mot, ce mot reste dans notre esprit et il y fait demeurer l'idée. Condillac a un peu exagéré le pouvoir des noms, en disant que la mémoire ne se forme que quand on attache ses idées à des mots [2] ; mais il a marqué avec raison l'importance des noms pour fixer l'idée du nombre, celle de la substance, celle de la loi, celles des différentes vertus [3].

En considérant que le langage articulé existe chez tous les peuples, même chez les plus barbares, qu'on n'apperçoit aucune trace d'essais qui auraient eu pour but d'employer d'autres moyens de communication, que l'articulation n'est qu'une nuance du langage inarticulé et pour ainsi dire une physionomie plus prononcée, que les enfants produisent instinctivement des articulations, font

---

1. *Études du cours de la vie*, 1re édit., t. II, p. 306.
2. *Orig. des Conn.*, 1re partie, sect. II, chap. IV, § 46.
3. *Ibid.*, sect. IV.

une attention particulière à celles qu'ils entendent, et les retiennent et les répètent avec une étonnante facilité, que la parfaite convenance de la langue à la communication des hommes dénote une intention de la nature, que l'idiot dépourvu de tout raisonnement se fait un langage articulé, que le sourd-muet lui-même, obéissant à la force de l'instinct, produit des articulations, que nous éprouvons le besoin d'imposer des noms, et que nos pensées les plus importantes ne se fixent que par le secours de la parole, on se convaincra qu'il a été inspiré à l'homme de se servir de l'articulation en l'interprétant comme un signe, en d'autres termes, que la parole est d'institution naturelle.

La nature aurait pu porter l'homme à prendre l'articulation pour signe et lui laisser le soin d'appliquer à son choix telle articulation à tel objet, à tel sentiment, à telle pensée. Mais nous partageons l'avis de ceux qui pensent que les hommes, dans l'emploi de telle ou telle articulation, n'ont pas agi arbitrairement, ne se sont pas laissé guider par l'instinct. Cette opinion avait paru déjà dès la plus haute antiquité : c'était celle de Pythagore, de Cratyle, de Platon et d'Épicure. Voici, en abrégé, les raisons que Platon donne à l'appui de son sentiment dans le dialogue du *Cratyle*.

Cratyle prétend qu'il y a une propriété naturelle des noms pour chaque chose[1] : que cette propriété a été sentie par les Grecs et par les barbares. Le débat s'engage d'abord sur des noms propres. Mais Platon s'aperçoit bientôt que ce n'est pas là le véritable sujet de la question. « Laissons, dit-il, les noms des héros et des hommes; ces noms leur sont quelquefois imposés par leurs parents, pour exprimer des vœux, et sans aucun rapport avec le

---

1. Ὀνόματος ὀρθότητα εἶναι ἑκάστῳ τῶν ὄντων φύσει πεφυκυῖαν; voyez le commencement du *Cratyle*.

caractère des personnes à qui on les donne, comme Sosie, Théophile, Eutychide et tant d'autres. Il faut examiner la propriété des noms relativement aux choses naturelles. Peut-être quelques-uns de ces noms ont-ils été imposés par une puissance plus divine que celle de l'homme. En décomposant les mots on arrive à des mots primitifs qui sont les éléments des autres Στοιχεῖα, et il faut chercher la source de ces éléments eux-mêmes. Comment les mots primitifs exprimeront-ils les choses de la manière la plus satisfaisante? Si nous n'avions ni voix, ni langue et que nous voulussions désigner les objets, n'essayerions-nous pas, comme font les sourds-muets, de les indiquer par les mains, la tête et le reste du corps? Pour exprimer une chose élevée et légère, nous élèverions la main, représentant ainsi la nature de la chose; pour désigner un objet bas et lourd, nous baisserions la main vers la terre. Si nous voulions indiquer la course d'un cheval, nous disposerions notre corps et nos membres de la manière la plus semblable à ce que nous voudrions représenter. En conséquence, si nous voulions désigner les objets par la voix, par la langue et la bouche, l'expression ne consistera-t-elle pas encore ici dans une sorte d'imitation de représentation. Le nom est une espèce d'imitation par la voix. Cependant imiter la brebis, le coq et les autres animaux ce n'est pas les nommer. Chaque chose a un son, une forme, et souvent une couleur naturelle. L'imitation de ces qualités n'est pas l'objet de la parole, mais de la musique et de la peinture. Chaque chose a une essence: la représenter par les articulations, telle est l'œuvre que se doit proposer le nomenclateur ὁ ὀνομαστικὸς. »

Cette dernière remarque est très-profonde. Ceux qui pensent que la parole est d'invention humaine, supposent que l'homme n'a fait qu'imiter le son des objets. Mais premièrement, il n'y a que les qualités saisies par l'oreille que puisse imiter la voix; comment une articulation pourrait-elle imiter la couleur? Secondement, ainsi que Platon l'a dit excellemment : imiter ce n'est pas nommer. Si vous reproduisez le mugissement du bœuf, je puis croire que vous avez l'intention de vous récréer par cette imitation, et non pas que vous voulez me parler de cet animal. Il faut que je sois disposé par ma nature à prendre votre articulation comme un signe de votre pensée, pour passer de l'idée de l'imitation à l'idée de la signification. L'imitation des sons naturels ne peut suffire à créer un mot, si elle ne rencontre pas en nous une disposition à prendre cette imitation, non pour un cri, mais pour un nom ; cette condition remplie, l'imitation des sons naturels est une source féconde de noms, et elle engendre tous ces mots que la grammaire appelle des onomatopées, comme *mugissement, sifflement, murmure, bœuf, serpent, ruisseau,* etc.

Il y a des qualités que les sons ne peuvent imiter matériellement et dont ils doivent cependant donner l'idée. « Voyons donc, poursuit Platon, si les mots primitifs représentent ou non ces qualités essentielles qui ne peuvent résonner à l'oreille. Il peut sembler ridicule de dire que les lettres et les syllabes représentent les choses, et cependant nous n'avons pas de meilleure explication à donner, à moins qu'imitant les faiseurs de tragédie, qui, pour se tirer d'embarras, ont recours aux machines et font descendre les dieux, nous ne cherchions à donner le change, en disant que les dieux ont imposé les premiers noms et que c'est pour cela que les noms conviennent aux choses, ou à moins qu'on n'allègue qu'ils ont été empruntés des barbares qui sont plus anciens que nous, ou qu'on ne dise que l'ancienneté de ces mots les dérobe à nos recherches comme ceux des barbares. Ce serait refuser de résoudre la question. Il me semble que la lettre *R* est l'organe du mouvement. Celui qui a imposé les noms l'a prise comme exprimant le transport φορά, comme dans les mots : *sourdre, source, tremblement, rapide, frapper, rompre, fracasser, broyer, morceler, tourner*[1]. C'est par la lettre *R* que le nomenclateur a rendu ces mots expressifs ; il a remarqué que, dans la prononciation de cette lettre la langue se remue rapidement. Il s'est servi de la lettre *I* pour toutes les choses minces qui pénètrent à travers les autres choses, et c'est par l'*i* qu'il caractérise l'action d'introduire ἰέναι, ἵεσθαι. La manière dont la langue presse et appuie pour prononcer le *D* et le *T*, lui aura paru bonne pour exprimer ce qui détient δεσμός ; et la station στάσις. Comme la langue coule ὀλισθαίνει dans la prononciation de *L*, il s'est servi de cette lettre pour exprimer ce qui est lisse λεῖον, l'acte même de couler τὸ αὐτὸ ὀλισθαίνειν, ce qui est moelleux λιπαρὸν, κολλῶδες. Le *G* faisant faire à la langue un mouvement contraire au précédent, a servi à exprimer ce qui est gluant, agglutiné γλίσχρον, γλυκὺ, γλοιῶδες. Le *N* se produisant dans l'intérieur de l'organe, exprime le dedans, l'intérieur τὸ ἔνδον, τὸ ἐντὸς, Il a consacré l'*A* à la largeur τῷ μεγάλῳ, l'*I* long à la ligne τῷ μήκει, l'*O* à la rondeur τῷ στρογγύλῳ. C'est ainsi qu'il a approprié à la nature de chaque chose les lettres et les syllabes dont il forme ensuite les autres mots toujours imitatifs. Mais comme les mots ne sont que les images des choses, ils peuvent être des images plus ou ou moins fidèles. L'image n'est pas absolument semblable à l'objet, car alors il y aurait deux objets pareils, il y aurait deux Cratyles par exemple, et non pas Cratyle et son image. Ainsi les noms peuvent convenir plus ou moins aux objets qu'ils représentent. Par exemple le mot par lequel nous exprimons la rudesse n'a qu'un *R*, σκληρότης : il en a deux chez les Érétriens σκληρρότης. Ce changement dans l'articulation produit une différence

---

1. Ῥοεῖνη, ῥοη, τρόμος, τραχὺς, κρούειν, θραύειν, ἐρείκειν, θρύπτειν, κερματίζειν, ῥυμβεῖν.

dans l'expression, à moins qu'on ne dise que les différentes lettres ont une expression toute semblable. Il serait possible même de donner trois *R*. à ce mot, ce qui le rendrait encore plus expressif σκρηρότηρ. Cependant on s'est accoutumé à l'employer tel qu'il est. Il faut donc faire une certaine part à la convention et à l'usage dans l'établissement des mots.

Les termes sur lesquels Platon a fait porter sa discussion nous offrent une classe de mots imitatifs, distincte de celle des *onomatopées*. Ce n'est plus de l'imitation du son, mais du mouvement des objets extérieurs. L'homme fait couler sa langue pour peindre ce qui coule ; il l'arrête et la presse contre le palais ou les dents pour imiter ce qui se tient stable ; il enfle ses joues pour exprimer ce qui s'enfle ; il ouvre la bouche pour rendre ce qui est grand et ouvert. En tout cela il suit les indications de la nature ; il ne copie pas, mais il observe les analogies, il ne tire encore rien de son imagination.

A ces deux premières origines des mots, nous en joindrons une troisième. Nous avons dit déjà que l'articulation est une modification du son inarticulé, une sorte de physionomie plus prononcée. L'âme, sous l'influence de telle passion ou de telle pensée, agit sur le corps par la faculté motrice, et de même qu'elle lui imprime le tremblement, le frisson, la pâleur ou la rougeur, elle lui fait pousser des cris et produire des articulations. Ces articulations peuvent être modifiées par l'ébranlement que l'âme a donné au corps et particlièrement aux muscles de la poitrine et du gosier. Le souffle qui passera par ces organes, y produira des articulations diverses suivant les différents ébranlements, et telle est probablement l'origine des mots *frémir, froid; frisson, crainte, peur, horreur, terreur*, qui sont pour ainsi dire le cri involontaire d'une souffrance, et de ces autres mots qui résultent d'un état calme et heureux de l'âme et du corps, comme *joie*, *suavité, douceur, amour, soupir, espérance* [1]. C'est ce qui faisait dire un peu grossièrement à Épicure que l'homme parle comme il tousse, éternue, sanglotte et gémit [2]. Remarquez l'enfant au berceau : dans la joie et dans la tristesse, ses exclamations ne sont pas les mêmes. Vous y saisirez les nuances qui forment les interjections de toutes les langues et ne l'oublions pas, ces interjections sont déjà des articulations précises.

A toutes ces articulations qui sont pour ainsi dire le résultat du mouvement que l'âme imprime au corps, il faut joindre, peut-être, des sons élémentaires qui ont la vertu de peindre certaines idées. Puisque la nature a attaché l'idée de l'assentiment au mouvement de la tête en avant, l'idée de la bienveillance au sourire, l'idée du mécontentement au froncement du sourcil, pourquoi n'aurait-elle pas attaché aussi certaines idées à certaines articulations élémentaires ? Rien n'est plus vraissemblable que cette association et n'explique plus simplement la formation naturelle du langage articulé. L'opinion de Pythagore, de Cratyle, de Platon et d'Épicure a été partagée dans les temps modernes par le sage Leibniz. Il pense qu'il y a quelque chose de naturel dans l'origine des mots [3]. Mais s'il en est ainsi, dira-t-on, il devrait n'exister qu'un seul langage, et il y a quatre ou cinq familles de langues tout à fait irréductibles les unes aux autres.

Il nous reste donc à indiquer les causes des différences qui se trouvent entre les langues humaines. Platon a déjà fait connaître une de ces causes. « Les hommes, dit-il, n'obéissent pas tous de la même manière au même instinct. Ils s'écartent plus ou moins de la voie naturelle par

---

1. Voy. M. Villemain, *Préface du Dictionnaire de l'Académie*, édit. 1835, p. XXVI.

2. Lucrèce, *De natura rerum*, liv. V.

3 *Nouveaux essais sur l'entendement humain*, liv. III, chap. II, § 1.

l'usage de leur liberté. En partant des mêmes principes et en obéissant aux mêmes lois, ils peuvent les observer avec plus ou moins d'exactitude, et l'on trouvera ainsi pour les langues ce qu'on trouve pour la morale : un fond commun et de notables différences. » Platon voit encore dans l'inexactitude des mots, une preuve qu'ils n'ont pas été directement imposés par les dieux,

On trouve une seconde cause de la différence de langues dans la différente organisation corporelle des peuples, car si les ressemblances du langage tiennent à des causes naturelles, il en est de même des différences. Que les hommes sortis d'une commune origine aient été modifiés par les divers climats, ou que Dieu ait créé plusieurs races distinctes, il est certain que le sens de l'ouïe et l'organe de la voix ne sont pas conformés de la même manière chez tous les peuples. Il nous est presque impossible de prononcer le *th* de la langue anglaise, et de leur côté les Anglais et les Italiens ont beaucoup de peine à entendre et à reproduire notre voyelle *u*, nos diphthongues *in*, *eu*, *on*. Les Allemands font entendre la consonne dure, là où nous faisons entendre la consonne douce, et réciproquement. Pour dire le nom des Français, les indigènes de la Guyane disent les *Parançais*, et les Arabes les *Françaoui*. En chinois, Spiritus devient *Sepilituse*, Budha est devenu *Fo* pour *Fotho*, Christ, *Chititusu*. Maria, en Océanie, est appelée *Malia*.

Qui ne serait pas frappé des différentes manières de prononcer le même mot dans les exemples suivants :

Ahaschwerosch : *Ahasverus* : *Assuérus* : *Xerxès*.

Episcopos : *Episcopus*, *escop* (en celto-breton) : *bishop* (en anglais) : *évêque* (en français).

Judæus : *Juif*, et en anglais *Jew*.

Les noms des pays antiques ont été mal répétés par les peuples modernes. Andros est devenu *Andra* ; Naxos : *Nachsa* ; Jos : *Hio* ; Paros : *Bara* ; Carpathos : *Scarpanto* ;

Zerus : *Zéro*; Pathmos : *Bathmos;* Egina : *Aina*; Calymna : *Calmina;* Djagatnatha : *Jagrenat;* Silsilis : *Selséléh;* Ecbatana : *Achmete*, puis *Hamadan;* Varanasi : *Bénarès;* Al-Djezair : *Alger;* Hispalis : *Séville;* Constantinopolis : *Stamboul*. Dans des mots évidemment copiés les uns sur les autres, ou produits par la même cause, certaines lettres se remplacent mutuellement, et Jacob Grimm a fait connaître ces substitutions régulières. Cette différence de l'organe de l'ouïe ou de l'organe de la voix contribue à expliquer soit la différence des désinences, soit les modifications des radicaux, soit enfin l'emploi de radicaux différents pour exprimer des idées semblables.

Une troisième cause de la diversité des langues se trouve, suivant Vico, dans la diverse manière dont les peuples envisagent le même objet, les uns considérant la forme, les autres le fond, ceux-ci la grandeur, ceux-là la puissance, etc.... Turgot, de son côté, fait obverser que les métaphores ont dû être empruntées à des objets différents, suivant les circonstances au milieu desquelles se trouvaient les hommes ; qu'elles ont dû varier selon qu'un peuple était chasseur, pasteur ou laboureur et d'après le spectacle que le pays déployait à ses yeux. Voilà pourquoi une langue ne peut se traduire exactement dans une autre. Ce n'est pas toujours le matériel des mots qui manque, ce sont les goûts, les sentiments, les habitudes, les associations d'idées qui sont différents. Les Romains remarquent qu'au printemps la jeune pousse est rouge, et ils parlent du printemps rougissant *vere rubenti,* nous qui ne vivons pas au milieu des campagnes nous n'avons pas fait la même remarque ; cette expression nous choque et nous ne l'emploierions pas, quoique nous ayons des mots suffisants à notre disposition. Les Égyptiens n'ont point de *mines* de métaux, ils ne comprennent pas la métaphore où ce mot exprime la fécondité et la richesse ; ils le remplacent par une *mer remplie de perles*. Le mélange des différents peuples a fait naître les mots synonymes ; mais les nations n'ayant pas envisagé le même objet sous la même face, les synonymes n'ont jamais exprimé exactement le même sens.

Les différences de la grammaire ne marquent pas moins que celles des mots les divers points de vue des peuples. Lorsqu'une nation emploie le subjonctif dans une occasion où une autre se contente de l'indicatif, c'est que la première exprime une idée de plus que la seconde.

Toutes ces raisons expliquent les diversités de grammaire et même de radicaux que l'on remarque entre les langues de familles différentes. Comme l'esprit et l'oreille diffèrent de peuple à peuple, il n'est pas étonnant que cette différence se retrouve dans leurs langues, qui sont le produit spontané de l'intelligence et de l'organe de la voix. Nous pensons donc que la doctrine qui regarde le langage articulé comme le fruit d'une faculté naturelle explique à la fois la ressemblance et la différence des langues.

En résumé, nous avons fait voir que si les hommes n'avaient pas naturellement l'idée du signe, ils n'auraient jamais créé de langage ; comment en effet auraient-ils fait comprendre qu'ils avaient l'intention de signifier leur pensée ? Si, lorsque nous faisons entendre un son, nos semblables n'étaient pas tournés par une disposition naturelle à le prendre pour signe de notre pensée, ils le prendraient pour un chant ou pour une imitation volontaire ou involontaire des sons extérieurs. Il ne leur viendrait pas à l'esprit que l'objet dont nous imitons le son est dans notre pensée, et que nous voulons faire entendre qu'il nous occupe, et appeler leur attention sur cet objet, car, comme l'a dit très-justement Platon : « Imiter, ce n'est pas nommer. »

Si on pense que l'interprétation est naturelle, mais qu'elle se borne aux gestes et aux sons inarticulés et que le reste est d'invention humaine, nous faisons remarquer que du son inarticulé au son articulé il n'y a pas loin ; que l'on comprend à tort les interjections parmi les sons inarticulés, qu'elles sont de véritables articulations, auxquelles s'applique l'interprétation naturelle : que si la nature nous a donné pour signes certaines articulations, il n'y a pas de raison pour qu'elle ne nous en ait pas donné d'autres au même titre. L'homme est conduit par sa nature à prendre l'articulation pour un signe de sa pensée et à varier cette articulation suivant la variété de sa pensée ; il imite les sons des objets sonores ; il reproduit, par les mouvements et la pression de sa langue contre les dents et le palais, le mouvement et la station des objets mobiles et immobiles ; son gosier, sous l'impression du sentiment et de la pensée, se dispose comme un orgue qui ouvre ou ferme ses tuyaux ; enfin, de même qu'il attache certaines idées à certains traits du visage, il les attache encore à certaines articulations primordiales.

Lorsque notre pensée est confuse ou au moins complexe, nous exprimons les choses toutes à la fois en un seul terme ; lorsqu'elle devient distincte ou abstraite, nous distinguons aussi nos mots. Notre langage est toujours le reflet de notre intelligence. Les langues sont comme tous les produits immédiats de l'esprit humain : elles arrivent presque tout d'un coup à la perfection ; chaque langue est merveilleusement appropriée au genre d'esprit du peuple qui la parle. Si l'homme avait inventé une langue, il aurait fait en même temps d'autres admirables inventions, et cependant les sauvages qui ont des langues dignes d'admiration, sont, pour tous le reste, dans la plus profonde barbarie. Enfin, les langues que nous avons vues se former sous nos yeux, se sont établies et développées sans inventeur, sans convention, et par la seule force des lois de l'esprit humain.

L'interprétation naturelle n'est pas le fruit de l'induction, puisque l'enfant interprète les signes en autrui, avant d'avoir pu remarquer qu'il les produit lui-même, et, en conséquence, avant d'avoir observé en lui que tel sentiment ou telle pensée se trouve en rapport avec tel phénomène corporel. En vertu de notre interprétation spontanée, un phénomène physique, qui seul tombe sous la perception des sens, nous fait deviner un phénomène immatériel, tel qu'un assentiment, un refus, un doute, une peine, un plaisir, etc.; en d'autres termes, le phénomène matériel devient *un signe*, non pas un signe précurseur qui fait prévoir l'avenir et qui s'appuie sur une expérience antérieure, ni un signe commémoratif qui rappelle une chose passée et s'appuie sur la mémoire, mais un signe *expressif*, c'est-à-dire un *signe* dans la véritable acception du mot, un signe qui ne s'adresse ni à la mémoire ni à l'induction, mais à l'interprétation. Cette interprétation spontanée n'est qu'une croyance ; elle n'est pas une perception : elle n'affirme donc pas que l'objet dont elle conçoit l'idée existe certainement là où elle le suppose, mais elle le croit, et cette croyance, bien qu'elle puisse être erronée, n'est pas un doute. Le doute ne vient qu'en présence de plusieurs signes contraires, et par conséquent il naît de deux interprétations différentes, comme nous l'avons vu naître déjà de deux inductions opposées.

L'interprétation est, comme l'induction, une sorte de divination, et une preuve des desseins de la Providence. Nous apercevons un certain mouvement du visage, nous croyons à la présence d'une certaine pensée en autrui, et il se trouve précisément que cette pensée est dans l'esprit où nous l'avons supposée. On peut vouloir contrefaire les signes, mais, outre qu'un œil attentif ne s'y trompe pas, cette usurpation ne fait que mieux prouver la vertu naturelle des signes qu'on a empruntés. D'une autre part, il est important de remarquer que les animaux qui peuvent imiter nos articulations ne les comprennent pas et ne les emploient pas comme des signes, et que ceux qui les comprennent ne peuvent pas les reproduire. Il semble donc que la Providence ait réservé à l'humanité l'intelligence et l'emploi simultanés de la parole comme un de ses priviléges.

Le chapitre qu'on vient de lire a été l'objet de plusieurs leçons que j'ai faites à la Faculté des lettres de Paris en 1847. M. Ernest Renan, bien jeune alors, faisait partie de mon auditoire. Je le priai de vouloir bien me donner une note sur la question de l'unité ou de la pluralité des langues primitives. C'est cette note très-instructive que je mets sous les yeux du public En 1848, M. Renan publia dans la *Liberté de penser* un travail très-important sur l'origine du langage. Je vis avec plaisir qu'il était entièrement de mon avis et qu'il adoptait tous mes arguments. Il a réimprimé cet ouvrage en 1859 en l'enrichissant d'exemples très-nombreux que lui fournissait sa connaissance des langues orientales, mais les arguments sont restés les mêmes que les miens. On a dit que la théorie d'après laquelle le langage articulé est le fruit d'une faculté naturelle avait paru depuis longtemps en Allemagne; c'est possible et je m'en félicite, mais je l'ignorais en 1847 ; autrement je me serais fait de l'autorité de l'Allemagne un argument de plus. Cependant, ce que j'ai vu depuis des publications allemandes sur ce sujet est quelque chose de vague et de flottant et ne présente pas la franchise et la netteté des conclusions, et la multitude des motifs qu'on trouvera dans le chapitre qui précède et dans le livre de M. Renan.

« Les savants qui les premiers tournèrent leur attention vers l'étude comparée des langues, frappés de quelques ressemblances extérieures et superficielles, ou bien n'étendant leur comparaison qu'à des rameaux d'une même famille, se hâtèrent trop de proclamer l'unité des langues comme un fait historique et posèrent prématurément cet axiome, que tous les idiomes actuellement parlés sur la surface du globe ne sont que des dialectes d'une même langue primitive. Une étude plus étendue et plus approfondie a tout à fait renversé ce système. Il est impossible aujourd'hui de supposer que l'hébreu, le sanscrit et le chinois dérivent d'une même langue primitive. Cette unité de filiation a disparu ; mais d'un autre côté les investigations des savants modernes ont mis en lumière l'unité des procédés psychologiques que les races diverses ont employés dans la création spontanée des divers langages.

Le résultat le plus important de la linguistique moderne est d'avoir classé les langues en familles qui paraissent irréductibles les unes et les autres, mais dont les membres sont liés entre eux par la plus évidente parenté. Ainsi parmi les langues de l'Asie, le zend, le sanscrit, le pali, le persan présentent les plus frappantes analogies, et ne sont à vrai dire que des variantes d'un type identique. D'un autre côté l'hébreu, l'arabe, le syriaque, le chaldéen, le phénicien, le samaritain ne sont que des dialectes à peine différents d'une même langue. Le chinois, le birman, le tartare-mantchou présentent des rapports non moins évidents. Enfin les langues malaises forment aussi une famille très-caractérisée. Mais entre ces familles, ou du moins entre les trois premières, il n'y a absolument aucune ressemblance. Les mots communs sont fort rares, et s'expliquent tous ou par des emprunts ou par des procédés analogues de formation, et quant au système grammatical, il est radicalement divers, et n'offre d'identique que les procédés les plus généraux de l'esprit humain. Ainsi, par exemple, les langues de la famille de l'hébreu, que l'on appelle *sémitiques*, n'ont que deux temps pour le verbe, pas de présent, pas de modes bien caractérisés, mais en revanche une infinie variété de voix. Le chinois n'a ni flexions, ni forme grammaticale, et fixe par la syntaxe seule les rapports des mots dans la phrase. Le sanscrit au contraire n'a pas à vrai dire de syntaxe, et exprime les rapports les plus délicats de la pensée par la déclinaison et par ses innombrables flexions grammaticales.

Trois familles seulement ont été jusqu'ici l'objet d'une exploration scientifique. Ce sont les familles indogermanique ou indo-européenne, sémitique et tartare. Elles renferment toutes les langues de l'Asie et de l'Europe, excepté les langues finnoises (finnois, madgyare, etc.) dont on fait une famille à part, et le basque qui jusqu'ici s'est montré rebelle à toute classification.

La famille indo-germanique est de beaucoup la plus nombreuse et la plus importante. Elle renferme à elle seule presque toutes les langues de l'Europe, et s'étend depuis l'île de Ceylan jusqu'au fond de la Scandinavie et jusqu'aux îles les plus reculées de l'Occident. Les groupes principaux qui la composent sont le groupe indien (sanscrit, prakrit, pali, kawi, et les langues modernes de l'Indoustan : bengali, mahratte, hindi, hindoui), le groupe iranien (zend, pehlvi, persan moderne), le groupe du Caucase (lesghi, ossète et une foule de dialectes, et peut-être l'arménien), le groupe slave (ancien slavon, lithuanien, russe, polonais, tchèque), le groupe gréco-latin (grec, latin, toutes les langues néo-latines, italien, provençal, espagnol, français), le groupe germanique (allemand et tous ses anciens dialectes, gothique, anglo-saxon, suédois, islandais, etc.), le groupe celtique (langue erse, gaëlic, celto-breton, etc.)

La famille sémitique présente bien moins de variétés et n'offre que trois dialectes bien caractérisés ; le dialecte du Nord ou araméen, qui renferme le syriaque et le chaldéen; le dialecte du milieu ou chananéen, qui renferme l'hébreu, le phénicien, le samaritain; le dialecte du sud, qui renferme l'arabe et l'éthiopien ou geez, parlé autrefois en Abyssinie. Ces dialectes ne diffèrent pas plus entre eux que le patois de deux provinces voisines.

Quant à la famille tartare, les principales langues qui la composent sont le chinois, le tartare-mantchou, le birman et les dialectes de l'Indo-Chine, le tibétain, etc.

L'état actuel de la science ne permet pas de fondre l'une dans l'autre ces familles réellement distinctes. Mais, dans l'intérieur de chaque famille, les rapprochements se présentent en foule. On peut dire sans exagération que les langues qui composent chaque famille offrent toutes un même fond de racines et de procédés grammaticaux; en sorte que la vraie manière de les comparer, c'est de prendre une même racine ou une même forme grammaticale, et de les suivre dans leurs transformations à travers ces dialectes divers. C'est ce que Bopp a fait avec une science merveilleuse dans sa grammaire comparée de toutes les langues indo-germaniques et dans son Glossaire sanscrit; et cela non par des rapprochements superficiels, mais par la comparaison des éléments intimes des radicaux. Voici quelques exemples de ces racines communes, qui se rencontrent dans toutes les langues indo-germaniques sans exception:

Sanscrit: Joudj (joindre); latin: *jung (o)*; grec: ζεύγ-νυμι, ζυγός; lithuanien: jungin; slave: igo.

Sanscrit, Jouvan (jeune); latin: *juvenis*; persan: juvani; lithuanien: jauna; slave: jûn; anglo-saxon: iung; celto-breton: yaouanc; gothique: juggs.

Sanscrit: Maha (grand); persan: mih; grec: μέγας; latin: *magnus*, etc. Le *h* se change souvent en γ, en passant du sanscrit au grec: Douhatri, θυγάτηρ, etc.

Sanscrit: Bu (être); latin: *fu-i, fo-re, (ama) bam*,

(*ama*) bo ; grec : φύω ; lithuanien : bu-ti ; allemand : ich bin ; persan : bouden.

Sanscrit : Bri (porter), grec : φέρω ; latin : *fero, porto* ; gothique : bar, etc.

Sanscrit : Bradj (briller) ; grec : φλέγω ; latin : *fulgeo* ; gothique : bairh ; anglo-saxon : blican ; germanique : blich, blig, blic ; lithuanien : blizgu ; russe : blescu ; écossais : boillsg.

Sanscrit : Kas, ka, kim (qui, que) ; latin ; *quis, quæ, quid* ; persan : ke ; lithuanien : kas ; gothique : hvas ; ionien : κο pour πο, d'où κότερος, κῶς pour πότερος, πῶς ; slave : ky-i, ka-ja, ko-e ; irlandais : cia ; écossais : co.

Sanscrit : Eka (un) ; lithuanien : ni-ekas, (nullus) ; persan : iek ; irlandais : each, neach (nullus) ; grec : ἑκάτερος, ἕκαστος, comparatifs et superlatifs de eka, comme ékatara (sanscrit), qui a le même sens que ἑκάτερος ; latin : *cocles* pour ek-ocles.

Sanscrit : Dwi (deux) ; persan : dou ; grec : δύω ; slave : dva ; lithuanien : du ; gothique : thvai ; celto-breton : dow ; irlandais : da, do, di.

Sanscrit : Tri (trois) ; grec : τρεῖς ; lithuanien : tri ; slave : tri ; islandais : tri ; celto-breton : tri ; gothique : thri.

Sanscrit : Tchatour (quatre) : grec : τέτταρες ; éolien : πίσυρες ; gothique : fidvor ; celto-breton : pedwar et peder ; russe : tchetyrje ; irlandais : ceathair, féminin, cetheora ; lithuanien : keturi ; latin : *quatuor* ; zend : tchathrus (quater). Sanscrit : tchatourtha ; grec : τέταρτος, quartus, gothique : fidvorta.

Sanscrit : Pantchan (cinq) ; grec : πέντε, πέμπε ; celto-breton : pemp ; gothique : fimf ; allemand : fünf ; lithuanien : penki ; slave : pjatj ; latin : *quinque*, grec : κένκε pour πέντε ; irlandais : cuig ; persan : pendj.

Sanscrit : Schasch (six) ; saptan, 7 ; achtan, 8 ; navan, 9 :

dasan, 10. Tous ces noms de nombre offrent dans toutes les langues indo-germaniques la plus parfaite identité.

Sanscrit : Vinsati (vingt); latin : *viginti;* celto-breton : ugent; persan : bist.

Les pronoms, les adjectifs relatifs, possessifs, démonstratifs, etc. sont aussi absolument identiques dans toutes ces langues. Il en faut dire autant des prépositions, des conjonctions et des adverbes, qui pour la plupart sont dérivés des pronoms.

Les rapprochements grammaticaux sont plus frappants encore. La conjugaison souscrite représente trait pour trait la plus ancienne conjugaison grecque, toujours en μι, et a permis de reconnaître dans les terminaisons personnelles μι, σι, τι, les pronoms des trois personnes μέ, σύ, τ (τό, τοί, l'article grec n'était anciennement qu'un pronom démonstratif ou de la troisième personne). L'augment temporel et syllabique, le redoublement s'y retrouvent absolument comme en grec.

Exemple :	Dadâmi	δίδωμι.
	Dadasi	δίδοσι.
	Dadati	δίδοτι.
	Dadamas	δίδομες.
	Dadata	δίδοτε.
	Dadanti	δίδοντι.
Imparfait :	Adadâm	ἐδίδων.
Aoriste :	Adâm	ἔδων.
Optatif :	Deiâm	δοίην.
	Deiâs, etc.	δοίης, etc.
Autre exemple :	Jami	ἵημι.
	Jasi	ἵησι.
	Jati, etc.	ἵητι, etc.

Déclinaison d'un adjectif : Sivas, Siva, Sivam.
　　　　　　　　　　　　　Bonus, Bona, Bonum.

Comparatif sanscrit : Tara; persan : ter; grec : τερος.

Superlatif sanscrit : Tama; latin : (*ul*)*timus* (*in*)*timus* (*pos*)*tumus*, etc.

Sanscrit :	Bradu,	Bradiyas,	Bradischta.
Grec :	βραδύς,	βραδίων,	βράδιστος.
Sanscrit :	Lagou,	Laghiyas,	Laghischta.
Grec :		Ἐλάσσων	Ἐλάχιστος.

Les deux cas locatif et instrumental, qui se trouvent en sanscrit, ont expliqué une foule de particularités du latin et du grec archaïques, et spécialement du style homérique : *mihi*, *tibi*, *ibi*, *alibi*, ἶφι, βίηφι, etc. L'*a* privatif est d'un usage perpétuel en sanscrit. Le mécanisme des verbes composés de prépositions, se retrouve en sanscrit et en persan, absolument comme en grec et en allemand. Les terminaisons caractéristiques d'adjectifs, Veidika, vedique, etc., λογικός, sont les mêmes en sanscrit et en grec. Enfin on peut dire que toutes les langues de la famille indo-germanique n'ont qu'une même grammaire, plus ou moins développée, de même qu'elles n'ont qu'un même dictionnaire.

Cela est encore bien plus évident pour les langues de la famille sémitique. Le syriaque et le chaldéen ne forment qu'une seule et même langue, qu'on devrait appeler araméenne, et ne diffèrent pas plus entre eux que les dialectes éolien et dorien. L'araméen de son côté ne s'éloigne pas beaucoup plus de l'hébreu que le dialecte dorien du dialecte ionien. Enfin la langue d'Homère est peut-être moins ressemblante à la langue de saint Jean Chrysostome que l'hébreu à l'arabe.

Mais là s'arrêtent les linguistes. S'ils admettent d'une part la plus étroite connexité entre les membres d'une même famille, ils sont amenés d'un autre côté à reconnaître un abîme entre les familles diverses, et déclarent sans hésiter que ces familles n'ont pu sortir l'une de l'autre par des dérivations insensibles, comme les dialectes d'un même idiome.

Est-ce à dire pourtant que des langues appartenant à des familles différentes n'offrent entre elles aucune analogie? Non sans doute : mais ces analogies s'expliquent suffisamment par l'identité même de l'esprit humain agissant semblablement sur plusieurs points à la fois. Ces ressemblances, en un mot, suffisent pour établir l'unité des procédés suivis partout par l'esprit humain, mais n'obligent pas à supposer l'unité de filiation des langues comme un fait historique. Ainsi la grammaire hébraïque ressemble très-peu à la grammaire sanscrite ; ces deux grammaires ressemblent bien moins encore à la grammaire chinoise, et pourtant au fond de la grammaire chinoise, comme au fond des grammaires hébraïque et sanscrite, il y a l'esprit humain toujours identique dans ses facultés.

La comparaison lexique amène aux mêmes résultats. En comparant, par exemple, le vocabulaire sémitique au vocabulaire indo-germanique, on trouve des racines dont l'analogie ne saurait être contestée. En faut-il conclure l'identité des deux familles? Nullement, puisque le fond des deux familles reste profondément distinct; mais il faut en conclure que les Sémites et les ancêtres des races indo-germaniques ont eu les mêmes raisons pour dénommer une chose ou une action de la même manière, et ont employé les mêmes procédés pour former leurs appellations. Un dépouillement rigoureux de ces racines communes aux deux familles amènerait à les grouper de la manière suivante :

1º Mots communs aux deux familles par suite d'emprunt ou de commerce entre les races; noms de substances, de plantes, d'animaux, qui ont porté leur appellation avec eux :

Hébreu : Touki (paon); tamoul : togeï.

Hébreu : Kof (singe); sanscrit : kapi ; grec : κῆπος, κῆβος.

Hébreu : Karpas; sanscrit : karpâsa; grec : κάρπασος.

Ces mots sont fort nombreux; mais ils ne prouvent pas l'unité d'origine.

2° Mots onomatopiques, communs aux deux familles; l'identité de la chose ayant entraîné l'identité de l'imitation.

Hébreu : Louah (avaler); syrien : loh ; arabe : laha; sanscrit : lith; anglais : to lick; italien : *leccare*; celtique : lonkan; latin : *lingo, lingua, ligurio*.

Hébreu : Lahab (lécher); syriaque : lehab; latin : *labium*; allemand : lippe; persan : lib; grec : λάπτω; celtique : lippan.

Hébreu : Jalal (crier); arabe : walwala; grec : ἀλαλάζειν, ἰάλεμος; latin : ejulare, ululare; germain : iolen.

Hébreu : Garr (gratter); hébreu : garon (gosier); latin : guttur; arabe : gargara; grec : γαργαρίζω.

Hébreu : Gall et galam (rouler) ; grec : κύλλω, κυλίω, κυλίνδω; latin : glomus (*Gl* marque le roulement).

Fr marque l'idée de briser ou de déchirer dans toutes les langues sémitiques; comparez : sanscrit : prah; latin : frango; gothique : brikan; allemand : brechen; celtique : frezan.

Kt marque l'idée de frapper et de couper; comparez : latin : cædo, quatio, percutio.

Hébreu et syriaque : Kra (crier); grec : κράζειν; allemand : krähen; anglais : to cry; etc.

Arabe : Kal (dire); hébreu : kol (voix); grec : καλέω, κελεύω; anglais : to call; latin : calare, calendæ.

Hébreu : Scharak (siffler); grec : συρίζω, σύριγξ.

Hébreu : Gazal (gazouiller).

Hébreu : Kalaf (claquer); grec : κολάπτω.

Hébreu : Tapp (taper); grec : τύπτω.

Hébreu : Toff ou Topp (tambour); grec : τύμπανον et τύπανον.

Hébreu : Garaf ou haraf; allemand : greifen (griffe); perse : guiriften (saisir); grec : γρύφες; hébreu : krub ou cherub. (Les Chérubins animaux mythologiques, identiques aux griffons.)

Hébreu : Kharasch (graver); grec : χαράσσω.

Hébreu : Ragaz (briser); grec : ῥήγνυμι, ῥήσσω (ραγ); sanscrit : rag.

Hébreu : Douts, dats (danser); allemand : tanzen; slave : taniec.

Hébreu : laag (balbutier); chaldéen : laglag; grec : χλευάζω; gothique : hlahjan; anglais : to laugh.

Hébreu : Nafal, afal, nabal, bala, amal. Toute une famille de mots dont la racine est *fal, bal*, et dont le sens fondamental est tomber; grec : σφάλλω; latin : fallo; allemand : fallen.

Dans presque toutes les langues, le nom du père est exprimé par la labiale la plus facile, *p* ou *b*, et le nom de la mère, par *m*, autre labiale exprimant la succion de la mamelle par les lèvres de l'enfant. Pourtant dans beaucoup de langues, la lettre caractéristique du père est *t*; celtique : tad; dans plusieurs dialectes du Caucase : dada; en sanscrit tataha (outre pitri); en latin : tata (père nourricier); turc : atta. Dans quelques langues aussi la lettre caractéristique du père est *m*, comme pour la mère; géorgien : mamao (père); langue de l'Imirette : mama; mingrélien : muma; mantchou : ama; tungouse : amaï; aux Philippines et à Sumatra : ama. Quelques dialectes de Sibérie sortent seuls de ces analogies, et offrent des formes tout à fait anomales.

3° Racines identiques, bien qu'on n'y découvre pas de raison onomatopique.

Sarr, famille très-nombreuse de racines sémitiques signifiant *serrer*.

Hébreu : Keren (corne); syriaque : karno; arabe : karn; latin : cornu; celtique : kern; allemand : horn.

Hébreu et éthiopien : Sak (sac); grec : σάκκος, etc.

Hébreu : Ers (terre); arabe : ard; germanique : erde; gothique : airtha; pehlvi : arta.

Mouth (racine commune à toutes les langues sémitiques), mourir; sanscrit : mâth, mouth, mith, mid, med.

Hébreu : Mala (être plein); syriaque : melo; arabe : malaa; sanscrit : plé, par le changement de *m* en *p*, labiale pour labiale; grec : πλέω (πληρής, πίμπλημι) latin : im-plere, plenus; allemand : füllen, voll; anglais : to fill; polonais : pilmy; bohémien : plny.

Hébreu : Schalav et schàlam (être sain et sauf, être en paix); latin : salvus, salus, etc.

Hébreu : Tour, dour (marque révolution en cercle ou durée); latin : durare; allemand : dauern; latin : tornum (tour).

Hébreu : Afa (cuire); grec : ἔψω, ὄππα; latin : offa.

Hébreu, arabe et syriaque : Misk, misg; grec : μίσγω; latin : misceo; polonais : mieszan; anglais : to mash; arabe : masch; allemand : mischen.

Hébreu, arabe et syriaque : Mar (amer); latin : amarus.

Hébreu : Kour, kara (creuser); sanscrit : khour; syriaque : Kro; latin : curtus fuit.

Hébreu : Kerk; syriaque : karko ou kerko (cercle); latin : circa, circus, circulus; grec : κίρκος, κίρκινος.

Hébreu : Zabach (égorger); grec : σφάσσω (σφαγ).

Hébreu : Khalac (idée de poli); arabe : gala; grec : χάλκος, χάλιξ; latin : calculus. Hébreu : Khâlâk; latin : blandus; grec : γλυκύς, γλοῖος, γλίσχρος; latin : glacies; glisco; allemand : glass, gleissen, glänzen.

Hébreu : Galab; arabe : galam (totondit); latin : glaber, calvus (?).

Hébreu : Khalab (gras); grec : λίπα (l'aspiration *Kh*

n'ayant pas d'analogue en grec devait disparaître), λιπάω, λιπαρός, ἀλείφω.

Hébreu : Matal (métal); latin : metallum.

Arabe : gald (dur); celtique : caled.

Les pronoms sont presque identiques dans les deux familles sémitique et indo-germanique.

Il en est de même de quelques noms de nombre.

Hébreu : Schalosch (trois); chaldéen : thelath, thlar, trer; grec : τρεῖς.

Hébreu : Schosch (six); sanscrit : schasch, etc.

La cause qui a pu produire ces racines communes entre deux familles de langues si profondément diverses, doit se trouver dans le rapport entre le nom et l'objet, qui nous échappe, mais qui frappait vivement ceux qui produisaient la langue pour la première fois, au lieu de la recevoir comme nous toute produite et de n'avoir plus qu'à l'imiter. Nous sommes donc amenés à reconnaître des procédés analogues dans la formation des langues les plus dissemblables, et à poser le principe que l'homme en donnant des noms aux objets, a *obéi à une faculté naturelle*, et s'est toujours laissé conduire par des raisons tirées des objets eux-mêmes. »

CHAPITRE III.

LA FOI NATURELLE.

§ 1ᵉʳ. Ensemble de la foi naturelle.

L'induction et l'interprétation sont des instincts intellectuels, en ce sens qu'ils devancent les enseignements de l'expérience, et qu'ils devinent leur objet. C'est ainsi que se comportent les instincts de notre faculté motrice et ceux de nos inclinations. Le nouveau-né presse la mamelle de ses lèvres, avant de savoir qu'il en va faire jaillir le lait. L'enfant qui recherche la compagnie de ses semblables, ne connaît pas tous les avantages qu'il retirera de la société. L'induction et l'interprétation se livrent à leurs conjectures, avant que l'expérience les ait justifiées. Les connaissances, c'est-à-dire les perceptions et les conceptions sont contemporaines de leur objet, les croyances sont antérieures aux réalités qu'elles saisissent.

Les deux croyances dont nous avons parlé sont-elles les seules facultés qui devancent la vérification du fait! Nous pensons qu'à ces premières il s'en joint d'autres, qu'on peut comprendre sous le nom de foi naturelle. Nous sommes portés par la nature à présumer la supériorité de la vieillesse et des anciens ; celle du consentement général, celle du témoin inconnu qui nous observe en silence, et enfin la perfection de ce grand Inconnu qu'on appelle Dieu.

Les personnes qui en matière d'analyse trouvent qu'on ne va jamais assez vite, et que si l'on veut compter tous les principes indépendants les uns des autres, on n'en aura jamais fini, ne manqueront pas de dire qu'on peut ramener ces nouvelles croyances à l'induction. Mais, qu'elles veuillent bien y réfléchir, et se demander sur quel fondement expérimental on peut établir les supériorités présumées dont nous venons de parler, et elles verront que, comme l'induction et l'interprétation, ces croyances devancent les faits qui ne viennent même pas toujours confirmer les anticipations de cette foi naturelle.

L'antiquité mettait sur la même ligne la piété envers les ancêtres et la piété envers les dieux : Γονεῶν, ἢ θεῶν εὐσεβεία, disait Socrate ; *Pietas ergà parentes et Deos*, répétait Cicéron. Les sages étaient tous d'accord pour proclamer cette maxime : Respectez la vieillesse : πρεσβύτερον σέβου[1]. Cette piété qui était un des caractères les plus marqués des premiers âges, on ne cherchait pas à la justifier par le raisonnement, mais elle sortait d'une sorte d'abondance de cœur, qui prêtait gratuitement et les yeux fermés la perfection aux vieillards, aux ancêtres et à la divinité.

Constatons notre respect naturel pour la vieillesse et l'antiquité, pour le consentement général, pour tout témoin inconnu, dont l'infériorité à notre égard ne nous est pas décelée par quelque signe sensible, et enfin pour l'Être mystérieux qui nous paraît présider au gouvernement de ce monde. Ce respect est incontestable. Quiconque en est dépourvu, choque nos sentiments et nous paraît commettre une infraction contre le devoir. Mais constatons en même temps que nous ne pouvons pas

---

[1]. Dem. de Phalère sur Chilon. (Stob. Florileg, t. III, 79; édit. Gaisford.

nous donner une démonstration fondée sur les faits, de la légitimité de ce respect, et même quelquefois que l'expérience paraît tourner contre ces supériorités que nous supposons ; mais nous n'en conservons pas moins notre respect natif : il est indestructible dans nos cœurs. Il a donc le caractère de l'instinct, et il doit être le fruit d'une faculté naturelle et spéciale.

§ 2. Croyance à la perfection de Dieu.

Ce qui existe a toujours existé ou tient la vie d'une cause qui n'a pas elle-même de commencement. Ce principe s'appelle comme nous l'avons vu, en traitant de l'induction extérieure de l'esprit, le principe de causalité. Il nous fournit une cause éternelle de ce monde, mais non une cause intelligente. Pour arriver à cette nouvelle découverte, il faut avoir recours à l'induction. De même que les œuvres de nos mains, qui présentent quelque agencement et quelque harmonie des parties entre elles, ne se font pas sans la participation de notre intelligence, de même les œuvres de la nature beaucoup plus belles et plus merveilleuses que les nôtres ne peuvent se passer du concours d'une intelligence : c'est par cette induction que nous nous mettons en possession d'un Dieu intelligent. Mais nous n'arrivons pas, avec le principe de causalité et l'induction, à rendre compte de l'idée complète que nous nous formons de la divinité. En effet, nous concevons Dieu, non pas comme une puissance, une intelligence et une bonté finie, mais comme une puissance, une sagesse, une bonté infinie ou parfaite. Or, quelque grand que soit ce monde, ce que nous en connaissons est fini ; ce n'est donc pas par le principe de causalité appliqué à une œuvre finie, ni par une induction appuyée sur la base étroite des sens extérieurs de la conscience et de la mémoire, que nous avons pu nous élever à l'idée d'un Dieu parfait. C'est par une foi instinctive et spéciale.

Nous croyons que la puissance et l'intelligence de Dieu sont parfaites, c'est-à-dire que non-seulement elles ont suffi à l'œuvre qu'elles ont produite, mais qu'elles suffiraient à une infinité d'œuvres infiniment supérieures, et qu'elles pourraient produire une action continue et parfaite dans tous les temps et dans tous les lieux. Nous dépassons donc ici la portée de l'induction et du principe de causalité. Clarke reconnaît que la puissance et la sagesse infinies de Dieu ne peuvent se démontrer ni *a priori* ni *a posteriori*, et qu'elles ne résultent pas de la nécessité d'un premier être.

Nous croyons aussi à la bonté infinie de Dieu, et nous pensons que cette bonté se concilie avec le mal que renferme le monde ; mais pour le croire, il nous faut une autre lumière que celle de l'induction et du principe de causalité. En effet, en ne suivant que ces guides, les anciens avaient été conduits à supposer un Dieu du bien et un Dieu du mal : dans l'Inde, Brahma et Misaour ; en Perse, Ormuzd et Ahriman ; en Égypte, Osiris et Typhon ; en Grèce, les dieux et le Destin, la Fortune et Némésis, les Grâces et les Parques. Au troisième siècle de l'ère chrétienne, Manichée défendait encore l'existence de deux principes. L'ordre du monde est souvent troublé par la nature elle-même ; l'homme joint ses désordres à ceux de la nature : il se tourne contre le repos et la vie de ses semblables ; la créature, sans arriver à la perfection de Dieu, pouvait être beaucoup moins imparfaite ; il était facile de munir plus fortement nos corps contre les atteintes extérieures ; nous pouvions ignorer la mort et même la souffrance ; notre intelligence aurait pu être moins bornée et moins sujette à l'erreur : voilà quelques exemples de ce qu'on appelle le mal physique, le mal moral et le mal métaphysique ;

mais ces maux ne nous empêchent pas de croire à la parfaite bonté de Dieu ; nous avons donc l'idée préconçue de cette bonté, car elle ne peut nous venir du spectacle des maux de ce monde. La philosophie a fait mille efforts pour les dissimuler, pour les adoucir ou pour les expliquer. Nous ne pensons pas qu'elle y ait toujours réussi ; quelques-unes de ses explications nous semblent même malhabiles et capables de porter atteinte aux attributs qu'elle essaye de faire reconnaître en Dieu ; mais heureusement la foi en la bonté divine résiste soit à la présence du mal, soit aux mauvaises explications des philosophes.

L'objet de la foi naturelle ne peut pas plus se démontrer que l'objet de l'induction. Nous ne pouvons pas plus prouver la perfection de Dieu que la stabilité à venir des phénomènes de la nature ; mais nous n'attendons pas de démonstration à ce sujet et comme personne ne doute que la terre ne continue sa marche autour du soleil, ainsi personne ne doute que Dieu ne soit parfait. Nous avons la ferme espérance que les voiles qui nous cachent ici-bas cette perfection, tomberont dans une autre vie, et que l'explication du mal nous sera donnée sans mystère.

§ 3. L'idée d'un Dieu créateur découle de la foi naturelle à la perfection divine.

Les peuples anciens en ne consultant sur la divinité que les lumières de l'induction et du principe de causalité, ne s'étaient pas élevés à l'aide d'un Dieu créateur. En effet, quels que soient les changements que nous déterminions en nous-mêmes et au dehors, nous ne faisons que mettre en usage des facultés que nous ne créons pas. Les dieux étaient considérés comme les causes des événements particuliers, et comme les ordonnateurs de ce monde, mais non pas comme des créateurs. Suivant la remarque de David Hume, il ne pouvait venir à l'esprit des polythéistes d'attribuer la création à des êtres aussi imparfaits que leurs dieux ; Hésiode donne la même origine aux dieux et aux hommes ; ils sont produits les uns et les autres par les forces intimes de la nature ; l'idée de la génération est la seule dont ils fassent usage pour expliquer l'origine du monde ; un Jupiter, un Neptune n'avaient d'autres avantages sur les hommes qu'un plus haut degré de puissance.

En développant la croyance à la perfection divine, les modernes sont arrivés à l'aide de la création. Nous avons besoin de croire à la puissance infinie de Dieu, et nous répugnons à supposer un autre principe que lui, coéternel avec lui, sur lequel il aurait seulement exercé sa force et son intelligence. Cet autre principe, quelque nom qu'on lui donne, aurait eu sa force propre, ou autrement il se serait confondu avec le temps et l'espace qui sont dépourvus de toute force. Dieu ne serait pas la source de toute puissance ; nous sommes trop jaloux de sa perfection pour lui souffrir cette rivalité ; nous la retranchons donc, et nous croyons qu'il n'y a pas de pouvoir au monde qui ne soit l'œuvre de Dieu. Si nous ne regardons pas le temps et l'espace comme créés de Dieu, c'est qu'ils ne sont pas des puissances, des substances actives, mais les conditions mêmes de l'éternité et de l'uversalité divine, et que pour supposer que Dieu en soit le créateur, il faudrait admettre qu'il y ait eu un temps où Dieu n'était pas universel et éternel. Or, comme l'a dit Pascal, après saint Augustin : « Dieu peut tout, hormis les choses, lesquelles, s'il les pouvait, il ne serait pas tout-puissant, comme mourir, être trompé et mentir, etc. [1] » Mais en dehors du temps et de l'espace qui

---

1. *Pensées*, édit. Faugère, t. II, p. 371.

sont inactifs et impuissants, il n'y a point de principe qui ne doive être créé de Dieu.

Réfléchissons, d'ailleurs, et demandons-nous ce que serait cette matière d'où le créateur aurait tiré les corps et les esprits. Que pouvait être le corps avant que Dieu l'eût organisé? Il n'avait pas sans doute les qualités qu'il possède aujourd'hui; il n'avait pas la chaleur, la couleur, la saveur, l'odeur, la cohésion, le poids, la forme, etc.... Car s'il avait tout cela, on ne voit pas ce que Dieu lui aurait donné.

Que possédait-il donc? Était-ce au moins l'étendue et l'impénétrabilité ? Si on les lui retranche, on va le réduire au néant, et Dieu, en lui donnant l'étendue et l'impénétrabilité, le créera dans la véritable acception que nous donnons à ce mot. Supposons donc que l'étendue et l'impénétrabilité soient des qualités primitives du corps, et que la matière informe eût au moins ces deux qualités : ne voit-on pas que donner à l'étendue et à l'impénétrabilité la chaleur, la couleur, l'odeur, la saveur, la cohésion, la gravitation, c'est leur donner ce qu'elles n'avaient pas ; qu'il y a aussi loin de la simple étendue à la gravitation, que du néant à l'étendue, et que ce qu'on appelle l'organisation du monde, est une véritable création, puisqu'à des qualités existantes elle ajoute des qualités qui n'existaient pas.

Dirait-on que toutes ces qualités de la matière existaient séparément et que Dieu les a réunies? Mais qu'était-ce que la gravitation séparée de l'impénétrabilité, etc.... Si au lieu d'envisager la matière comme composée de substances et de qualités, on la considère comme un ensemble de forces, supposera-t-on que ces forces étaient isolées les unes des autres et que Dieu les a jointes ensemble? Mais pour les réunir, il a fallu créer un lien; cette force qui les retient dans le même point de l'espace et du temps n'est-elle pas une force nouvelle, et puisqu'elle n'existait pas auparavant, Dieu ne l'a-t-il pas tirée du néant?

De quelque façon qu'on envisage l'origine des choses, la doctrine de l'organisation contient celle de la création. Cela est bien plus évident encore, si l'on essaye de se rendre compte de la formation de l'esprit. L'esprit, ou l'âme, est une force simple, identique, qui connaît, imagine, croit, aime et veut librement. Dieu a-t-il tiré cette force de la même substance que les corps? Mais comment la même substance pourrait-elle former ce qui est étendu, et ce qui n'est pas étendu, les deux contraires? L'esprit existait-il à part de l'étendue? Qu'était-il? Avait-il la faculté de connaître et toutes les autres facultés qui constituent l'âme? S'il avait toutes ces facultés, il existait indépendamment de Dieu, et nous n'avons pas besoin de recourir à la divinité pour expliquer l'origine des âmes. Avant l'organisation divine, l'âme avait-elle seulement l'unité et l'identité? Elle ne pouvait avoir moins; qu'aurait-elle été sans cela? Mais pour ajouter à l'unité et à l'identité la faculté de connaître, il a fallu créer cette faculté? L'âme avait-elle la faculté de connaître, sans celle d'aimer et de vouloir? Même nécessité de la création. Les facultés existaient-elles chacune à part? Elles faisaient autant d'âmes séparées. Comment Dieu a-t-il pu les confondre en une seule? Comment de plusieurs ne faire qu'un, sans rien détruire? Comment augmenter l'unité sans la multiplier? Les matérialistes, en supposant que la pensée sort de la matière, admettent eux-mêmes la création, car le passage de l'étendue au mouvement, à la connaissance, et à l'amour, est aussi incompréhensible que celui du néant à l'étendue. En conséquence, ou il n'y a point de Dieu, ou Dieu est créateur, c'est-à-dire qu'il tire quelque chose de rien. Telles sont les raisons qui nous ont conduits à reconnaître en Dieu l'attribut de créateur.

L'induction et le principe de causalité ne suffisaient pas pour nous conduire à l'idée de la création : ils nous faisaient seulement supposer une âme du monde semblable à la nôtre, usant de facultés qu'elle ne s'est point données, agissant sur une matière dont elle déplace les parties sans leur fournir des facultés nouvelles, obligée de se soumettre aux lois de cette matière, et ne gouvernant qu'en obéissant. Cependant nous croyons à un Dieu créateur et organisateur, principe des esprits et des corps, infiniment puissant, sage et bon : nous avons donc pour y croire un autre fondement que l'induction et le principe de causalité. Ce fondement est ce que nous appelons la foi naturelle. Cette foi se développe par la réflexion, mais elle apparaît déjà dans les jugements spontanés de l'intelligence. On voit poindre l'idée de la perfection de Dieu dans les premières ébauches des philosophes, et avec le temps cette idée devient une croyance si ferme, que nous aimons mieux rejeter l'existence de Dieu que de croire à son imperfection.

On peut dire que chez quelques esprits l'idée de la perfection de Dieu a été funeste à l'idée même de l'existence de Dieu. Pleins de cette conviction que, s'il y a un Dieu, il est parfait, et ne pouvant résoudre certaines questions d'une manière conforme à la perfection divine, ils ont mieux aimé se passer de Dieu. Quel motif Dieu peut-il avoir eu de créer le monde? S'il l'a créé, pourquoi ne l'a-t-il pas créé plus tôt? Pourquoi l'a-t-il fait précisément ce qu'il est et non d'une autre manière? Pourquoi ne l'a-t-il pas créé moins imparfait? etc. Tels sont les problèmes dont ils n'ont pu donner une solution qui ne blessât ou la puissance ou l'intelligence ou la bonté divine, et ils ont renoncé à l'existence de Dieu, plutôt que d'admettre une divinité imparfaite. Telle est l'unique source de l'athéisme; telle est l'origine du système d'Épicure. Ce philosophe dit formellement que le monde est trop imparfait pour être l'ouvrage d'un Dieu. Il faut reconnaître, à l'honneur de l'esprit humain, que l'athéisme lui-même contient l'idée de la perfection divine. Mais il ne doit pas se faire qu'une croyance, qui est destinée à en compléter une autre, soit fatale à celle-ci. L'induction nous fait croire à une intelligence qui gouverne le monde : la foi naturelle nous fait croire à la perfection de cette intelligence; il faut nous attacher fortement à l'une et à l'autre et ne pas permettre que la seconde étouffe la première. Il y a une volonté qui gouverne le monde : cette volonté n'est pas la nôtre; cette volonté est parfaite : elle est donc souverainement puissante et par conséquent créatrice; souverainement bonne et par conséquent innocente de ce que nous appelons le mal, ou plutôt ne l'ayant permis que pour une bonne fin. Telles sont les données de la foi naturelle.

§ 4. De la croyance à la perfection de Dieu chez les différents philosophes.

Thalès disait que le monde doit être de toutes les choses la plus magnifique, par cette seule raison qu'il est l'ouvrage de Dieu[1]. Il ne déduisait pas la perfection de Dieu de celle du monde, mais celle du monde de la perfection qu'il supposait *a priori* dans la divinité. Bias voulait qu'on se contentât de savoir que les dieux existent et qu'on s'interdît toutes conjectures sur leurs attributs, dans la crainte de porter des jugements contraires à leur perfection. Il ajoutait qu'il fallait rapporter aux dieux tout ce qu'on faisait de bien[2], parce que tout ce qui est bien dérive des dieux. Dieu, disait Xénophane, est ce qu'il y a de meilleur et de plus puissant[3]. Pindare re-

---

1. Diogène de Laërte; l. I, ch. ix.
2. *Ibid.*
3. Τὸ πάντων ἄριστον καὶ κράτιστον. Aristote, *sur Xénophane.*

cueillait dans ses chants les premiers enseignements de la philosophie. « Le devoir du poëte, s'écriait-il, est de n'attribuer aux dieux que les actions dignes de leur grandeur. Loin de moi la coupable pensée qu'un dieu ait pu se nourrir de la chair d'un mortel ! Le calomniateur reçoit bientôt le châtiment dû à sa langue envenimée.... Ne parlons plus de guerre ou de combats, ils ne sont pas faits pour les dieux[1]. »

Tout le monde connaît le célèbre passage de la *République* où l'éloquent et pieux Platon accuse Hésiode et Homère de défigurer la divinité, où il affirme que les dieux ne se métamorphosent pas, qu'ils ne trompent ni en paroles ni en actions, qu'enfin il ne faut pas leur attribuer toute chose, mais seulement le bien. La présence du mal sur la terre est, comme nous l'avons vu, un des obstacles qui font trébucher notre raison dans ses jugements sur la divinité. Voici comment Platon essaye de concilier le mal avec la bonté de Dieu : « Ne conviendrons-nous pas, dit-il, que tout ce qui vient de la part de Dieu à celui qu'il aime est aussi bon que possible, à moins qu'un mal nécessaire ne lui soit venu de ses fautes passées. Il faut donc admettre que si le juste est dans la pauvreté ou dans les maladies, ou dans quelque autre de ces maux apparents, cela lui tournera à bien soit pendant sa vie, soit après sa mort, car il n'est jamais abandonné des dieux, celui qui s'efforce de devenir juste et de ressembler à Dieu par la vertu, autant qu'il est donné à l'homme[2]. »

Le philosophe poursuit dans le Timée la thèse de la perfection divine. « Disons pour quel motif l'ordonnateur a disposé cet univers : il était bon et aucune envie ne s'approche de ce qui est bon ; il a donc voulu que toute

---

1. *Première* et *neuvième Olympiques.*
2. *République*, édit. H. E., t. II, p. 613 ; édit. Tauch., t. V, p. 375.

chose fût autant que possible semblable à lui. Il a pris tout ce qui était visible et en mouvement et il a mis en ordre ce qui était en désordre, jugeant que cela était mieux ainsi. Il n'était et il n'est pas possible au meilleur de faire autre chose que le plus beau[1]. » Or, il trouva dans sa raison, qu'aucune des choses visibles, irraisonnables, ne serait jamais aussi belle qu'une chose douée d'intelligence, et que l'intelligence ne pouvait exister que dans une âme; il mit l'intelligence dans l'âme, l'âme dans le corps et il disposa le tout pour que l'œuvre fût la plus belle possible[2]. Comme Thalès, Platon ne prouvait pas la bonté de Dieu par celle de son œuvre, mais la bonté de l'œuvre par celle de son auteur. C'est le principe de l'optimisme developpé plus tard chez Leibniz.

La croyance à la perfection divine a conduit enfin Platon à l'idée de la création. « Il y a, dit-il, deux sortes de puissances créatrices: l'une divine, l'autre humaine. Nous appelons puissance créatrice celle qui est cause que ce qui n'était pas soit[3]. Les animaux, les plantes, les êtres inanimés, les corps liquides ou solides qui n'étaient pas, naissent par l'œuvre de Dieu[4]. On dit que c'est la nature qui les engendre spontanément et sans intelligence : pour nous, les choses que l'on attribue à la nature nous les rapportons à l'art divin; les choses qui sont composées de ces premières par les hommes nous les rapportons à l'art humain[5]. » Dans le dialogue de la *République*, c'est Dieu lui-même qui fait les essences, ou

---

1. Θέμις δὲ οὔτ' ἦν, οὔτ' ἔστι τῷ ἀρίστῳ δρᾶν ἄλλο πλὴν τὸ κάλλιστον.
2. Διὰ τὴν τοῦ θεοῦ πρόνοιαν. *Timée*, édit. H. E., t. III, p. 30; édit. Tauch., t. VII, p. 18.
3. Ποιητικὴν πᾶσαν ἔφαμεν εἶναι δύναμιν, ἥτις ἂν αἰτία γίγνηται τοῖς μὴ πρότερον οὖσίν, ὕστερον γίγνεσθαι.
4. Θεοῦ δημιουργοῦντος φήσομεν ὕστερον γίγνεσθαι πρότερον οὐκ ὄντα.
5. *Sophiste*, édit. H. E., t. I, p. 265.

les êtres primitifs[1]. On aperçoit au rang le plus élevé de l'univers un être actif que le philosophe appelle le *Bon* et qui produit dans le monde visible la lumière et le soleil, et dans le monde intelligible la vérité et l'intelligence, et qui n'est pas autre chose que ce que les modernes appellent le bon Dieu ou le Dieu parfait. « Le soleil est ce que j'appelle le produit du *Bon*[2], que le *Bon* a fait analogue à lui, pour être dans le visible à l'égard de la vue et des objets vus, ce que le *Bon* est dans l'intelligible à l'égard de la pensée et des objets pensés…. Ce qui donne aux choses connues la réalité et à l'être connaissant la faculté de connaître, c'est le *Bon*[3]….

Une fois que l'idée de la perfection divine s'est introduite dans l'esprit, elle ne peut en sortir, et comme nous l'avons dit, elle ne périt qu'avec l'idée même de l'existence de Dieu. Nous ne trouverons donc pas de grande école philosophique qui n'ait fait profession de croire à la perfection de Dieu.

Aristote partageant le mécontentement de Platon contre les fables des poëtes, dit: « que la divinité ne porte point envie aux mortels, et que, suivant le proverbe, les poëtes sont souvent menteurs[4]. » « C'est pour persuader la multitude, dit-il ailleurs, qu'on a répandu que les dieux ont une forme humaine et d'autres fables semblables ; ce qu'il faut prendre de tout cela c'est que les premières essences de toutes choses sont divines[5]. Nous disons que Dieu est un être vivant, éternel et parfait[6]. Il n'y a pas plusieurs principes, mais un seul; les êtres ne veulent pas être mal gouvernés; » et le philosophe termine en

1. *République*, édit. H. E., t. II, p. 597.
2. Τοῦ ἀγαθοῦ ἔκγονος, τόκος.
3. *République*, édit. H. E. t. II, p. 508-9.
4. *Métaphysique*, liv. I, chap. II.
5. *Ibid.*, liv. XII, chap. VIII.
6. Φαμὲν δὲ τὸν θεὸν εἶναι ζῶον ἀΐδιον, ἄριστον. *Métaphys.* liv. XII, chap. VII.

citant le célèbre vers d'Homère ; *Le gouvernement de plusieurs n'est pas bon; qu'un seul gouverne*[1].

Cicéron fait dire à Balbus le stoïcien : « S'il y a des dieux, ils sont excellents[2]. » Il ajoute ailleurs : « Il faut avant tout que les citoyens soient persuadés que les dieux sont les maîtres et les modérateurs de l'univers, que toutes choses s'accomplissent par leur pouvoir, leur règle et leur providence ; que leur parfaite bonté s'étend sur le genre humain, qu'ils connaissent chacun de nous, ses actions, ses pensées, ses intentions, la nature intime de sa piété et qu'ils font acception de l'homme pieux et de l'impie[3]. »

Dans les temps modernes, Descartes a bien compris que la perfection de Dieu n'est pas le fruit du raisonnement, mais l'objet d'une idée primitive ; il prend cette idée comme un principe, et en fait le fondement de plusieurs de ses démonstrations : « Les preuves prises des effets pour démontrer l'existence de Dieu, n'ont de valeur, dit-il, que si l'on y joint l'idée primitive de l'infini[4]. » — « J'entends, ajoute-t-il, par substance infinie, un être ayant toutes les perfections et par conséquent, un être positif et non pas négatif[5]. » De la perfection divine, Descartes dérive la plupart des attributs de Dieu : son unité, son indivisibilité, son éternité, sa souveraine puissance et indépendance, son infaillibilité. « Les lois du monde, dit-il encore, ont une nécessité fondée sur la perfection divine[6] ; » ainsi la perfection de Dieu sert à prouver que tous les attributs sont divins, mais Descartes ne songe pas à prouver la perfection divine

---

1. *Métaphysique*, l iv. XII, chap. x, à la fin.
2. *De nat. Deorum*, II.
3. *De Legibus*, II, 7.
4. *OEuvres philosophiques*, introd., édit. Ad. G. p. CXXXII.
5. *Ibid.*, p. CXXXIV.
6. *Ibid.*, p. CXXXIV et CXXXV.

Bien plus, il essaye de faire sortir de l'idée de la perfection divine l'idée de l'existence même de Dieu. Il avait sans doute remarqué que l'athéisme vient, comme nous l'avons dit, de ce que certains esprits ne peuvent pas accorder l'existence du mal avec l'excellence de Dieu; qu'en conséquence l'athéisme suppose l'idée de la perfection divine, et que si l'on pouvait de l'idée de cette perfection déduire la preuve de l'existence de Dieu, on fermerait pour toujours la porte à l'athéisme. Mais si la croyance à la perfection divine est en effet une croyance primitive, en ce sens qu'elle ne se déduit pas d'une autre idée, comme d'un principe, elle est cependant précédée, dans l'ordre du temps, de la croyance à l'existence d'une cause intelligente de ce monde. Nous croyons d'abord par induction à l'existence d'une cause qui suffit à produire le monde, et ensuite nous croyons par une foi naturelle, à la perfection de cette cause. Ainsi ce n'est pas de l'idée de la perfection que nous allons à l'idée de l'existence de la cause : c'est de l'idée de son existence que nous allons à l'idée de sa perfection.

A l'exemple de Descartes, Pascal et Bossuet professent que l'idée de la perfection de Dieu est une idée première, qui ne dérive d'aucune autre, et de laquelle beaucoup d'autres peuvent dériver. Descartes avait dit : « Les preuves prises des effets pour démontrer l'existence de Dieu n'ont de valeur que si l'on y joint l'idée primitive de l'infini. » « La nature, dit Pascal, a des perfections pour montrer qu'elle est l'image de Dieu, et des défauts pour montrer qu'elle n'en est que l'image[1]. » Elle ne suffirait donc pas à prouver l'existence d'un Dieu parfait. Selon Bossuet, loin que l'idée de la perfection de Dieu vienne du spectacle du monde, le monde n'est rien auprès de la grandeur de Dieu, et nous croyons que

---

1. *Pensées*, édit. Faugère, t. II, p. 384.

Dieu n'en serait pas moins parfait, quand même il n'aurait pas créé l'univers. « Recueilli en moi-même, ne voyant en moi que péché, imperfection et néant, je vois en même temps au-dessus de moi, une nature heureuse et parfaite, et je lui dis avec le Psalmiste : Vous êtes mon Dieu, vous n'avez pas besoin de mes biens, vous n'avez besoin d'aucun bien. Que me sert, dites-vous, par votre prophète, la multitude de vos victimes?.... Mes œuvres me louent, mais encore n'ai-je pas besoin de la louange que me donnent mes œuvres.... Seigneur, vous manque-t-il quelque chose, parce que vous ne faites pas tant de choses que vous pourriez faire? Tout cet univers que vous avez fait n'est qu'une petite partie de ce que vous pouviez faire, et, après tout, n'est rien devant vous. Si vous n'aviez rien fait, l'être manquerait aux choses que vous n'auriez pas voulu faire, mais rien ne vous manquerait, parce qu'indépendamment de toutes choses, vous êtes celui qui est, et qui est tout ce qu'il faut être pour être heureux et parfait[1]. » C'est aussi de l'idée de la perfection divine que Bossuet fait dériver l'attribut de créateur : « Dieu n'est point un simple faiseur de formes et de figures dans une matière préexistante; il a fait et la matière et la forme; c'est-à-dire son ouvrage dans son tout; autrement son ouvrage ne lui doit pas tout, et dans son fond il est indépendant de son ouvrier. Mais il n'en va pas ainsi *d'un ouvrier aussi parfait que Dieu*.... O Dieu, quelle a été l'ignorance des sages du monde qu'on appelle philosophes, d'avoir cru que vous, parfait architecte et absolu formateur de tout ce qui est, vous aviez trouvé sous vos mains une matière qui vous était coéternelle, informe néanmoins et qui attendait de vous sa perfection ! Aveugles qui n'entendaient pas que d'être

---

1. *Élévation à Dieu sur les mystères.* Troisième semaine. 1ʳᵉ élévation.

capable de forme, c'est déjà quelque forme ! C'est quelque perfection que d'être capable de perfection, et si la matière avait d'elle-même ce commencement de perfection et de forme, elle en pourrait aussitôt avoir d'elle-même l'entier accomplissement[1]. »

L'affirmation spontanée et gratuite de l'esprit humain sur la perfection divine, n'a pas échappé à la perspicacité de David Hume ; mais il a eu le tort de dire que c'est par flatterie que les hommes conçoivent une aussi haute idée de la grandeur, de la puissance et de la bonté de Dieu. « En raisonnant de l'effet à la cause, il faut proportionner la seconde au premier. D'un tableau de Zeuxis on conclut le talent du peintre et non le talent du statuaire. En accordant que les Dieux soient les auteurs de ce monde tel qu'il existe, il s'ensuit qu'ils possèdent ce degré précis d'intelligence, de pouvoir, de bienveillance, qui éclate dans cet ouvrage, mais rien de plus, à moins que nous ne voulions suppléer par des flatteries aux lacunes de nos preuves. De la scène présente du monde si remplie de maux et de désordres, nous ne pouvons conclure une intelligence, une bonté suprême, ni une autre existence réservée à l'homme. On rejette les imperfections du monde sur les qualités défectueuses et incorrigibles de la matière, sur la nécessité d'observer des lois générales et d'autres raisons semblables. *On suppose la perfection dans la divinité*, et dans cette supposition, j'avoue que les solutions qu'on donne de l'existence du mal sont assez plausibles. Mais je demande pourquoi on attribue à une cause des qualités qui ne sont pas dans les effets. Cette idée des peines et des récompenses à venir vient-elle d'ailleurs que de la fantaisie des hommes? Y a-t-il dans le monde des marques de la

---

1. *Élévation à Dieu sur les mystères.* Troisième semaine, 2ᵉ élévation.

justice distributive de Dieu? Si vous répondez affirmativement, je demande pourquoi vous supposez un autre monde; si négativement, je demande pourquoi vous supposez la justice en Dieu. Si vous tenez un milieu entre l'affirmative et la négative, et dites que la justice de Dieu s'exerce jusqu'à une certaine limite, je réponds que vous n'êtes pas fondé à dire qu'elle dépasse jamais cette borne. Nous nous mettons tacitement à la place de la divinité, et nous pensons qu'elle doit agir comme nous agirions en son lieu, c'est-à-dire selon la conduite que nous regardons comme la meilleure et la plus raisonnable. L'induction de l'homme à Dieu est-elle logique? Ce que nous prenons pour une perfection est peut-être un défaut; mais fût-ce une perfection, la bonne logique ne l'attribuera jamais à Dieu, tant que cette perfection n'éclatera pas dans ses ouvrages; cela sentirait la flatterie[1]. »

La flatterie est d'ordinaire sur les lèvres, et n'est point dans la pensée. Quand nous flattons une personne, nous lui prêtons verbalement les qualités que nous savons bien qu'elle n'a pas. Il n'en est pas ainsi de notre croyance à la perfection de Dieu : il n'y a pas ici de désaccord entre notre pensée et notre parole. A quoi nous servirait d'ailleurs de flatter Dieu, puisqu'il voit le fond des cœurs? Notre croyance à la perfection divine est une croyance sincère et irrésistible. Ce n'est pas par flatterie pour le soleil que nous croyons qu'il va continuer de nous éclairer; ce n'est pas par flatterie pour ce morceau de pain que nous croyons qu'il va nous servir de nourriture : cependant, rien dans l'existence passée du soleil ou de ce morceau de pain ne garantit leur action à venir. Ainsi, rien dans l'existence du monde ne suffit à prouver la perfection infinie de Dieu, et cependant nous admettons gratuitement cette perfection. Hume lui-même s'ap-

---

1. *OEuvres philosoph.*, trad. franç., t. II, p. 70 et suiv.

puie ailleurs sur la perfection de Dieu pour prouver qu'il a établi des causes secondes : « Il y a sûrement plus de puissance en Dieu à départir un certain degré de pouvoir à ses créatures, qu'à faire tout lui-même par une volition directe. Il y a plus de sagesse à avoir disposé l'univers dès le commencement avec une prévoyance si parfaite qu'il marche de lui-même, par son propre mécanisme, selon les vues de la Providence, que si le sublime auteur était obligé, à chaque instant, d'en retoucher les parties et de ranimer par son souffle toute l'activité de cette prodigieuse machine [1]. » Ce n'est pas par flatterie que David Hume conclut ici la conduite de Dieu de la perfection qu'il lui suppose : la pensée du philosophe est bien d'accord avec sa parole. Il en est de même pour le reste de l'humanité. Ce n'était pas par flatterie pour les dieux, ni pour se ménager des récompenses, que les stoïciens disaient qu'il fallait s'en remettre, de toutes choses, à la volonté divine, puisqu'ils ne comptaient même pas sur une autre vie. Enfin ce n'est pas par flatterie que nous déclarons que si Dieu n'est pas parfait, il n'est pas, et que les athées tournent contre son existence l'idée même de sa perfection.

Mais David Hume a fait voir par la liberté de sa discussion qu'en effet l'idée de la perfection divine ne vient pas de l'induction et de ce qu'on appelle le principe de causalité. Il a confirmé par là que c'est une idée *a priori* qui ne s'appuie que sur elle-même. Il a montré aussi que c'est sur cette perfection que reposent nos meilleures espérances d'une vie immortelle. Les faibles mérites de l'homme ne peuvent lui valoir l'éternité du bonheur : il faut que la bonté de Dieu comble l'intervalle entre notre vertu et la récompense, et quelle que soit la grandeur de l'homme de bien, il lui faut une grâce divine pour qu'il atteigne à un bonheur éternel.

1. *OEuvres philosophiques*, trad. franç., t. I, p. 199.

§ 5. La croyance à la perfection divine n'est ni une simple conception, ni une perception.

La perfection de Dieu n'est pas l'objet d'une conception idéale, comme le cercle parfait qu'il est impossible de réaliser hors de notre esprit; nous croyons que cette perfection existe dans la cause du monde. Ce n'est pas non plus l'objet d'une perception, comme le corps ou notre âme. Dieu n'a voulu être pour nous que l'objet d'une croyance. La croyance n'est pas le doute, comme nous l'avons déjà montré au chapitre de l'induction. Le doute est le combat de deux croyances contraires; lorsqu'il n'y a qu'une croyance, le doute n'existe pas. Cependant Dieu a permis que la puissance du mal fît naître dans quelques moments de l'incertitude sur sa perfection et par conséquent sur son existence. Bossuet dit que si nous voyions clairement le bien essentiel qui est Dieu, cela nous ôterait la liberté du choix, et par conséquent le mérite de la bonne résolution[1]. Il faut que l'accomplissement du bien soit gratuit; il ne le serait pas si la récompense était trop évidente et Dieu trop apparent. Dieu ressemble au père qui veut enhardir son fils à marcher, qui lui tend les bras de loin, et qui même se cache un instant pour que l'enfant essaye ses forces. Mais tout caché qu'il est, ce père veille sur la marche de son fils, et si celui-ci est en danger, le père se montre et le soutient. Dieu fait de même : il paraît assez pour nous encourager, pas assez pour que notre vertu soit un calcul à coup sûr. Dieu exige que nous marchions de nous-mêmes vers la récompense; il consent bien à nous soutenir en route, mais il ne veut pas nous porter.

Oui, c'est un Dieu caché que le Dieu qu'il faut croire[2].

---

1. *Traité du libre arbitre. OEuvres philosophiques* de Bossuet, édit. de Lens, p. 230.
2. Racine le fils, *la Religion*.

Nous admettons sa perfection d'instinct et non par raisonnement. Pascal employant le mot de *cœur* dans l'acception d'instinct intellectuel, dit que c'est le cœur qui sent Dieu et non la raison. « Voilà, dit-il, ce que c'est que la foi : Dieu sensible au cœur et non à la raison[1]. » « Dieu, dit-il encore, veut plus disposer la volonté que l'esprit. La clarté parfaite servirait à l'esprit et nuirait à la volonté[2]. » Pascal va jusqu'à dire que l'obscurité s'étend jusqu'à la révélation elle-même. « S'il n'y avait qu'une religion, Dieu serait bien manifeste; s'il n'y avait de martyrs qu'en notre religion, de même[3].... S'il ne fallait rien faire que pour le certain, on ne devrait rien faire pour la religion, car elle n'est pas certaine; mais combien de choses fait-on pour l'incertain : les voyages sur mer, les batailles[4] ! »

Voici comment Bossuet exprime, dans son magnifique langage, cette obscurité de la foi, ce devoir où nous sommes de nous interdire tout jugement téméraire sur les attributs divins, et de laisser planer le mystère sur ce Dieu qui a voulu être pour nous un objet de croyance, et non un objet de connaissance. « Je l'ai déjà dit, messieurs, que ce qui est la cause que nous jugeons mal, c'est que nous jugeons précipitamment, et que notre esprit trop prompt se laisse emporter, penche d'un côté ou d'un autre, avant que de bien entendre ; parce que, si notre esprit évitait cette précipitation, il aimerait mieux s'arrêter et demeurer en suspens, que de prendre mal son parti. Mais il faut encore ajouter qu'à l'égard des choses divines, quelques soins que nous apportions à les pénétrer, et avec quelque considération que nous balancions notre jugement, nous sommes toujours téméraires et

---

1. *Pensées*, édit. Faugère, t. II, p. 151.
2. *Ibid.*, t. II, p. 158; voy. aussi, t. II, p. 172.
3. *Ibid.*, t. II, p. 146.
4. *Ibid.*, t. II, p. 173.

précipités, lorsque nous espérons *connaître* ou que nous osons juger par nous-mêmes. Pour *connaître* les choses de Dieu, il faut que Dieu nous enseigne et forme lui-même notre jugement.... Il faut entendre, mes frères, que tout l'effort que nous faisons de nous-mêmes pour *connaître* Dieu, ce premier être, toute notre activité et notre pénétration naturelle ne sert qu'à obscurcir ou confondre notre intelligence. Nous ne faisons que tournoyer. Il ne suffit pas de nous élever au-dessus des sens avec Moïse sur la montagne, dans la plus haute partie de l'esprit; il faut imposer silence à nos pensées, à nos discours, à notre raison, et entrer, avec Moïse, dans la nuée, c'est-à-dire dans les saintes ténèbres de la foi[1]? »

La véritable piété est de croire à Dieu et de l'ignorer; croyons à l'existence et à la perfection de Dieu, et interdisons-nous sur le reste toute indiscrète curiosité. Dieu a voulu nous demeurer *inconnu*, c'est presque un sacrilége que de chercher à soulever le voile dont il s'est couvert. Quand saint Paul disait aux Athéniens : « J'ai vu en passant un de vos autels dédié aux dieux inconnus, et je vous annonce ce Dieu que vous adorez sans le connaître[2], » il ne prétendait pas divulguer tous les secrets; au contraire, il en apportait de nouveaux. La chute du premier homme et la punition des enfants pour la faute du père; le salut des hommes dû aux mérites de Jésus-Christ; l'incarnation d'un Dieu; le Dieu un et triple, tous ces dogmes sont, non pas des explications, mais des mystères. La foi naturelle a aussi ses obscurités : comment Dieu a-t-il créé le monde? Pourquoi l'a-t-il créé? Pourquoi y a-t-il introduit la souffrance physique et la souffrance morale? Tous ces problèmes sont insolubles, ou ne sont qu'en partie résolus. Bossuet disait que Dieu n'a pas

---

1. Premier sermon pour le dimanche de la Quinquagésime *sur l'utilité des souffrances.*
2. *Actes des apôtres*, XVII, 22.

voulu nous faire comprendre comment sa souveraine liberté s'accorde avec sa souveraine immutabilité[1]. Si le chrétien s'incline devant les obscurités de sa croyance, tenons aussi pour vraiment religieux celui qui accepte sans révolte les mystères de la foi naturelle.

Le poëme de Job nous enseigne la véritable piété, si on l'entend dans ce sens, non pas que Dieu agit sans raison, mais qu'il ne nous fait pas connaître ses raisons. Les amis de Job lui disent que, s'il est malheureux, c'est qu'il l'a mérité par ses fautes : Job, qui se sait homme de bien, repousse cette explication, et après quelques murmures échappés à la faiblesse humaine, il finit par rendre grâce à la divinité, malgré le mystère des souffrances qui lui sont infligées, et l'Éternel déclare que Job est celui de tous qui a le mieux parlé de Dieu.

En résumé, la foi à la perfection divine ne naît pas du spectacle du monde, ni des preuves prises des effets. Elle est spontanée, gratuite, *a priori*. Sa lumière nous fait paraître la cause première comme douée d'une puissance, d'une intelligence et d'une bonté infinies. De cette perfection, nous déduisons l'attribut de créateur, car si la matière est indépendante de Dieu, il n'est pas tout-puissant, et, par conséquent, il n'est pas parfait. De la perfection divine, nous concluons encore, avec la plus ferme confiance, que l'existence du mal se concilie avec la bonté de Dieu, et que notre destinée ne s'achève pas en ce monde. Mais nous devons nous borner à ces croyances générales, nous interdire les suppositions téméraires qui peuvent faire sourire l'incrédulité et ouvrir la porte à l'athéisme. Quelques hommes, dans l'impossibilité de trouver une explication satisfaisante aux mystères que Dieu a voulu laisser peser sur notre raison, suppriment Dieu, comme Épicure, ou donnent son nom, comme Spi-

---

1. *OEuvres philosophiques*, édit. de Lens, p. 216.

noza, à un être général qui a pour attributs l'étendue et la pensée, ce qui est une autre manière de supprimer Dieu. En effet, pour que Dieu soit quelque chose, il ne faut pas en faire un être général dont les corps et les esprits soient les modifications ; mais un être individuel et personnel substantiellement séparé de notre personne et du corps qu'elle anime ; un Dieu tout-puissant, tout sage et tout bon, un Dieu créateur, un Dieu réparateur du mal qu'il ne permet que pour une bonne fin. Sur tout le reste gardons un respectueux silence, résignons-nous à la pieuse ignorance de Job, et que l'Apôtre nous pardonne de garder un autel au Dieu inconnu.

CHAPITRE IV.

RÉSUMÉ SUR LES FACULTÉS INTELLECTUELLES.

Nous avons achevé le tableau des facultés intellectuelles ; avant de présenter les considérations qui leur sont communes, et d'étudier comment elles se combinent pour produire des œuvres complexes, jetons un dernier coup d'œil sur la nature et les actes primitifs de ces facultés. L'esprit de l'homme perçoit les corps, et il se perçoit lui-même dans son existence présente et passée. Franchissant les limites étroites des choses finies, il perçoit qu'un espace et un temps immenses, infinis, nécessaires, enveloppent les objets limités et contingents, et qu'avant et après les choses qui commencent et finissent, subsiste une cause sans commencement et sans fin.

Il se représente les phénomènes des corps et ceux de l'esprit, après que ces phénomènes ont cessé d'être. Cette conception, s'ajoutant à la perception, continue la connaissance. A la conception des choses qui ont existé hors de l'esprit, se joint celle de certains objets qui n'existent que dans la pensée. Par cette dernière, l'homme peut améliorer les objets de ses perceptions : il corrige les sons, les couleurs et les formes de la nature corporelle, ainsi que les actes intéressés et passionnés de la nature morale. Du rôle de simple spectateur, il passe à celui d'artiste et de législateur.

Ces perceptions et ces conceptions composent le domaine de la connaissance ; au delà, commence celui de la croyance. Les objets de la perception existent hors de l'esprit ; ceux de la conception se renferment dans l'enceinte de l'intelligence ; ceux de la croyance peuvent exister hors de nous ou seulement dans notre pensée. Les sens, la conscience et la mémoire ne nous apprennent que le présent et le passé des phénomènes ; l'induction nous en révèle l'avenir ; et l'interprétation nous découvre derrière les phénomènes visibles, des phénomènes invisibles. Enfin, à l'existence de la cause éternelle, que perçoit l'intuition pure extérieure, la foi naturelle ajoute l'attribut de la perfection.

Ainsi s'élève peu à peu l'édifice de l'intelligence humaine ; il commence aux plus humbles connaissances et se termine aux plus sublimes idées. L'homme ne partage avec les animaux que les moindres de ses facultés : les sens extérieurs, la réminiscence, quelques degrés, soit de la conception *a priori* des sons et des formes, soit de l'induction et de l'interprétation ; la Providence lui a réservé dans chaque ordre, non pas seulement les degrés supérieurs de telle ou telle faculté, mais des facultés toutes spéciales : ainsi il a pour privilége, dans les perceptions, celle de l'infini ; dans les conceptions, celle du bien moral, et dans les croyances, l'intelligence et l'usage simultanés de la parole et la foi à la perfection de Dieu.

On a considéré avec raison les harmonies de la nature visible comme des preuves de la Providence : les harmonies de la nature intellectuelle ne sont pas moins merveilleuses. Les perceptions nous font saisir des réalités indépendantes de la pensée qui s'y applique. Sans elles, nos conceptions n'auraient point de base ; nous ne pourrions affirmer aucune existence, et nous serions comme dans un rêve perpétuel. Les pyrrhoniens, qui n'avaient pas remarqué la nature de la perception et le caractère essentiel qui la sépare de la conception, disaient que l'homme n'était environné que de fantômes, et que rien ne distingue la vie réelle d'avec la folie : les perceptions font évanouir les fantômes et placent l'homme en présence des réalités. Mais si les perceptions étaient seules, si elles n'allaient pas comme se réfléchir dans les réminiscences, notre connaissance intermittente ne différerait presque en rien de l'ignorance. La mémoire continue donc la perception primitive; cependant la mémoire ne suffit pas : elle nous conserve le passé; mais que pourrions-nous faire sans une faculté qui nous ouvrît l'avenir? Comment nous viendrait-il à la pensée de construire un abri, de tisser un vêtement, d'amasser des connaissances? A quoi nous serviraient les conceptions idéales, par lesquelles nous pouvons embellir notre demeure et réformer notre conduite, si nous n'avions pas l'idée d'un lendemain! L'induction se charge de nous donner cette perspective sans laquelle notre action s'arrêterait. L'interprétation à son tour nous fait trouver dans nos semblables, non-seulement la ressemblance du visage, mais la ressemblance de l'esprit, et elle transforme une réunion des corps en une société des intelligences. Jusque-là, nous sommes encore enfermés dans les limites de ce monde : l'intuition de l'esprit saisit des objets qui les dépassent, mais sans nous apprendre que nous devions nous-mêmes les dépasser! L'homme n'apparaît-il qu'un moment sur la scène de la vie? S'il en est ainsi, à quoi bon connaître, à quoi bon se souvenir, pourquoi ces conceptions à l'aide desquelles on peut réformer les figures irrégulières et les mœurs désordonnées? Il faut pour donner à nos connaissances une véritable et sérieuse utilité, un avenir plus vaste que celui de l'induction, un avenir qui ne se termine pas au tombeau : la foi naturelle se charge d'ouvrir pour nous les barrières d'un nouveau monde, elle nous introduit auprès d'un Dieu tout-puissant, tout sage et tout bon, qui veut conserver quelque chose de son œuvre, qui, en ajoutant sa bonté à notre mérite, nous réserve hors de cette terre une existence sans fin. Ainsi la foi naturelle reflétant ses lumières sur toutes les facultés précédentes, leur ajoute une valeur nouvelle : nous nous félicitons de la solidité que donnent à nos connaissances les réalités saisies par nos perceptions ; nous prenons intérêt à grossir le trésor de notre mémoire, nous attachons un grand prix au développement d'une intelligence qui ne doit pas périr ; nous nous plaisons à décorer notre esprit en développant les conceptions idéales propres aux beaux-arts, et nous sentons surtout l'importance des conceptions morales, par lesquelles nous corrigeons nos mœurs, acquérons quelque mérite et obtenons quelques droits aux récompenses d'une vie immortelle.

FIN DU TOME DEUXIÈME.

TABLE DES MATIÈRES.

LIVRE VI.
(Suite.)
LES FACULTÉS INTELLECTUELLES.
LES PERCEPTIONS OU LA PREMIÈRE PARTIE DES CONNAISSANCES.

CHAP. IV. Critique de quelques théories sur les sens extérieurs.. 1

§ 1. Théorie de Platon, p. 1. — § 2. Théorie d'Aristote, p. 4. — § 3. Théorie des scholastiques, p. 6. — § 4. Théorie de Descartes, p. 8. — § 5. Système de Malebranche, p. 9. — § 6. Doctrine d'Arnauld, p. 13. — § 7. Doctrine de Leibniz, p. 16. — § 8. Locke et Condillac, p. 18. — § 9. Conclusions de Berkeley, p. 19. — § 10. David Hume, p. 21. — § 11. Thomas Reid, p. 25. — § 12. La perception n'est pas une conception accompagnée de croyance, p. 27. — § 13. La perception ne s'appuie pas sur le principe de causalité, p. 29. — § 14. La distinction des qualités premières et des qualités secondes de la matière n'est pas fondée, p. 31. — § 15. Les objets de la perception ne sont pas seulement les modifications de notre propre corps, p. 38.

CHAP. V. La perception externe immatérielle ou l'intuition pure.. 42

§ 1. Perception de l'espace pur ou absolu, p. 42. — § 2. L'espace réel n'est pas l'objet d'une conception. — Distinction des conceptions géométriques et de l'espace réel, p. 47. — § 3. L'espace n'est pas le néant, p. 59. — § 4. L'espace n'est pas le corps, p. 60. — § 5. L'espace n'est pas Dieu, p. 75. — § 6. Perception du temps pur ou absolu, p. 85. — § 7. Le temps absolu n'est pas l'objet d'une conception, p. 89. — § 8. Le temps absolu n'est pas la même chose que les changements et les événements, p. 90. — § 9. Le temps n'est pas Dieu, p. 108. — § 10. Perception de la substance active nécessaire, ou de la cause éternelle, p. 119. — § 11. Des axiomes métaphysiques sur la substance et la cause, p. 120. — § 12. Il n'y a pas une série de causes à l'infini, mais une cause première éternelle, p. 128. — § 13. Du spinozisme, p. 129. — § 14. Des différentes hypothèses sur le rapport de la substance et de l'attribut, p. 132. — § 15. De la distinction entre la substance et la force, p. 139. — § 16. A quelle occasion acquérons-nous la notion de la substance nécessaire? p. 140. — § 17. Du nécessaire et du contingent, du fini, de l'infini et de l'indéfini; du parfait et de l'imparfait, p. 143. — § 18. Des axiomes métaphysiques qui ne concernent pas l'espace, le temps et la cause, p. 150.

CHAP. VI. PERCEPTION DE LA MÉMOIRE.................... 152
§ 1. Perception de notre identité ou de notre durée, p. 152. — § 2. Perception de notre existence substantielle, p. 159.

LIVRE VII.

SUITE DES FACULTÉS INTELLECTUELLES.

LES CONCEPTIONS OU LA SECONDE PARTIE DES CONNAISSANCES.

CHAP. I. LES CONCEPTIONS DE LA MÉMOIRE OU LES RÉMINISCENCES... 165
§ 1. Nature de la réminiscence, p. 165. — § 2. Les réminiscences considérées selon leurs objets. Réminiscence des objets sensibles. Mémoire du nombre, p. 167. — § 3. Réminiscence des actes de l'âme. Mémoire de la durée, p. 169. — § 4. La réminiscence est une abstraction, p. 172. — § 5. Les réminiscences suivant leur marche et leur enchaînement, p. 180. — § 6. Moyens de perfectionner la mémoire, p. 189. — § 7. Résumé sur la mémoire, p. 192.

CHAP. II. LES CONCEPTIONS IDÉALES. LES CONCEPTIONS MATHÉMATHIQUES 195
§ 1. De la conception idéale en général, p. 195. — § 2. Les conceptions mathémathiques, p. 197.

CHAP. III. SUITE DES CONCEPTIONS IDÉALES. LA CONCEPTION
DE LA VERTU.. 207
§ 1. Les traits généraux de la conception de la vertu, p. 207. — § 2. L'idée du devoir et du droit, p. 211. — § 3. Le mérite, le démérite et leurs conséquences, p. 211. — § 4. L'ordre de préférence qu'on doit établir entre les vertus, p. 212. — § 5. Rapports de la conception morale et de la loi écrite, p. 214. — § 6. Rapports de la conception morale et de la volonté de Dieu, p. 216. — § 7. De la valeur de la parole pour l'enseignement de la morale, p. 231. — § 8. Universalité des principes de la morale, p. 237. — § 9. Des dissentiments sur les applications des principes de la morale, p. 247. — § 10. La double acception du mot de conscience, p. 270. — § 11. La doctrine de l'intérêt : Hobbes, Locke et Bentham, p. 271. — § 12. La doctrine de la bienveillance : Hutcheson et David Hume, p. 286. — § 13. La doctrine de la sympathie : Adam Smith, p. 294. — § 14. Des théories qui renferment toutes les prescriptions de la morale en une seule, p. 298.

CHAP. IV. SUITE DES CONCEPTIONS IDÉALES. — LA CONCEPTION
DE LA BEAUTÉ SENSIBLE................................. 314
§ 1. Caractère de la beauté sensible, p. 314. — § 2. Conception idéale de la couleur, p. 345. — § 3. La conception idéale de la forme, p. 348. — § 4. La conception idéale de la mélodie, du rhythme et de l'harmonie, p. 356. — § 5. La conception *a priori* de l'articulation, p. 361. — § 6. Résumé sur les conceptions idéales, p. 364.

LIVRE VIII.

SUITE DES FACULTÉS INTELLECTUELLES.

LES CROYANCES.

CHAP. I. L'INDUCTION..................................... 367
§ 1. Croyance à la stabilité de la nature. Formule générale du jugement d'induction, p. 367. — § 2. Les diverses formes du jugement d'induction, p. 369. — § 3. Le jugement par analogie et le doute, p. 374. — § 4. Le calcul des probabilités, p. 376. — § 5. Impor-

tance du jugement par analogie dans les sciences, 379.
— § 6. Le jugement par analogie principe de la fiction,
p. 382. — § 7. Le double sens du mot induction,
p. 385. — § 8. Opinions des principaux philosophes sur
l'induction, p. 387.

CHAP. II. L'INTERPRÉTATION........................... 402

§ 1. L'interprétation ne peut pas se ramener à l'induction,
p. 402. — § 2. Le rapport de signe et de chose signifiée est un rapport spécial, p. 405. — § 3. Ce n'est pas
la volonté qui institue le signe, p. 407. — § 4. Description des signes naturels, p. 409. — § 5. Les sons
articulés font partie des signes naturels, p. 415.

CHAP. III. LA FOI NATURELLE....... 465

§ 1. Ensemble de la foi naturelle, p. 465.— § 2. Croyance
à la perfection de Dieu, p. 467. — § 3. L'idée d'un
Dieu créateur découle de la foi naturelle à la perfection
divine, p. 469. — § 4. De la croyance à la perfection
de Dieu chez les différents philosophes, p. 474. —
§ 5. La croyance à la perfection divine n'est ni une
simple conception, ni une perception, p. 484.

CHAP. IV. RÉSUMÉ SUR LES FACULTÉS INTELLECTUELLES...... 489

FIN DE LA TABLE DES MATIÈRES DU TOME DEUXIÈME.

www.ingramcontent.com/pod-product-compliance
Lightning Source LLC
Chambersburg PA
CBHW060222230426
43664CB00011B/1520